BASTEI
LÜBBE

Über die Autorin:

Dr. phil. Karin Jäckel, Jahrgang 1948, wuchs an zahlreichen Orten in verschiedenen Bundesländern der Bundesrepublik auf. Ab 1968 studierte sie Kunstgeschichte, Germanistik und Sprecherziehung, 1975 promovierte sie. Seit 1971 ist Karin Jäckel mit Prof. Dr. rer. nat. Klaus-Peter Jäckel verheiratet, mit dem sie drei gemeinsame Söhne hat. Sie wohnt mit ihrer Familie im Schwarzwald. Karin Jäckel ist Mitglied im Deutschen Journalistenverband. Weitere Informationen über die Autorin und ihre Bücher am Ende des Buches.

Karin Jäckel

mit

Joumana Gebara

Nicht ohne meine Kinder!

Eine Mutter kämpft gegen das Jugendamt

BASTEI LÜBBE

BASTEI LÜBBE TASCHENBUCH
Band 61576

1. Auflage: März 2006
2. Auflage: November 2006

Bastei Lübbe Taschenbücher in der Verlagsgruppe Lübbe

Originalausgabe

Titelbild: O. Graf/Zefa
Einbandgestaltung: Bianca Sebastian
Satz: Textverarbeitung Garbe, Köln
Druck und Verarbeitung: Ebner und Spiegel GmbH, Ulm
Printed in Germany
ISBN: 13: 978-3-404-61576-6
ISBN: 10: 3-404-61576-X

Sie finden uns im Internet unter
www.luebbe.de

Der Preis dieses Bandes versteht sich einschließlich
der gesetzlichen Mehrwertsteuer.

INHALT

VORWORT

Joumana Gebara ist mein richtiger Name. 37 Jahre alt, bin ich gebürtige Libanesin, jedoch deutsche Staatsbürgerin, geschieden und allein erziehende Mutter von drei Kindern: Valeria, Stefan und Christian.

Jedes meiner drei Kinder hat einen anderen Vater. Eines stammt aus meiner gescheiterten Ehe, die ich sehr jung einging. Die heimliche Geliebte meines Mannes wurde während unserer Ehe schwanger. Also verließ er unsere damals noch kleine Tochter Valeria und mich. Mein zweites Kind, Stefan, wurde in einer Langzeitbeziehung ohne Trauschein gezeugt. Ich glaubte, dieser Mann sei die Liebe meines Lebens. Dass wir heiraten würden, war klar. Wir hatten es einander versprochen. Aber als ich schwanger wurde, verlangte er die Abtreibung. Da ich mich weigerte, warf er meine Tochter und mich mit unserem ungeborenen Kind auf die Straße, so dass wir unter freiem Himmel schlafen mussten. Christian, mein drittes Kind, entstand in einer kurzen Beziehung, die ich aus Verzweiflung einging. Sein Vater wollte mich zwar heiraten, aber nur dann, wenn wir gemeinsam seiner geschiedenen Frau das glücklich bei ihr lebende Kind nehmen würden. Dazu wollte ich mich nicht hergeben.

Ich bin nicht stolz darauf, drei Kinder von drei Männern zu haben und ledige Mutter zu sein. Meine Eltern haben mich nicht so erzogen. Meine Lebensplanung war eine andere. Valeria entstand trotz Pille, Stefan trotz Spirale und Christian, weil ich so voller Verzweiflung über meine zweite kaputte Beziehung war, dass ich mich innerlich völlig aufgegeben hatte. Doch Abtreibung kam für mich nicht in Frage. Ich bin Maronitin, eine strenggläubige Katholikin.

Für mich ist es kein Zellklumpen, sondern ein Kind, was in meinem Bauch wächst, ein Gottesgeschöpf, von Anfang an. Und ich liebe meine Kinder. Sie sind das Wichtigste in meinem Leben. Ich bin nicht stolz auf mich, aber auf sie.

Bis zum 8. Oktober 2004 waren wir eine fröhliche Familie wie viele andere auch, in denen die allein erziehende Mutter Kindesunterhaltsvorschuss vom Jugendamt bekommt, weil der väterliche Kindesunterhalt nicht gezahlt wird, und arbeitet, um den gemeinsamen Lebensunterhalt ihrer Familie zu sichern, und ihre Kinder während ihrer Arbeitszeit von einer Tagesmutter oder in einer Kindertagesstätte betreuen lässt.

An jenem Oktobertag aber geschah das Unfassliche: Während ich arbeitete, nahm mir das Jugendamt meine beiden kleinen Söhne weg. Weil ich arbeitete! Weil ich nicht arbeitslos zu Hause bleiben wollte! Weil ich meine Kinder angeblich allein dadurch, dass ich arbeitete und nicht den ganzen Tag persönlich für sie da war, sondern sie von einer Tagesmutter betreuen ließ, vernachlässigt und in ihrem Kindeswohl geschädigt hatte!

Niemals war ich entsetzter, fassungsloser, geschockter, verzweifelter als an jenem 8. Oktober 2004, als ich ahnungslos nach Hause kam und meine Söhne weg waren.

Monate vergingen, in denen mir verschwiegen wurde, wo Stefan vor mir versteckt gehalten wurde. Monate, in denen ich auch meinen Sohn Christian nicht sehen oder sprechen durfte. Monate, in denen ich vor dem Familiengericht zur schlechten Mutter erklärt wurde, weil ich gearbeitet habe, um meine Familie zu versorgen. Monate, in denen ich erkennen musste, dass ich in meiner deutschen Wahlheimat eine Fremde geblieben bin, obwohl ich mich als Musterdeutsche gefühlt hatte. Monate, in denen ich schließlich zur Kämpferin wurde und das Äußerste wagte: Ich holte meine Kinder auf eigene Faust zurück.

Mit diesem Roman, in dem Namen und Orte des Geschehens verändert sowie Personenbeschreibungen und Dialoge nicht wörtlich dokumentiert, aber nach bestem Gewissen aus meinem Gedächtnis wiedergegeben werden, antworte ich auf die mir immer wieder gestellte Frage – „Warum ist das passiert?“ – und nehme Sie, liebe Leserinnen und Leser, in mein Leben mit und zwar von Anfang an.

Joumana Gebara
13. November 2005

KAPITEL 1

Kindheit und Jugend im Libanon

Ungefähr um 4 Uhr morgens kam ich am 19. November 1968 als ältestes von vier Kindern in einem Krankenhaus in Bouchrieh zur Welt und wuchs danach in Cornet Chehwan, einem kleinen Dorf mit zwei Straßen, einer Kirche und einem Friedhof, mitten im Libanon, auf. Aus dem Aramäischen übersetzt, heißt mein Heimatort »Die Ecke, woher der Wind weht«.

Meine Mutter, halb Italienerin, halb Französin, und mein Vater, ein waschechter Libanese, freuten sich über ihre gesunde Tochter, obwohl damals in unseren Breiten der erstgeborene Sohn als Stammhalter der Familie noch hoch im Kurs stand. Erst drei Jahre später wurde mein Bruder geboren, dann meine beiden Schwestern. Die erste von ihnen ist sechs Jahre, die letzte neun Jahre jünger als ich.

Da ich sehr jung nach Deutschland heiratete und nur selten wieder nach Hause kam, machte mir meine jüngste Schwester einmal den Vorwurf: »Ich kannte dich gar nicht als meine Schwester. Du bist viel zu früh weggegangen.« Diese Worte blieben in meinem Gedächtnis hängen und tragen dazu bei, dass ich mir wünsche und alles daransetze, dass meine Kinder sich niemals für so lange Zeit trennen müssen.

Man muss sich mein Leben als Kind im Libanon nicht wie in Deutschland vorstellen, denn es war eine Kindheit und Jugend im Krieg. Sosehr ich den Krieg hasse, sooft denke ich heute, dass ich ohne diesen Krieg meine Kinder vielleicht nie mehr hätte in die Arme schließen können. Ich wäre keine Kämpferin geworden, hätte keine Freunde gehabt, die mir unverbrüchlich zur Seite stehen und es wagten, mir zu helfen, obwohl sie damit ihr eigenes Leben oder doch zumindest ihre Freiheit in Gefahr brachten.

Aber ich will der Reihe nach erzählen.

Obwohl mein Vater Automechaniker mit einer eigenen Autoreparaturwerkstatt ist und für seine Familie ein Mehrfamilienhaus mit vier Wohnungen auf vier Stockwerken und jeweils einer zugehörigen Terrasse beziehungsweise einem Balkon gebaut hat, sind meine Eltern zwar nicht arm, aber auch nicht reich. Sie haben nicht für Luxus, sondern dafür gearbeitet, dass es ihren Kindern gut geht. Sogar das große Haus bauten sie nur, weil mein Vater sagte: »Ich habe vier Kinder, also baue ich vier Wohnungen. Für jedes Kind eine.« Für einen technologisch hochentwickelten Haushalt oder eine Haushilfe reichte das Geld bei uns nie.

Auch Spielzeug, wie heutige Kinder es haben, besaßen wir nicht. Wir brauchten es auch nicht. Unser Spielzimmer waren der Garten, später der Wald, die Wiesen und die Straße im Dorf. Ich war sehr gut in Hochsprung, Weitsprung, Diskuswerfen und Rennen. Ich rannte wie ein wildes Pferd, ganz schnell. Auch eine gute Fußballerin war ich, liebte Basketball. Wir waren nicht an irgendwelches Spielzeug gefesselt, wir waren in der Natur. Wir haben uns selbst gebastelt, womit wir spielen wollten, haben uns irgendwo getroffen und zusammengesessen, uns Bücher geteilt, Karten gespielt, Backgammon, Schach, haben uns etwas erzählt oder getobt, mit dem Ball gespielt und Verstecken und Fangen und Seilspringen. Später saßen wir mit der Gitarre am Lagerfeuer, haben Geschichten erzählt und Späße gemacht, uns gestritten und wieder vertragen. Da gab es keinen Gameboy und keinen Computer und kein: »Ach, ich hab hier meinen CD-Player, ich kann nicht raus.« Oder: »Nee, ich hab meine Playstation an.«

Vielleicht erinnere ich mich deshalb so gern an meinen damaligen Lieblingstraum von einem Zimmer voller Spielzeug, ganze Regale voll, an allen vier Wänden, bis unter die Decke. Lauter Spielzeug in Schachteln und durchsichtigen Hüllen, die alle ordentlich an ihrem Platz standen und saßen, während ich wie auf Wolken durch dieses Zimmer schritt und alles bestaunte, aber nichts berührte. So ein Zimmer wünschte ich mir manchmal und malte mir aus, wie es wäre, wenn ich es hätte.

Als ich selbst Kinder bekam, liebte ich es, ihnen Spielzeug zu schenken, um mit ihnen zusammen damit zu spielen. Auf diese Weise erfüllte ich mir auch ein kleines Stück von meinem schönen Kindheitstraum. Ausgerechnet wegen dieses Spielzeugs warf das Jugendamt mir später vor, mir läge mehr an Geld und materiellen Gütern als an meinen Kindern.

Da ich es von meiner Heimat im Libanon nicht anders kannte, als dass man für sich selbst sorgt, verlangte ich nach meiner Scheidung niemals Unterhalt für mich von meinem Exmann, sondern arbeitete und nahm ergänzend öffentliche Mittel in Anspruch. Jeder Antrag, den ich dafür im Sozialamt und bei der Unterhaltsvorschusskasse des Jugendamts stellen musste, war für mich ein Antrag zu viel, so dass ich alles tat, um finanziell unabhängig zu werden. Benötigte ich während meiner Studien- oder Arbeitszeit eine Betreuung für meine Tochter, kam entweder meine Mutter aus dem Libanon zu mir oder ich sparte mir das Geld für eine Tagesmutter ab.

Erst 1999, als ich mit dem Leiter des Sozialamtes und seiner Frau befreundet war, erfuhr ich, dass ich als allein erziehende, studierende und geringfügig erwerbstätige Mutter berechtigt war, das Geld für eine Tagesmutter für meine 1990, 1997 und 1998 geborenen Kinder vom deutschen Jugendamt zu beanspruchen. »Es ist dein gutes Recht«, sagten sie mir. »So sind die Gesetze in Deutschland.«

Nur deshalb erhielt ich seit 1999 »Hilfsangebote« des deutschen Jugendamts, nicht aber, wie Herr General später behauptete, um von den Mitarbeitern in Erziehungsfragen beraten zu werden. Ich hatte keine Erziehungsprobleme, nur sehr wenig Geld.

Trotz des »guten Rechts« blieb es mir jedoch immer peinlich, Unterstützung aus der Staatskasse verlangen zu müssen. Ich wollte meine Familie selbst ernähren können.

Ich habe trotz des Krieges im Libanon eine hervorragende Schulbildung erhalten, spreche und schreibe fließend Arabisch, Aramäisch, Englisch, Französisch, Italienisch, Spanisch, Deutsch, kann mich auf Latein, Polnisch, Türkisch, Japanisch, Portugiesisch und Holländisch verständigen, habe eine Lehre gemacht, studiert, ein Diplom errungen. Ich wollte nicht allein deshalb arbeitslos bleiben, weil ich Kinder bekommen und Anspruch auf Sozialhilfe hatte.

1975, als ich etwa so alt war wie heute meine Söhne, brach bei uns im Libanon der Krieg aus. Da war man froh, dass man als Familie zusammen war und lebte. Es war unwichtig, wo das war. Die Leute, die heute in Frieden in Europa leben, haben dieses Gefühl vergessen. Für sie stehen nicht mehr das Leben und das Zusammensein mit den Menschen, die sie lieben, an erster Stelle, sondern Besitz.

Vielleicht war es für mich als Kind kein Problem, Gemeinsinn zu entwickeln und alles miteinander zu teilen, weil ich vorrangig den Wert des Lebens kannte. Unser Motto lautete: »Hauptsache, wir leben!«, nicht: »Mein Haus, mein Auto, meine Yacht.«, oder: »Geiz ist geil!«

Für uns war die Familie wichtig, dass wir uns liebten, gegenseitig beschützten, dass wir füreinander da waren, uns halfen. Ich werde nie vergessen, wie ich 1978, als kleines Mädchen, mein Jagdgewehr nahm, als die Araber eine Armee aus Legionären mit Sumalesen, Äthiopiern, Irakern, Libyern schickten, um uns zu massakrieren. Meine Mutter war mit meinen jüngeren Geschwistern im Haus. Mein Vater war im Krieg. Ich sollte auch im Haus sein, aber ich wollte uns beschützen.

Wir hatten immer Gewehre im Haus. Mein Vater war Jäger. Auch ich hatte alles für die Jagd. Aber nicht für die Jagd auf Menschen. Trotzdem saß ich mit dem Gewehr im Arm im Hof vor dem Haus, um meine Familie zu verteidigen, während ich hinter dem nächstgelegenen Hügel die Feinde brüllen hörte: »Allah ist groß!« Schüsse knallten, Maschinengewehre ratterten, Bomben fielen, Menschen schrieen vor Angst und Schmerzen, Autos und Häuser flogen in die

Luft. Ich habe gewartet und gewusst, ich würde schießen, sobald sie über den Hügel stürmten. Ich wusste, ich würde nicht zulassen, dass sie über uns herfielen, uns vergewaltigten und massakrierten, dass sie uns oder die Nachbarn abschlachteten wie so viele andere. Angst ist für solche Momente nicht das richtige Wort. Man ist kalt innerlich, weil alles nur Wachsamkeit ist. Man denkt nicht, weil man weiß, was man will, und dieser Wille alles bestimmt.

Gott sei Dank musste ich nie einen Menschen töten. Die Soldaten kamen nicht. Aber ich war gerade mal neun Jahre alt und hatte schon dieses Gefühl, ich könnte es tun. Für meine Familie. Für das Wichtigste in meinem Leben.

Töten und getötet werden, das schauen sich meine Kinder im Fernsehen an. Wie oft habe ich in ihrem Alter gedacht, ich sterbe noch am gleichen Tag, oder meine Mutter, mein Vater, meine Geschwister. Wie oft haben ich oder auch andere Kinder in der Schule vor Angst um sie geweint, weil plötzlich eine Bombe irgendwo fiel und wir nicht wussten, ob unsere Eltern in der Nähe waren oder nicht. Bis wir wussten, ob jemand von unserer Familie tot ist, vergingen manchmal acht Stunden. Es konnte jeden von uns jederzeit treffen. Jeden Tag war rund um die Uhr unklar, was mit uns passieren würde. Es gab nichts, kein Telefon, keinen Strom, kein fließend warmes Wasser und kaltes allzu oft nur am Brunnen vor der Kirche. Von daher war das Leben anders, obwohl ich anfangs den Krieg nicht wahrnahm und auch nicht verstand, was das ist.

Ich erinnere mich nur, dass mein Vater und meine Mutter eines abends im Wohnzimmer saßen und sagten: »Vielleicht müssen wir umziehen, weg aus dem Libanon. Entweder nach Paris oder Italien. Irgendwohin.«

Allgemein ging die Überlegung um, dass alle Christen des Libanon nach England oder Kanada auswandern sollten, wo ihnen Häuser und eine neue berufliche Existenz angeboten wurden. Das war die als »Kissinger-Plan« bekannt gewordene Lösung, Frieden und

Einheit in unser geteiltes Land zu bringen, in dem seit 1920 verschiedene Völker, verschiedene ethnische Gruppen und Religionen, ohne gewachsenen Kern, zusammengewürfelt lebten. Ohne uns Christen sollte künftig der ganze Libanon den Muslimen gehören. Aber die Christen waren nicht dazu bereit, ihre Heimat zu verlassen. Auch meine Eltern nicht.

Stattdessen nahmen wir den Krieg auf uns und die Opfer, die er uns abverlangte. Wir waren oft krank, vor allem im Winter, hatten mehrfach Läuse, obwohl meine Mutter uns und das Haus penibel sauber hielt. Häufig schlief ich vor Angst um Golf, meinen Hund, einen reinrassigen deutschen Schäferhund mit adligem Stammbaum, den mein Vater mir aus Deutschland mitgebracht hatte, in der Hundehütte. Einmal gingen mittags Bomben neben der Hütte nieder. Da landeten die schwarz gebratenen Auberginen im Nachbargarten und wir beinahe im Himmel.

So verging fast meine gesamte Schulzeit und Jugend im Krieg. Mit fünf Jahren, wie im Libanon üblich, war ich eingeschult worden. Die Schulzeit kann nach dem französischen oder englischen System erfolgen und beginnt mit der Stufe Kindergarten eins. Darauf folgt Kindergarten zwei und schließlich Klasse eins. Der Unterricht erfolgt ganztägig, die Schulzeit dauert insgesamt zwölf Jahre. Der Lernstoff wird dabei in drei stark komprimierte Abschnitte mit den Kernbereichen »Philosophie«, »experimentelle Wissenschaften« und »Mathematik« eingeteilt. Zu »Philosophie« gehören als Fächerschwerpunkte Sprachen, Erdkunde, Geografie und Naturkunde. Zu »experimentelle Wissenschaften« zählen alle Naturwissenschaften, zu »Mathematik« die mathematischen Kernfächer Mathematik und Physik.

Christen im Libanon haben auf Grund ihres Glaubens das Glück, Privatschulen zu besuchen. Diese wurden von englischen oder französischen Ordensleuten, unter anderem Jesuiten, gegründet und hielten stets einen hohen Leistungsstandard ein. Da die staatlichen Schulen weitaus schlechter sind, hatten die Christen immer den Ehrgeiz, ihre Kinder auf die privaten Ordensschulen zu schicken, auch wenn sie sich das nicht leisten konnten. Viele Eltern haben nur dafür gearbeitet, dass ihre Kinder auf diese Schule gehen konnten.

Anders als meine Geschwister, die nach dem französischen System eingeschult wurden, weil eine französische Schule in unserer Nähe eröffnete, besuchte ich eine weiter weg gelegene, sehr renommierte englische Nonnenschule mit dem Namen »Jesus and Mary«. Um sie zu erreichen, musste ich eine gute Stunde mit dem Bus fahren und war so täglich von 7 Uhr früh bis nachmittags um 17 Uhr außer Haus und von 8 bis 16 Uhr in der Schule.

Sobald die Schulglocke läutete, versammelten wir uns alle zum Morgengebet auf dem Schulhof. Danach wurde die libanesische Flagge gehisst. Nach dem Fahnenappell marschierte jeder in sein Klassenzimmer.

Durch die komprimierten Kernfächer wurde uns Kindern zwar ein vielfältiger und qualifizierter Unterricht geboten, doch von Anfang an auch eine hohe Leistung abverlangt. Auf uns als Kleine wurde keine Rücksicht genommen. Müde zu sein, weil man morgens so früh aufstehen und weit mit dem Bus fahren musste, weil man Angst um die Eltern hatte und deshalb unaufmerksam war, wurde nicht akzeptiert. Mit diesem Leistungsdruck war ich überfordert.

Weder ein superschlaues Mädchen noch ein dummes Ding, bekam ich oftmals Schwierigkeiten, weil ich den schulischen Drill und ständigen Paukzwang hasste, mich deshalb dem allgemeinen Lernmuster ungern anpasste, sowie meinen eigenen Kopf und bestimmte Vorstellungen hatte, wie mein eigenes Leben verlaufen sollte. Ich wollte freiwillig lernen, nicht weil die Lehrer das so verlangten. Und ich wollte es so lernen, dass es mir sinnvoll erschien. Bloßes Auswendigpauken und wortwörtliches Wiederholen von Lehrsätzen hielt ich für unsinnig.

So blieben meine Leistungen in Fächern, die mich nicht interessierten, eher mäßig, da ich nichts dafür lernte, sondern lediglich das im Unterricht Aufgeschnappte verarbeitete. In Mathematik zum

Beispiel war ich zwar nie schlecht, aber desinteressiert. Folglich verstand ich die mathematischen Funktionen damals einfach nicht. Hätte ich sie auswendig gelernt, wäre es vermutlich kein Problem gewesen. Immerhin holte ich später, mit 25, alles, was ich durch meine Sturheit in der Schule versäumt hatte, aus eigenem Interesse am Computer nach, weil ich das für mein Wirtschaftsstudium in Deutschland brauchte.

»Sie ist zu rebellisch«, sagten die Lehrer. »Sie könnte viel mehr leisten, wenn sie nur wollte.« Das war für mich nichts Neues und regte mich auch nicht sonderlich auf. Ich hatte es schon oft genug von meiner Mutter zu hören bekommen.

Aber ich mochte Erdkunde, Geschichte, Biologie, Sprachen und Gedichte. In diesen Fächern hatte ich Lehrer, die zuließen, dass ich unverlangt eigene Projekte übernahm und vorstellte. Ich liebte es, über Newton, Kopernikus und die weite Welt zu erzählen oder Gedichte in allen Sprachen vorzutragen. Dafür erhielt ich auch stets sehr gute Noten und Zeugnisse.

Sprachen hatten es mir besonders angetan. Ich werde nie vergessen, wie stolz meine Mutter auf mich war, weil ich eine englische Schule besuchte und besser Englisch sprach als unsere vier Nachbarskinder. Deren Vater war im Gegensatz zu meinem Vater, der, wie meine Mutter, kein Wort Englisch verstand, ein graduierter Architekt und sprach fließend Englisch. Wenn ich mit guten Noten nach Hause kam und seine Kinder nicht, rief er oft: »Die Joumana! Ihre Eltern sprechen kein Englisch, und die schafft das. Und ich helfe euch in Englisch, und ihr schafft das nicht?« In solchen Momenten leuchtete das Gesicht meiner Mutter förmlich von innen heraus.

Obwohl ich keine supergute Schülerin war, habe ich mein Bakkalaureat mit staatlichem Abschluss geschafft und zwar in experimentellen Wissenschaften mit besonderen Leistungen in Biologie. So wirklich geglaubt hat es allerdings bis zuletzt wohl niemand, dass ich das Abitur bekäme, denn ich habe erst kurz vorher zu lernen begonnen. Dann allerdings Tag und Nacht, das ganze Biologiebuch auswendig.

Mir war klar, dass ich in allen Fächern, die mir lagen, so hoch wie möglich punkten musste, weil ich in Physik und Mathematik nur knapp bestehen oder vielleicht sogar durchfallen würde. Im Libanon gibt es keine Notenskala von eins bis sechs wie in Deutschland. Die Eins entspricht bei uns 60 Punkten. Hast du 30 davon, ist das einer schwachen Vier vergleichbar. Ich hatte in Mathematik und Physik etwa 28 Punkte, versagte also tatsächlich in beiden Fächern.

Glücklicherweise konnte ich die fehlenden Punkte mit sehr guten englischen und arabischen Quoten ausgleichen. Und in Biologie erzielte ich sogar eine der höchsten Punktzahlen im ganzen Libanon. Das rettete mich.

Wer das Abitur bestanden hatte, wurde stets im Radio genannt. Wessen Name nicht verlesen wurde, war durchgefallen. An jenem Tag saßen meine ganze Familie sowie meine Freunde, zwei Klassenkameraden, bei uns zu Hause und warteten mit mir auf die Ergebnisse. Als endlich mein Name fiel und auch noch hinzugefügt wurde: »Joumana Gebara, 58 von 60 in Biologie«, ist meine Mutter vor Freude mit einem Satz über den Couchtisch gesprungen und hat mich umarmt.

Meine Mutter liebt uns Kinder, war früher jedoch sehr streng. Mit vier Kindern muss man vielleicht so sein. Sie erwartete von uns, dass wir ihr keine Schande machten. »Jedes Kind hat seine Eigenschaften, die es beliebt machen. Und seine Eigenschaften, die es unbeliebt machen.« So sah sie uns. So nahm sie uns an.

Zu mir sagte sie oft: »Du bist wie dein Vater. Du bist wie eine Kopie von ihm.« Das konnte sie wohl auch deshalb gut beurteilen, weil sie in ihrer Jugend Psychologie und Theologie studiert hatte. Aber leider musste sie kurz vor der Promotion aufgeben, weil sie es wegen uns Kindern nicht mehr schaffte, ihre Doktorarbeit zu vollenden und für die zugehörigen mündlichen Prüfungen zu lernen. Erst mit 40, nachdem wir vier geboren waren, nahm sie ihr Studium wieder auf. Das Psychologiestudium traute sie sich wegen der langen Pause zwar nicht mehr zu, doch ihr Theologiestudium wollte sie unbedingt mit Erfolg abschließen. Trotz aller Anstrengungen kam es jedoch auch dazu nie mehr. Immer wieder schoben sich familiäre Angelegenheiten dazwischen.

Dennoch war meine Mutter nicht verbittert. Sie liebt ihre Familie wirklich über alles.

Mein Vater passt zu ihr. Trotz mangelnder Schulbildung ist er ein blitzgescheiter Mann, auf den man stolz sein kann. Er versteht es zum Beispiel, Menschen für sich einzunehmen und als Freunde zu gewinnen. Dabei macht er keinen Unterschied zwischen Hautfarben, Nationalitäten, Glaubensbekenntnissen. Trotz des Krieges und der geteilten Landesregierung, die Christen den Osten und Muslimen den Westen des Libanon zuwies, hatte er deshalb auch muslimische und drusische Freunde. Er mochte viele Leute. Viele mochten ihn. Man wusste, wenn jemand sein Auto nicht bezahlen konnte, reparierte mein Vater es umsonst. Zu Hause sagte er dann lachend zu meiner Mutter: »Dafür nehme ich das Doppelte von den Reichen.«

Wäre ich beispielsweise nach West-Beirut zu den Muslimen entführt worden, hätte mein Vater mich zurückgeholt. Entführungen waren damals nichts Ungewöhnliches. Sie passierten täglich. Doch dank der Beziehungen meines Vaters mussten wir nichts befürchten. Seine Freunde hätten ihm geholfen. Er hätte uns gerettet.

Charmant, gut gelaunt und großzügig, war er im ganzen Dorf und der Umgebung beliebt, meine Mutter aber war überall hoch angesehen. Wenn jemand gefragt hätte: »Welche Frau im Dorf ist diejenige, die wirklich fromm ist, die wirklich ordentlich ist, immer eine saubere Wohnung, immer gepflegte Kinder und Kleider hat?«, dann hätte jeder sofort meine Mutter benannt. Wegen ihrer klugen, einfühlsamen Art suchte man sie oftmals bei Problemen auf und bat um Rat. Für jeden hatte sie stets ein offenes Ohr und erzählte nie etwas weiter. Meine Mutter ist das, was man heute als starke Frau bezeichnet. Voller Leben, immer mit Herz und Seele bei allem, was sie macht. Sie ist ein Vorbild. Ich hab's nicht geschafft, so wie sie zu werden.

Sonntags gingen wir regelmäßig in die Kirche. Meine Familie ist von ganzem Herzen und mit voller Überzeugung katholisch und unserer maronitischen Glaubensgemeinschaft eng verbunden. Mein Vater verwaltete den Klingelbeutel, der während der Messe herumgereicht wurde. Ich selbst war Mitglied im Kirchenchor. Leider behaupteten alle, ich sänge reichlich schräg. Deshalb musste ich immer ganz hinten sitzen, denn wir hatten einen Lautsprecher an der Kirche, der die Messe kilometerweit übertrug. Kreischte ich im falschen Ton und Takt über dem Chor, klang das nicht gerade nach Engelstimmen.

Obwohl ich einsah, dass mein Gesang keine Bereicherung des Chores darstellte, fühlte ich mich verletzt, weil ich immer hinten stehen und quasi stumm bleiben musste. Ich wollte so gern, dass man auch meine Stimme vernahm. Es war so schön, das Echo zu hören, das draußen über die Dächer hallte. Eines Sonntags fasste ich deshalb einen Entschluss und dachte: »Wenn man mich schon nicht im Choral hören darf, dann aber wenigstens im Evangelium.« Und so kam es, dass ich mit sieben Jahren, als das erste Mädchen im Libanon, von unserem Priester verlangte: »Ich will heute das Evangelium lesen.«

Dieser schüttelte jedoch den Kopf. »Das geht nicht. Ich kann dich nicht vorlesen lassen. Schon gar nicht am Sonntag. Höchstens mitten in der Woche. Okay?«

Es war 9 Uhr. Um 10 Uhr fing die Kirche bei uns an. Zeit genug, einen Text zu üben und zu lernen. Also beharrte ich: »Ich les das heute. Oder ich steh vorne im Chor.«

Mein Vater, der zusammen mit mir zur Kirche gekommen war, hatte ein Einsehen mit dem armen Priester und fasste mich am Arm. »Lass es, Joumana. Bitte, das geht nicht.«

Trotzig fragte ich: »Hat Jesus Christus gesagt, es gibt ein Alter, ab wann man das Evangelium liest?« Der Priester wand sich. »Du kannst noch gar nicht richtig lesen. Du bist gerade erst in die Schule gekommen.«

Nun stampfte ich mit dem Fuß. »Doch, ich kann es lesen.«

So lief das eine Weile zwischen uns hin und her, aber ich ging nicht weg und gab nicht nach. Nicht einmal, als mein Vater mir zu befehlen versuchte. Ich rief bloß: »Baba, ich sag's dir, ich will dieses Evangelium lesen und keiner kann meine Meinung ändern.«

»Dann lass sie in Gottes Namen lesen«, sagte mein Vater und ergriff den Arm des Priesters. »Sie will das wirklich.«

Selbst wenn der Priester dagegen gewesen wäre, hätte er in diesem Moment nicht mehr anders entscheiden können. Es war halb zehn. In 30 Minuten sollte die Kirche beginnen. Er musste jemandem das Evangelium zur Lesung geben, doch niemand außer mir stand zur Verfügung. Und ich drängte: »Ich brauche den Text. Ich will das üben. Ich muss das üben, bevor ich da hingehe.« Also sagte er: »In Gottes Namen, lies.«

Und ich habe tatsächlich das Evangelium gelesen.

In meinem weißen Plisseerock stieg ich die Altarstufen hinauf und zitterte so, dass alle Fältchen bebten. Jeder konnte sehen, wie aufgeregt ich war. Der Text war aus dem Korintherbrief. Diesen Namen hörte ich zum ersten Mal. Ich musste zehnmal üben, ehe ich ihn aussprechen konnte. Aber ich stand und las, und die Gemeinde applaudierte. In der Kirche. So etwas hatte es bei uns noch nie gegeben.

Wann immer ich später aus Deutschland in den Libanon kam, ging es wie ein Lauffeuer durch unser Dorf: »Sie ist da! Sie ist da! Sie liest uns nicht nur das Evangelium, sondern auch noch die Fürbitten«, denn schon bald nach meiner ersten Lesung begann ich, zusätzlich die Fürbitten zu sprechen, und machte daraus meine ersten eigenen politischen Aufrufe. Zum Beispiel: »Wir bitten, dass die 10 452 Quadratkilometer unseres Landes Libanon geschützt sind; dass die Märtyrer, die im Krieg für unseren Glauben und unsere Demokratie starben, nicht umsonst gestorben sind; dass unsere Gebete um Freiheit und Demokratie erhört werden.«

So wurde ich mit sieben, acht Jahren politisch. Mit der Kirche habe ich angefangen, dann mit den Pfadfindern, den Scouts, weitergemacht. Ich war Jeanette, danach Guide; immer sehr religiös, sehr engagiert und bereit, Führungsaufgaben, Verantwortung zu übernehmen. Es war jedoch nicht leicht, sich auf den von Männern und Jungen dominierten Positionen zu behaupten. Oft hat man versucht, mich kleinzuhalten, obwohl ich wusste, dass meine eigenen Grenzen viel weiter waren als die mir zugebilligten. Manchmal ersehnte ich mir Unterstützung von meinen Eltern. Aber ich habe ihnen nie etwas von meinen Problemen erzählt. Ich konnte es nicht. Sie hatten genug eigene Probleme. Mit meinen wollte ich sie nicht auch noch belasten.

Wir Maroniten sind stolz auf unseren katholischen Glauben und haben bewiesen, dass wir lieber sterben, als ihn aufzugeben.

Unsere Glaubensgemeinschaft geht auf den heiligen Maron zurück, einen Freund des berühmten Redners Johannes Chrysostomos und Zeitgenossen des heiligen Antonius, welcher als »Vater der Mönche« in die Geschichte einging.

Als er im Jahr 410 nach Christus starb, hinterließ er am Ufer des Orontes die erste maronitische Glaubensgemeinschaft im Kloster »Mar Maroun«, das architektonisch so schön war, dass man es »Dair el Ballour«, Kristallkloster, nannte.

Rund 100 Jahre später starben hundert Mönche der neuen Glaubensgemeinschaft im Kampf gegen die Araber. Die Überlebenden gründeten im Libanongebirge das Volk der Maroniten, welches schon die Kreuzritter im Wadi Quadishat, dem Heiligen Tal, unterstützte und Gelehrte wie Pythagoras, Mochius, Euklid, Thales ins antike Rom entsandte und bis heute als »Bastion des Katholizismus und der verfolgten Christen im Osten« bekannt ist.

Als der Krieg ausbrach, teilte man die Armee des Libanon zwischen Pro-Syrern und Anti-Syrern auf. Die Pro-Syrer waren Muslime. Sie waren militärisch ausgebildet, verfügten über Waffen und anderes Kriegsgerät, wir Christen als Anti-Syrer nicht. Meine Leute hatten keine Kalaschnikows, sondern einfache Jagdgewehre, die man bestenfalls mit zwei Patronen laden konnte. Damit sind sie in den

Krieg gezogen. Und das nicht etwa im Jahr 1901, sondern 1975. Das ist nur 30 Jahre her.

Man kann sich kaum vorstellen, wie rückständig unsere Leute als Soldaten waren. Aber der Krieg brach plötzlich aus. Die Palästinenser wollten einen eigenen Staat im Libanon bilden, auf alle Fälle die Christen vernichten. Arafat, der spätere Friedensnobelpreisträger, der niemals Frieden halten konnte, sagte damals: »Der Weg nach Jerusalem führt durch Jounieh.« Jounieh ist eine libanesische Stadt am Mittelmeer, sonnig im Sommer und schneebedeckt im Winter. Das heißt, um nach Jerusalem zu kommen, wollte Arafat vom Süden bis zur Mittelmeerküste Libanons das Herz des Christentums erobern und dann weiter nach Jerusalem vorstoßen.

Seitdem bestimmte der Krieg das Leben im Libanon. Auch mein Vater war Mitglied einer Partei und »Militant«, wie wir sagten, kein Soldat, doch ein militärisch gedrillter Mann oder Jugendlicher mit einer Waffe, der für Kriegseinsätze zur Verfügung stand. Wenn er zu seinen »politischen Meetings« ging, drängte ich jedes Mal: »Nimm mich mit. Ich will auch zu euren Meetings.« Und mein Vater sagte immer: »Wenn du älter bist.« Dass ein Mädchen so etwas wollte, war ungewöhnlich. Normalerweise sprachen und kämpften nur die Jungen mit. Doch mein Vater verbot es mir nicht. Er kannte mich gut und wusste, welches starke Bedürfnis ich nach Frieden und Freiheit, nach Schutz für alle Bürger und uns als Christen entwickelt hatte.

In unserem Dorf erinnern sich alle, wie ich mit acht oder neun Jahren am Strand war und von einem zum anderen lief und sagte: »Ich werde Präsident. Werdet ihr mich wählen?« Damals sagten alle: »Ja!« Und als meine Mutter sich ein bisschen für mich genierte und sagte: »Ja, ja, sie träumt davon. Träumen darf man«, da widersprach ich: »Ich träume nicht davon, ich werde Präsident.«

Lange Jahre habe ich Palästinenser gehasst, weil sie uns den Krieg brachten und die Araber ihre Legionäre schickten. Aber wir haben uns gewehrt. Und ich war dabei. Ich hatte immer den Drang, Leben lebenswert zu machen. Und es war und ist nicht lebenswert im Libanon. Wir haben eine Diktatur, stehen unter syrischer Vorherrschaft und dem Diktat fremder Soldaten. Als wir zur »Cedar-Revolution« aufriefen, war ich beteiligt, auch wenn ich nur am PC gesessen habe. Darauf bin ich stolz.

Und noch heute manchmal, wenn Leute zu meinen Eltern kommen und sagen: »Was macht Joumana in Deutschland? Sie bringt unsere Pläne durcheinander. Sie agitiert gegen uns«, fragt mich meine Mutter, ob ich immer noch Präsidentin werden wolle. Sie hat meinen großen Traum nicht vergessen.

Im Deutschland der Gegenwart kann man sich kaum vorstellen, dass man bereits als Kind politisch interessiert ist. Wahrscheinlich begreift man das nur, wenn man im Krieg aufwächst und schon als Kind in gewisser Weise erwachsen sein muss. Wohl angeregt durch die Gespräche der Erwachsenen begeisterte ich mich früh für Bashir Gemayel, der aus dem Geist des Volkes sprach und handelte, bis er ermordet wurde, als er 34 und ich 13 Jahre alt war. Durch ihn begriff ich erstmals den globalen Gedanken dessen, was tatsächlich zwischen Amerika und Libanon passiert, warum die US-Marines in den Libanon gekommen waren, was es mit Tankern, Öl und Waffen auf sich hat, dass die Großmächte mit uns Schach spielen.

Bashir Gemayel beeindruckte mich tief, obwohl er von vielen Beschränkten als Verräter verachtet und letztlich auch dafür ermordet wurde, dass er Israel als Staat anerkannte. Er war mein Vorbild. Aber ich wusste nie, wie man Politiker wird.

Deshalb dachte ich: »Ich werde zuerst einmal Ärztin. Präsidentin werde ich dann von selbst.« Bei uns Christen hieß es immer: »Entweder du wirst Arzt oder Ingenieur, dann hast du es geschafft im Leben.«

Heute erkläre ich meinen Kindern, dass wir nicht nur Eliten, sondern eine starke, gut ausgebildete Arbeiter- und Handwerkerschicht brauchen und dass für sie ebenso viel oder sogar mehr investiert werden muss als für Studenten. Das ist kein kommunistischer Gedanke. Davon distanziere ich mich absolut. Aber jeder Mensch muss wissen, dass er wichtig für die Gesellschaft ist, ganz egal, ob er geistig oder mit der Hand arbeitet. Wichtig ist nur, dass er etwas Gutes, dass er sein Bestes tut und sich daran beteiligt, die Gesellschaft zu fördern und zu erhalten.

Ich war acht Jahre alt, als mein Vater wegen seiner Arbeit immer wieder nach Deutschland zog. Er bekam sogar sein Kraftfahrzeugmechaniker-Zertifikat von einem deutschen Lehrer bei VW in Wolfsburg. Jedes Mal wünschte ich mir von ihm: »Bring mir bitte ein deutsches Buch mit, damit ich Deutsch lerne.«

Eines Tages brachte er mir tatsächlich ein kleines Buch mit, das hieß: *German without Spoil.* Da ich damals in der Schule schon Englisch lernte und das Buch auf Deutsch und Englisch geschrieben war, fing ich an, mir selber Deutsch beizubringen. »Guten Morgen. Achtung, Achtung!«, das waren meine ersten Worte.

Mit Kriegsbeginn trat außerdem ein Mann in unser Leben, Pierre Gemayel, der unsere jungen Männer zu Frontkämpfern drillte. Er war 1932/33, Fußballer und Schiedsrichter in einer deutschen Fußballmannschaft gewesen und sehr beeindruckt von den Deutschen, ihrer Disziplin, ihrer Entschlossenheit und ihrem militärischen Drill. Unter seinem Einfluss wurden wir wie Spartaner zu »Phalangisten« ausgebildet und schauten viele Filme von den Nazi-Prozessen nach dem Krieg und Holocaust-Filme in Schwarz-Weiß an. Leidenschaftlich diskutierten wir darüber, wie großartig das Nachkriegsdeutschland seine Vergangenheit meisterte und wieder zu neuem Ansehen in der Welt gekommen ist. Als ich klein war, wurde es so für uns Kinder und junge Menschen zum vorbildlichen Ziel, wie Deutsche oder tatsächlich Deutsche zu werden. Vor allem die Leistungen der deutschen Trümmerfrauen und Wirtschaftswunderfrauen faszinierten mich. So eine starke deutsche Frau wollte ich auch werden.

Nun habe ich nicht nur in Deutschland studiert, zu Beginn des Jahres 2004 fast gleichzeitig mein Diplom in Betriebswirtschaft absolviert und eine Prüfung vor der Industrie- und Handelskammer zur Industriekauffrau abgelegt, habe jahrelang als Sprachlehrerin an verschiedenen Volkshochschulen gearbeitet und drei Kinder von Deutschen bekommen, sondern bin sogar deutsche Staatsbürgerin und Mitglied in der CDU geworden, deren Parteiprogramm mir als Maronitin und mehrfacher Mutter gefiel. Ich wollte mich integrieren, weil ich Deutschland liebte und bewunderte. Und im Gegensatz zu den meisten Deutschen, die ich kennen gelernt habe, war ich stolz auf dieses Land, auf seine Leistung, seine Kultur, auf seine Gesetze und seine Politik, vor allem aber darauf, wie man die Nazizeit überwand, mit der deutschen Teilung umging und immer darum kämpfte, wiedervereint zu werden. So, wünschte ich mir, müsste es auch im Libanon sein.

Während der Zeit, in der ich als Sprachlehrerin arbeitete, um den Lebensunterhalt für meine Familie zu finanzieren, erschütterte es mich deshalb oftmals, wie schlecht meine Schüler über Deutschland sprachen und sich schämten, Deutsche zu sein, Deutsch zu sprechen und deshalb versuchten, sich hinter einer anderen Sprache zu verstecken. Ich ermahnte sie oft: »Redet nicht so abfällig über Deutschland. Ihr müsst stolz sein auf euer Land und dass ihr Deutsche seid. Ihr wisst gar nicht, was für ein tolles Land das ist und wie gut es euch geht. Wie könnte ihr euer eigenes Land verachten? Wer sein Land verachtet, verachtet sich selbst.«

»Psst, Joumana!«, sagten dann viele. »So darfst du in Deutschland nicht reden. Wenn du so was sagst, denkt jeder sofort, dass du ein Nazi bist.«

Ich empfand mich als Musterdeutsche. Gesetzestreu, wollte ich alles richtig machen in meinem neuen Land und dessen Bruttosozialprodukt steigern. Mit Wirtschaftsflüchtlingen, die in Deutschland arbeitslos herumlungerten und nicht arbeiten wollten, hatte ich nichts gemein. Wie deutsch ich meine Kinder erzogen habe, fiel mir auf, als ich in Italien die Post aus dem Briefkasten holte, ein Schreiben meines Rechtsanwalts aufriss und bei der Lektüre aufschrie: »Ich hasse die Deutschen!«, weil ich voller Wut und Verzweiflung über die deutschen Richter war, die alles blind zu glauben und zu tun scheinen, was die Mitarbeiter des Jugendamtes aussagen und verlangen. In diesem Moment kamen nämlich meine Söhne aus ihrem gemeinsamen Kinderzimmer, sahen mich an und riefen: »Mama, wir sind auch Deutsche.«

Ich nahm sie spontan in die Arme und war so stolz auf sie, weil sie ihr Land und ihre eigene Ehre verteidigten, so klein sie auch waren. Sie hatten ja Recht. Man hasst einzelne Personen, nicht »die Deutschen«. Im Gegenteil, es gibt Deutsche, die ich liebe, weil sie meine Freunde sind, mir immer geholfen haben. Und es ist das Geburtsland meiner Kinder. Ich werde es ihnen nicht aus der Seele reißen.

Heute denke ich, mein Geist und ganzes Wesen sind das Ergebnis all der verschiedenen kulturellen Einflüsse, die auf mich einstürmten. Es ist wie bei einem Berg, der durch die Umgebung beeinflusst wird und erodiert. Aber der Berg meiner Seele ist nicht an der gleichen Stelle geblieben, sondern wurde transportiert von Platz zu Platz und hat von jeder Umgebung etwas anderes bekommen. Deshalb wachsen zum Beispiel nicht nur seine ursprünglichen, natürlichen Bäume in den Spalten und Falten meiner Seele, sondern Zedern und Pinien aus dem Libanon, Birken aus Deutschland, Zypressen aus Italien, Platanen aus Frankreich. Meine Seele ist ein Multikulti-Berg.

Wie ein Berg fühlte ich mich oftmals auch als Kind, wenn ich allein mit meinen Problemen fertig zu werden versuchte. Allein und schweigend, den Kopf in den Wolken. Ich war nie der Typ, der sich leicht offenbarte. Meine Freunde waren dazu da, dass wir uns gemeinsam die Zeit vertrieben. Doch wenn ich Schwierigkeiten hatte, blieb ich allein, zog mich zurück und grübelte, um Lösungen zu finden. Manchmal fand ich es schlimm, die Älteste von uns Kindern zu sein. Wie gern hätte ich eine ältere Schwester gehabt, sie um Rat gefragt. In meinem Kopf steckte so viel Wissen. Ich las Lexika wie andere Romane, war ein Ass in Biologie. Zugleich aber wusste ich so wenig von den Dingen des Lebens, von der Liebe, von dem, was zwischen Mann und Frau passiert, von dem, was sich in mir selbst abspielte. Stattdessen kamen alle zu mir, wenn sie Hilfe brauchten, ich hingegen hatte niemanden. Was hätte ich von meinen Geschwistern verlangen sollen? Sie sind jünger als ich, waren kleiner, schwächer, unerfahrener.

In Deutschland hat man ein kluges Sprichwort: »Was dich nicht umbringt, macht dich stark.« Das kannte ich damals zwar nicht, doch es trifft zu. Ich lernte, mich auf mich selbst zu verlassen und fand gerade darum als Jugendliche Freunde, mit denen ich bis heute befreundet bin, obwohl wir über die ganze Welt verstreut sind. Diese Freundschaften gehen auf Leben und Tod, wenn es sein muss. Das bewies sich auch, als das Jugendamt mir meine Kinder weggenommen hatte. Ohne das Netzwerk dieser Freundschaft hätte ich es nicht geschafft, sie zu mir zurückzuholen.

Zweifellos hätte ich als Kind und Jugendliche meine Eltern um Unterstützung bitten können und ganz sicher hätten sie mir geholfen. Aber es wäre mir nie eingefallen, sie inmitten des Krieges und unseres Überlebenskampfes mit meinem Kinderkram zu belasten.

In einem Punkt suchte ich allerdings immer Hilfe und Rat bei meinem Vater und zwar, wenn es um Fahrzeuge ging. Als ich ein kleines Kind war, beschaffte er uns durch seine Beziehungen als Mechaniker so etwas Rares wie Fahrräder. Ab meinem achten Lebensjahr ging es um Autos. Normalerweise dürfen Jugendliche im Libanon wie in Deutschland mit 18 Jahren den Führerschein erwerben. In Kriegszeiten nahm es damit niemand so genau. Es gab kaum öffentliche Verkehrsmittel. Wollte ich zur Schule kommen, musste ich selbst fahren. Also brachte mir mein Vater schon mit acht Jahren die Anfänge des Autofahrens bei. Einmal habe ich dadurch sogar meinen Geschwistern und mir das Leben gerettet. Wir saßen damals im Mercedes meiner Tante, den sie an einer abschüssigen Straße abgestellt hatte, und mein kleiner Bruder löste die Handbremse. Hätte ich das ungebremst abwärts rollende Auto nicht lenken können, wären wir alle die Straße hinunter und über eine Klippe in den Abgrund gestürzt.

Da ich ziemlich groß gewachsen war und meine Eltern erkannten, dass ich umsichtig fuhr und problemlos einen Lastwagen rückwärts durch enge Gassen und sogar den Caterpillar fahren konnte, den mein Onkel auf dem Feld brauchte, gab mir mein Vater mit zwölf Jahren die Fahrerlaubnis und mein erstes eigenes Auto, einen hellblauen Passat mit Automatikgetriebe. Als Automechaniker hatte er mindestens zehn dieser Autos auf dem Hof stehen, die er wieder fahrbereit machte oder als bewegliches Ersatzteillager benutzte. Der Passat war vielleicht 200 Lira wert. Daher spielte es keine große Rolle, ob ich mal die eine oder andere Beule ins Blech fuhr. Trotzdem passierte mir bis zu meinem 14. Lebensjahr kaum etwas. Erst mit den weiteren Wegstrecken, die ich nun zurücklegte, hatte ich öfter mal einen Unfall und musste dann meinen Vater um Hilfe bitten. Zu dieser Zeit nahm ich gelegentlich Freunde mit, mit denen ich mich unterhielt, anstatt mich auf das Fahren zu konzentrieren und aufzupassen.

Vergleiche ich das mit späteren Fahrten, hatte ich damals nicht das Gefühl für Gefahren, die beim Autofahren lauern, sondern empfand es ungefähr so wie im Autoskooter auf dem Schützenfest. Man setzte sich rein und fuhr los. Machte es: »Bumm!«, war ein bisschen Blech kaputt. Dass auch ich kaputt sein könnte, war mir theoretisch klar, aber nicht wirklich bewusst.

Insgesamt habe ich auf diese Weise 14 Unfälle gebaut. Jedes Mal rief ich meinen Vater an. Er kam, gab mir die Schlüssel von einem anderen Wagen und sagte: »Fahr mal nach Hause jetzt.« Dann schleppte er das kaputte Auto ab und richtete es wieder her. Er hat mich nie dafür kleingemacht. Nie. Auch meine Mutter nicht. Beide ermahnten mich nur: »Schrott ist Schrott. Aber du musst besser aufpassen, damit dir nichts passiert.«

Wenn sie geschimpft hätten – vielleicht wäre ich heute nicht mehr am Leben. Dass sie mir die Verantwortung für meine Sicherheit gaben und mich ebenso anständig behandelten wie die Erwachsenen, die mit ihrem kaputten Fahrzeug zu meinem Vater in die Werkstatt kamen, nahm mich in die Verantwortung. Ich wusste, es ist allein meine Sache, auf mich aufzupassen und mich besser zu konzentrieren, um unfallfrei zu fahren. Diese Verantwortung bewirkte, dass ich dem Anspruch genügen und das Vertrauen rechtfertigen wollte, welches sie in mich setzten. Es war eine Herausforderung, die ich erfüllen wollte. Sobald ich das verstanden hatte, baute ich keine Unfälle mehr.

Damals ahnte ich nicht, dass mir eines Tages meine im Libanon erworbenen Fähigkeiten, unter den schwierigsten Bedingungen souverän Auto zu fahren und bei noch so heftigen Zusammenstößen weder die Nerven noch die Kontrolle über mein Fahrzeug zu verlieren, helfen würde, meine entführten Kinder zu retten und nach Hause zurückzuholen.

Auf so mancher meiner Autofahrten im Libanon hatte ich sicher einen Schutzengel. Auf den Fahrten mit Maja zum Beispiel, einem etwas jüngeren Mädchen aus meiner Schule, deren Nachbarin meine Freundin war. Maja musste bei ihrer Oma aufwachsen, weil der Vater zu Kriegsbeginn mit dem Flugzeug abgeschossen worden war und die Oma ihre Schwiegertochter hasste, als diese sich neu verheiratete. Seitdem waren acht oder neun Jahre vergangen, und Maja hatte ihre Mutter nie mehr gesehen. Sie vermisste sie aber schrecklich und war deshalb oft traurig.

Als ich davon erfuhr, dass sie nicht wusste, wo ihre Mutter lebte, fragte ich meinen Vater danach, der gelegentlich mit ihrem Stiefvater auf die Vogeljagd ging. Dann sprach ich Maja in der Schule an: »Wenn du jemals deine Mutter sehen willst, ich kann dir helfen. Ich weiß, wo sie ist, und bringe dich hin.«

Maja zögerte. Sie wollte ihre Mutter zwar gern sehen, fürchtete sich aber vor der Oma, die recht garstig sein konnte. Erst zwei Tage später kam sie auf mich zu: »Ich möchte zu meiner Mutter. Ich fahre mit dir.«

Majas Mutter wohnte etwa 60 Kilometer entfernt. Um zu ihr zu kommen, musste ich über enge, kurvenreiche Straßen einen steilen Berg hochfahren. Auch wusste ich, dass Majas Oma mir Ärger bereiten würde, wenn sie davon erführe. Trotzdem hatte ich ein reines Gewissen. Schließlich war es eine gute Tat, mit der ich Mutter und Tochter half, wieder zusammenzukommen. Und als christlich denkende Pfadfinderin hielt ich mich strikt an die Weisung: »Jeden Tag eine gute Tat.«

Als wir ankamen, begleitete ich Maja zur Haustür, da sie sich allein nicht traute. Majas Mutter machte auf. Sie erkannte ihre Tochter sofort. In meiner Vorstellung hätten sie weinen und sich ganz fest umarmen müssen. Stattdessen saßen sie seltsam kalt im Wohnzimmer und redeten kaum und schauten sich an. Irgendwann merkte ich, dass die Mutter ihre Tränen nur deshalb beherrschen konnte, weil Maja so glücklich war. Da versprach ich: »Wenn ihr euch sehen wollt, kann ich sie immer mit dem Auto bringen.« Doch der Stiefvater bedankte sich und sagte: »Nein, wir wollen zusehen, dass die Maja jetzt für immer zu uns kommt.«

Die Mutter hatte mittlerweile andere Kinder von ihrem zweiten Mann. Aber auch Maja hat ihre Mutter sehr gebraucht. Als Kind ist es unvorstellbar, ohne die eigenen Eltern zu sein. Sie sind so selbstverständlich zugehörig, dass es keinen Zweifel an ihrer Verfügbarkeit gibt. Wenn man davon hört, dass andere Kinder ihre Eltern verloren haben, hat man keinerlei Vergleich dafür in sich, wie sich das anfühlt, ohne sie zu sein. Man denkt: »Das muss schlimm sein.« Trotzdem hat man kein Maß für dieses Schlimm. Maja lebte mir dieses Leid sichtbar vor, so dass ich damals schon begriff, wie es ein Kind innerlich zerstört, wenn ihm die Mutter genommen wird, und ich mir vornahm, dass ich meine Kinder niemals verlassen würde, auch nicht für einen Mann.

Alle Eltern im Libanon hatten zu dieser Zeit Angst, der Krieg werde ihre Kinder unmoralisch machen. Deshalb waren sie sehr streng und hielten darauf, dass ihre Töchter nicht unbegleitet ausgingen. Als ich 16 war, musste mein drei Jahre jüngerer Bruder mich auf eine Schulfeier begleiten. Und mit fast 20, als ich heiratete, war ich immer noch Jungfrau. Verliebt zu sein und gleich Sex miteinander zu haben, war bei uns tabu. Daran hielten sich die Mädchen wie die Jungen. Trotzdem haben wir uns verliebt und füreinander geschwärmt und Händchen gehalten und uns geküsst.

Mit 14 war ich zum ersten Mal unsterblich verschossen. Er hieß Felix und war ein älterer Schulkamerad, in den auch meine beiden Freundinnen verknallt waren. Nur er wusste nichts davon, dass er der Traum unserer schlaflosen Nächte war. Seinetwegen habe ich ein Schulprojekt über die Gesundheitsschädlichkeit des Rauchens gemacht. Leider war es trotz der guten Benotung wohl nicht sonderlich überzeugend, denn mit 17 fing ich selbst an zu rauchen. Damals hatte ich mich in Joseph verliebt, einen Adonis mit griechischer Nase und meerblauen Augen, der als »Militant« immer Uniform trug und schon allein deshalb ein richtiger Mann für mich war. Mit ihm habe ich meine erste und zugleich letzte Haschischzigarette geraucht.

Als ich an jenem Abend nach Hause kam, öffnete mein Vater mir die Tür und roch es sofort. Ich kam herein, grüßte: »Hi, Baba!«, und schon hatte ich eine Ohrfeige gefangen. Mein Vater hatte mich vorher vielleicht einmal geschlagen. Jetzt war er zornig, aber vor allem enttäuscht. »Joumana, das war nicht das, was ich mir vorgestellt hatte mit dir«, sagte er. »Morgen gehen wir zum Psychologen.«

Am nächsten Morgen brachte er mich tatsächlich zu dem Hospital, in dem zur Welt gekommen war, um mich einem Psychologen vorzustellen. Aber was für eine Schande war das! Er hatte alle meine Tanten angerufen, alle meine Cousinen. Zusammen saßen sie da im Wartezimmer und wussten: »Joumana hat Haschisch geraucht.« Alle starrten mich, das Mädchen, an, von dem alle sagten, wie schlau es sei, weil es schon so viele Bücher gelesen habe. Und nun hatte ausgerechnet dieses über den grünen Klee gelobte Mädchen Haschisch geraucht. Wie peinlich war das! Ich brauchte nicht zum Psychologen zu gehen. Der Aufmarsch im Flur war schon die Therapie. Nie wieder habe ich Haschisch geraucht.

Siebzehn, das sind Joseph und mein erster Kuss, der erste Liebeskummer und gleichzeitig das erste Mal das Bewusstsein, mich in den

Augen der Männer zu spiegeln, wenn sie mich ansahen. Irgendwann stellte mein Onkel aus Afrika zum Spaß eine Liste der Verehrer zusammen, von denen er glaubte, dass sie vor mir Schlange stünden. Darüber haben wir uns sehr amüsiert. Als ich das Abitur gemacht hatte und im Libanon Medizin zu studieren begann, war Jean-Claude seine Nummer siebenundzwanzig, aber meine Nummer eins.

Jean-Claude war ein großer, wilder Junge mit einem Cabrio, der mich bei uns zu Hause im Dorf auf dem »Cirque d'église«, dem Kirchplatz, auf dem wir als Kinder gespielt und Wasser am Brunnen geschöpft hatten, abholte. Ich war so stolz, wenn er auf diesem Platz, der seit eh und je der Ort für das Stelldichein der Verliebten war, vorfuhr. Als ich jünger war und zusah, wie sich die Pärchen dort trafen, träumte ich davon, wie ich mich ebenfalls dort verabreden und meinen Liebsten treffen würde. Jetzt war es so weit. Glücklich stieg ich zu Jean-Claude ins Auto und brauste mit ihm davon.

Obwohl wir mittlerweile erwachsen und Studenten waren, respektierte auch Jean-Claude, dass ich keinen vorehelichen Sex wollte. Als er nach Kanada auswanderte, war ich sehr traurig, so dass meine Eltern mir erlaubten, einige Zeit in Paris zu studieren. Das half mir, mit der Trennung fertig zu werden.

Die Universität in Saint Antoine ist eine christliche Einrichtung, die von Jesuiten gegründet wurde. Ich war eine von 3000 bis 4000 Bewerberinnen um einen von 200 Studienplätzen. Die Anforderungen der Aufnahmeprüfung waren hoch. Aber mit ein bisschen Mogeln, ein paar Tränen und solidem Wissen habe ich es geschafft, dort zu studieren.

Wäre ich in Paris geblieben, hätte mein Leben vermutlich eine ganz andere Wende genommen. Vielleicht hätte ich Bernhard geheiratet, der mich liebte und mir immer neue Heiratsanträge machte. Aber nach einem Semester kehrte ich nach Hause zurück, um meine Studien im Libanon fortzusetzen. Hätten meine Eltern geahnt, dass ich kam, um einen Brieffreund aus Deutschland näher kennen zu lernen, der mir einen Heiratsantrag gemacht hatte, hätten sie mich sicher nicht nach Hause kommen lassen, sondern sich gern das Geld für ein weiteres teures Auslandsstudiensemester vom Munde abgespart.

Nick, der Mann, mit dem ich den Libanon und meine Eltern für immer verließ, ist der Vater meiner Tochter Valeria, meines ersten Kindes. Sein Vater ist Libanese, seine Mutter Deutsche. Als wir uns kurz vor meiner Abreise nach Paris zum ersten Mal sahen, war er seit zehn oder fünfzehn Jahren nicht im Libanon gewesen. Gleich bei unserer ersten Begegnung erklärte er: »Dieses Mädchen werde ich heiraten.« Ich lachte nur. »Da kannst du lange träumen. Wer mich heiraten will, muss sich sehr anstrengen.« Er blieb jedoch ernst, bat mich um meine Adresse in Paris, weil er mir schreiben wollte. Irgendwie imponierte mir seine Hartnäckigkeit.

Was für ein Fehler, mich auf diesen Mann einzulassen! Wie oft habe ich darüber nachgedacht, ob ich auch so naiv und dumm gewesen wäre, auf seine Komplimente und Sprüche hereinzufallen, hätten meine Eltern meine Jungfräulichkeit nicht wie das Tor zum Paradies bewacht, sondern mir in aller Natürlichkeit die Chance gelassen, mich nicht zu einer Art Kopffüßler zu entwickeln, dessen gesamte Körpererfahrung aus grauer Theorie bestand, sondern zu einer Frau, die weiß, was sie von einem Mann will und braucht, um mit ihm glücklich sein zu können.

Als ich heiratete, hatte ich noch nie einen nackten Mann gesehen, geschweige denn berührt. Ich wusste rein theoretisch alles, schließlich studierte ich Biologie und Medizin. Aber wie das am echten Leib aussieht, wie es sich anfühlt, nichts; da war »Tabula rasa« in meinem Kopf und in meiner Seele. Nicht einmal später, als ich verheiratet war, verstand ich wirklich, was da vorging. Sexuelle Kontakte ergaben sich. Er konnte mit meinem Körper machen, was er wollte, weil ich seine Frau war. Ich wusste, es gehört dazu. So lange hatte ich darauf gewartet. Ich wollte wissen, was das ist: Sex. Aber ich verstand es nicht. Auf dieselbe Weise rauchte ich eine Zigarette und trank und aß. Es gehörte dazu. Das ganz selbstverständliche, natürliche, unverkrampfte Frausein mit seinem Wissen um die eigenen Bedürfnisse und seinem Respekt vor dem eigenen Recht auf die Erfüllung dieser Bedürfnisse, all das war über dem Zwang zur Jungfräulichkeit und dem Aufsparenmüssen für den Einen, Ersten und Einzigen, über all dem Gedanken an die Sünde und der Angst vor einer verfrühten Schwangerschaft ohne Hochzeit an mir vorbeigegangen. Es dauerte Jahre, ehe ich mich selbst als Frau erkannte. Jahre, in denen ich wie eine Seidenraupe in ihrem Kokon eingesponnen war und alles dafür gegeben hätte, mich häuten, eine andere werden zu können.

Das alles soll meine Tochter Valeria nicht durchmachen müssen. Ein Mädchen muss wissen, dass es seine Mutter auch in diesen Angelegenheiten jederzeit um Hilfe bitten kann. Als ich meinem Mann das Jawort gab, konnte ich das nicht.

Nick ist Deutscher. Ihn zu heiraten, hieß, einen deutschen Pass zu bekommen und in Deutschland zu leben, diesem perfekten Land, in dem ich ganz bestimmt niemals mehr Not leiden, keinen Krieg, keine Unterdrückung, sondern Freiheit und Demokratie erfahren würde. Als Deutsche würde ich mehr für mein Land tun können als vor Ort im Libanon. Diese Vorzüge machten Nick sehr attraktiv.

Um meine letzten Bedenken zu zerstreuen und uns Gelegenheit zu geben, einander nicht nur auf dem Papier, sondern leibhaftig kennen und lieben zu lernen, versprach Nick, mir Bedenkzeit zu geben. Sobald ich aus Paris zurück im Libanon wäre, wollte er für drei, vier Monate aus Deutschland in unser Dorf kommen. Wir würden viel Zeit miteinander verbringen und am Ende heiraten. Ich war neunzehn Jahre und sechs Monate alt, als er kam.

Nick zeigte sich von seiner Schokoladenseite, nannte mich seine phönizische Königin, seine Göttin, seine Prinzessin. »Er sieht mich wirklich als Frau«, dachte ich und war entzückt. »Nicht als Kriegskumpan, nicht als Kumpel, mit dem man Pferde stehlen kann. Er weiß, wie man mit einer Frau umgeht. Er versteht mich.«

Er versprach mir, dass ich selbstverständlich in Deutschland studieren könnte. Die deutschen Unis, schwärmte er, wären die besten der Welt. Er würde mir helfen, einen Studienplatz für Medizin zu bekommen. Und wenn ich Arzt wäre, könnte ich eine eigene Praxis haben. Um die Kosten müsse ich mir keine Gedanken machen. Er als Mitbesitzer und Erbe der gut gehenden Kneipe seiner Eltern stehe finanziell auf sicheren Beinen. Alles schien wie im Märchen.

Nick sorgte sogar dafür, dass ich ihn in aller Unschuld nackt sehen konnte und quasi die Katze nicht im Sack kaufen würde, wenn ich ihn nähme. Es war am Strand. Wir verbrachten viel Zeit dort. Oftmals ruderten wir abends mit meinen jungen Verwandten und Freunden zusammen aufs Meer hinaus, sprangen über Bord und badeten. Die anderen Mädchen trauten sich nicht. Ich schon. Anschließend zogen wir mit nassen Haaren in eine Bar, und ich verdiente uns das Abendessen mit einem Tanzsolo, für das die Gäste im Lokal gern ein paar Münzen lockermachten und meinen Freunden in die Hand drückten, die sie lachend einsammelten. Nicks Augen glitzerten, wenn ich tanzte. Das gefiel mir.

Eines Abends blieben wir bis in die Nacht hinein am Strand. Wir hatten einen guten Platz für ein Lagerfeuer gefunden. Irgendwann zog Nick sich plötzlich die Badehose aus und ging nackt schwimmen. Ich konnte ihn von hinten sehen. Der Feuerschein war hell genug. Doch als er aus dem Wasser zurückkam, wagte ich nicht, ihn anzusehen. Mein Herz raste vor Schreck und Scham und Verlegenheit, und ich versteckte mein Gesicht, sah zur Seite und bat ihn, sich wieder anzuziehen. Er tat es sofort. Er hat nie versucht, sich mir aufzudrängen oder mich anzurühren, wenn ich das nicht wollte. Keiner hat das versucht. Wir wussten alle, dass es eine Grenze gibt. Das war ein stillschweigendes Abkommen. Man konnte sich umarmen und streicheln, sich küssen, aber wo die Grenze war, war die Grenze. Man wusste von mir, das Mädchen ist Jungfrau, sie kommt aus einer respektablen Familie, mit der spielt man nicht. Wenn mit ihr etwas falsch läuft, musst du sie heiraten, oder ihr Vater bringt dich um.

Meine Eltern wollten nicht, dass ich Nick heiratete. Meine Mutter weinte und warnte mich vor dem intellektuellen Gefälle zwischen uns. Es könne nicht gut gehen mit uns beiden, meinte sie, weil Nick nicht nur ungebildet, sondern wenig intelligent sei.

»Quatsch!«, widersprach ich. »Das ist mir doch alles egal. Hauptsache, die Gefühle zwischen uns sind da. Und Nick liebt mich.«

»Er ist nicht wie dein Vater«, widersprach meine Mutter. »Dein Vater war immer stolz darauf, dass ich eine bessere Bildung habe als er. Nick ist anders. Und ihr werdet nicht im Libanon leben, sondern in Deutschland. Das ist eine andere Gesellschaft. Heirate ihn nicht.« Doch ich hörte nicht auf sie. Sie hatte ihre Erfahrungen, ich machte meine eigenen. Was bei ihr schwarz war, konnte bei mir rot sein. Dies war mein Leben. Und das lief nach meinem eigenen Kopf, das bestimmte ich. Dachte ich.

Erst als wir die Hochzeitseinladungskarten verschickten, fand meine Mutter sich in das Unvermeidliche und meinte, nun sei die Entscheidung gefallen, jetzt gebe es kein Zurück mehr. Sie begann, die auf sie entfallenden Hochzeitsvorbereitungen zu treffen, und verlor kein weiteres Wort darüber, dass ich es mir anders überlegen solle.

Für meinen Vater hingegen war selbst das kein Grund, Nick zu heiraten. Er merkte wohl besser, dass ich hinter der Fassade der stolzen Braut auf einmal weiche Knie bekam und meiner Sache keineswegs mehr völlig sicher war. Noch am Hochzeitstag, als ich zum Friseur fuhr, meinte er: »Wenn du ihn nicht haben willst, dann pfeif auf die Einladungen und die Leute, Joumana. Heirate ihn nicht! Ich weiß, du bist unglücklich. Ich habe noch nie so eine unglückliche Braut gesehen.«

Es stimmte, ich war unglücklich. Immer hatte ich von Deutschland geträumt. Aber eher, wie man von einem Millionengewinn im Lotto träumt. Auf einmal wurde es wahr. Plötzlich sollte ich den Libanon, meine Eltern, meine Familie, meine Freunde, alles verlassen. Es tat weh, sie zu verlassen. Und in stillen Minuten dämmerte auch eine Ahnung in mir herauf, dass das Leben mit Nick in seinem Land nicht unseren libanesischen, sondern seinen Regeln folgen würde, die ich nicht kannte. Hier, nach unseren Regeln, war es gut gegangen mit uns. Aber dort?

»In Deutschland ist eine andere Gesellschaft, Joumana«, warnte mein Vater. »Er wird dich vielleicht verprügeln.« Ich sah ihn an. »Das passiert im Libanon auch.«

Er nickte. »Aber da ist keiner, der dich beschützt. Hier, die wissen genau, ich kann ihnen die Ohren lang ziehen. Aber dort? Ich bin weit weg. Ich kann nicht schnell Stopp sagen.«

Mein Vater, der so mutig und stolz ist, hatte Angst um sein Mädchen. Meine Mutter auch. Es rührte mich zutiefst und zerriss mich innerlich fast vor Liebe zu ihnen. Aber Nick, der mein Schwanken spürte, hielt mich mit seinen Beteuerungen, wie sehr er mich liebe, wie herrlich unsere Ehe in Deutschland sein würde und dass er ohne mich nicht leben könne.

Leider habe ich die Eigenart, Menschen nicht nach ihrer Vergangenheit zu fragen. Ich will mich niemandem aufdrängen, niemandem zu nahe treten. Ich frage die Menschen auch nie, was sie gegenüber anderen gefühlt haben. Das ist wahrscheinlich ein Fehler von mir. Aber ich denke, der Mensch ist durch seine Erfahrungen, durch die Umstände oder die Menschen, die er angefasst oder geküsst hat, so geworden, wie er ist. An dem Tag, an dem ich ihn treffe, ist er dieser Mensch. Mit seiner Vergangenheit habe ich nichts zu tun. Ich war darin nicht existent. Ich habe diesen Menschen nicht geformt. Ich kann ihn erst von dem Moment an formen, in dem ich da bin. Und das passiert, ob man das will oder nicht; man wird von anderen beeinflusst. Das ist *anima*, dieser reziproke Tausch durch die Begegnung. Das habe ich früh verstanden und Nick deshalb nie gefragt, was er vor mir in Deutschland gemacht hat, ob er eine Freundin hatte, was seine Eltern von mir denken und von unserer Hochzeit halten.

Ich war an dem Nick interessiert, den ich kannte, so, wie er war. Er war 24 und in meinen Augen absolut erwachsen. Er wollte mich heiraten. Er hatte seit Monaten von nichts anderem gesprochen und mir davon bereits aus Deutschland geschrieben. Er war in den Libanon gekommen, um sich mir als angehender Bräutigam vorzustellen. Also ging ich ganz selbstverständlich davon aus, dass er seine Eltern darüber informiert hatte und diese voll und ganz mit seiner Wahl einverstanden waren. Warum auch nicht? Ich war ein nettes, gebildetes, beliebtes und gut aussehendes Mädchen aus einer angesehenen Familie. Ich studierte Medizin. Mit mir musste man sich nicht schämen. Kein Mann hatte mich vor der Ehe besessen und entehrt. So mancher hätte gern mit Nick getauscht. Ich kam gar nicht auf die Idee, dass seine Eltern etwas gegen mich haben könnten.

Genauso war es mit seinem Liebesleben. Dass er schon mal eine andere Frau geliebt, geküsst und mit ihr geschlafen hatte, konnte ich mir denken. Aber ich dachte gar nicht darüber nach. Es betraf mich nicht. Es machte mich nicht eifersüchtig. Ich wollte nichts davon wissen. Selbst wenn ich Nick gefragt hätte, hätte ich mir kein Urteil erlaubt. Wie denn? Ich hatte absolut keine Erfahrung. Ich hatte noch nie mit einem Mann geschlafen, lediglich ein paar Jungs geküsst. Und ich wollte nicht mit ihm in der Vergangenheit leben, sondern in der Gegenwart. Zusammen mit ihm wollte ich sogar meine eigene Vergangenheit für immer hinter mir zurücklassen. Ich plante meine Zukunft mit ihm und hoffte voller Zuversicht auf Glück und Frieden in seinem Land. Hoffnung ist wie der Frühling. Sie erneuert das Leben, den Zyklus des Daseins. Hoffnung ist, was morgen ist.

Übersehen hatte ich, dass man sich nicht nur in der Weltgeschichte auskennen muss, sondern auch die eigene Vergangenheit braucht, um die Gegenwart zu verstehen und Zukunft zu gestalten. Es ist nicht nur dieses Ex und Hopp: »Was geschehen ist, ist geschehen. Wir fangen neu an.« Hätte ich Nick gefragt, hätte er mir vielleicht von seiner blonden, blauäugigen Exfreundin in Deutschland erzählt. Da ich nicht fragte, entdeckte ich ihr Foto erst nach unserer Hochzeit in seiner Brieftasche. Und erst als ich es wütend zerriss, merkte ich an seiner Reaktion, dass dieser Teil seiner Vergangenheit einen gewissen Raum in seiner Gegenwart einnahm.

Wie viel Raum das war, zeigte sich, als er mich betrog. Zwar geschah es nicht mit seiner Exfreundin, aber doch mit einer anderen Blondine aus Deutschland. Ich bin sicher, wir hätten nicht geheiratet, wäre mir das früher klar gewesen. Ich wollte nie einen Mann, den ich mit einer anderen Frau teilen musste, nicht einmal mit dem mentalen Schatten einer Anderen.

Unsere Eltern hatten Recht, Nick und ich hätten niemals heiraten dürfen. Ich war 19 Jahre und zehn Monate alt, er 24. Damals hielten wir uns für völlig erwachsen. Heute weiß ich, wir waren beide nicht reif für die Ehe.

Dennoch feierten wir im September 1988 mit 800 Gästen eine rauschende Hochzeit. Wie im Libanon üblich, wurde die Ehe nur vor Gott in der Kirche geschlossen und erst in Deutschland nach deutschem Recht legalisiert. Ich trug ein hinreißendes Brautkleid mit einem langen Schleier. Nick war ein stolzer Bräutigam, der mich wie eine Siegestrophäe am Arm führte. Ich empfand uns als schönes Paar, und meine Ängste gingen in den Aufregungen der Festlichkeit unter.

Einen Monat später verließ ich meine Eltern und mein Land, um Nick nach Deutschland zu folgen. Meine Familie und ich weinten, als ich das Flugzeug bestieg. Heiße, brennende Tränen, die auf der Haut schmerzten, mich würgten und mir die Luft abschnürten, als würde ich stranguliert. Dieselben schmerzhaften Tränen wie ich sie um meine Kinder weinte, als das Jugendamt sie mir entrissen hatte. Tränen eines unersetzlichen Verlustes. Keiner von uns wusste wirklich, wohin ich ging, was dort auf mich wartete, ob und wann ich wieder nach Hause käme. Es war ein Flug ins Ungewisse, wie auf einen anderen Stern.

KAPITEL 2

Meine Ehe in Deutschland

Meine ganze Kindheit lang war Deutschland für mich das Land der Hoffnung gewesen. Nun war ich da und am Ende aller Hoffnungen. Alles war völlig anders als erwartet. Kaum eingetroffen, sehnte ich mich zurück nach Hause und konnte nicht aufhören zu weinen.

Zwischen Bergen, Wäldern und Meer unter südlicher Sonne aufgewachsen, mit Menschen, denen selbst der Krieg ihre Herzlichkeit und Mitmenschlichkeit nicht nehmen konnte, traf ich in der schmutzig grau verhangenen Industrielandschaft des »Potts« ein, dem Schmelztiegel Deutschlands im Herzen Nordrhein-Westfalens. Mich fröstelte unter diesem Himmel und zwischen den Menschen, die so anders auf mich wirkten als zu Hause. Achtlos hetzten sie aneinander vorbei. Ihre Sprache, die ich kaum verstand, polterte in meinen Ohren. Ihre auf mich kühl, desinteressiert oder unfreundlich wirkende Mimik, die ich spontan nicht deuten konnte, erschreckte mich. Vor allem aber erschreckte mich, dass Nicks Eltern mich nicht wollten.

Meine Schwiegermutter schien mich geradezu zu hassen, zu verachten. Ich war in meiner Familie, in unserem Dorf geliebt worden. Alle hielten große Stücke auf mich, schätzten meine Meinung, fragten mich, wenn sie eine Information brauchten. In Nicks Familie war ich ein Niemand, ein lästiges Etwas aus einem vermeintlich unterentwickelten Land, eine überkandidelte Ausländerin mit zu viel schwarzem Haar, schwarzen Augen und südländischem Teint. Kein freundliches Willkommen für eine gern gesehene Schwiegertochter, sondern eiskalte Ablehnung schlug mir aus dieser Familie entgegen. Und mein Mann beschützte mich nicht, sondern kuschte vor seiner

Mutter und buckelte vor seinem Vater. Wir hatten nicht einmal eine eigene Wohnung, sondern lebten zur Untermiete bei seinen Eltern.

Das Heimweh fiel wie eine Krankheit über mich her. 40 Tage lag ich mit Fieber und den schrecklichsten Albträumen im Bett. Immer wieder sah ich einen schweren Unfall meines Bruders voraus und bat meinen Vater am Telefon, auf ihn aufzupassen. Als er gegen Ende meiner Krankheit tatsächlich fast ums Leben gekommen wäre, staunte mein Vater über meine Vorahnungen. Wer weiß, warum ich sie hatte? Vielleicht, weil meine Seele sich auf die Reise nach Hause gemacht hatte. Vielleicht, weil sie mehr sah, als man mit den Augen erfasst. Vielleicht, weil der Schutzengel meines Bruders mich als Sprachrohr benutzte, um ihn zu warnen. Für meine Schwiegermutter war es jedenfalls nur hysterische Spinnerei.

Als ich endlich wieder aufstehen konnte, bat ich meinen Mann, sein Versprechen einzulösen, mir die Fortsetzung meines Studiums zu gestatten und mir bei der Suche nach einem Studienplatz zu helfen. Vielleicht hätte er sein Wort wirklich gehalten und mich unterstützt. In der ersten Zeit unserer Ehe war er noch ernstlich verliebt in mich. Dass ich gar nicht sein Typ war, weder äußerlich noch charakterlich, und dass wir trotz mancher Gemeinsamkeiten nicht zusammenpassten, zeigte sich erst im Laufe des alltäglichen Zusammenlebens. Doch er hörte in allem auf seine Mutter. Und die lachte mich aus, als sie vernahm, was ich vorhatte. Studium? So ein Blödsinn. Dafür hätten sie kein Geld. Ob ich mir einbildete, hier in Deutschland habe man bloß auf eine wie mich gewartet? Die Flausen solle ich mir aus dem Kopf schlagen. Bei ihnen in der Familie studiere man nicht, da maloche man und klotze ran, damit das Geld stimme. Auch als Frau. Da könne ich mir ein Beispiel an ihr nehmen. Ich solle aufhören, die feine Dame zu spielen. In die Fabrik solle mein Mann mich schicken, ans Fließband, damit ich ihm nicht länger auf der Tasche liege. Im Akkord verdiene man gutes Geld. Ich könne ja nicht einmal Deutsch. Wie wolle ich da wohl »auf Ärztin« studieren? Die Gemeinheiten prasselten nur so auf mich herunter. Fassungslos erkannte ich, dass diese Frau keinerlei Respekt vor mir hatte, mich bewusst erniedrigen und kleinmachen wollte. Und mein Mann beschützte mich nicht. Er wusste nicht einmal, dass ein richtiger Mann sich vor seine Frau stellt.

Ich bekam immer stärker das beklemmende Gefühl, im Libanon einen völlig anderen Menschen geheiratet zu haben als den, mit dem ich nun in Deutschland lebte.

»Baba«, jammerte ich meinem Vater am Telefon vor, »hol mich zurück, bitte. Ich will nach Hause. Ich halte es hier nicht aus. Es ist schrecklich. Wir haben keine eigene Wohnung. Alles bestimmt seine Mutter. Sie ist gemein zu mir. Und sie lassen mich nicht studieren. Sie sagen, sie haben kein Geld dafür. Sie wollen mich in die Fabrik schicken. Baba, mach was! Mach, dass es aufhört. Bitte!«

Mein Vater hatte mich gewarnt, dass er mir in Deutschland nicht helfen könne. Trotzdem setzte ich absolutes Vertrauen in ihn. Ich wusste: Ganz egal, was geschah – er war für mich da und würde alles tun, um mich zu retten und glücklich zu machen. Das hatte mich immer stark gemacht. Damals zum Beispiel, auf einem Gesangsfest zu Peter und Paul. Wir Jugendlichen standen alle zusammen auf dem »Cirque d'église« vor der Kirche und veranstalteten ein kleines Feuerwerk. In diesem Moment kam ein »Militant«, baute sich wichtigtuerisch vor uns auf und befahl: »Ihr hört jetzt sofort auf damit!« Einer der Jungen gehorchte nicht. Prompt kam dieser »Militant« mit seinem Maschinengewehr, zielte und wollte ihn erschießen. Ohne Zögern sprang ich dazwischen. »Bevor du ihn erschießt, musst du mich abknallen. Und du weißt nicht, wer ich bin. Ich bin Joumana Gebara. Mit mir kannst du solche Spiele nicht machen. Mein Vater bringt dich ins Gefängnis.« Tatsächlich wurde der »Militant« mit zwei Tagen »Bau« im Militärgefängnis bestraft, weil er sein Gewehr auf friedliche Zivilisten gerichtet hatte. Mein Vater hatte dafür gesorgt. Mein Vater konnte das. So eine Sicherheit und Geborgenheit macht Kinder stark, nicht das Geld auf der Bank oder der Mercedes Benz vor der Haustür.

Diese Sicherheit habe ich später auch an meine Kindern weitergegeben. Sie wussten immer, dass ich für sie sterben würde, um ihnen zu helfen. Als ich Stefan, meinen älteren Sohn, aus der »Gefangenschaft« des Jugendamtes befreite – doch, dieses Wort halte ich für angemessen, denn sie hatten Stefan ohne mein Wissen mitgenommen, hielten ihn vor mir versteckt, bewachten ihn rund um die Uhr, ließen ihn nicht mit anderen Kindern frei draußen spielen, hielten ihn also gefangen – und ihn nach Monaten grausamster Ungewissheit endlich wieder in die Arme schließen konnte, sagte er mir: »Mama, ich wusste, dass du kommst und mich holst. Ich habe immer vor dem Spiegel gestanden und geweint und gedacht, wenn die Tränen unten am Spiegelrand angekommen sind, ist sie da. Meine Mama hat mich nicht im Stich gelassen. Die lügen alle, wenn die das sagen. Sie kommt und rettet mich.«

So, wie ich kam, meinen Sohn zu retten, so kam auch mein Vater damals und schritt gegen die Gemeinheiten ein, die mir in der Familie meines Mannes angetan wurden. Wahrscheinlich mussten meine Eltern irgendetwas verkaufen, um das nötige Geld dafür aufzutreiben, doch mein Vater flog nach Deutschland, mietete meinem Mann und mir eine eigene Wohnung in R., bestand darauf, dass mein Mann mir mein Studium erlaubte, und gab ihm Geld dafür.

Nach unserem Umzug in eine eigene Wohnung, deren Einrichtung mein Vater ebenfalls bezahlte, nahm ich mein Medizinstudium endlich wieder auf. Zunächst musste ich mich an einem Studienkolleg in Hamburg anmelden. Das war ungünstig, weil ich die weite Anfahrt zwischen R. und der Hansestadt nicht täglich auf mich nehmen konnte und dort zumindest ein Zimmer brauchte. Nick regte sich furchtbar über unsere Wochenendehe auf. Seine Eltern waren ebenfalls empört. In ihre Welt passte keine Ehefrau, die lieber studierte, statt in der Fabrik zu malochen und Hausfrau zu sein. Immer wieder hetzten sie ihn gegen mich auf.

Es rächte sich nun, dass Nick und ich uns in einer Ausnahmesituation kennen gelernt hatten. Er, der in Deutschland als Mechaniker auf Montage ein kleines Licht war, kam wie Graf Koks von der Gasanstalt auf Brautschau zu uns in den Libanon, bestaunt, bewundert, einer, der es als Sohn eines Libanesen im perfektesten Land der Welt geschafft hatte. Jeder glaubte ihm, wenn er mit seinem Reichtum prahlte. Und dann kam ich ihm vor die Augen, eine, der die Jungen im Dorf den Hof machten, eine Jungfrau aus gutem Haus, eine Studentin, die noch dazu hübsch aussah, gut erzogen, sportlich, fast immer guter Laune und zu jedem Unsinn bereit, und deren Eltern nicht ganz arm waren. Eine Superpartie für Nick, der in Deutschland ein Niemand war und mit seinem Lohn kaum sein Auskommen fristete. Mich »rumzukriegen«, den anderen Jungen im Dorf ihren Schwarm wegzuschnappen, war für ihn wohl wie die Jagd nach dem großen Preis.

Erst als er mich hatte, begriff er, dass ich nicht die war, die er seinen Eltern als gehorsame, den Haushalt führende Schwiegertochter mitbringen sollte. Ich war nicht einmal die, mit der er selbst sich jede Menge Spaß erhofft hatte. Auf Grund meiner sexuellen Unerfahrenheit und Schüchternheit war ich keine tolle Geliebte. Wollte er ausgehen, musste ich lernen. Kam er von der Arbeit heim, war die Küche nicht selten kalt, weil ich über meinen Büchern seinen Hunger vergessen hatte. Und nun seilte ich mich seiner Meinung auch noch nach Hamburg ab und ließ ihn für mich, eine in seinen Augen nichtsnutzige Frau, zahlen.

Auch ich begriff erst jetzt im vollen Ausmaß, wie entsetzlich ich mich in ihm geirrt hatte. Mein Traum von einem Ehemann hatte etwas mit Leistung, mit Ansehen und Würde, Stolz und Mut und der ganz großen romantischen Liebe zu tun. *Sacred love*, die Liebe als etwas Heiliges, die man uns als Maroniten als etwas lehrt, »was dich drischt und zermahlt, damit du zum heiligen Brot und Leib wirst. Die Liebe, die dich kreuzigt und in der du wieder auferstehst und unsterblich wirst.«

Dass die Basis der großen Liebe nicht nur aus Gefühl besteht, sondern auf der soliden Grundlage bestimmter gemeinsamer Werte wachsen muss, hatte ich vor der Ehe nicht gewusst und meiner

Mutter nicht geglaubt. Das Ei wollte eben schlauer sein als die Henne. Jetzt erkannte ich leidvoll, dass es mit Nick keine gemeinsamen Werte und kaum gemeinsame Nenner gab. Er tanzte gern, ich auch. Aber das war es auch schon. Ich verstand ihn nicht. Er verstand mich nicht. Er war nicht einmal stolz darauf, eine Frau zu haben, die gebildet war und Ärztin werden wollte. Im Gegenteil, er führte sich auf, als sei ich der peinlichste Fehlgriff seines Lebens.

Als ihm immer klarer wurde, dass ich mein Studium freiwillig nicht aufgeben und meinen Vater wieder einschalten würde, sollte er es mir abermals verbieten, setzte er mich unter Druck, den Studienort zu wechseln. Gott sei Dank gelang es mir nun auf Grund meiner Leistungsnachweise, an der Universität M. zum Medizinstudium zugelassen zu werden. Das bedeutete zwar immer noch tägliche Autofahrten, aber ich brauchte keine Zweitwohnung mehr und konnte meine Freizeit mit Nick verbringen.

Da meine Deutschkenntnisse nicht ausreichten, um in M. den Vorlesungen und Seminaren folgen zu können, belegte ich Deutschkurse an der Volkshochschule und büffelte Vokabeln, Grammatik, Lesen, Schreiben. Dank meiner Sprachbegabung fiel mir das Lernen leicht. Es begann mir Spaß zu machen, deutsch zu reden. Als einige Zeit später mein Bruder nach M. kam, um ebenfalls dort zu studieren, schien sich ein Silberstreif am Horizont meines neuen Lebens abzuzeichnen. Dann plötzlich der Schock: Ich war schwanger. Trotz Pille.

Als ich nach Deutschland kam, war ich gerade einen Monat lang verheiratet. Einer meiner ersten Wege führte mich zur Frauenärztin. Ich bat sie um ein sicheres Schwangerschaftsverhütungsmittel, da Nick und ich auf keinen Fall jetzt schon ein Kind wollten. Da ich noch sehr jung und überdies jungfräulich in die Ehe gegangen war, verschrieb sie mir die Mini-Pille. Die, so versicherte sie mir, werde gut bei mir anschlagen und mich zuverlässig schützen.

Was ich nicht wusste, war, dass die Mini-Pille unter bestimmten Bedingungen leider nicht sicher wirkt. Dann zum Beispiel, wenn man eine Magen-Darm-Grippe bekommt, bei der man sich erbrechen muss oder Durchfall hat. Ich hatte beides. Ebenso wenig klar war mir, wie pünktlich ich die Pille regelmäßig einnehmen musste. Alle 24 Stunden eine Pille, stand auf dem Beipackzettel. Aber Pünktlichkeit ist nicht meine Stärke. Leider. Also nahm ich sie ungefähr alle 24 Stunden unpünktlich ein.

In so vielen Dingen war ich trotz meiner 20 Jahre noch ein Kind. Ich verstand die deutsche Mentalität, die Kultur, die Menschen nicht. Natürlich wollte ich mich anpassen. Natürlich sah ich: »Wie ordentlich! Die stehen beim Bus oder an der Kaufhauskasse in einer Reihe!« Ich habe das bewundert und versucht, ebenso diszipliniert, ordentlich, pünktlich zu sein. Schließlich sind wir zu Hause auch nicht im totalen Chaos aufgewachsen, sondern mussten bestimmte Regeln befolgen. Meine Geschwister schafften es besser als ich. Mein Bruder zum Beispiel hat seit 15 Jahren immer noch die gleiche Frau. Meine Schwester ist seit fünf Jahren verheiratet, mit dem gleichen Mann. Und ich? Drei Kinder von drei Männern. Bei mir funktionierten die Muster nicht.

Okay, Disziplin ist nicht nur heiraten und immer der gleiche Mann. Meine Mutter hat sich aufgeregt, weil ich als Kind unordentlich war. Ich zog mich aus, habe nicht aufgeräumt. Meine Bücher lagen aufgeklappt übereinander. Das eine Buch nicht zu Ende gelesen, das andere schon angefangen. Das ist auch eine Frage der Disziplin. Die schönen Bücher taten mir bald Leid, meine Kleider bevorzuge ich gebügelt; also bekam ich das in den Griff. Aber diszipliniert pünktlich, damit habe ich Probleme, obwohl ich nicht vorsätzlich unpünktlich bin. Es gelingt einfach nicht. Folglich war zu erwarten, dass ich mit der Mini-Pille Probleme bekommen würde. Aber ich war nicht erwachsen genug, mir diese Konsequenz klar zu machen. Also nahm ich die Pille auch schon mal nach 30 Stunden ein.

Da ich mich mit Pille sicher fühlte und in den ersten Monaten der Schwangerschaft kaum sichtbar zugenommen hatte, erfuhr ich erst im sechsten, siebten Monat, dass ich ein Kind erwartete. Den Mutterpass besitze ich noch.

Natürlich habe nicht nur ich mich gefragt, wieso mir das nicht früher aufgefallen war. Ich muss sagen, ich habe einfach keine Veränderungen an mir bemerkt. Und ich fühlte mich so sicher. Ich war doch in Deutschland. Eine deutsche Frauenärztin hatte mir die Pille verschrieben und gesagt, die Wirkung wäre zuverlässig. Warum also sollte ich mir Gedanken machen, wenn meine Periode mal wieder nicht kam?

Erst dann, als die Frauenärztin mir einen Schwangerschaftstest gab und kein Zweifel am positiven Ergebnis bestand, wurde mir klar, warum ich mich einige Zeit zuvor drei Monate lang ständig erbrochen hatte. Damals hatte ich mir nichts dabei gedacht. Wir renovierten gerade unsere neue Wohnung. Überall staubte es, roch es nach Tapetenkleister und Farbe. Ich nahm an, darauf allergisch zu reagieren, da ich auch auf allerlei Gräser allergisch bin.

Schwanger zu sein, war ein Schock. Es brachte alles durcheinander, meine Pläne, mein ganzes Leben. Ich wünschte mir durchaus Kinder, aber nicht jetzt, nicht so jung, nicht, bevor ich mein Studium mit Erfolg abgeschlossen, mich beruflich niedergelassen, es »geschafft« hätte.

Auch Nick war alles andere als erfreut. Er hatte sich darauf verlassen, dass ich die Pille nahm. Ein Kind passte nicht in seine Vorstellung von unbeschwerter Jugend. Und seine Mutter machte mit aller Entschiedenheit klar, dass sie sich auf keinen Fall für dieses Kind zuständig fühlen, es mir nicht abnehmen, mir ganz und gar nicht dabei helfen würde, trotz Kind studieren zu können. Sie arbeitete. Sie verdiente Geld. Sie hatte ihre Pflichten als Mutter erfüllt. Sie wollte noch etwas von ihrem Leben haben. Sie würde nicht nochmals mit Babygeschrei und Windelnwechseln anfangen. Unser Kind war unser Kind.

Im Gegensatz zu mir begann Nick bald schon die Vorteile dieser ungewollten Schwangerschaft zu sehen. Mit einem Kind würde ich endlich zu Hause bleiben müssen, Hausfrau sein, ihn versorgen, mich nicht mehr auf dem Uni-Campus unter Studenten herumtreiben, sondern wie alle anderen Frauen, die er kannte, in unserer Wohnung bleiben, sie in Ordnung halten, für ihn putzen, waschen, kochen, bügeln, nicht mehr über den Büchern sitzen wollen, wenn er zu Bett ginge. Endlich würde die Normalität in unser Leben kommen, die er kannte. Endlich würde der mit mir über ihn hereingebrochene libanesische Wirbelsturm aus Cornet Chehwan, »der Ecke, woher der Wind weht«, aufhören. Das Kind würde seine Probleme mit mir lösen, glaubte er. Er fing an, sich über meine Schwangerschaft zu freuen.

Auch meine Mutter freute sich auf ihr erstes Enkelkind. Sie tröstete mich, die Sache mit dem Studium sei doch nicht so schlimm. Ich müsse ja nur ein paar Monate, ein Semester oder höchstens zwei, drei aussetzen. Danach, wenn das Kind aus dem Gröbsten heraus wäre, könne ich weiterstudieren.

»Aber ich kann nicht Ärztin werden, wenn ich ein Kind habe«, weinte ich. »Wenn ich ein Kind habe, brauche ich Zeit. Ich kann nicht ständig Kranke besuchen oder im Krankenhaus Überstunden machen und das Kind allein zu Hause lassen. Ein Kind braucht seine Mutter.«

»Jetzt freu dich erst einmal auf dein Kind«, beruhigte mich meine Mutter. »Du wirst sehen, es findet sich für alles eine Lösung.«

Zu allem Übel erfuhr ich kurze Zeit später von der Frauenärztin auch noch, dass ich eine Tochter bekommen würde. Sie hatte es bei der Ultraschalluntersuchung gesehen. Mit dieser Nachricht wagte ich mich kaum nach Hause. Wie würde mein Mann darauf reagieren, dass er nicht nur ein unerwünschtes Kind, sondern obendrein ein Mädchen bekäme? Im Libanon will man, nein, muss man als erstes Kind einen Jungen haben. Nick war Halb-Libanese. Wir hatten nie über Kinder geredet. Ich wusste nicht, wie er darüber dachte, als Erstes eine Tochter zu bekommen.

Wieder rief ich meine Mutter an. »Mama, was soll ich machen? Es ist ein Mädchen.«

»Ja und?«, meinte sie.

Ich weinte. »Ich weiß nicht, was er denkt, was er für eine Mentalität hat. Zwar lebe ich in Deutschland. Aber ich weiß nicht, vielleicht sind die Männer hier auch so wie im Libanon. Mama, ich hab Angst, dass er wütend ist.«

»Er wird nicht wütend«, meinte meine Mutter. »Deutschland ist eine christliche Gesellschaft. Und schließlich sind alle Kinder Gottes Kinder.«

Zitternd überbrachte ich meinem Mann also die schlechte Nachricht und konnte es kaum glauben, aber er umarmte mich, küsste mich, freute sich. »Hey, ein Mädchen, ist doch super.« Er begleitete mich danach sogar zwei-, dreimal zur Frauenärztin, um sich unsere Tochter in meinem Bauch mit eigenen Augen anzusehen. Das war schön.

Leider konnten wir die guten Stunden unserer Ehe nicht allzu oft genießen. Wir stritten ohne Ende. Meist ging es um seine Oberflächlichkeit, sein Desinteresse an allem, was mir etwas bedeutete, seine Eltern und ihre Ansprüche an mich, oder um mein Studium, das ihn und seine ganze Familie aufregte. Er wollte, dass ich es sofort aufgäbe. Ich wollte es trotz Schwangerschaft so lange wie möglich weiterverfolgen.

Ein paarmal wurde Nick so wütend, dass er völlig die Kontrolle über sich verlor und mich schlug. Einmal, als er wieder die Hand gegen mich hob, riss ich aus. Ich wollte nur noch weg von ihm. Aber ich hatte kein Geld, und er fand mich, versprach mir hoch und heilig, sich zu bessern, mich nie wieder anzurühren. Einige Zeit hielt er auch Wort, bis es wieder passierte. Er kam mit meiner Bildung, meinem politischen Interesse und Engagement, mit meiner spitzen Zunge, meinen Widerworten, meinem Ungehorsam und Eigenwillen, meinen Büchern, meinem Drang, etwas im Leben zu erreichen, nicht nur Hausfrau zu sein, mit meiner ganzen Persönlichkeit nicht klar.

Wir blieben zusammen, weil wir verheiratet waren und es für mich als Maronitin undenkbar war, mich scheiden zu lassen.

Aber wir ertrugen einander kaum. Mein Leben begann erst dann, wenn er auf Montage war.

Irgendwie gingen die wenigen Wochen von der Entdeckung der Schwangerschaft bis zu den ersten Wehen trotzdem vorüber. Seit ich mich mit den Tatsachen abgefunden hatte und das Kind in meinem nun deutlich sichtbaren Bauch wachsen, sich bewegen fühlte, hatte sich mein Mutterinstinkt entwickelt. Ich freute mich darauf, bald mein Baby in den Armen wiegen zu können und machte Pläne, wie ich die Zukunft mit Kind gestalten würde. Medizin, so weit war ich mit mir bereits im Reinen, würde ich nicht weiterstudieren. Die Überlegungen, die ich meiner Mutter vorgetragen hatte, behielten ihre Gültigkeit. Als Ärztin würde ich Tag und Nacht zum Dienst bereit sein müssen. So wenig Zeit und Verfügbarkeit für die Familie konnte ich vor meinem Kind nicht verantworten. Mein ursprünglicher Berufswunsch fiel mir wieder ein: Journalismus. Als Journalistin konnte ich freiberuflich arbeiten, mir meine Arbeitszeit selbst einteilen. Ich musste lediglich noch besser Deutsch lernen. Dazu, so meinte ich, hätte ich in den Monaten Zeit genug, bis das Baby abgestillt und groß genug wäre, so dass ich mit einem neuen Studium beginnen könnte.

Mich und meine Zukunft neu geordnet und geplant zu haben, tat mir gut. Es half mir, mich in Ruhe auf die restliche Schwangerschaft und mein Baby einzulassen, die Zeit zu Hause zu genießen und mich nun rückhaltlos zu freuen.

Nick blieb meine neue Gelassenheit nicht verborgen. Er genoss es, mich häuslicher zu sehen. Ich glaube, er setzte voll und ganz auf die Zeit danach, wenn ich wieder schlank und rank und unternehmungslustig wäre und mit unserem Kind eine sinnvolle Beschäftigung, zumindest aber keine Zeit mehr hätte, nach meinem Studium zu verlangen.

Als endlich die Wehen einsetzten, brachte Nick mich ins Krankenhaus. Ich hatte darauf bestanden, dass er seine Aufgabe als Vater von

Anfang an ernst nahm und mich zur Entbindung in den Kreißsaal begleitete. Da dies mittlerweile unter jungen Vätern fast selbstverständlich dazugehörte, so dass diejenigen schief angeschaut wurden, die sich davor drückten, ihrer Frau in ihren schwersten Stunden beizustehen, gab er nach und blieb tatsächlich bei mir, bis unsere Tochter zur Welt kam.

Es war eine schwere Geburt, die meine Kräfte völlig erschöpfte. Die Hebamme musste mir zuletzt immer wieder so fest in den Bauch drücken, damit das Kind weiter nach unten rutschte, dass ich noch Monate später Magenschmerzen und Darmverschlingungen hatte. Aber als ich Valeria sah, war die Welt für mich das Paradies. Sie hatte glänzende schwarze Haare und große schwarze Augen, die von den ausgestandenen Strapazen zwar noch ein bisschen geschwollen waren, mich aber unverwandt anschauten. Ich empfand sie als das schönste, wundervollste Baby. Ich habe sie sofort an die Brust gelegt und gestillt und nicht mehr aus meinen Armen gelassen.

In der Rückschau muss ich sagen, dass keine meiner drei Schwangerschaften schön und harmonisch verlaufen ist. Aber sobald die Kinder geboren waren, war es wunderschön, das Baby im Arm zu halten, seinen Duft, diesen unverwechselbaren Babyduft einzuatmen, in die so unverwandt auf mich gerichteten Augen zu sehen, den ganzen süßen kleinen Körper zu spüren. Auch wenn es mich dabei fast zerriss, ich liebte es, meinen Kindern das Leben zu geben. Und ich wollte, dass sie niemals leiden. Keine Mutter schenkt ihrem Kind das Leben, damit es schreit und weint und leidet.

Mit Valeria aus dem Krankenhaus zu Hause zurück, gab meine Schwiegermutter uns den Rat, sie ruhig mal schreien zu lassen. Das, meinte sie, hätte noch keinem Kind geschadet, im Gegenteil, es würde die Lungen kräftigen und dafür sorgen, dass die Kinder nicht so verwöhnt wären. Zu Nicks Ärger verzichtete ich auf diesen Rat.

»Wer hat schon Kinder großgezogen, du oder meine Mutter?«, schimpfte er, wenn ich nach dem weinenden Kind sah. Meiner Meinung nach hat ein Baby ein Bedürfnis, wenn es weint. Es weint nicht, weil es ungezogen oder verwöhnt ist. Ein wenige Tage oder Wochen alter Säugling weiß noch nichts von Erziehung. Es weint, weil es die Mutter braucht. Es hat fast zehn Monate in ihrem Bauch verbracht. Plötzlich soll es allein und ohne ihren warmen, schützenden Leib in seinem Bettchen liegen. Ist es ein Wunder, wenn es sich ohne sie verlassen und einsam fühlt? Wenn es nach ihr schreit? Ich jedenfalls hatte immer das Gefühl, sofort gebraucht zu werden, wenn meine Kinder schrieen. Nick hatte kein Problem damit, das klägliche Jammern zu ignorieren. Ich hätte niemals ruhig an meiner Arbeit, vor dem Fernsehapparat oder im Bett bleiben können, wenn ich es hörte.

Bis heute tut es mir weh, wenn meine Kinder traurig sind oder wenn sie miteinander streiten. Ich leide mit ihnen, wenn das passiert, so dass ich mich jedes Mal zurücknehmen muss, um nicht sofort schlichtend und tröstend einzugreifen. Ich ermahne mich dann: »Lass sie das allein austragen. Sie müssen lernen, in der Welt zurechtzukommen. Sie üben das jetzt nur.« Dabei hilft es, an meine Geschwister und mich zu denken, wie wir oft stritten, obwohl wir uns liebten. Meinen Bruder habe ich nie länger gehasst als eine Stunde. Danach liebte ich ihn wieder. Und ebenso geht es jetzt mit meinen Kindern. Trotzdem bin ich im Innersten traurig, wenn sie streiten und denke mir, wie leicht es wäre, draußen in der Welt Frieden zu halten, wenn jeder es wenigstens in der eigenen Familie könnte.

Die Geburt unserer Tochter, das Erlebnis gemeinsamer Elternschaft, erzeugte eine neue Nähe zwischen Nick und mir. Indem wir beide sie liebten und versorgten, hatten wir erstmals ein wichtiges gemeinsames Interesse.

Ich wünschte mir, dass die Taufe im Libanon vollzogen werden sollte. In derselben Kirche, in der wir getraut worden waren, zu Hause, wo die Lautsprecher die ganze Feierlichkeit kilometerweit hörbar übertragen würden. Der Kirchenchor sollte singen. Der Priester, der schon mir die Hände aufgelegt hatte, sollte unserem Kind Gottes Segen spenden. Meine Eltern hatten versprochen, die Kosten zu übernehmen und uns eine großartige Tauffeier auszurichten. Sicher trug dies dazu bei, dass Nick mir keine Steine in den Weg legte, sondern meinen Wunsch erfüllte und uns als stolzer Vater begleitete.

Die Taufe war meine erste Rückkehr in den Libanon. Da ich nicht mehr studierte, hatte ich Zeit, noch im gleichen Jahr, allein mit unserer Tochter, zwei weitere Male dorthin zu fliegen. Es tat so gut, endlich wieder zu Hause zu sein, dazuzugehören, willkommen zu sein, akzeptiert und respektiert zu werden. Oft nahm meine Mutter mir das Baby ab, so dass ich Muße für mich selbst hatte. Die Zeit mit den Freunden im Dorf, den Schulfreunden, den Cousinen, all den Menschen, mit denen ich aufgewachsen war, heilte die seelischen Verletzungen aus Deutschland. Nick und ich hatten Abstand voneinander. Auch das empfand ich als positiv.

Wenn ich zurückkam, gingen wir ruhiger miteinander um. Doch meine Besuche zu Hause hatten auch Folgen, die Nick verhasst waren. Ich begann nämlich wieder, engagiert in Libanons politischen Gruppierungen mitzumischen und in Deutschland meine neu geschmiedeten Pläne für mein Journalistikstudium in die Tat umzusetzen, um durch meine Publikationen die im Libanon wachsende Widerstandsbewegung der Jugend zu fördern.

Ich glaube, für ihn brach eine Welt zusammen, als ich mich tatsächlich wieder an der Universität in M. immatrikulierte. Nur mit Ach und Krach konnte ich meinen Willen durchsetzen, indem ich ihm drohte, meinen Vater einzuschalten, der ihm schon die Leviten lesen würde, wenn er sein Versprechen nicht hielte, mich studieren zu lassen. Da wir kein Geld für eine Studentenbude hatten, musste ich jeden Tag pendeln. Vor allem aber musste ich Valeria mitnehmen. Gott sei Dank hatte meine intensive Zuwendung aus ihr ein glückliches kleines Mädchen gemacht, das selten schrie und lebhaft aus seinen schwarzen Kirschenaugen in die Welt guckte. Meistens nahm ich sie in ihrem Tragekorb in Vorlesungen und Seminare oder die Unibibliothek mit, doch kam es auch vor, dass ich sie für einige Zeit allein im Auto schlafen lassen musste. Noch öfter fiel das Studium allerdings aus, weil sie kränkelte, zahnte oder nicht mehr stundenlang still sitzen wollte.

Meine Mutter, Tanten, Cousinen, meine ganze Familie war weit weg. Ich hatte niemanden, dem ich mein Kind anvertrauen konnte. Auch Geld für einen Babysitter hatten wir nicht. Mein Mann verdiente nicht besonders gut. Und meine Eltern um noch mehr Geld zu bitten, kam nicht in Frage. Meine Schwiegermutter aber weigerte sich strikt, Valeria auch nur einmal zu nehmen, während ich zur Uni wollte. Schließlich müsse ich nicht studieren, lautete ihr Credo.

Als die ersten Zeitungsberichte über mich und mein libanesisches Politengagement in der regionalen Presse standen, schlugen Nicks Frust und Enttäuschung in Zorn und Empörung um. Ich belegte Kurse an der Volkshochschule, ich hatte ein Baby, mit dem ich auf dem Spielplatz saß, wo sich auch andere Mütter trafen, ich studierte und schrieb in politischen Internetforen. Ich wurde irgendwie als Vorzeigeexemplar der integrierten Ausländerin angesehen. Da ich außerdem auch noch Revolutionärin zu sein schien, kam die Provinzpresse fast jedes Mal auf mich zu, wenn *bad news* aus dem Libanon durch die Nachrichtenagenturen verbreitet wurden. Selbst wenn ich ihnen auswich, ihnen kein Interview gab, fand ich manchmal ein Foto von mir in der Zeitung, das sie unbemerkt von mir oder einer Gruppe, in der ich stand, aufgenommen hatten.

Für Nick war alles, was ich tat, ein rotes Tuch. Er regte sich fast bis zum Schlaganfall darüber auf, wenn ich in der Zeitung zu sehen war, noch dazu mit unserer kleinen Tochter. Mit der entsprechenden Seite in der Hand baute er sich in solchen Fällen vor mir auf und brüllte: »Was soll das? Was soll das? Du kannst doch nicht einfach in die Zeitung! Unsere Nachbarn, Bekannten, alle zerreißen sich das Maul über uns.« Manchmal schlug er mich wieder.

Auch seine Eltern riefen an, fühlten sich durch ihre unmögliche Schwiegertochter blamiert. Meine beiden Reisen nach Hause waren in Valerias erstem und zweitem Lebensjahr wahre Oasen des Friedens in meinem Ehekrieg.

Als ich von meinem für die nächsten sechs Jahre letzten Besuch im Libanon nach Deutschland zurückkam, war Nick verändert. Ständig musste er arbeiten. Wenn er einmal zu Hause war, verhielt er sich freundlich zu mir, konnte aber nie lange bleiben. Im Grunde war er fast gar nicht mehr zu Hause.

Heute denke ich, dass ich es bemerkt hätte, wenn ich ihn geliebt hätte. Wahrscheinlich wäre ich dann wegen seiner Dauerarbeitszeit misstrauisch geworden, hätte seine Sachen kontrolliert und sicher etwas gefunden, irgendeinen Hinweis auf seine Geliebte. Tatsächlich bemerkte ich nichts, ahnte nichts. Ich war ohne den geringsten Zweifel. Niemals habe ich seine Taschen durchsucht, keine Fragen gestellt.

Er musste mehr arbeiten als früher, okay. Das war zwar nicht so toll, weil Valeria an ihrem Papa hing, und er sie vergötterte. Aber ich akzeptierte es und dachte mir nichts Böses dabei. Schließlich hatten wir jetzt ein Kind. Es war gut, dass er mehr arbeitete, um mehr Geld zu verdienen. Ein Kind großzuziehen, ist teuer. Ich war so dumm, so naiv und absolut nicht eifersüchtig.

Als der Brief seines Rechtsanwalts kam, dass Nick sich scheiden lassen wollte, weil er eine andere, eine deutsche Frau liebte, die ein Kind von ihm erwartete und die er heiraten wollte, fiel ich aus allen Wolken. Gleichzeitig fühlte ich mich so schrecklich verraten, im Stich gelassen und entehrt. Ich hatte bereits ein Kind von ihm, und er wollte mich verlassen, weil die Andere ein Kind von ihm erwartete. Das bewies, es ging nicht ums Kind. Es ging um die Frau. Er entehrte mich, um die Andere zu ehren. Sie liebte er, schützte er, mich nicht.

Als Nick noch einmal kam, um seine Sachen abzuholen, ließ ich ihn nicht mehr zu Tür herein. Meine Eltern hatten das alles für uns finanziert. Die Wohnung, die Möbel, alles. Alles hatten sie für uns getan, damit es uns nur ja gut gehe, wir keine Sorgen haben müssten. Und was machte er? Betrog mich, entehrte mich und verlangte nun auch noch einen Anteil an dem, was meine Eltern wegen mir und für mich angeschafft hatten. »Raus!«, schrie ich ihn an.

»Du kommst hier nicht mehr zur Tür rein. Nur über meine Leiche. Raus!«

Nick hatte mich betrogen. Das tat weh. Es war entwürdigend. Aber wie hatte meine Mutter immer gesagt: »Männer sind manchmal Idioten. Doch irgendwann kommen sie wieder zur Vernunft.« So, dachte ich, würde es auch bei uns sein. Scheidung kam für mich nicht in Frage. Maroniten lassen sich nicht scheiden. Maroniten halten an dem vor Gott abgelegten Ehegelöbnis »Bis dass der Tod euch scheidet« fest.

Doch Nick wollte frei sein für seine Geliebte. Also zog er aus unserer Wohnung aus und bei ihr ein. Valeria und ich mussten sehen, wie wir damit fertig wurden.

Von dem Brief, den sein Anwalt mir mit dem Scheidungsbegehren sandte, bis zur endgültigen Scheidung vergingen fast zehn Monate. In dieser Zeit kam Nick sonntags für ein, zwei Stunden zu Valeria. Mehr tat er nicht für uns.

Ich hasste ihn dafür, dass wir, für die er als Ehemann und Vater Verantwortung übernommen hatte, betteln mussten. Er hatte Geld. Er gab es für sich und seine Geliebte, für sein Kind mit ihr aus. Warum teilte er sein Geld nicht mit uns, wie jeder anständige Mann das tun musste? Wie konnte er ruhig schlafen, wenn er genau wusste, dass ich, seine rechtmäßige Ehefrau, mit unserer in dieser Ehe gezeugten Tochter vor dem leeren Kühlschrank saß und nicht wusste, was ich ihr zu essen geben oder wovon ich ihr etwas anzuziehen kaufen sollte?

Nicht, wie das Jugendamt mir unterstellte, weil ich die Arbeit mehr liebe als meine Kinder, sondern aus Liebe zu Valeria und später auch zu ihren Brüdern und aus dem festen Willen heraus, sie nicht in Not geraten zu lassen, sondern verantwortungsvoll für sie zu sorgen, begann ich, Sprachkurse an der Volkshochschule zu geben und schriftliche Übersetzungsarbeiten für die Polizei zu machen, die mit Ausländern Probleme hatte. Das brachte nicht viel, aber immerhin so viel Geld ein, dass wir überleben konnten.

Während ich arbeitete, nahm ich Valeria mit. Sie störte nie dabei. Erst später, als die Scheidung vollzogen war und ich auf Grund meiner Mittellosigkeit Bafög bewilligt bekam, so dass ich mein Studium, das ich in der Trennungszeit aus Geldmangel erneut unterbrechen musste, wieder aufnehmen konnte, wurde Valeria manchmal auch von einer Tagesmutter betreut, die ich selbst finanzierte.

Zunächst aber kämpfte ich um den Fortbestand meiner Ehe und meine Ehre als Frau, die mit dieser Ehe beziehungsweise einer Scheidung untrennbar verknüpft war. Noch im Gerichtssaal des Familiengerichts beharrte ich vor dem Familienrichter darauf, mich nicht scheiden lassen zu wollen. Ich sagte: »Ich akzeptiere das nicht. Ich bin Maronitin. Ich bin in der Kirche, vor Gott verheiratet, nicht vor irgendeinem Gesetz. Ich kann mich nicht scheiden lassen.«

»Nee, nee«, sagte der Richter und schaute mich von ganz oben herab an. »Ihr habt die Ehe in Deutschland umschreiben lassen in eine gesetzliche Ehe. Die Scheidung ist jederzeit möglich.«

Das wusste ich nicht. Nick und seine Familie hatten mich irgendwann gezwungen, ein Papier zu unterschreiben, dessen Inhalt ich wegen mangelnder Deutschkenntnisse nicht selbst lesen konnte. Sie hatten mir gesagt, die Unterschrift sei nur eine Formsache. Sie sei nötig, damit wir auch in Deutschland verheiratet wären, damit unsere Hochzeit im Libanon sowie in Deutschland gültig wäre. Dass es ein gesetzlicher Ehevertrag war, der das Scheidungsrecht beinhaltete, hatte mir keiner gesagt. Bei uns Christen im Libanon gibt es keine gesetzliche Ehe. Wir heiraten vor Gott und dem Priester. Deshalb gibt es bei uns keine Scheidung. Nur die Kirche könnte eine maronitische Ehe trennen. Und das war ausgeschlossen.

Ich war wie vor den Kopf geschlagen. »Hör mal«, sagte ich zu Nick und suchte nach einem Ausweg, irgendeinem Kompromiss, der uns beiden gerecht werden würde. »Hör mal, wir bleiben verheiratet. Ich ziehe weg aus Deutschland. Ich kehre zurück in den Libanon. Du kannst mit deiner Freundin und dem Kind in Deutschland bleiben. Ich stehe euch nicht im Weg.«

Aber Nick lehnte ab. Er wollte seine Geliebte heiraten. Sein Kind mit ihr sollte ein eheliches Kind sein. Er verlangte die Scheidung. Er ließ sich auf nichts ein.

Wären wir verheiratet geblieben, wäre ich tatsächlich in den Libanon heimgekehrt. Aber so? Ich war entehrt, eine geschiedene Frau. Das war schlimm im Libanon. Wäre ich da hingekommen, hätte man mit dem Finger auf mich gezeigt und gesagt: »Die, die ist geschieden, die treibt sich mit Männern rum.« Und bei der erstbesten Gelegenheit, wenn mich mal ein Mann angeschaut hätte, hätten sie gesagt: »Okay, wir regeln das!«, und hätten mich mit ihm zwangsverheiratet. Als Geschiedene konnte ich nicht in den Libanon zurück. Es war unmöglich.

Einige Zeit nach der Scheidung kümmerte Nick sich noch um unsere Tochter. Er hing an ihr. Sie liebte ihn auch. Ab und zu holte er sie sonntags mal ab, ging mit ihr ein Eis essen oder spazieren. Aber seine neue Frau duldete nicht, dass er Valeria zu sich nach Hause brachte. Sie ließ auch nicht zu, dass er länger als höchstens zwei Stunden mit ihr zusammen war. Auf diese Weise machte er uns allen regelmäßig die Sonntage kaputt, wenn er kam.

Ich habe ihn oft gefragt: »Warum kannst du sie nicht mal ein ganzes Wochenende nehmen? Sie ist deine Tochter. Was ist schlimm daran, wenn sie bei dir zu Hause ist?«

Er sah mich dann verlegen an und druckste herum, dass es ganz einfach nicht ginge, dass wir uns damit abfinden sollten. Seine Frau wolle das nicht. Und er wohne nun mal bei ihr im Haus mit ihren Eltern. Er wolle keinen Stress mit ihr. Er hätte genug Stress mit mir gehabt.

Nick hing wirklich an Valeria. Es tat ihm Leid, sie aufzugeben. Aber seine neue Frau war ihm wichtiger. Und ich hatte irgendwann auch keine Kraft und keine Lust mehr, gegen diese Frau und ihren Starrsinn zu kämpfen. Ich hatte Nick in unserer Ehe für einen Feigling gehalten, ich sah ihn in seiner neuen Ehe als Feigling an. Damals stellte er sich für mich nicht vor seine Eltern, jetzt stellte er sich für seine Tochter nicht vor seine neue Frau. Was sollte ich daran ändern? Ich hatte keine Chance. Und ich hatte auch keine Lust, ständig darum zu betteln, dass er mal zu uns käme. Ich habe ihn so dafür gehasst, dass er mich entehrt und meinen guten Namen im Libanon in den Schmutz getreten hatte. Ich war froh, wenn ich ihn nicht mehr sehen musste. Und Valeria fragte nie nach ihm.

KAPITEL 3

Alfred, meine Liebe

Zwei Jahre nach der Scheidung war ich 24 und hatte mein Leben so weit im Griff, dass ich sowohl als allein erziehende Mutter mit Tochter einen Modus Vivendi gefunden hatte, der uns beiden gut tat, als auch mein Journalistikstudium bewältigte und nebenbei unseren Lebensunterhalt mit Sprachunterricht an der Volkshochschule finanzierte. Meine Sprachbegabung zahlte sich endlich aus, so dass meine Kurse in Italienisch und Englisch nicht nur gut besucht, sondern auch erfolgreich waren. Zusätzlich zu dem kleinen Einkommen aus meinen Kursen erhielt ich weiterhin aufeinander abgestimmte Sozialhilfe und eine Bundesausbildungsförderung nach dem Bundesausbildungsförderungsgesetz. Meine Schüler schätzten mich, meine Kollegen waren nett zu mir, und in Conny, Ayla und Christina hatte ich wirklich liebe Freundinnen gewonnen. Wenn ich Hilfe brauchte, passten sie oder eine nette Nachbarin auf Valeria auf. Teilweise wurde mein eigenes Einkommen von den öffentlichen Geldbeträgen abgezogen. Das war mehr als okay für mich. Es war mir immer noch peinlich, von Sozialhilfe zu leben.

Conny hatte ich eines Tages in einer Pizzeria kennen gelernt, die ich gern mit Valeria aufsuchte. Wir mochten uns spontan und trafen uns immer wieder. Ich erzählte ihr von meiner Kindheit im Libanon, von meiner Ehe. Sie erzählte mir von ihrem türkischen Vater, den sie nicht kannte, und dass sie als Kind sehr darunter gelitten hatte, keinen Vater zu haben. Nicht zuletzt diese Trauer beeinflusste mich später, meinen eigenen Kindern unbedingt ihre Väter erhalten zu wollen, als unsere Trennung als Paar jeweils unvermeidlich geworden war. Sie sollten nicht darunter leiden müssen, sie nicht zu kennen.

Zusammen lasen Conny und ich Gedichte und lernten sie auswendig. Diesen Stunden verdanke ich mein fließendes Deutsch. Umgekehrt brachte ich ihr Italienisch bei. Sie hatte einen italienischen Freund, mit dem sie gern in seiner Muttersprache reden wollte. So saßen wir bei schönem Wetter oft zusammen mit Valeria irgendwo draußen auf einer Wiese oder auf einem Spielplatz mit einer Schaukel, so dass sie sich beschäftigen konnte, während wir lernten. Abends gingen wir zusammen in unsere Stamm-Pizzeria.

Männer waren in diesen zwei Jahren kein Thema für mich. Ich hatte die Nase gestrichen voll von ihnen, wie man so sagt. Gott sei Dank machte ich mich selbst wegen meiner geschiedenen Ehe nicht mehr so fertig wie am Anfang. Ich war zu dem Schluss gekommen, dass Nick und ich einfach zu jung gewesen waren. Wir hatten uns wie unreife Teenager verknallt und eine Weile Ehe gespielt und alles verspielt. Es hatte nicht geklappt. So etwas passiert. Es ist anderen passiert, es ist mir passiert. Es war Dummheit, Mangel an Lebenserfahrung, Pech.

Die Gespräche mit Conny trugen sehr dazu bei, dass ich begann, mir dieses Versagen zu verzeihen und wieder Zutrauen zu mir als Frau zu fassen. Einmal einen Fehler gemacht zu haben, hieß nicht, immer einen Fehler machen zu müssen.

»Die große Liebe wartet noch auf dich«, sagte Conny manchmal. Vielleicht hatte sie Recht. Aber ich war nicht an einer neuen Beziehung interessiert. Mir fehlte nichts. Ich brauchte keinen Mann in meinem Bett, um zufrieden zu sein. Sollte ich aber doch noch einmal jemanden finden, dann, das schwor ich mir, würde es nur ein Mann sein, der gut zu Valeria wäre und väterliche Gefühle für sie entwickeln würde. Vielleicht hatte ich meine Ansprüche zu hoch geschraubt, jedenfalls begegnete ich nie einem Mann, der sie erfüllt hätte. Bis zu jenem Abend in H.

Da ich als Einzige von uns vier Freundinnen ein eigenes Auto besaß, fragten Conny und die anderen zwei mich eines Abends, ob ich sie nicht nach H. fahren könne. Dort gebe es eine supertolle Diskothek. Ich solle doch mitkommen. Sie würden mir auch den Sprit bezahlen.

Ihre gute Laune und ihre Vorfreude steckten mich an, so dass ich lachend zusagte. Meine Nachbarin, eine herzensgute alte Dame von gegenüber, passte zu dieser Zeit manchmal auf Valeria auf, wenn ich dringend aus dem Haus musste. Sie war von Anfang an liebenswürdig zu mir gewesen, und ich pflegte ihr Kuchen oder eine andere Kleinigkeit zu schenken, wenn ich gebacken oder etwas Leckeres gekocht hatte. Warum sollte ich ihr nichts davon abgeben? Ich kannte sie, sie war nett, meine Nachbarin, sie half mir. Es war mir eine Freude, mit ihr zu teilen. Das war ich von zu Hause her so gewöhnt. Auch sie mochte mich. Es gefiel ihr, dass ich keine wechselnden Männerbesuche bekam und sonntags mit meinem Kind immer in die Messe ging. In ihren Augen war ich eine zwar geschiedene, aber trotzdem anständige und ehrbare Frau. Als ich sie an diesem Abend bat, auf die Kleine aufzupassen, war sie gern einverstanden.

Guter Laune und übermütig brausten wir also los nach H. Unterwegs habe ich die Mädels gefragt: »Hört mal, wie macht man eigentlich einen Jungen an?«

Drei Paar Riesenaugen starrten mich an. Drei geschminkte Münder lachten mich an oder doch eher aus. Ich war verheiratet, geschieden. Sie hatten erlebt, dass ich oft umschwärmt war. Und ich fragte, wie man einen Jungen anmacht? Sie fassten es nicht. Aber zuletzt rieten sie mir: »Wenn dir einer gefällt, schaust du ihn an und sagst: ›Hey, du hast aber schöne Augen!‹« Das schien mir nicht allzu schwer zu sein.

Wir gingen also in die Disko hinein, liefen ein bisschen herum, tanzten ein paar Takte, nippten an unseren Gläsern, schauten uns die Typen an, die ihrerseits uns anstarrten. Aber ich fand nichts Verlockendes. Bis zu dem Moment, als wir kurz zusammen an die frische Luft gehen wollten, um eine Zigarette zu rauchen, und ich im Vorbeigehen diesen Jungen, diesen jungen Mann, an der Bar sitzen sah.

»Hach!«, dachte ich. »Jetzt probierst du das aus.« Und ich ging langsam auf ihn zu, sah ihn an und sagte: »Du hast eine schöne Nase, ähm, ich meine, du hast aber schöne Augen.« Er lachte und zeigte supergerade Zähne und sagte: »Du aber auch!«

Ich hab mich so geniert.

»Willst du tanzen?«, fragte er. Und ich sagte: »Ja.«

Damals tanzte man gerade Lambada. Er bewegte sich gut zur Musik. Ich auch – wie eine Südamerikanerin, eine Brasilianerin, eine mit Samba im Blut. Wir waren wie bezaubert, einer vom anderen. Kurz darauf riefen meine Freundinnen, und ich sprang fort und sagte: »Tschüss, ich muss los.«

»Wohin? Wie heißt du denn überhaupt?« Da war ich schon fast an der Tür. »Jo«, rief ich. »Ich heiße Jo.« Und ging. Er wusste nur die Kurzform meines Vornamens und meinen Wohnort. Er hatte nicht einmal meine Telefonnummer.

Vier Wochen später fuhren wir nochmals nach H. Ich müsste lügen, würde ich behaupten, dass ich den Jungen von damals vergessen hatte. Trotzdem hatte ich nicht wirklich an ihn gedacht. Wir hatten einen einzigen flirtigen, superschönen Tanz zusammen genossen. Er war süß gewesen und hatte mir gefallen. Nicht bloß seine Nase und seine Augen. Aber es war nichts, was mir den Schlaf geraubt hätte.

Wir waren vielleicht eine halbe Stunde in der Diskothek, als mich plötzlich jemand an die Hand nahm und sagte: »Jetzt hab ich dich. Und jetzt lass ich dich nie mehr los.«

Er! Und er sagte: »Auf dich warte ich schon seit vier Wochen jeden Donnerstag, Freitag und Samstag.«

»Was?«, fragte ich und fühlte mich ganz komisch.

Er zog mich mit sich. »Zu Hause habe ich das ganze Telefonbuch von R. abgesucht und dich nicht gefunden. Josefine, Johanna, was weiß ich, welche Namen mit Jo am Anfang. Ich hab alle angerufen. Aber du warst nicht dabei.«

»Ich heiße Joumana«, sagte ich.

Und dann haben wir getanzt, und ich fühlte die Gedanken förmlich in meinem Kopf, als ich dachte: »Er hat vier Wochen auf mich, nur auf mich gewartet. Wir haben uns nur zehn Minuten oder eine halbe Stunde gesehen, nur einmal getanzt, dann war ich weg, ohne etwas zu hinterlassen. Und er hat auf mich gewartet. Wow!«

Irgendwann haben wir uns geküsst. Irgendwie habe ich mich in ihn verliebt. Und dann fragte er: »Kann ich dich morgen abholen?«

In diesem Moment schoss eine Angst durch mich hindurch, so dass ich erst einmal tief einatmen und schlucken musste. Ich hatte ihm nie gesagt, dass ich eine Tochter habe. Wie, wenn er seine Meinung jetzt änderte? Wenn er von einer, die schon ein Kind hatte, nichts wollte? Ehe es später zu weh tun würde, musste ich es ihm jetzt sagen. Sofort. Also atmete ich nochmals durch und sagte: »Du, hör mal, ich muss dir zuerst etwas erklären. Ich bin geschieden. Ich habe eine Tochter, Valeria.«

»Und wo ist das Problem?« Er hielt mich ganz fest, sah mir in die Augen, lächelte, küsste mich. »Ich möchte auch deine Valeria kennen lernen.«

»Wirklich?«

»Also, komm schon, wo wohnst du? Wo kann ich euch beide morgen abholen?«

Ich glaube, ich werde nie vergessen, wie er mich damals anschaute und festhielt.

Tatsächlich holte Alfred Valeria und mich tags darauf mit seinem Auto ab und fuhr mit uns zu einem Badesee in der Nähe von Essen. An diesem ersten Ausflug und später an vielen anderen unserer gemeinsamen Unternehmungen fiel mir der Unterschied zwischen einer Beziehung zu einem Ausländer und zu einem Deutschen auf. Alfred zeigte mir Plätze und Orte, die er als Deutscher unter Deutschen schön fand. Orte, die ich als Ausländerin nicht kannte, weil es nicht bloß Sightseeing-Highlights aus der Touristeninformation oder Kneipen von Ausländern waren, in denen sich andere Ausländer trafen, um sich ein Stückchen Zuhause in einem fremden Land zu schaffen. Ich war so stolz darauf, endlich einen echten Deutschen kennen gelernt zu haben. Und als ich erfuhr, dass er aus einer streng katholischen, wohlhabenden Familie stammte, die mit Geld umgehen konnte und es zusammenhielt, wie es sich gehört, war ich noch beeindruckter. Und zwar nicht wegen des Geldes an sich, nicht wegen des Reichtums, sondern weil es Menschen waren, die es zu gesellschaftlichem Ansehen gebracht hatten, die in diesem perfekten Deutschland zu den Perfekten gehörten. Ich bewunderte sie für ihre Leistung, für ihren sozialen Status. Dass ich als geschiedene Ausländerin mit Kind für sie das Allerletzte war, erkannte ich nicht.

Alfreds Eltern begegneten mir von Anfang an zwar distanziert, aber höflich und freundlich. Sie begrüßten mich lächelnd, rückten mir zuvorkommend den Stuhl zurecht, aßen später wohlwollend an meinem Tisch. Ich wusste, dass Deutsche keine temperamentvollen, spontanen Südländer, sondern in ihrem ganzen Wesen zurückhaltender, verschlossener, kühler sind. Deshalb nahm ich die Distanziertheit von Alfreds Eltern als etwas typisch Deutsches. Dass es mir als Person galt, kam mir gar nicht in den Sinn, zumal Alfred immer sagte, seine Eltern fänden mich nett.

Bei uns im Libanon hält man nichts von solchen Fassaden im Privatleben. Da ist man freundlich zu denen, die man schätzt, und ignoriert diejenigen, die man nicht ausstehen kann. Mit denen spricht man einfach nicht. Das haben wir so gelernt. Das zeigen wir einander. Bei uns ist es das Letzte, falsch zu seinen Mitmenschen zu sein. Das ist gegen Gottes Gebote.

Wie anders das alles in Deutschland ist, wusste ich nicht. Ich kannte solche Falschheiten nicht. Ich wusste nicht, dass man in Deutschland nett tut, aber nicht nett ist. Ich musste das wie eine neue Welt entdecken, in der ich mit Regeln leben sollte, die ich nicht kannte und die ich schlecht fand, als ich sie begriff. Von katholischen Christen erwartete ich solche Falschheit einfach nicht. Von meiner ganzen Erziehung her, quasi von Natur aus, hatte ich nie etwas gegen einen Menschen, bis dieser mir wehtat.

Als klar war, dass Alfred und ich einen gemeinsamen Lebensweg einschlagen und zusammenbleiben wollten, als er mir einen Heiratsantrag gemacht und ich ihm die Ehe versprochen hatte, als wir zum ersten Mal miteinander geschlafen hatten, da fühlte ich mich vor Gott als seine Frau und nahm seine Eltern wie meine eigenen Eltern mit Respekt und Hochachtung an und versuchte, sie lieb zu gewinnen. Ich habe ihnen vertraut. Ganz egal, wie rebellisch ich in vielem bin, aber nicht im Glauben, nicht in der Tradition. Diese Regeln habe ich immer befolgt.

Erst ganz allmählich mit den Jahren begriff ich, dass Alfreds Eltern mich hintergangen und mit ihrem schönen Getue hereingelegt haben. In meiner Anwesenheit taten sie, als hätten sie mich gern und seien mit der Wahl ihres Sohnes einverstanden. Kaum war ich weg, brachten sie ihn gegen mich auf. Und ich habe nichts davon geahnt, denn abermals hatte ich den Mann überschätzt, in den ich mich so Hals über Kopf verliebt hatte.

Alfred war zwar lediglich ein halbes Jahr jünger als ich und wirkte so strahlend selbstbewusst in seiner gut aussehenden jungenhaften Erscheinung, doch hinter seiner Fassade verhielt er sich wie ein Kind, vollkommen von seinen Eltern abhängig, und das nicht bloß finanziell, sondern auch mental, emotional. Was sein Vater zu Alfred sagte, war Gesetz. Dagegen wagte er nicht aufzumucken. Und Alfreds Vater sagte: »Diese Frau nicht! Werde sie so schnell wie möglich wieder los!« Doch, wie gesagt, das bemerkte ich erst, als es viel zu spät für mich war. Zunächst einmal schwebte ich mit Alfred im siebten Himmel.

Bald schon zog Alfred bei mir ein. Ich hatte vieles verändert, so dass kaum noch etwas an die Wohnung erinnerte, die ich mit Nick bewohnt hatte. Es wäre mir unerträglich gewesen, mit Alfred in denselben Betten zu liegen, die ich mit meinem Exmann geteilt hatte.

Da Alfred vom Taschengeld seiner Eltern lebte, finanzierte ich von nun an auch seinen Lebensunterhalt. Oft träumten wir zusammen von unserer Hochzeit, die Alfred unbedingt auf einem Kreuzfahrtschiff feiern wollte, mit dem wir dann auch gleich unsere Hochzeitsreise machen würden. Ein schöner Traum, für dessen Verwirklichung wir uns allerdings Zeit, viel Zeit lassen wollten. Uns drängte nichts. Niemand nahm in Deutschland daran Anstoß, dass ein lediges Paar zusammenlebte. Was im maronitischen Libanon eine Todsünde gewesen wäre, galt in Deutschland nicht als verwerflich. Und für mich als Maronitin waren wir vor Gott sowieso schon Mann und Frau. Warum also sollten wir sofort eine teure Hochzeit bezahlen? Erst einmal galt es, uns ein sichere Existenz aufzubauen.

Da wir nun eine erwachsene Person mehr in meiner Familie waren, stiegen die Lebenshaltungskosten ganz erheblich. Ich war glücklich, neben dem Studium, meinen Volkshochschulkursen und Übersetzungsarbeiten für die Polizei einen weiteren Job bei einer Firma zu erringen, die der Kirche gehörte. Alle Kleinbeträge zusammengenommen, reichten für den Lebensunterhalt meiner Familie und auch noch dazu, Alfred beim Aufbau seiner eigenen Firma zu helfen, die er nach einiger Zeit unseres Zusammenlebens mit einem Kompagnon im Untergeschoss eines Bungalows etablierte, der seinen Eltern gehörte und dessen Obergeschoss er mit Valeria und mir bewohnte.

Alfred und ich, das war für mich das Wunder meines Lebens. Er sah phänomenal gut aus, ein großer, schlanker Blondschopf mit lachenden Augen und umwerfendem Charme. Gebildet, wohlerzogen, aus gutem Hause, hatte er weder gegen mein Studium noch gegen meine ehrgeizigen Berufspläne, meine Arbeit oder mein politisches Engagement etwas einzuwenden. Im Gegenteil, er fand alles gut, ermutigte mich, meine selbst gesteckten Ziele zu erreichen.

Obwohl ich viel lernen musste und oft stundenlang am Computer saß, um die aus meiner Schulzeit stammenden Wissenslücken zu schließen, empfand er weder mich als Person noch unser Zusammenleben als langweilig. Er schien die Liebe meines Lebens zu sein – und umgekehrt. Sogar zu Valeria war er liebenswürdig und aufmerksam wie ein Vater, spielte, scherzte, tollte mit ihr, passte auf sie auf und schämte sich nie, wenn sie mit uns unterwegs war. Alles, was ich vor ihm erlebt hatte, schien einem anderen Leben anzugehören und nur dazu da gewesen zu sein, dass ich aus meinen Fehlern lernte, um sie in dieser wunderbaren neuen Beziehung zu vermeiden.

Das Unglück nahm seinen Anfang, als ich 16 Monate, nachdem ich mich in Alfred verliebt hatte, von ihm schwanger wurde. Es war im Juli, als meine Monatsregel ausblieb und ich sofort bei meiner Frauenärztin vorsprach. Gott, habe ich gehofft, es wäre nur eine harmlose Störung im Hormonhaushalt! Aber leider war ich tatsächlich etwa in der vierten, fünften, sechsten Woche schwanger.

Als ich es Alfred gestand, verlangte er eine Abtreibung. Er wollte das Kind nicht, er wollte mich zum jetzigen Zeitpunkt auch noch nicht heiraten, er wollte keine Verantwortung als Vater übernehmen, er wollte nur eines: dass dieser »Zellklumpen« aus meinem Bauch verschwindet.

Ich habe Alfred bis zum letzten Moment gebeten: »Lass uns das Kind haben. Bitte! Ob wir ein Kind haben, oder ob wir noch ein Kind haben, das ist doch ganz egal. Das ist doch kein Problem. Bitte, zwing mich nicht, das zu tun. Ich ertrage das nicht. Es ist doch unser Kind.« Aber er wollte es auf gar keinen Fall. Er könne es seinen Eltern nicht antun. Sie setzten so große Erwartungen in ihn. Sie würden es nie verstehen, wenn er jetzt schon, so blutjung, ein ungewolltes Kind bekäme.

»Deinen Eltern kannst du es nicht antun. Aber mir?«, schrie und weinte ich und begriff zum ersten Mal, dass seine Eltern mich verachteten und ablehnten, dass sie mir mit ihrer geheuchelten Freundlichkeit nur etwas vorgemacht hatten. Obwohl wir über ein Jahr zusammen waren, wie ein Ehepaar miteinander lebten, ich den Lebensunterhalt ihres Sohnes finanzierte.

Alfred zuckte nur mit den Schultern. »Sag, was du willst. Ich will das Kind nicht.«

Ich kann gar nicht beschreiben, wie vollkommen am Ende ich war. Ich wusste nicht, wie man abtreibt. Ich wusste gar nichts. Nur, dass Alfred unser Kind nicht wollte, sein Kind nicht, kein Kind mit mir. Ich verstand das nicht. Er hatte mich gebeten, ihn zu heiraten. Ich hatte ihm mein Jawort gegeben. Im Herzen fühlte ich mich mit ihm vor Gott verheiratet. Ich brauchte keinen deutschen Trauschein, um mich als seine rechtmäßige Frau zu fühlen. Für mich zählte sein Wunsch, mich zur Frau zu nehmen und mein Mann zu sein. Wir waren ein Paar. Aber trotzdem wollte er unser Kind nicht. Ich sollte es umbringen lassen, weil er es nicht haben wollte, weil er es nicht leben lassen wollte. Ich sollte zur Mörderin an meinem eigenen Kind werden, für ihn. Aus Liebe zu ihm. Es passte nicht in mein gesamtes Verständnis von Liebe, von Christlichkeit, von Verantwortung und Leben. Aber ich war seine Frau. Ich musste meinem Mann gehorchen. Die Frau soll ihrem Mann untertan sein, sagt die Bibel. Das ist Gottes Wort. Wie sollte ich es nicht befolgen? Ich fühlte mich schrecklich.

Hätte ich mich anders entschieden, wenn ich gewusst hätte, dass man in Deutschland in allen Ehren und ganz selbstverständlich Kinder haben kann, ohne verheiratet zu sein? Ich weiß es nicht. Ich liebte Alfred über alles. Ich wollte ihn nicht verlieren. Hätte ich nicht für ihn abgetrieben, hätte er mich verlassen.

Damals wusste ich zu wenig von deutschen Gesetzen und deutscher Rechtsprechung. Ich hatte libanesische Lebensregeln im Kopf. Und im Libanon konnte eine anständige unverheiratete Maronitin kein Kind ohne Mann haben und selbst großziehen. Zumindest kenne ich niemanden, der so etwas getan hätte. Wer in meinem Bekanntenkreis eine Frau geschwängert hatte, musste sie heiraten, ob er wollte oder nicht. Reichte es für Sex, reichte es auch fürs Leben. Von daher befand ich mich wieder einmal in einer Situation, die ich nicht kannte.

Ich habe sehr darunter gelitten und sehr viel geweint, dass ich abtreiben musste. Ich wollte das nicht. Ich hasste es. Es versetzte mich in Panik. Und noch immer habe ich das damit verbundene Trauma nicht verwunden. Aber ein zweites Kind ohne Mann? Ich wusste nicht, wie ich damit fertig werden sollte, ohne abgeschlossene Ausbildung, ohne festes Gehalt, allein, doppelt entehrt und im ganzen Libanon verachtet.

Sobald ich nur daran dachte, dass ich das Kind abtreiben muss, erbrach ich mich ohne Ende. Ich fühlte, dass ich etwas Falsches tue. Dass es ein Verbrechen ist. Ich habe sehr viel gebetet und geweint, aber es gab keine andere Lösung. Mein Kind und ich, wir hatten keine Chance.

Schließlich habe ich in Frankreich versucht, die Abtreibung vornehmen zu lassen. Dort wusste ich, wohin man sich wenden musste. Das hatte ich während meines Medizinstudiums in Paris gelernt. Doch als ich dort ankam, teilte man mir mit, dass ich als deutsche Staatsbürgerin diesen Eingriff besser in Deutschland vornehmen lassen solle und riet mir, eine Familienberatungsstelle aufzusuchen, am besten »pro familia«.

Also reiste ich unverrichteter Dinge nach Deutschland zurück und ließ mir dort einen Beratungstermin geben.

»Ich kann das Kind nicht behalten. Der Vater steht nicht dazu. Er will es nicht. Ich habe schon ein Kind, studiere noch. Was soll ich bloß machen?« Unter Tränen bat ich um einen Rat, um eine Lösung, die mein Kind und mich retten würden.

Stattdessen pflichtete die Beraterin Alfred bei. Unter den genannten Umständen sei es verständlich, dass ich das Kind abtreiben lassen wolle. Natürlich bekäme ich eine »soziale Indikation«, eine Abtreibungserlaubnis aus sozialen Gründen. Den Eingriff, der unter Narkose vorgenommen werde, könne ich mit diesem Schein in jeder Abtreibungsklinik oder Entbindungsklinik vornehmen lassen. Es sei ein Routineeingriff.

So ließ ich unser Kind abtreiben. Es geschah in irgendeiner Klinik, einem Haus, das eher wie ein Privathaus wirkte, umgeben von einem Garten. Ich wurde tatsächlich narkotisiert. Ich wachte auf und war nicht mehr schwanger. Wenig später brachte Alfred mich nach

Hause, als sei alles, wie es immer gewesen war. Doch in Wahrheit war nichts mehr, wie es war.

Ich litt darunter, abgetrieben zu haben. »Abtreibung« ist für manche Frauen wohl ein angenehmes Tarnwort, unter dem man verstecken kann, was man wirklich getan hat. Es klingt so viel harmloser, wenn ich »abtreiben« sage, als wenn ich es »töten« oder »umbringen« nenne. Ebenso, wie es neutral und abstrakt, nach einer dubiosen Masse oder Materie klingt, wenn ich das Kind im Mutterleib »Zellklumpen« oder »Fötus« nenne. Tatsächlich bleibt es auch mit den verschiedensten Namen, was es ist, nämlich ein menschliches Wesen mit einer Seele, ein heranreifendes Kind, ein Geschöpf Gottes, dem ich das Leben verweigere, weil ich es nicht haben will und es daher aus meinem Leib, als dem Leib seiner Mutter, vertreibe, es »abtreibe«.

Für mich als Maronitin, der die Menschwerdung etwas Heiliges, Unantastbares ist, die die Mutter Gottes als Übermutter verehrt und in der eigenen Mutterschaft einen heiligen Schöpfungsakt sieht, gab es kein Versteckspiel mit Wörtern. Ich konnte meinen Verstand nicht damit einlullen, dass ich diesen »Zellklumpen«, der aus meiner Gebärmutter abgesaugt worden war, als gefühlloses, hirnloses und darum noch nicht menschliches Neutrum visualisierte. Ich war nie gut darin, mich selbst zu verdummen. Für mich war es die volle Schuld, mein Kind getötet zu haben. Wenn ich Valeria ansah, sah ich das Kind vor mir, dem ich das Leben genommen hatte. Hörte ich sie sprechen, lachen, singen, beobachtete ich ihr Spielen, Tanzen, ihre Lebenslust und ihre kleinen und großen Fortschritte, dachte ich an das Niegeborene in mir, dem ich dies alles geraubt hatte. Wenn ich mit Alfred schlief, schob es sich in die Farben meiner Lust und erstickte sie in meinem schlechten Gewissen.

In meiner seelischen Not habe ich Alfred oft einen Vorwurf daraus gemacht, dass er mich zur Abtreibung gezwungen hatte. Kein lebendes Kind hätte sich nachdrücklicher zwischen uns schieben können als dieses abgetriebene. Ganz sicher war es nicht fair, Alfred solche Vorhaltungen zu machen. Schließlich war es auch und ganz maßgeblich meine Entscheidung gewesen. Wir hatten uns beide schuldig gemacht.

Es stimmt, ich hatte immer wieder gebettelt: »Lass uns das Kind zusammen haben!« Es ist wahr, er war derjenige, der es nicht wollte. Doch er hat mich nicht zur Abtreibung hingeschleppt. Er hätte mir das Kind nicht eigenhändig aus dem Leib gerissen, hätte ich es nicht abtreiben lassen, sondern unter allen Umständen austragen und zur Welt bringen wollen. Er hätte mich mitsamt dem Kind verlassen. Mehr nicht. Dann hätte das Kind keinen Vater gehabt. Dann hätte ich den Mann verloren, den ich mehr liebte als mich selbst. Natürlich steckte ich in diesem Dilemma. Aber es war mein persönliches letztes Wort, mein »Ja« in der Abtreibungsklinik, das über Leben und Tod entschieden hat.

Indem ich Alfred die Schuld an der Abtreibung anlastete, versuchte ich, mein Gewissen zu bereinigen, weil ich fühlte, dass ich unser Kind des Lebens beraubt hatte. Der Schmerz, an meinem eigenen Kind, an einem Menschen so schuldig geworden zu sein, war größer, als ich ihn auszuhalten vermochte. Es nagte an mir, egal, was ich tat. Es ließ sich nicht abschütteln. Es ließ sich nicht vergessen. Es ließ sich auch Alfred nicht zuschieben. Es blieb in meinem Bewusstsein, in meiner Seele. Es ist einfach unvergesslich. Eine Sünde, die mich nie loslassen wird, mit der ich leben muss bis zuletzt, die nur Gott mir verzeihen kann oder nicht verzeihen wird, wie schmerzlich ich auch darunter leide.

Deshalb war nichts mehr, wie es war, als Alfred mich aus der Klinik nach Hause brachte. Wir wollten uns lieben wie zuvor. Doch eine heile Liebesbeziehung, diese *sacred love* meiner Träume, hatten wir danach nie mehr.

Drei Jahre später wurde ich erneut von Alfred schwanger. Ich hatte soeben die Spirale herausnehmen lassen müssen, für die ich mich nach dem Misserfolg mit der Mini-Pille entschieden hatte. Nach zwei Jahren drohte sie in meinem Körper einzuwachsen. Ehe eine neue Spirale eingesetzt werden konnte, musste ich etwa zwei Monate abwarten, um die bei der Entfernung entstandenen Verletzungen ausheilen zu lassen.

»Vor Ablauf von sechs Monaten können Sie bei diesem Eingriff nicht schwanger werden«, beruhigte der Frauenarzt meine Bedenken. »Sie können ganz sicher sein. Zumindest im ersten Monat kann sich keine Eizelle in der Gebärmutter einnisten.«

Ich wurde sofort schwanger.

Ich sollte schwanger werden, denke ich. Es war Schicksal, Gottes Wille. Wie immer man das nennt. Unter normalen Bedingungen ist es unmöglich, dass man so schnell schwanger wird. Frisch aus dem Unterleib gerissen, klafft dort nach dem Ziehen der Spirale eine Wunde, der Hormonhaushalt ändert sich. Fast jeder Arzt würde schwören, dass eine Schwangerschaft nicht eintreten könne. Es geschah trotzdem.

Zunächst machte ich mir keine Sorgen, als ich meine Periode nicht bekam, sondern ließ mir die neue Spirale einsetzen. Trotz einschlägiger Erfahrungen verließ ich mich auf die Aussage des Frauenarztes und rechnete damit, dass die Blutungen sich nach dem Eingriff einstellen würden. Als auch dann nichts passierte, erklärte ich es mir als eine Stressreaktion. Schließlich hatte ich mit meinen diversen Arbeitsstellen, Kind, Haushalt und Studium reichlich viel um die Ohren. Es kam vor, dass dies die Menstruation verschob.

Nach drei, vier Monaten wusste ich, dass ich schwanger war. Ich wusste es einfach. Ängstlich vertraute ich Alfred an, dass wir wahrscheinlich ein Kind bekämen. Ich befürchtete, er würde ebenso reagieren wie vor drei Jahren und erneut die Abtreibung verlangen. Zu meinem größten Glück schien er sich zu freuen, sagte: »Toll!« und »Maus« zu mir, nahm mich in die Arme und streichelte mich.

Deshalb hatte ich keine Angst, als ich zum Frauenarzt ging. Als er errechnete, dass das Unmögliche passiert und die Schwangerschaft innerhalb der ersten vier Wochen nach dem Entfernen der

Spirale eingetreten war, nahm ich das als Schicksal hin. Es sollte so sein, dass Alfred und ich ein Kind zusammen bekämen. Und warum auch nicht? Diesmal war es okay, diesmal hatte Alfred nichts dagegen. Meine Valeria würde sich über ein Baby freuen. Alles würde gut werden.

Wann genau die Schwangerschaft eingetreten war, ließ sich nicht feststellen. Auf dem Ultraschallgerät aber war das Kind schon zu erkennen. Als ich ihn darum bat, druckte der Frauenarzt mir das Bild aus. Glücklich machte ich mich damit auf den Heimweg.

Alfreds Firma befand sich im Untergeschoss des Bungalows, in dessen oberer Etage wir wohnten. Draußen im Hof standen die Lastwagen, in die eine von Alfred selbst entwickelte hydraulische Waage eingebaut wurde. Er saß in einem der Fahrzeuge, als ich ankam. Ich stieg zu ihm ein und sagte: »Guck mal, ich hab das was.« Ich hatte einen blauen Mutterpass in der Hand und zeigte ihm gleichzeitig das Ultraschallbild. Er grinste mich an. »Schön! Geh schon mal vor, ich komme gleich nach Hause.«

Stunden später war meine Schwangerschaft die große Katastrophe. Und zwar nachdem Alfred mit seinen Eltern gesprochen hatte. Plötzlich verlangte er wieder, dass ich abtreiben solle. Mit denselben Argumenten wie damals. Er sei zu jung zum Heiraten. Die Firma sei noch zu neu. Wir könnten uns kein Kind leisten. Er fühle sich der Verantwortung nicht gewachsen.

Tatsächlich verlangten seine Eltern, seine heiligen Eltern, die ständig in die Kirche gingen, dauernd das Kreuz machten und vom lieben Gott redeten, dass ich abermals abtrieb. Selbst seine frommen Geschwister, die in den Augen der Eltern gute Partien gemacht hatten, weil ihre Ehegatten Vorzeigeexemplare und keine Ausländer waren, stimmten in den Chor mit ein. Dabei hatte ich nie ein schlechtes Wort über sie verloren, solange ich mit Alfred zusammen war, obwohl ich wusste, dass sie damals einen Keil zwischen ihn und unser erstes Kind getrieben hatten. Trotzdem verachteten sie mich. Sie wussten nie, was ihr Sohn an mir hatte, dass er mich liebte, dass ich alles für ihn getan hatte und alles für ihn tun würde. Sie sahen in mir lediglich die geschiedene Ausländerin mit Kind, die von Sozialhilfe lebte. Alfred hatte oft zu mir gesagt, dass für seine Eltern alles anders wäre, wenn ich wenigstens eine richtige Deutsche wäre, Geld hätte.

Ich hätte nie gedacht, dass er so ein Weichei war. Jetzt fiel es mir wie Schuppen von den Augen. Jünger als seine Geschwister, war er immer der Kronprinz der Familie. Alle haben sich für ihn ein Bein ausgerissen, ihn bewundert und betüddelt. Ich glaube, er war nie richtig erwachsen geworden, weil sie ihn gar nicht erwachsen werden ließen. Ganz egal, wie alt er war, ob er mit einer Frau lebte, sie liebte und Kinder mit ihr zeugte, in den Augen seiner Eltern und Geschwister war er dauernd der Kleine. Sie trauten ihm einfach nichts zu, und deshalb traute er sich auch nichts zu. Er konnte das Bevormundetwerden nicht abschütteln. Er hatte nicht den Mut dazu, denn dann hätte er ja selbst Verantwortung übernehmen müssen, die er doch angeblich gar nicht übernehmen konnte.

Der Schock, dass Alfred sich von seinen Eltern schon wieder so gegen mich und unser Kind einnehmen ließ, saß tief. Aber diesmal gab ich nicht klein bei. Noch einmal würde ich kein Kind abtreiben lassen. Nicht einmal für Alfred.

»Ich habe dich ernährt«, warf ich ihm vor. »Ich bin arbeiten gegangen für dich und für uns. Ich habe alles getan, damit du deine Firma hast. Ich hab für dich die ganzen Übersetzungen gemacht, alle Papiere. Ich war für dich da, damit du es schaffst. Bevor du es mir gesagt hast, habe ich dir das Licht angemacht oder ausgemacht, weil ich wusste, dass du es brauchst. Ich war dir in all den Jahren immer eine Freundin, eine Geliebte, eine Mutter, alles. Ich war für dich da. Und du willst unser Kind nicht haben? Schon wieder nicht?«

Er schaute mich nicht an. »Nein, treib ab.«

Er wollte das wirklich. »Nein«, sagte ich. »Diesmal nicht. Und niemals mehr. Erstens bin ich im vierten Monat. Da macht keiner mehr eine Abtreibung. Außerdem habe ich die andere Abtreibung nie verkraftet. Das mach ich nicht noch mal, einen Menschen zu töten. Das kannst du alleine machen. Aber ich mache das nicht mit. Vergiss es! Steh endlich zu deinem Kind.«

Natürlich musste Alfred erst einmal wieder mit seinen Eltern reden. Sie waren empört. Ich, diese dahergelaufene Ausländerin, ich wollte ihrem Sohn ein Kind anhängen? Nicht mit ihnen. Sie waren wütend und aufgebracht, dass ich wieder nicht aufgepasst hatte, wieder schwanger war, ihren Sohn auf diese Weise ködern und einfangen wolle. Ich solle abtreiben, vierter Monat hin oder her. Alfred solle sich nur ja nichts von mir einreden lassen.

»Ihr könnt mich mal!«, schrie ich zuletzt. »Ich wünschte, eure Mutter hätte euch abgetrieben.«

Durch meinen Verzweiflungsausbruch fühlte Alfred sich in seiner Entscheidung gegen unser Kind bestätigt. »Es ist aus. Ab heute leben wir getrennt!« Sprach's, zog mit ein paar Kumpeln ab in die nächstbeste Kneipe, trank reichlich über den Durst und ließ sich von einer Blondine aus G. abschleppen.

So wenig eifersüchtig ich bei Nick reagierte, so heftig erfasste mich dieses Gefühl, wenn es um Alfred ging. Aber auch er hatte es immer kaum ertragen, wenn ich mit einem anderen Mann sprach. Also überwand ich mich eines Abends, schnappte mein Kind und verfolgte ihn mit dem Auto, als er wieder auf Kneipentour ging. Wie befürchtet, hatte er sich mit dieser Blondine verabredet, die er an jenem ersten Abend unseres großen Zerwürfnisses aufgegabelt hatte. »Aha«, sagte ich zu mir, »ich hab ein Kind, das keinen Vater mehr hat. Ich bin schwanger, hab also noch ein Kind, das keinen Vater hat. Und er treibt sich mit dieser Blondine herum. Das halt ich nicht aus. Das ist mir echt zu viel.«

Aber ich liebte ihn noch. Also schwieg ich, als er nach Hause kam und weckte ihn am nächsten Morgen wie immer. Pünktlich ging er nach unten ins Souterrain zur Arbeit. Ich blickte ihm im Hausflur nach. Als er unten angelangt war, hörte ich, wie er die Bürotür hinter sich schloss. Zum ersten Mal; das hatte er noch nie gemacht. Gleich darauf vernahm ich das Klingeln des Telefons und seine Stimme: »Hallo, ja, wir sehen uns nachher.«

Das war am 13. Februar.

»Das kann nicht wahr sein«, dachte ich und fühlte, wie der Zorn sich in mir ausbreitete. »Ich war mit ihm zusammen, die ganzen Jahre. Er sagte, er liebe mich. Das kann er doch jetzt nicht machen.« Ich war wirklich sauer. Ach was, ich war wütend. Ich lief die Treppe hinunter und riss die Bürotür auf. Etwas, was ich vorher nie getan hatte. Die Firma war die Firma, auch wenn sie im gleichen Haus war. Ich habe diese Trennung der Bereiche von Privat und Büro immer respektiert. Es war das erste Mal, dass ich diese Regel missachtete. Aber ich hatte ja auch einen Grund; der Mann, der mir die Ehe versprochen und mich geschwängert hatte, der mich verlassen wollte, weil ich sein Kind unter dem Herzen trug und nicht umbringen wollte, dieser Mann verabredete sich soeben unter unserem gemeinsamen Dach mit einer anderen Frau. »Toll!«, rief ich in sein Büro hinein. »Mit wem redest du?«

»Ja, mit wem wohl? Mit einer Freundin.«

»Ah, du bist so dreist!« Verzweifelt packte ich seine Hand und ging auf ihn los. Ich weiß auch nicht, was ich mir dabei dachte. In meinem Kopf und meinem Gefühl ging alles durcheinander. Ich glaube, ich dachte gar nichts mehr.

»Hau ab!«, schrie er mich an. »Du bist wohl verrückt geworden?« Dabei versuchte er, mich zu schlagen. Ich versuchte, ihn zu schlagen. Es war ein wildes Handgemenge, bis ich plötzlich zu weinen anfing und nach oben in unsere Wohnung lief, während er auf und davon rannte.

Verzweifelt saß ich zu Hause und grübelte. Ich hatte mir so viel Mühe gegeben, mit Alfred alles richtig zu machen. Mit Nick hatte ich so viele Fehler begangen. Sicher war ich mit Alfred nicht immer fair oder richtig umgegangen. Aber was er mir jetzt antat, hatte ich nicht verdient. Dessen war ich mir ganz sicher. Trotzdem beschloss ich, nochmals einzulenken und zu versuchen, mich mit ihm zu versöhnen. Wir bekamen ein Kind. Wir hatten uns geliebt. Wollten heiraten. Das warf man nicht so einfach weg.

Ich rief ihn an und bat: »Komm, Alfred, bitte, komm her, wir reden darüber. Wir reden über alles. Lass uns das Problem wie zwei vernünftige Leute lösen.«

»Nein«, weigerte er sich. »Ich komme nicht mehr zu dir. Ich bin eingeladen heute. Ich schlafe bei meiner Mutter.«

Ich würgte meine Enttäuschung hinunter und probierte es nochmals. »Du kannst mich nicht einfach so sitzen lassen, Alfred. Wir lieben uns. Das kannst du nicht vergessen haben. Komm her, bitte, lass uns reden.«

Endlich versprach er, zum Frühstück zu kommen.

Ich kaufte Brötchen ein, deckte den Tisch und betete die ganze Zeit, dass wir unsere Beziehung durch dieses Gespräch wieder in Ordnung bringen könnten. Um Alfred zu gefallen, zog ich mir etwas Schönes, ganz Verführerisches, ein weißes Kleid an. Damals trotz der Schwangerschaft noch gertenschlank, hatte ich meine Haare aufgesteckt, Pumps mit hohen Absätzen ausgewählt, alles, was er an mir, an Frauen, liebte.

Er ließ mich warten, doch irgendwann kam er. Ich machte ihm die Tür auf, lächelte ihn an. Er machte: »Geh weg!« und stieß mich mit der Hand beiseite. Ich versuchte, nicht gleich in Tränen auszubrechen und bettelte: »Bitte, Alfred, lass uns reden.«

Er sah mich so trotzig an, wie mich heute sein Sohn manchmal anschaut, und verzog den Mund: »Da gibt's nichts zu reden. Es ist aus zwischen uns.«

Ich sagte: »Bitte, du kannst nicht so einfach Schluss machen. Ich bin schwanger. Wirklich, das kannst du mir nicht antun. Schon mal gar nicht wegen einer blöden Blondine, die du noch gar nicht kennst, oder wegen deinen Eltern, die nicht wollen, dass wir das Kind haben.«

»Nee, da gibt's nichts. Es ist nichts zu machen. Ich bin zu jung dafür. Ich kann die Verantwortung nicht tragen für ein Kind. Sieh zu, dass du die Verantwortung auch loswirst.« Er stand da wie ein kleiner Junge, der nicht zugeben kann, Mist gebaut zu haben.

»Du bist 28, fast so alt wie ich!«, rief ich. »Vier Jahren waren wir zusammen. Was du sagst, ist für mich absolut lächerlich. Mit 28 kann man doch wohl wissen, was für einen richtig und was falsch ist. Da muss man doch nicht mehr die Eltern um Erlaubnis fragen.«

Auf diese Weise redeten wir und redeten doch nicht, bis wir am Ende beide so fertig waren, dass wir uns umarmten und uns im Bett versöhnten und ich mir Hoffnungen machte, es sei alles wieder gut.

Der Frieden hielt tatsächlich volle drei Tage. Dann ertappte ich Alfred dabei, dass er diese Blondine zu sich ins Büro eingeladen hatte. Fassungslos sah ich, wie sie zu ihm ins Zimmer ging, hörte, wie sie lachten und schäkerten. Alles, während ich ein paar Meter über ihren Köpfen in unserer Wohnung war.

Leise huschte ich in die Wohnung zurück, verkroch mich in einen Winkel und weinte. Ich habe nichts mehr zu Alfred gesagt.

Erst als ich hörte, dass die Blondine aus dem Büro gehen wollte, rannte ich zur Tür und schrie ihr ins Gesicht: »Hey, hat er dir gesagt, dass seine Freundin von ihm schwanger ist?« Sie lachte nur.

Ich hätte sie umbringen können. Aber im Grunde war alles nicht ihre Schuld. Sie konnte nichts dafür, dass er mich mit ihr betrog. Es war seine Schuld. Ganz allein seine Schuld.

Später, erst zwei Jahre später, als es mir gelang, Alfred zum ersten Mal dazu zu bringen, unseren Sohn anzuschauen, sagte er mir, er habe diese Frau nie geliebt. Er hatte nicht einmal eine echte Affäre mit ihr. Er ging ein-, zweimal mit ihr ins Bett. Das war alles. Sie war ihm völlig egal.

Zwei Tage später rückte die Polizei auf unserem Hof an. Nachbarn hätten Anzeige erstattet, weil die ganze Straße mit Öl verschmiert sei.

»Ja«, meinte ich. »Er hat Garagen hier, die Firma, vielleicht ist etwas ausgelaufen.«

»Das ganze Zeug ist durch den Gully gelaufen und im Trinkwasser gelandet.« Die Polizisten zogen ernste Mienen.

»Oh, das tut mir Leid«, murmelte ich. »Entschuldigen Sie mich bitte, ich bin schwanger, ich muss mich zurückziehen.«

In dem Moment sah einer der Polizisten, dass ich überall blaue Flecke hatte. »Was ist das hier?«

»Ach, ich habe Streit mit meinem Freund gehabt.«

»Der hat Sie geschlagen?«

»Ja, ich hab ihn aber auch geschlagen.«

»Trotzdem, das ist falsch«, sagte er. »Wollen Sie ins Frauenhaus?«

»Nein«, bedankte ich mich. »Ich wohne hier. Es ist alles okay.«

Überzeugt hatte ich ihn sichtlich nicht. »Ich heiße Utz«, stellte er sich vor. »Wenn Sie mich brauchen, rufen Sie auf der Wache an. Man kennt mich. Ich komme sofort.«

Mit diesem Utz verband mich später eine richtig gute Freundschaft.

Als Alfred kurz darauf eine Rechnung erhielt und entdeckte, dass viele seiner Geräte in der Firma kaputt waren, geriet er in Wut und wollte mich schlagen. In diesem Moment tauchte mein Vater vor der Tür auf. Er war soeben aus dem Libanon eingetroffen und konnte kaum glauben, welches Drama sich da vor seinen Augen abspielte.

»Aufhören! Schluss!« Irgendetwas in dieser Art rief er und versuchte, Alfred und mich zu trennen. Plötzlich brüllte Alfred mich an: »Raus aus meinem Haus, du, deine Tochter und dein Vater. Ihr kommt nicht mehr in mein Haus rein.«

»Bitte, meinen Vater kannst du nicht rauswerfen«, rief ich und schüttelte ihn am Arm. »Mein Vater hätte dich nie aus seinem Haus geworfen. Ich hab deine Eltern auch nicht aus meinem Haus geworfen.«

Alfred heulte fast vor Wut: »Ja, doch, raus, raus, raus aus meinem Haus!«

»Das kannst du nicht mit uns machen. Ich rufe die Polizei.« Utz' Telefonnummer hatte ich zum Glück noch in der Tasche. Ein paar Augenblicke später stand er vor der Tür. »Er will uns rausschmeißen«, jammerte ich. »Meinen Vater, Valeria, mich, uns alle.«

»Beruhigen Sie sich.« Utz legte mir die Hand auf den Arm. »Er kann Sie nicht rausschmeißen, Sie wohnen hier.«

»Was kann ich nicht?«, brauste Alfred auf. »Das ist mein Haus hier. Es gehört meinen Eltern. Ich habe es gemietet für die Wohnung und die Firma. Ich will sie nicht mehr hier haben, sie, ihre Tochter und ihren Vater.«

»Okay«, sagte der Polizist. »Ihren Vater können Sie rausschmeißen. Sie und das Kind nicht.«

Ich hatte einen Freund in Essen, einen Chirurgen. Diesen rief ich nun an und bat ihn: »Hör mal, tu mir einen Gefallen. Mein Vater ist hier. Bring ihn zum Flughafen. Er kann nicht bei uns bleiben. Ich hab Riesenprobleme.«

Dann rief ich meinen Vater im Hotel an, wo er sich einquartiert hatte, und sagte: »Baba, es tut mir so Leid, ich hab Schwierigkeiten mit Alfred. Ich kann mich jetzt nicht um dich kümmern. Du musst gleich wieder nach Hause fahren.«

Mein Vater traute seinen Ohren nicht. »Was ist los? Was sagst du da? Ich bin eben erst angekommen. Ich will dir wenigstens Tschüss sagen.«

»Nein, Papa, es tut mir Leid. Mach dir keine Sorgen. Du musst zurück. Ich muss das allein regeln mit Alfred. Du kannst mir nicht helfen. Glaub mir.«

So flog mein Vater wieder zurück nach Hause. Er konnte mir nicht helfen.

Wenig später ging der Ärger mit Alfred weiter. In seiner Wut rief er seine Geschwister an, weil sie ihm beistehen und ihm helfen sollten, mich endlich aus dem Haus zu werfen. Prompt tauchten sie bei uns auf, rissen mir den Autoschlüssel weg und prügelten auf mich ein, obwohl sie genau wussten, dass ich schwanger war.

Wieder musste ich die Polizei anrufen, damit sie mein Kind und mich beschützten. Als sie kamen, war Alfred sich noch absolut sicher, dass ich sein Haus auf der Stelle verlassen müsse. Er hatte sich jedoch geirrt. »Sie können die Frau und das Kind nicht auf die Straße setzen. In diesem Fall, wenn Sie nicht mehr mit ihr zusammenwohnen wollen, müssen Sie zu Ihren Eltern ausziehen. Sie hat ja niemanden hier, zu dem sie gehen könnte.«

»So weit kommt das noch!«, wehrte Alfred sich. »Ich geh hier nicht raus.«

Trotzdem wollten die Polizisten ihn schnappen und wegbringen. Doch da tauchte bereits sein Vater auf und palaverte mit den Polizisten das Blaue vom Himmel herunter, nur damit Alfred nicht aus dem Haus musste. Etwas später war der Anwalt da und brachte einen richterlichen Beschluss mit, dass ich das Haus zu räumen hätte.

»So ist das also«, sagte ich, »wenn man ein richtiger Deutscher in Deutschland ist.« Die Polizisten hatten Mitleid mit mir und warfen Alfred Blicke zu, die wenig Sympathie verrieten. Aber sie konnten nichts machen. Ich musste raus aus dem Haus.

Ohne Geld und ohne Auto haben meine Tochter und ich in dieser Nacht wie zwei Penner als Obdachlose auf der Bank einer überdachten Bushaltestelle geschlafen.

Als die Polizisten auf ihrer Routinestreife merkten, dass wir auch die zweite Nacht wieder dort nächtigen wollten, schritten sie dagegen ein und fuhren mich zu einem Anwalt, dem ich alles genauso schilderte, wie es sich zugetragen hatte. Dieser Anwalt war mutig. Er veranlasste den Richter, den Beschluss, den Alfreds Anwalt mir unter die Nase gerieben hatte, aufzuheben und einen neuen Beschluss zu erlassen. In diesem wurde angeordnet, dass ich vorübergehend, bis ich schnellstens eine eigene Wohnung gefunden hätte, wieder mit Valeria in Alfreds Haus schlafen sollte.

Nach ein paar Wochen konnte ich mit heimlicher Hilfe von Alfreds Schwager eine nette Bleibe mieten und meinen Umzug bewältigen.

Inzwischen war ich im fünften Monat schwanger und bis zum Selbstmord depressiv. Mein Schicksal mit zwei Kindern ohne Vater erschien mir unerträglicher und perspektivloser denn je. Auch Valeria war mit den Veränderungen in unserem Leben überfordert. Sie weinte viel und litt darunter, dass Alfred, den sie gern hatte, sich nicht mehr um uns kümmerte.

Gott sei Dank war ich wenigstens nicht völlig mittellos. Ich hatte das meiste Hausinventar verkauft, da es mein persönliches Eigentum gewesen war. Lediglich ein paar Sachen, die wir dringend benötigten, hatte ich für Valeria und mich behalten. Der aus dem Verkauf erzielte Erlös musste nun für einige Zeit reichen. Schwanger, wie ich war, würde ich bald nicht mehr so viel arbeiten können wie bisher und auf Unterhalt von Alfred brauchte ich gar nicht erst zu zählen. Da würde freiwillig so wenig kommen wie von Valerias Vater. Gott sei Dank hatte ich gute Freunde, die zu mir standen. Alle waren sich einig, dass das, was Alfred getan hatte, sich nicht gehörte. So etwas machte man einfach nicht.

Vom Tage meines Auszugs an sah ich Alfred nicht mehr wieder. Er rief auch nicht an, schrieb mir nicht. Nur sein Kind wuchs in meinem Bauch. Wäre meine Valeria nicht gewesen, ich hätte mir das Leben genommen. Allein der Gedanke, was aus ihr ohne mich werden sollte, hielt mich davor zurück, mich mit einer Überdosis Tabletten zu Bett zu legen und endlich nie mehr mit dem Gedanken an mein gescheitertes Leben aufwachen zu müssen.

Manchmal kam Alfreds Schwager vorbei, der mir bereits beim Umzug geholfen hatte, und brachte mich mit dem Auto irgendwohin. Hätte seine Frau etwas davon geahnt, wäre es ihm sicher schlecht ergangen. Er half mir trotzdem, wollte sich nicht mit Alfred und seiner Sippe gegen mich solidarisieren. »Das sind doch Schweine«, sagte er. »Du kriegst sein Kind, und die tun dir das an. Das mache ich nicht mit. Wenn du mich brauchst, ruf einfach an. Ich komme.«

Etwa zwei Wochen vor der Entbindung veranstaltete Valerias Schule ein Sommerfest. Wäre es nicht der dringendste Wunsch meiner Kleinen gewesen, dass ich mitkäme und während des Festes bei ihr bliebe, hätte ich einen bequemen Sessel, ein gutes Buch und Ruhe dem fröhlichen Trubel vorgezogen. Mir war alles andere als lustig zumute. Doch mein Mädchen freute sich so darauf, mich dabeizuhaben. Ich brachte es nicht übers Herz, sie zu enttäuschen.

Mir gegenüber saß ein Mann, dessen Tochter mit Valeria dieselbe Klasse besuchte. Inmitten aller Elternpaare saßen wir beide ohne Partner da. Die Sitzordnung brachte uns fast zwangsläufig zusammen. »Bob«, stellte er sich vor. »Sind Sie auch allein hier?«

Ich nickte, freundlich zwar, aber desinteressiert. Dieser Mann sollte mich einfach in Ruhe lassen. Ich war hochschwanger. Eine blöde Anmache war das Letzte, was ich jetzt brauchen konnte.

Irgendwie kamen wir trotzdem ins Gespräch. Er erzählte, dass seine Tochter bei der Mutter lebe, er geschieden sei, sie gern öfter bei sich hätte. Ich gab den einen oder anderen Kommentar dazu. Und am Ende meinte er: »Wenn ich Ihnen irgendwie behilflich sein kann? Ich gebe Ihnen meine Telefonnummer. Rufen Sie mich an, wenn ich mich mal um Ihre Tochter kümmern soll oder Sie etwas brauchen. In Ihrem Zustand und dann allein … Also, ich erledige das gern für Sie.«

Ich wusste nicht recht, was ich davon halten sollte. Immerhin kannte ich den Mann gar nicht. Aber warum eigentlich nicht? Unsere Kinder kannten sich. Es wäre gut, wenn sie zusammen spielen könnten, während ich im Krankenhaus lag. »Sie können Ihre Tochter auch gern zu Besuch zu uns schicken oder mit ihr zu uns kommen, wenn sie bei Ihnen ist«, bot ich Bob im Gegenzug an.

Obwohl ich ihn eingeladen hatte, war ich überrascht, als Bob tatsächlich mehrmals zu Besuch kam, noch ehe ich ins Krankenhaus musste. Wie angekündigt holte er Valeria zum Spaziergang oder auf den Spielplatz ab. Wenn er sie zurückbrachte, tranken wir zusammen Kaffee, plauderten ein bisschen. Er war nett und freundlich, fühlte sich sichtlich wohl bei uns. Ich war ihm dankbar, dass er etwas mit Valeria unternahm, was ich ihr nicht mehr bieten konnte, solange ich hochschwanger war.

Dass Bob verliebt in mich war, merkte ich zunächst gar nicht. »Wer verliebt sich schon in eine hochschwangere Frau?«, dachte ich, wenn mir seine Blicke und diese gewisse Art auffielen, die ein Mann an sich hat, der einer Frau den Hof macht. Ehrlich gesagt, wollte ich auch nichts von ihm. Ich hatte mehr als genug von Männern und Beziehungen und diesem ganzen Gefühlschaos. Und ich konnte Alfred nicht vergessen, für den meine Liebe in Wut, Scham und immer noch tiefste Verzweiflung umgeschlagen war. Es gab Stunden, in denen ich vor Sehnsucht nach ihm fast umkam, und andere, in denen ich ihn am liebsten umgebracht oder verprügelt hätte. Aber ich glaube, wäre er plötzlich vor der Tür gestanden und hätte mich um Verzeihung gebeten, ich hätte ihm verziehen. Die Hoffnung, sagt man immer, stirbt zuletzt. Und so ertappte ich mich dabei, dass ich in Gedanken Szenen seiner Wiederkehr, unserer Aussprache und Versöhnung durchspielte und mir vorstellte, wie sein »Nein« zu unserem Kind sich in ein glückliches »Ja« verwandeln würde, wäre es erst einmal geboren.

An einem Freitag, dem 13., sollte unser Sohn zur Welt kommen. Meine Mutter kam aus dem Libanon, um mich zu unterstützen. Sie wusste, dass Alfred und ich uns getrennt hatten. Das stimmte sie zwar traurig und besorgt, doch in ihrer immer verständnisvollen Art machte sie mir keine Vorwürfe. Vermutlich hatte mein Vater ihr von dem Fiasko erzählt, dessen Augenzeuge er während unserer Trennungsstreitigkeiten geworden war. Dieser Anblick war mit Sicherheit nicht dazu angetan gewesen, darin einen normalen Konflikt zu sehen, für den es nach einigem Schmollen eine Versöhnung hätte geben können.

Nie sind Frauen hilfloser einer anderen Macht ausgeliefert, als wenn sie gebären. Das Kind drängt mit unaufhaltsamer Eigenmächtigkeit hinaus ins Leben. Der Körper der Mutter ist Durchgangsstation für einen neuen Menschen, dem sie sich unter Schmerzen öffnet und sich seinem Kommen vollkommen hingibt.

Allein und ohne den werdenden Vater im Kreißsaal zu liegen, Wehen und Schmerzen auszuhalten, ohne sich in seiner Liebe und Fürsorge geborgen und sicher fühlen zu dürfen, das gemeinsame Kind zusammen mit ihm aufziehen zu können, ist bitterschwer. In mir setzte der Schmerz all die unterdrückten Sehnsüchte und Hoffnungen frei, die ich in den Monaten zuvor, ja, selbst den Stunden vor den nun machtvoll anrollenden Presswehen tapfer verdrängt hatte. Als ich nachmittags gegen 15 Uhr den Kopf des Kindes ans Tageslicht drängen fühlte, hielt ich die Hebamme an ihrem Kittel fest: »Bitte, rufen Sie den Vater an. Vielleicht ändert er seine Meinung, wenn er das Kind sieht oder schreien hört. Es wird bestimmt ein hübsches Kind; ich weiß das. Wie sein Vater.«

Sie lächelte mir zu, nickte. Doch so oft sie versuchte, Alfred zu erreichen, sie erhielt keine Antwort.

Tatsächlich erlitt Alfred genau zu der Zeit, als ich in den Wehen lag, einen fast tödlichen Verkehrsunfall, über den ich später in der Zeitung las. Die Feuerwehr musste ihn mit der Schere aus dem vollkommen zertrümmerten Wagen schneiden.

Als ich mit Stefan, unserem Sohn, das Klinikum verlassen konnte, lag Alfred immer noch im Koma und wachte vier Wochen lang nicht daraus auf. Er hatte schwere Kopf- und Gesichtsverletzungen erlitten. Niemand wusste zu diesem Zeitpunkt, ob der Sauerstoffmangel bleibende Schäden hinterlassen würde. Ein Arm war zertrümmert, so dass er ein Metallgelenk bekommen musste. Falls er mit dem Leben davonkäme, sagte man mir, werde er wochenlang in einer Rehabilitationsklinik bleiben müssen, um neu sprechen und schreiben zu lernen und seine Hand zu trainieren. Vermutlich würde er dennoch behindert bleiben.

Natürlich erfuhr ich von Alfreds Unfall nicht durch seine Familienangehörigen. Nein, die Polizei war es, die mir davon Mitteilung machte. Sie riefen mich tags darauf an. »Wo waren Sie am Freitag, den 13.?«

Da ich noch nichts von Alfreds Unfall wusste, wunderte ich mich. »Warum wollen Sie das wissen? Sie rufen mich in der Entbindungsklinik an. Ich habe gestern, am 13., ein Kind bekommen.«

»Oh, herzlichen Glückwunsch! Aber ich muss Ihnen leider mitteilen, dass Alfred XY einen schlimmen Unfall gehabt hat und zwischen Leben und Tod schwebt. Wahrscheinlich wird er sterben.«

Geschockt brach ich in Tränen aus. Unser Sohn war so ein hübsches Baby.

Ganz süß, ganz lieb, bekam er auf der Werteskala der möglichen Gesundheitsfaktoren die höchste Punktzahl. Ich hatte ihn sofort gestillt und nicht wieder hergeben wollen, sondern sagte: »Nein, er schläft die ganze Nacht auf meiner Brust.« Ich konnte nur schlafen, wenn unser Kind da war. Und nun lag Alfred, lag der Vater meines Kindes im Sterben.

Als meine Mutter mit Valeria kam, um das Baby und mich zu besuchen, weinten wir zusammen, weil wir glücklich über das süße Kind waren und gleichzeitig unglücklich über Alfreds Sterben. Es tat mir so Leid um ihn, weil er unseren Sohn nun vielleicht niemals kennen lernen würde. Zugleich weinte ich um unser Kind, das seinen Vater wahrscheinlich nie sehen würde.

Aber ich war auch zutiefst berührt, weil mir Alfreds Unfall wie ein Gottesurteil vorkam. Wie oft hatte ich seine Eltern und ihn in den Monaten seit unserer Trennung angerufen und gesagt: »Ich verfluche dich! Ich verfluche euch! Und dich, Alfred, verfluche ich insbesondere. Möge Gott dich bestrafen für das, was du deinem eigenen Kind, meiner Tochter Valeria und mir antust. Etwas Schlimmes wird dir dafür passieren. Mögest du für den Rest deines Lebens keinen schönen Tag mehr erleben.«

Und nun hatte er an diesem Freitag, dem 13., diesen schrecklichen Unfall gehabt. Ich hatte ihn verflucht, dass ihm etwas Schlimmes zustoßen möge, und ihm war etwas Schlimmes zugestoßen. Hatte Gott meinen Fluch an Alfred verwirklicht?

In Deutschland mögen dies Gedanken sein, die man weit von sich weist. Der Glaube an die tätige Allgegenwart Gottes und die Wirksamkeit von Gebeten ist hier schwach geworden. Bei uns Maroniten im Libanon ist der Glaube an den strafenden Gott besonders stark ausgeprägt. Das Christentum, die Gebote und das Bewusstsein der Allmacht Gottes, der sich seiner Kinder annimmt und Strafen über die wirft, die seine Gebote brechen, bestimmt unser Leben. Für mich ist es nichts Lächerliches, einen Menschen zu segnen oder zu verfluchen und fest daran zu glauben, dass dieser Segen oder Fluch wirksam werden wird.

Ich schauderte bei der Vorstellung, dass Gottes Arm Alfred gestraft hatte. Und ich war zutiefst bereit, ihm zu vergeben, damit auch Gott ihm verzeihen werde und ihn wieder genesen lasse. »Mama«, sagte ich deshalb zu meiner Mutter, »bleib bei den Kindern. Alfred hatte einen Unfall. Ich gehe ihn besuchen.«

Wie konnte ich nur so naiv sein, damit zu rechnen, dass man Alfred und mir die Chance auf eine Versöhnung geben würde, ehe er sterben müsste! Seine Eltern bewachten sein Krankenzimmer auf der Intensivstation der Unfallklinik wie Cerberus das Höllentor. »Du bist schuld!«, klagten sie mich an und warfen mich aus dem Zimmer. »Du hast ihn verflucht. Du hast ihm das angetan.«

Ganz gleich, wie oft ich mich nach Alfreds Befinden erkundigte, seine Eltern hatten eine Nachrichtensperre über ihn verhängt. Die Krankenschwestern, die Ärzte, niemand durfte mir Auskunft geben. Gott sei Dank kannte ich eine Krankenschwester, die die Freundin einer guten Freundin war und mir heimlich zusteckte, wie es ihm ging. Daher wusste ich, dass er wochenlang zwischen Leben und Tod schwebte. Die erlittene Gehirnquetschung hielt ihn im Koma zurück. Am ganzen Körper hatte er Knochenbrüche. Sein schönes Gesicht war zerschnitten, so dass er nie wieder der Adonis sein würde, als den ich ihn kennen und lieben gelernt hatte. Er tat mir nur noch Leid. Ich hatte ihn verflucht, ja, aber so etwas oder gar den Tod hatte ich ihm nicht gewünscht.

Als er schließlich aus dem Koma erwachte und wieder ansprechbar war, habe ich mich ehrlich gefreut und ihn angerufen: »Willst du deinen Sohn sehen? Ich habe dir alles verziehen, und unser Sohn ist wunderschön.« Er legte nur den Hörer auf.

Sobald er in die Reha-Klinik verlegt werden konnte, versuchte ich abermals, ihn zu besuchen. Ich wusste, dass seine Eltern oftmals im Klinikpark mit ihm spazieren gingen. Doch kaum, dass sie mich erblickten, jagten sie mich weg.

Zwei Tage später erhielt ich ein Schreiben von ihrem Anwalt, dass ich mich Alfred nur bis auf 500 Meter nähern dürfe. Bei Zuwiderhandlung würde ich mit einer Geldstrafe bestraft.

Ich saß mit diesem Schreiben in der Hand und fasste es nicht. Was dachten diese Menschen sich? Alfred hatte mich geschwängert und im Stich gelassen, nicht umgekehrt. Er hatte mich aus dem Haus geworfen und mit seinem Kind in meinem Bauch auf der Straße schlafen lassen. Er hatte mir Unrecht getan, mich ignoriert, sein Kind verleugnet, mich finanziell im Stich gelassen. Ich hatte weiter nichts versucht, als ihn zu besuchen, mit ihm zu reden, ihm unser Kind zu zeigen. Er war der Vater. Unser Kind hatte ein Recht darauf, seinen eigenen Vater zu sehen und von ihm angenommen zu werden. Und ich war keine dahergelaufene Hure. Ich war die Frau, mit der er vier Jahre seines Lebens und jede Nacht das Bett geteilt hatte. Er hatte mir die Ehe versprochen. Ich hatte ihm kein Kuckuckskind untergeschoben. Ich war die Mutter seines Kindes. Wenn er mich nicht mehr liebte, so verdiente ich doch allein dafür Respekt, dass ich unser Kind geboren hatte. Und was tat er? Veranlasste, dass ich dafür Strafe bezahlen sollte, wenn ich mit ihm sprechen wollte!

»Was ist das für eine Gesellschaft hier in Deutschland?«, dachte ich. »Wissen die nichts von Menschlichkeit? Von Verantwortung für ihre Kinder? Nichts von Verzeihen? Was ist das für eine Mentalität? Wo ist das perfekte Land, als das die ganze Welt dieses Land bewundert?«

Da ich mit zwei kleinen Kindern nicht mehr so viel arbeiten konnte wie früher, musste ich beim Jugendamt erneut auf Kindesunterhalt klagen. Mir blieb keine andere Wahl. Mein Sohn stammte nicht von »Vater unbekannt«. Alfred war der Vater. Daran gab es keinen Zweifel. Und ich hatte kein Geld, den Lebensunterhalt unseres Sohnes ohne Beteiligung des Vaters zu bestreiten.

Niemals hatte ich damit gerechnet, dass Alfreds Eltern die Vaterschaft ihres Sohnes leugnen würden. Ihr Sohn sei zu krank, seine Angelegenheiten selbst zu regeln, gaben sie gegenüber dem Jugendamt an. Er habe jedoch bereits während meiner Schwangerschaft erklärt, Frau Gebara wolle ihm ein Kind unterschieben. Er wäre nicht der Vater. Folglich sähen sie als seine Eltern nicht ein, das Kind anzuerkennen oder stellvertretend für ihren Sohn auch nur einen Pfennig Unterhalt zu zahlen.

Ich ging sofort zum Anwalt, zum Jugendamt und Sozialamt. »Ich habe ein Kind bekommen. Der Vater liegt im Sterben. Wir haben vier Jahre lang zusammengelebt. Aber er bestreitet die Vaterschaft und will nichts mehr mit mir oder seinem Kind zu tun haben. Da ich die Rechte unseres Kindes vertrete, bin ich im Interesse des Kindes verpflichtet zu beweisen, dass dieser Mann der Vater ist, ehe er verstirbt. Deshalb beantrage ich einen Vaterschaftstest, der die Vaterschaft beweist.«

Niemand kann sich ausmalen, wie empört und aufgebracht Alfreds Eltern waren, dass ich eine Blutprobe und einen Vaterschaftstest verlangte. Natürlich habe ich das in gewisser Weise verstanden. Sie versuchten, ihren Sohn zu schützen, der um sein Leben kämpfte und grässliche Wundschmerzen hatte. Wahrscheinlich glaubten sie, ich wäre auf Alfreds Erbe aus und wartete nur darauf, dass er endlich unter die Erde käme, um seinen Besitz zu fleddern. Sie verstanden überhaupt nicht, dass ich ebenso als Mutter handelte wie sie und meinen Sohn schützen musste, indem ich seine Rechte als Sohn ihres Sohnes verteidigte.

Angesichts dessen, dass Alfreds Überleben gefährdet war, wurde meinem Antrag auf den Vaterschaftstest sofort entsprochen. Sowohl ihm als auch unserem Sohn wurden fünf Blutproben entnommen.

Das jämmerliche Schreien des Kleinen klingt mir noch in den Ohren.

Das Resultat ergab zu 99,9 Prozent, dass Alfred der Vater unseres Sohnes ist. Dennoch fochten er und seine Eltern das Ergebnis an. Fast anderthalb Jahre später kam es deswegen zu einem Gerichtstermin. An diesem Tag begegnete Alfred unserem Sohn zum zweiten Mal im Leben.

Das erste Mal hatte ich ihn zufällig auf einem Parkplatz im Auto sitzend gesehen, als unser Sohn noch ein Baby war. Ich war rasch auf Alfred zugesprungen und hatte ihm Stefan einfach in den Schoß gelegt und gesagt: »Das ist dein Sohn! Sieh ihn dir an. Er ist so schön.« Er hatte das Kind genommen und es wie ein Stück Dreck aus dem Auto auf die Straße geworfen.

Jetzt nahm ich unseren Sohn zum Gerichtstermin mit. Schließlich ging es um ihn und um sein Recht. Ganz bewusst setzte ich ihn vor mir auf den Tisch, so dass der Richter und Alfreds Anwalt ihn anschauen mussten. Jeder konnte sehen, wie ähnlich Stefan seinem Vater ist. Alfreds Augen sind blau, die Augen unseres Sohnes sind grün, aber sonst ist es derselbe Gesichtsschnitt, dieselbe Haarfarbe, derselbe Mund, die Mimik.

Der Richter sah das Kind an, sah mich an, sah den Vater an. Dann sagte er: »Das Ergebnis des Vaterschaftstests ist zu 99,9 Prozent sicher. Es besteht 0,1 Prozent Zweifel, dass dieses Kind nicht das Kind des Herrn Alfred XY ist.«

»Es ist trotzdem nicht mein Kind«, widersprach Alfred. »Jeder kann der Vater sein. Mein Geschäftspartner zum Beispiel oder ihr Freund, dieser Arzt, oder mein Schwager, meine zehn Arbeitskollegen. Sie hatte mit allen Kontakt, während wir zusammen waren.«

Der Richter sah wieder zu mir und dem Kind herüber. »Es kann ausschließlich ein Familienmitglied sein.«

»Dann«, erklärte Alfred, »ist es mein Geschäftspartner, mein Cousin dritten Grades.«

»Wir werden das überprüfen.« Der Richter schaute mich an.

»Ja, ja!«, rief ich aufgebracht. »Machen Sie noch einen Test und er, der Vater dieses kleinen Jungen hier, muss das bezahlen. Ich will, dass das Ergebnis 199 Prozent sicher ist.«

»Hatten Sie noch eine Beziehung mit einem anderen Mann?«, fragte der Richter.

Ich antwortete so ruhig wie möglich: »Das habe ich von Anfang an hier gesagt. Ich hatte nur mit diesem Mann, mit dem Vater dieses Kindes, eine Beziehung. Wollen Sie jetzt, dass ich irgendetwas erzähle? Machen Sie diesen Test. Ich will, dass er dafür bezahlen muss. Und dass er am Ende seinem Kind, zu dem zu stehen er nicht einmal Manns genug ist, sagt, dass er nicht der Vater ist. Sehen Sie sich das Kind an. Das ist ein wunderschönes, liebevolles Kind. Es ist vollkommen unschuldig. Ihr behandelt es, als ob es ein Hund wäre.«

Da beschloss der Richter: »Feierabend, weitere Tests werden nicht gemacht. Das ist Ihr Kind, Herr XY! Sie müssen Unterhalt bezahlen.« Alfred musste sich damit abfinden.

KAPITEL 4

Mein drittes Kind

Während ich vor Gericht um die Anerkennung von Alfreds Vaterschaft rang, hatte ich bereits eine Beziehung mit Bob, den ich, noch hochschwanger mit Stefan, auf Valerias Schulfest erstmals getroffen hatte.

Von unserer ersten Begegnung an hatte er nicht mehr locker gelassen. Er stand immer wieder vor unserer Tür, spielte mit Valeria. Sie mochte ihn. Er war nett. Oftmals brachte er seine eigene Tochter mit, so dass die Mädchen sich anfreundeten. Ich spürte, Bob tröstete meine Kleine über den Verlust von Alfred hinweg, der vier Jahre lag wie ein Vater für sie gewesen war. Sie begriff nicht, dass dieser auf einmal nichts mehr von ihr wissen wollte. Für sie war Bob eine Art Ersatz, nicht für mich.

Mir war alles egal. Nach Alfred habe ich gedacht, mein Leben existiere nicht mehr. Ich habe diesen Mann über alles geliebt, ich war zweimal schwanger von ihm, ich liebe seinen, unseren gemeinsamen Sohn. Ich fühlte mich wie in einem Mahlstrom, mein ganzes Leben ein einziges Chaos, jede Minute ein Kampf gegen den Wunsch, nie mehr aufzuwachen, endlich Ruhe zu haben, mich nie mehr schämen zu müssen, nie mehr zu weinen, nie mehr bereuen zu müssen, was ich getan hatte, nie mehr gedemütigt zu werden. Irgendwie, oberflächlich, auf den notwendigsten Alltag beschränkt, versuchte ich zu leben.

Und Bob rief wieder und wieder an, lud uns ein, zusammen mit ihm und seiner Tochter in seinem Wohnmobil in Urlaub zu fahren. Holland, die Berge, der Süden. Alles war ihm recht. Er lockte Valeria mit den schönsten Versprechungen, bis sie mich immer öfter anbettelte: »Bitte, Mama, lass uns mitfahren.«

Schließlich redete ich mir ein: »Ach, was soll's? Mein Leben ist sowieso kaputt. Mehr kann ich nicht leiden. Auf der Straße werde ich nicht mehr schlafen; ich habe daraus gelernt. Ich werde nie mehr mit einem Mann in dessen Wohnung zusammenziehen. So kann mich nie mehr jemand auf die Straße setzen. Mit Alfred ist es für immer aus. Wenn Bob für die Kinder gut ist, okay. Ich für mich werde kein Risiko mit ihm eingehen.«

Irgendwie ergab es sich, dass ich mit ihm schlief. Ich hatte so wenig damit gerechnet, dass es so weit zwischen uns käme, dass ich nicht einmal verhütete und nichts dagegen unternahm, dass auch er es nicht tat. Er wollte mich, ich ließ es zu. Liebe, Leidenschaft, in mir war nichts davon. Wenn man lebendig tot sein kann, dann war ich es. Als wir danach zusammen im Wohnmobil an den Lago di Garda in Italien fuhren, war ich schon mit Christian, meinem dritten Kind, schwanger.

Wie bei meinen anderen Kindern merkte ich es auch diesmal wieder erst spät. Selbst dann war es eher ein Zufall, weil Valeria zur Kommunion kam und ich in meinem Kleiderschrank nach etwas Festlicherem suchte, das ich zu diesem Anlass anziehen könnte. Ich war nicht dicker als sonst, aber keiner meiner Röcke passte mir so richtig. Ich hatte einen merkwürdig aufgeblähten, weichen Bauch. »Scheiße!«, durchzuckte es mich. Ich wusste, dass es schon wieder passiert war.

Gewissheit verschaffte ich mir bei demselben Arzt, der mich untersucht hatte, als ich Stefan, Alfreds Sohn, erwartete. Er erinnerte sich sofort daran, dass Alfred mich verlassen hatte und wollte mir gratulieren, weil wir nun doch noch glücklich zusammengefunden hätten.

»Nein«, schüttelte ich den Kopf und hatte schon wieder dieses Gefühl, als drücke mir jemand den Hals zusammen. »Es ist nicht der gleiche Mann. Das Kind ist von einem anderen.«

Er sah betreten weg, und ich versuchte, selbstbewusst zu wirken. Ich war im fünften Monat. Bald würde jeder mir die Schwangerschaft ansehen.

Nach der Untersuchung fuhr ich nach S., wo Bob lebte. Irgendwie war alles so unwirklich. Ich war schwanger, aber es kam mir vor, als guckte ich mir selber von weit weg zu. Es war mir völlig egal, was Bob zu meinen »anderen Umständen« sagen würde. Ob er sich freute, ob er tobte, ob er die Abtreibung verlangte, alles war unwichtig. Er hatte ein Kind mit mir gezeugt. Das hatten zwei andere auch schon mit mir getan. Auf eines mehr kam es nicht mehr an. Mein Leben schien mir sowieso verpfuscht. Und eine Abtreibung kam nicht in Frage. Das entschied ich sofort für mich allein. Da brauchte ich Bob erst gar nicht zu fragen. Ich würde nie wieder einem Mann gestatten, mit einer solchen Entscheidung in mein Leben einzugreifen.

»Hör mal, Bob«, ließ ich deshalb fast nebenbei fallen, als wir zusammen bei Tisch saßen. »Ich bin schwanger. Du bist der Vater. Das Kind kommt in vier Monaten zur Welt.«

Eine Reaktion wie von Bob hatte ich mir von Alfred gewünscht. Er freute sich, Vater zu werden, stellte mich seinen Eltern vor und machte mir einen Heiratsantrag. Sobald das Kind auf der Welt wäre, wollte er mit mir in den Libanon zu meinen Eltern fahren, offiziell bei meinem Vater um meine Hand anhalten und mich anschließend in Deutschland zur Frau nehmen.

Ich liebte ihn nicht, er war auch nicht sonderlich gebildet, aber er war ein netter, anständiger Mensch. Und er benahm sich wie ein Mann, der für sein Handeln die Konsequenzen trägt. Zwar musste ich bei ihm davon ausgehen, dass er unserem Sohn mit 16 ein Motorrad kaufen und ihn zur Arbeit unter Tage in die Kohlegruben schicken würde, aber ich traute mir zu, das abwenden zu können, wenn es so weit wäre. Ein Feigling wie Alfred war er jedenfalls nicht. Er würde die Kinder und mich gut behandeln.

Obwohl Bobs Eltern wenig erfreut waren, dass ihr Sohn ausgerechnet eine wie mich heiraten wollte, waren sie nicht entschieden gegen unsere Ehe. Doch wäre es anders gewesen, hätte es Bob wenig ausgemacht. Er hatte keine Angst vor seinem Vater und machte sich nichts daraus, wenn seine Mutter nörgelte. Und als unser Sohn geboren wurde, waren beide Großeltern unendlich stolz auf den einzigen Stammhalter in der Familie.

Bob begleitete mich, als die Wehen einsetzten, ins Krankenhaus und blieb die ganze Zeit bei mir, bis das Kind da war. Es war eine leichte Geburt, die so schnell vonstatten ging, dass es beinahe eine Sturzgeburt geworden wäre, da man im Kreißsaal in so kurzer Zeit kein Bett für mich herrichten konnte.

Bis zuletzt wussten wir nicht, wie unser Sohn heißen sollte. Noch in den letzten Wehenkrämpfen haben wir überlegt. Bob wollte einen Gérôme. Das mochte ich nicht. Bei uns im Libanon hat der Name einen irgendwie süßlichen Beigeschmack. Ich wollte aber auch nicht so etwas typisch Deutsches wie Klaus, Peter oder Fritz. Ich könnte meinen Sohn nicht so rufen. Es passte nicht zu mir. Schließlich einigten wir uns auf Christian.

Wenige Monate nach Christians Geburt hielt Bob sein Wort und reiste mit mir als mein Bräutigam in den Libanon, um sich meinen Eltern und meiner ganzen Familie vorzustellen. Vier traumhafte Wochen lang schliefen wir mit den Kindern in einem Chalet am Meer und wurden von allen Leuten verwöhnt.

Um den Schein zu wahren und mich vor meinen Angehörigen und Nachbarn nicht unnötig bloßzustellen, erklärte Bob Alfreds Sohn kurzerhand zu seinem eigenen Kind. Da er nett zu meinen Kindern war, kam kein Zweifel an seiner Vaterschaft auf, obwohl Alfreds Sohn nicht die geringste Ähnlichkeit mit Bob hat.

Auf diese Weise hatte ich in den Augen der Leute mit meiner ersten Ehe zwar Pech gehabt, aber mit meinem zweiten Mann alles wieder in Ordnung gebracht. Da wir erzählten, dass wir bei unserer Rückkehr nach Deutschland heiraten würden, behandelte man mich mit Respekt und nahm Bob wie meinen rechtmäßigen Ehemann auf. Vor allem meine Eltern kamen ihm mit offenen Armen entgegen und gaben ihm eine große Summe Geld als eine Art Mitgift für mich.

Zurück in Deutschland, planten wir soeben unsere Hochzeit und unseren Umzug in eine größere Wohnung, als Bob plötzlich meinte, er wolle gern, dass seine Tochter mit uns lebe und wir sie gemeinsam zu uns nehmen würden, sobald wir verheiratet wären.

Ich fiel aus allen Wolken. »Wie, bei uns leben? Deine Tochter lebt doch mit ihrer Mutter. Sie ist glücklich bei ihr. Es geht ihr gut.«

»Trotzdem.« Bob antwortete scharf. »Ich will, dass sie dort wegkommt. Ich will, dass sie bei mir lebt. Wenn ich wieder verheiratet bin, ist das kein Problem.«

Ich begriff es immer noch nicht. »Warum willst du das? Sie wohnt doch nur zwei Straßen weiter. Du kannst sie jederzeit sehen. Du kannst sie doch nicht einfach ihrer Mutter wegnehmen.«

»Warum nicht? Ich habe schon immer davon geträumt, dass sie bei mir lebt. Aber ich konnte sie nicht zu mir nehmen, weil ich nicht verheiratet war und keine Freundin hatte.« Bob grinste. »Das hat sich ja nun geändert.«

Jählings ernüchtert stand ich auf. »Nee, nee, du. Das kannst du dir abschminken. Du willst mich dazu benutzen, dass du deiner Exfrau eure Tochter klaust? Dass du sie ihrer Mutter wegnimmst? Spinnst du? Das kann doch nicht wahr sein! Hör mal, lass den Blödsinn.« Ich versuchte, das Ganze ein bisschen ins Lächerliche zu ziehen, um dem Streit die Spitze zu nehmen. »Wir finden schon jetzt keine Wohnung mit mehr als zwei Schlafzimmern.«

Aber Bob scherzte nicht. Er hatte sich alles genauestens überlegt. Sobald wir verheiratet wären, wolle er die Übertragung des alleinigen Sorgerechts und Aufenthaltsbestimmungsrechts auf sich selbst beim Jugendamt beantragen und seiner geschiedenen Frau ihr Kind wegnehmen. Er habe nur darauf gewartet, endlich eine Frau zu finden, die ihn heiraten wollte und sein Kind versorgen würde, damit er sich seinen Traum von der eigenen Vollfamilie erfüllen könnte.

Als ich das verstanden hatte, war für mich Schluss. Ich nahm Valeria an die Hand und Stefan auf den Arm und legte Christian in den Kinderwagen, erwiderte den fassungslos starrenden Blick meines ehemaligen Bräutigams und erklärte ihm: »Okay, Bob, das war's. Such dir dafür eine andere. Mit einem Kerl, der seiner Frau das Kind wegnimmt, will ich nicht zusammenleben.«

Anschließend habe ich mir eine eigene größere Wohnung gemietet und bin allein mit meinen Kindern nach S. umgezogen und habe dort gelebt, bis wir nach Italien zogen.

KAPITEL 5

Das Jugendamt nimmt mir meine Kinder

Mit drei kleinen Kindern allein erziehend in Deutschland, ohne emotionale, moralische, erzieherische und finanzielle Unterstützung der Väter, das war eine schwere Zeit. Aber wir wurstelten uns durch, gaben uns gegenseitig Kraft, und langsam stellte sich bei mir das Gefühl ein, endlich wirklich in Deutschland angekommen zu sein.

Meine Kinder waren in Deutschland geboren. Meine Söhne trugen die deutschen Nachnamen ihrer Väter. Ich hatte einen deutschen Pass. Wir sprachen zu Hause deutsch, und ich lehrte meine Kinder, stolz auf ihr Land zu sein, das ich bewunderte.

Während ich mich als politisch denkender Mensch nicht mehr nur in meiner alten Heimat Libanon, sondern durch eine Mitgliedschaft bei der CDU auch in meiner neuen Heimat Deutschland engagierte, wuchsen meine Kinder über den Besuch des Kindergartens und der Schule ins deutsche Vereinsleben hinein. Wer im Internet sucht, kann meine Söhne noch heute auf Fotos ihres Schwimmvereins sehen, in dem sie wegen ihrer Schwimmleistungen bei Wettkämpfen ausgezeichnet wurden.

In einem Zeitungsinterview vom September 2000 wurde ich als Bürgerin von S. bezeichnet, die sich an der Volkshochschule »auf Grund ihrer polyglotten sprachlichen Gewandtheit, die auch schon dem Sozialamt mit einigen Übersetzungen zugute kam« einen Namen als Kursleiterin gemacht habe und sich in ihrer Gemeinde »pudelwohl fühlt«. Das stimmte. Ebenso wie mein in dieser Zeitung zitierter Satz zutraf: »Es gibt fünf wichtige Dinge in meinem Leben: meine drei Kinder, meinen Computer und meine Bücher.« Für meine Kinder war ich und bleibe ich zu allem bereit. Den wohl folgenschwersten Beweis meiner Selbstaufgabe zu ihrem Besten legte ich mit der freiwilligen Teilung meiner alleinigen elterlichen Rechte vor. Während Bob seinen Sohn gern annahm und auch öfter etwas mit ihm unternahm, musste ich mich von Alfred zutiefst demütigen lassen und ihm Ersatzleistungen dafür bieten, dass er wenigstens manchmal ein wenig seiner kostbaren Zeit mit seinem unerwünschten Sohn vergeudete.

Warum ich das alles auf mich nahm, obwohl ich als ledige Mutter den Vätern gegenüber gesetzlich zu nichts verpflichtet war? Die Erklärung ist einfach. Meine ehelich geborene Tochter trägt den Nachnamen ihres Vaters, während ich weiterhin meinen Geburtsnamen trage. Analog dazu sollten auch meine Söhne den Nachnamen ihrer Väter tragen, um wenigstens auf diese Weise nicht auf den ersten Blick durch den Makel ihrer unehelichen Geburt aufzufallen und dadurch Nachteile im Leben zu haben. Diese Denkweise mag in Deutschland unsinnig erscheinen, weil ledige Mütter dort in besonderer Weise die Fürsorge des Staates genießen, wenn sie ihre Kinder ohne Vater großziehen, und weil ihre Kinder ganz selbstverständlich den Nachnamen der Mutter tragen, ohne dass jemand mit dem Finger auf sie zeigt. In meiner Heimat Libanon, mit deren maronitischer Kultur und Wertvorstellung ich untrennbar verbunden bin, werden Kinder lediger Mütter als Hurenkinder verachtet. Mit einem solchen Makel sollten meine Kinder nicht behaftet sein. Stattdessen wollte ich sie mit dem Familiennamen ihrer Väter zu dem machen, was sie für mich und die Christen im Libanon sind: Kinder von Eltern, die sich die Ehe versprochen haben, diese Ehe dann vollzogen, indem sie »ein Fleisch« wurden und daher vor Gott verheiratet waren. Für mich als Maronitin war die staatliche Ehe immer nur eine Formsache, eine gesetzliche oder wirtschaftliche Angelegenheit, aber nicht die eigentliche »heilige« Ehe.

Aus diesem Grund ist es für mich auch nicht nur selbstverständlich, sondern ein Gottesgesetz, mit den Vätern der Kinder so lange das gemeinsame Sorgerecht auszuüben, mich in das Kind betreffenden wichtigen Fragen mit ihnen abzustimmen und ihnen jederzeit ein Umgangsrecht zu gewähren, wie sie sich unseren Kindern gegenüber als väterlich verantwortungsvoll erweisen. Eltern ist man schließlich für immer. Erst dann, wenn ein Elternteil Leib und Seele oder die Rechte des Kindes verletzt, muss der andere Elternteil das Kind vor ihm beschützen und verhindern, dass so etwas nochmals passieren wird.

Last but not least teilte ich meine vom Gesetz her alleinigen Elternrechte mit den Vätern, weil ich erfahren hatte, dass in Deutschland uneheliche Kinder, die ihre Väter nicht kennen oder keinen Umgang mit ihnen haben, ins Kinderheim oder zu Pflegefamilien müssen, wenn ihre Mütter sterben oder sich aus anderen schwer wiegenden Gründen nicht mehr um sie kümmern können. Väter ohne gemeinsames Sorgerecht und regelmäßige Umgangskontakte dürfen ihre unehelichen Kinder in einem solchen Fall so gut wie niemals zu sich nehmen. Das wollte ich meinen Kindern unter allen Umständen ersparen.

Der Tod ist für mich keine unbekannte Größe, die irgendwann in weiter Ferne meines hohen Alters real werden wird. Ich bin in Gegenwart des Todes groß geworden. Ich kenne die Angst eines Kindes, die Eltern könnten plötzlich tot oder schwer verletzt im Krankenhaus sein, wenn man aus der Schule nach Hause kommt, aus eigener Erfahrung. Ich habe miterlebt, wie es ist, wenn Kinder nicht mit ihren eigenen Eltern aufwachsen können.

Mit der offiziell vor dem Jugendamt beantragten und unterschriebenen Teilung meiner Elternrechte mit den Vätern hatte ich für die Kinder die einzige Möglichkeit gesichert, im Falle meines Sterbens, eines schweren Unfalls oder einer schlimmen Krankheit nicht bei fremden Leuten, sondern bei ihren eigenen Vätern leben und aufwachsen zu dürfen. Ich hielt es für meine Pflicht als Mutter, vorausschauend für meine Kinder zu sorgen und sie über meinen Tod hinaus zu beschützen. Zugleich folgte ich damit dem Willen des deutschen Gesetzgebers, der das gemeinsame Elternrecht wünscht.

Dass die Teilung meiner alleinigen Elternrechte mit den Vätern meinen Kindern und mir eines Tages zum Verhängnis werden sollte, habe ich nicht geahnt.

Ende 2003 und Anfang 2004 hatte ich es endlich geschafft, meine Ausbildung abzuschließen, die ich nach dem Scheitern meines Journalistikstudiums während der Jahre meiner Arbeitslosigkeit parallel mit einer Lehre zur Industriekauffrau und einem Abendstudium in Betriebswirtschaftslehre aufgenommen hatte. Mit dem Abschlusszertifikat der Industrie- und Handelskammer sowie dem Diplom in BWL wollte ich ursprünglich auch promovieren, kam aber nicht mehr über das Inhaltsverzeichnis und die ersten Seiten der Dissertation hinaus.

Mit diesen Abschlüssen war es nicht allzu schwierig, Arbeitsangebote und befristete Arbeitsplätze zu bekommen. Das Problem lag darin, einen festen Arbeitsvertrag zu erhalten. Angesichts der vielen, auch sehr gut ausgebildeten Arbeitsuchenden mangelte es den Unternehmen nicht am Angebot, so dass sie es sich leisten konnten, Probezeiten bis zu einem Jahr oder Zeitverträge für ein paar Monate anzubieten, die keine Perspektive eröffneten. Derartige Offerten konnte ich nicht annehmen, weil mit ihnen das Risiko des ständigen Vagabundierens von einem zum anderen Bundesland verbunden war, das ich meinen Kindern nicht zumuten wollte.

Während ich noch bei uns vor Ort in einem solchen befristeten Firmenprojekt beschäftigt war, lief ich dem Arbeitsamt ständig die Tür ein, um anschließend einen unbefristeten Arbeitsplatz ohne Probezeitauflagen zu finden. Insgesamt schrieb ich rund 140 Bewerbungen. Als ich im September 2004 trotzdem arbeitslos wurde und einen mit einem Umzug verbundenen befristeten Job bei einer Speditionsfirma ablehnte, machte mir das Arbeitsamt das Leben zur Hölle. Zur Strafe wurde mir nicht nur das Arbeitslosengeld gekürzt, sondern auch eine Rückzahlung bereits erhaltener Leistungen aufgebrummt.

»Moment mal!«, versuchte ich mich zu wehren. »Warum werde ich bestraft? Ich habe drei Kinder, davon einen Fünfjährigen, der noch nicht einmal zur Schule, und einen Sechsjährigen, der in die erste Klasse geht. Von Rechts wegen müsste ich gar nicht arbeiten. Ich arbeite trotzdem die ganze Zeit, weil ich dem Staat nicht auf der Tasche liegen will. Jetzt habe ich einmal einen Job abgelehnt, weil ich ihn aus Rücksicht auf meine Kinder nicht annehmen kann. Und Sie bestrafen mich? Warum? Woher soll ich das Geld nehmen?«

Der Mann im Arbeitsamt sah mich bedauernd an. »So sind die Vorschriften. Da kann man nichts machen. Aber Sie mit Ihren Sprachen, warum bewerben Sie sich nicht europaweit? Vielleicht finden Sie ja im Ausland einen Job, bei dem Sie gleich einen festen Arbeitsvertrag kriegen.«

»Geht denn das?«, fragte ich.

»Klar. Wir bezahlen sogar die Reisekosten, Bewerbungskosten und den Umzug, wenn Sie im Ausland etwas finden. Sie müssen hier lediglich den Arbeitsvertrag vorlegen.«

»Und was ist mit den Kindern? Ich bin allein erziehend. Wenn ich gehe, will ich sie mitnehmen.«

»Das ist kein Problem. Wir bezahlen auch die Reisekosten für die Kinder.«

Diese Auskunft hatte ich am Dienstag, dem 7. September, erhalten. Noch am gleichen Tag durchsuchte ich die europaweiten Jobangebote. Straßburg, Österreich, Holland, Luxemburg, das italienische Südtirol, alle Grenzregionen kamen für mich in Betracht, in denen Deutsch gesprochen wird. Meine Kinder konnten ja vorerst nur Deutsch.

Das einzige für mich als Metallspezialistin in Frage kommende Angebot stammte von einer Metall verarbeitenden Firma aus Südtirol. Am 8. September, nur einen Tag später, wusste ich, dass es in Südtirol sogar mehrere für mich geeignete Firmen mit interessanten Arbeitsplatzangeboten gab.

Am Donnerstag, dem 9. September, rief ich aufgeregt im Jugendamt an, um abzuklären, ob man mir bei der Finanzierung einer Tagesmutter behilflich sein würde, die ich für meine Kinder brauchte, falls ich eine Einladung zu einem Bewerbungsgespräch in Italien bekäme. Herr General war am Telefon. Ich kannte ihn, weil er mich kürzlich besucht hatte, um sich als neuer Mitarbeiter des Jugendamts bei mir vorzustellen, der seitdem für mich zuständig war, wenn ich wegen der mangelnden Zahlungsmoral der Väter meiner Kinder Unterhaltsvorschuss beantragen musste. Als ich Herrn General mein Anliegen vorgetragen hatte, versicherte er mir vor Zeugen, deren Namen ich mir notierte, das alles stelle nicht das geringste Problem dar.

Als allein erziehende und aufenthaltbestimmungsberechtigte Mutter, meinte er, sei es meine alleinige Sache, wohin ich mit meinen Kindern umziehen wolle. Er wisse ja, dass die Väter sich nur sporadisch um die Kinder gekümmert hätten. Ich solle ihm kurz vor meiner Abreise Bescheid geben, dann werde er alles Nötige in die Wege leiten, damit die Kosten für die Tagesmutter rechtzeitig ausgezahlt würden.

Am 10. September, einem Freitag, rief ich die Firma in Südtirol an, bei der ich jetzt arbeite, erhielt tatsächlich eine Einladung, mich zu bewerben, und sandte meine Bewerbungsunterlagen ab.

Das anschließende Wochenende verbrachte ich wie immer mit meinen Kindern. Es regnete, aber wir vertrieben uns mit Spielen die Zeit. Außerdem stand für die Jungen ein Schwimmwettkampf an, bei dem wir auch diesmal als komplette Familie auftraten, um sie anzufeuern und moralisch zu unterstützen. In einer ruhigen Stunde eröffnete ich meinen dreien, dass ich eventuell eine neue Arbeit in Italien bekommen würde und wir umziehen müssten.

Die Jungen waren sofort Feuer und Flamme, sich in ein solches Abenteuer zu stürzen. Valeria aber weinte. Sie wolle nicht aus Deutschland weg. Sie habe ihre Schule, ihre Freundinnen dort, die sie liebe und nicht verlieren wolle. Italienisch könne sie auch nicht.

Ich brauchte viel Liebe und Geduld, ihr zu erklären, dass ich in Deutschland keinen Arbeitsplatz finde und wir dort leben müssten, wo ich unseren Lebensunterhalt verdienen könne. Am Ende verblieben wir so, dass ich ihr versprach, wieder mit ihnen nach Deutschland zurückzukehren, sollte es ihr und ihren Brüdern in Italien wirklich absolut nicht gefallen. »Aber lasst es uns wenigstens versuchen. Bitte.«

Noch immer traurig, doch von der Aussicht getröstet, dass ihre Freundinnen sie in den Ferien besuchen könnten und umgekehrt, war Valeria schließlich einverstanden, Italien eine Chance zu geben.

Bereits am Montag lud mich das italienische Unternehmen zu einem persönlichen Vorstellungsgespräch für Donnerstag, den 16. September, ein. Glücklich über die gute Nachricht, sprach ich zunächst mit den Vätern meiner Söhne, um ihnen von meiner Arbeitsplatzsuche und meinen Umzugsplänen nach Italien zu berichten und sie zu bitten, sich der Kinder für die kurze Zeit meiner Abwesenheit anzunehmen. Valerias Vater brauchte ich erst gar nicht zu fragen. Er hatte sich schon lange völlig von ihr zurückgezogen.

Bob und Alfred waren beide wieder einmal beruflich zu stark eingespannt und lehnten meine Bitte ab. Sie hatten keine Zeit für ihre Kinder. Da Bobs Eltern eine Familienfete feierten, weigerten auch sie sich, ihr Enkelkind für ein paar Tage zu beaufsichtigen. Lediglich Alfreds Vater ließ sich nach langem Bitten dazu herab, Stefan zu beaufsichtigen.

Mir blieb also nichts anderes übrig, als die Betreuung von Valeria und Christian außerhalb der Familie zu organisieren. Deshalb sprach ich mit meiner Nachbarin Bella Kötter, die regelmäßig als Tagesmutter für das Jugendamt arbeitete, auch Dauerpflegekinder zugewiesen bekam und meine Kinder bereits öfter betreut hatte. Angesichts der einfachen Entfernung von 1000 Kilometern von S. bis zu meiner Arbeitsstelle in Italien dauerten An- und Abreise jeweils mindestens zehn Stunden. Daher musste ich entsprechend viel Zeit einplanen und war erleichtert, dass die Tagesmutter bereitwillig zusagte, vom Morgen des 15. bis zum Abend des 18. September auf die Kinder aufzupassen.

Anschließend verständigte ich vereinbarungsgemäß Herrn General im Jugendamt, damit das mir bereits zugesagte Geld für die Tagesmutter rechtzeitig zur Verfügung stünde. Da ich die Betreuungszeiten bereits mit Bella Kötter geregelt hatte, sollte ihr nun das Geld angewiesen werden.

Mit der Gewissheit, alle drei Kinder für die Zeit meiner Bewerbungsreise zuverlässig versorgt zu haben, buchte ich mit meinem letzten Bargeld die erforderlichen Bahn- und Flugtickets und optimierte fast die ganze Nacht hindurch meine Powerpointpräsentation für das Bewerbungsgespräch. Morgens um 6 Uhr des 15. September reiste ich mit der Bahn bis Düsseldorf, von dort mit dem Flugzeug bis München und weiter mit der Bahn bis nach Südtirol.

Die ganze weite Fahrt lang war ich in Gedanken ständig bei meinen Kindern, so dass ich sogar den Mitreisenden davon erzählte, welche Sorgen ich mir um Valeria machte, die nicht so gern nach Italien wolle, weil sie kein Italienisch könne und befürchte, es sei dort nicht so schön wie in Deutschland. Eine der Mitreisenden hieß Rosa, die bei meinen Worten lachte und meinte, wenn ich tatsächlich umziehe, käme sie gern als mein Kindermädchen zu uns. Südtirol sei wundervoll.

Morgens um 4 Uhr des 16. September traf ich endlich in Südtirol auf dem Bahnhof ein. Ein langjähriger guter Freund aus Trento holte mich ab, so dass ich mich bei ihm frisch machen und für meinen wichtigen Termin herrichten konnte. Um 8 Uhr war es so weit. Mit Anzug und Krawatte, die Haare seriös zur Banane gesteckt, den Laptop meines Freundes für meine Powerpointpräsentation unter dem Arm, trat ich vor dem Chef und dem Vizepräsidenten des Unternehmens wie eine Businessfrau auf – richtig präsentabel.

Das Vorstellungsgespräch drehte sich vorrangig um das, was ich als berufliches Wissen und Können in die Firma einzubringen hätte und welche finanziellen Vorstellungen ich als Gegenleistung erwartete. Mit der Frage, ob ich verheiratet sei, war mein Privatleben abgetan. Ob ich Kinder hätte, fragte mich niemand. Von mir aus sagte ich auch nichts darüber.

Meine Powerpointpräsentation, mein Auftreten und vor allem meine Mehrsprachigkeit beeindruckten. Die Herren waren sichtlich an einer Zusammenarbeit interessiert. Unter der Bedingung, dass ich mich bis zum nächsten Treffen nicht anderweitig bewerbe, boten sie mir einen festen Arbeitsvertrag ohne Probezeit, ein schönes Festgehalt sowie eine Erfolgsbeteiligung an, deren Höhe ich mir bis zum nächsten Morgen überlegen sollte.

Zum vereinbarten Termin sprach ich in einem anderen gepflegten Outfit erneut bei den Herren vor. Da ich intensive Recherchen über die Firma angestellt hatte, konnte ich realistische Forderungen hinsichtlich meiner Erfolgsbeteiligung stellen und bekam tatsächlich den ersehnten Arbeitsvertrag zu meinen Wunschkonditionen.

Als ich unterschrieb, war ich unsagbar aufgeregt, obwohl ich nach außen hin gelassen auftrat. Im Kopf überschlugen sich meine Zahlenkolonnen. Das angebotene Gehalt würde meinen Kindern und mir ein angenehmes, finanziell sicheres Leben ermöglichen. Endlich, endlich schien unser Leben in geordnete Bahnen zu gelangen und alles gut zu werden.

Abends um 20 Uhr traf ich am Samstag, dem 18. September, wieder zu Hause in S. ein. Ich konnte es kaum erwarten, meinen Kindern von meinem Glück zu erzählen, doch zuerst, so nahm ich mir auf der Haustreppe vor, wollte ich Stefan noch rasch bei seinem Großvater abholen. Zu meiner größten Überraschung war mein Sohn jedoch bereits zu Hause. Was war passiert?

Der Opa, berichtete mir Valeria, sei morgens irgendwann gekommen und hätte ihren Bruder abgeliefert, da er keine Zeit mehr gehabt habe, sich um ihn zu kümmern. Die Kinder hatten sich daraufhin den ganzen Tag allein auf einem Straßenfest vergnügt und von ihrem Taschengeld allerlei Krimskrams eingekauft, mit dem sie spielten, als ich ankam. Später habe der Opa bei Valeria angerufen und mitgeteilt, dass Alfred im Krankenhaus liege.

Obwohl ich mich sehr darüber ärgerte, dass der Opa nicht Manns genug gewesen war, sein Versprechen einzuhalten und auf sein Enkelkind aufzupassen, bis ich wieder zu Hause war, fuhr ich sofort mit Stefan ins Krankenhaus, um seinen Vater dort zu besuchen.

Alfreds Gesundheitszustand war nicht allzu Besorgnis erregend, so dass ich ihm von meinem wunderbaren neuen Arbeitsvertrag erzählte und ihm auch mitteilte, dass ich mit den Kindern nach Italien umziehen würde, sobald ich dort eine passende Wohnung gefunden hätte.

»Super! Toll! Dann weiß ich ja wenigstens, wohin ich demnächst immer in Urlaub fahren kann«, war seine Reaktion.

»Das kannst du gerne machen«, sagte ich und meinte das auch so. Wir waren zwar kein Paar mehr, aber immerhin waren wir gemeinsam Eltern. Ich hätte ihm nie verweigert, unseren Sohn zu besuchen oder ihn zu sich nach Deutschland einzuladen. Im Gegenteil, ich hätte mich für unseren Jungen gefreut.

Endlich mit meinen Kindern zusammen zu Hause, erzählte ich ihnen, was ich in Italien bei meiner neuen Firma erlebt hatte. Wir schmiedeten Pläne für den Umzug und unser neues Leben dort, überlegten auch schon mal, was wir mitnehmen und was wir in Deutschland lassen würden. Es stand bereits fest, dass das deutsche Arbeitsamt den Umzug nur bis zu einem gewissen Preis bezahlen würde. Daher konnte uns die Speditionsfirma lediglich ein bestimmtes Kontingent an Umzugskisten und Laderaum im Umzugswagen zur Verfügung stellen.

»Ehe es richtig losgeht, muss ich aber leider nochmals nach Italien reisen, Kinder«, erklärte ich ihnen. »Wahrscheinlich werde ich zwei bis drei Wochen dort bleiben müssen, weil es sehr schwer ist, in unserer künftigen Stadt eine Wohnung zu finden. Es ist sehr schön dort, und viele Leute wollen gern dort wohnen. Daher gibt es nicht viele freie Wohnungen.«

»Zwei, drei Wochen? So lange?«, riefen die Kinder.

»Ja.« Ich nickte. »Aber nur noch dieses eine Mal. Dann ziehen wir um.«

»Wir wollen ein Haus«, riefen die Jungen, »mit Garten. Mit vielen Tieren. Mindestens mit Balkon.«

»Nicht so weit zur Schule. Mitten in der Stadt«, wünschte Valeria sich.

Ich versprach mein Bestmögliches und dass wir uns, sollte es nicht gleich mit einem ganzen Haus klappen, etwas später gemeinsam eines suchen würden. Dann ging ich wie immer mit den Kindern zusammen zu Bett.

Am Sonntag, dem 19. September, begannen die Kinder und ich, die ersten Spielsachen auszusortieren, die nicht nach Italien mitkommen sollten. Ich beeilte mich, nochmals unsere Wäsche zu waschen und lief ständig zwischen Keller und Wohnung hin und her.

Auf diese Weise verpasste ich Bob, der unseren Sohn von einem Nachmittagsspaziergang zurückbrachte, und konnte ihm nicht persönlich sagen, dass ich einen Job in Italien angenommen hatte und mit den Kindern umziehen würde. Ich rief ihn jedoch an: »Hör mal, Bob, warum bist du so schnell wieder weggegangen? Ich muss dir was sagen. Ich hab einen Superjob in Italien bekommen. Ich ziehe mit den Kindern dorthin um. Wir werden künftig dort leben. Ich schicke dir den Jungen dann alle zwei Wochen mit dem Flugzeug. Düsseldorf-München-Südtirol. So bin ich jetzt auch gereist. Das ist kein Problem. 500 Euro jeden Monat für die beiden Reisen, das kann ich mir noch leisten. Für Kinder kostet das wahrscheinlich sogar noch weniger.«

Bob war einen Moment still am anderen Ende der Leitung, dann meinte er: »Schade. Ich bin ziemlich traurig darüber. Werde den Jungen vermissen. Und dich. Kannst du denn nicht hier bleiben? Dich nicht hier bewerben?«

»Kannst du mir hier eine Arbeit anbieten?«, fragte ich zurück. »Ich war schon bei 100 Firmen, hab die 1000. Bewerbung geschickt. Mich sogar an Arbeitsvermittler und Headhunter gewandt.«

»Aber du hattest doch einen Job«, meinte er. »Wieso hast du den nicht behalten?«

»Ja, meinst du, die haben mich übernommen? Die wollten mir acht Euro die Stunde geben. Acht Euro die Stunde! Eine Putzfrau kriegt da mehr. Plus einen Euro Bonus, wenn das Geschäft gut liefe. Und immer bloß auf begrenzte Zeit. Das kann ich nicht machen. Ich hab drei Kinder, Bob. Du weißt genau, dass ich allein für sie geradestehen muss. Von irgendwas müssen wir leben. Ich kriege hier nichts.«

»Du kriegst doch Sozialhilfe«, sagte Bob.

Ich musste fast lachen. »Das meinst du nicht wirklich, oder? Ich kann nicht zu Hause sitzen und mit den Kindern von Sozialhilfe leben. Dafür habe ich nicht studiert und alles getan, damit ich die Kinder selbst versorgen kann. Immer, wenn ich in die Sozialhilfe gerutscht bin, dann waren es Zwangssituationen, die ich mir nicht ausgesucht habe. Ich habe dauernd versucht, die Kinder und mich da rauszuholen. Und jetzt, wo ich es endlich geschafft habe, wo ich einen superguten Arbeitsvertrag in Italien habe, jetzt denkst du doch nicht ernstlich, dass ich hier bleibe und meinen Kindern trotzdem zumute, dass sie von Sozialhilfe leben?«

»Du hast ja Recht«, antwortete Bob. »Ich kann dich verstehen. Es ist okay. Du bist eine tolle Mutter. Ich bin einverstanden, dass du Christian nach Italien mitnimmst. Ich komm euch dann dort so oft wie möglich besuchen, vielleicht mit dem Wohnmobil, und du schickst ihn mir alle zwei Wochen mit dem Flugzeug.«

Anschließend vereinbarten wir, dass Bob unseren Sohn für die Zeit meiner Wohnungssuche in Italien zu sich nehmen und ich ihn anschließend wieder bei ihm abholen würde.

Am Montag, dem 20. September, sprach ich abermals beim deutschen Arbeitsamt vor. Stolz zeigte ich meinen festen Arbeitsvertrag, beantragte Reisekosten und Umzugskosten. Alles wurde anstandslos bewilligt. Man gratulierte, wünschte mir und meiner Familie alles Gute für den Neustart. Italien, meinte der Sachbearbeiter, das sei schon toll, anders als der »Pott« mit seinem ewig trüben Himmel und den schmuddelig grauen Häusern.

Ich lachte. »Wie mache ich das jetzt mit den Kindern?«, fragte ich. »Ich kann sie nicht mitnehmen, wenn ich nach Italien fahre, um eine Wohnung zu suchen. So lange will die Schule ihnen nicht freigeben. Bekomme ich Unterstützung, falls ich wieder eine Tagesmutter für sie brauche?«

»Regeln Sie das ruhig beim Jugendamt. Wir würden die Kosten zwar auch übernehmen. Aber eigentlich ist das Jugendamt dafür zuständig«, sagte man mir.

»Okay, wissen Sie was, dann gehe ich gleich vorbei und kläre das beim Jugendamt«, bot ich ihm an. »Dann haben Sie keine Arbeit damit. Die haben schon neulich die Tagesmutter bezahlt, als ich zum Vorstellungsgespräch musste. Das ist sicher kein Problem. Ich gehe da hin.«

Das Jugendamt befindet sich dem Arbeitsamt genau gegenüber, auf der anderen Straßenseite. Es war also überhaupt kein Problem, rasch selbst dort hinzugehen. Leider war Herr General, mit dem ich in dieser Angelegenheit ja bereits verhandelt und entsprechende Absprachen getroffen hatte, im Urlaub. Seine Kollegin, Frau Hausmann, kannte sich mit der ganzen Angelegenheit nicht aus und schüttelte den Kopf, als ich wissen wollte, wie es sich mit der Kostenübernahme für meine Kinder bei einem Umzug ins Ausland verhalte. »Das ist neu für mich. Ich weiß nicht, wie das ist, wenn man ins Ausland will. Sie müssen vorne bei Frau Bleich fragen.«

Obwohl Frau Bleich, eine ältere Frau mit verkniffenem Gesichtsausdruck, mich gar nicht kannte, zeigte sie mir deutlich ihr Misstrauen, als ich mein Anliegen vor ihr wiederholte. »Wie, Sie wollen nach Italien und die Kinder zu Hause in Deutschland lassen?«

Ich fühlte die negative Stimmung und bemühte mich, besonders freundlich zu sein. Sie schien zu glauben, ich plane eine Lustreise in den sonnigen Süden. »Es geht um einen Arbeitsplatz«, erklärte ich und bereute schon, die Sache nicht im Arbeitsamt abgewickelt zu haben, und trat nicht mehr so stolz und glücklich auf wie dort. Im Gegenteil, ich verhielt mich sehr bescheiden und höflich und versuchte, diese Frau nur ja nicht zu verärgern. »Ich habe einen neuen Job in Italien bekommen. Jetzt muss ich mir eine Wohnung suchen. Das dauert einige Zeit. Deshalb will ich das Geld für eine Tagesmutter für meine Kinder beantragen. Ich bin arbeitslos und kann das Geld nicht selber aufbringen.«

»Wie, Sie wollen eine Tagesmutter für Ihre Kinder in Deutschland beantragen und Sie gehen dann ins Ausland? Ja, das geht ja wohl gar nicht«, mokierte Frau Bleich sich begriffsstutzig und schaute mich empört an. »Das können Sie nicht machen.«

Ich sprach noch vorsichtiger: »Wieso nicht? Ich bin allein erziehend. Herr General hat mir gesagt, laut Gesetz stehen mir der Umzug und die Tagesmutter zu.«

Frau Bleich runzelte die Stirn. »Ja, schon, aber nicht nachts. Sie können nicht einfach nach Italien gehen, und wir bezahlen alles.«

»Gut«, nickte ich, »nachts nicht, okay, dann bezahle ich das.«

In diesem Moment kam eine rothaarige Jugendamtsmitarbeiterin herein, die sich als Frau Sonderling vorstellte. »Wie lange wollen Sie denn weg?«

»Ganz sicher wird es zwei bis drei Wochen dauern, bis ich eine Wohnung gefunden habe«, antwortete ich. »Heute ist Montag. Ein paar Tage brauche ich, um hier alles wegen der Wohnungsauflösung und der anderen Behördengänge, zu regeln. Aber wenn ich am Samstag fahre, um in Italien eine Wohnung zu suchen, komme ich auf alle Fälle vor dem Geburtstag meines Sohnes zurück.« So hatte ich es auch mit Bella Kötter bereits vereinbart.

Die Jugendamtsmitarbeiterinnen schauten in ihren Kalender und rechneten, dass dies tatsächlich etwa drei Wochen ausmachte.

»Gut.« Sie sahen sich an, dann mich. »Wir sagen, in zwei bis drei Wochen sind Sie zurück. So lange bezahlen wir die Tagesmutter für die Tagesbetreuung. Die Nachtbetreuung müssen Sie selbst mit ihr regeln und bezahlen.«

»Okay.« Ich war einverstanden.

»Sie bekommen das noch schriftlich.« Frau Sonderling gab mir die Hand.

»Damit alles seine Ordnung hat«, sagte Frau Bleich.

Ich war froh, dass ich gehen konnte.

In den verbleibenden Tagen bis zu meiner Abreise zur Wohnungssuche schuftete ich fast rund um die Uhr, um meine Wohnung nebst Keller übergabebereit und umzugsfertig zu machen. 3500 Euro, die das Arbeitsamt für den Umzug zu übernehmen bereit war, hörten sich gigantisch an, waren aber angesichts der weiten Fahrt nicht ausreichend, um all meine Habe mitzunehmen. Die Umzugsplaner der Firma hatten sich meine Wohnung angeschaut und erklärt: »Wir lassen Ihnen Kartons hier. Wenn die voll sind, können Sie keine weiteren bekommen und dürfen auch keine anderen mitnehmen.« Dann hatten sie mir die Möbelstücke gezeigt, die Platz im Umzugswagen fänden.

Da ich keine Zeit hatte, den großen Rest meiner Habe in der Zeitung zu inserieren und zu verkaufen, musste ich alles andere wegschmeißen, obwohl ich jeden Cent gebraucht hätte. So stapelten sich vor dem Haus bald schon Möbel, Spielsachen, Fahrräder und allerlei Kleidung für den Sperrmüll. Vieles verschenkte ich an die Caritas. Vom Rest deckten sich die Nachbarn aus unserem Wohngebiet ein, die in den Jahren, die ich dort gewohnt habe, nichts mit mir zu tun haben wollten und über mich herzogen: »Die ist allein erziehend mit drei Kindern von drei Männern. Wir haben Angst um unsere Männer.«

Die Sachen der Kinder aus den drei Kinderzimmern umzugsfertig verpackt zu haben, war für mich das Wichtigste. Alle drei durften selbst aussuchen, welche Spielsachen und Kleidungsstücke sie mitnehmen oder wegschmeißen wollten. Nur was wir dringend benötigten, wurde in Umzugskisten verpackt, auseinander geschraubt und abholbereit in einem der Kinderzimmer zurechtgestellt.

Da ich diese Arbeit und das Herrichten der Wohnung für die Übergabe nicht ohne Hilfe bewältigen konnte, bezahlte ich einem jungen Mann und Bella Kötter, unserer Tagesmutter, die mit uns im gleichen Haus wohnte, jeweils 100 Euro dafür. Vor allem Bella Kötter war froh über jeden Cent

Wie üblich musste die Wohnung dem Vermieter in dem Zustand übergeben werden, wie man sie vor dem Einzug übernommen hatte. Das heißt, ich musste alle Tapeten entfernen, den Teppichboden und das Parkett herausreißen, sowie die Wohnung mitsamt den Fenstern putzen. Während ich Tapetenbahnen abriss, Lampen abmontierte und die Fußbodenbeläge entfernte, erinnerte ich mich, wie ich ein paar Jahre vorher beim Anbringen der Lampen Stromschläge bekommen und welche Kreuzschmerzen ich beim Verlegen des Parketts hatte, als ich mit Stefan, meinem älteren Sohn, schwanger war.

Bis zum Tag meiner Abreise zur Wohnungssuche hatte ich alles Überflüssige entsorgt, alle Kartons gefüllt, alle mitzunehmenden Möbel umzugsbereit demontiert und zusammengestellt. Bis auf einen Teil der Tapete in Küche und Wohnzimmer sowie das Parkett war auch die Wohnung weitestgehend übergabefertig. Die bereits voll gewordenen Müllsäcke hatte ich draußen vor dem Haus zum Abholen bereitgestellt. Zwei, drei erst zur Hälfte mit Tapetenfetzen, Teppichbodenstücken und Parkettteilen voll gestopfte Tüten hatte ich ins leere Wohnzimmer gestellt. Sobald ich aus Italien zurück wäre, wollte ich den Rest Arbeit erledigen, die Wohnung endreinigen und übergeben.

Überdies hatte ich alle Behördengänge erledigt, die mit einem Umzug verbunden sind, meine Kinder ordnungsgemäß aus der Kindertagesstätte und ihren jeweiligen Schulen abgemeldet sowie telefonisch alle mir erreichbaren Immobilien- und Wohnungsagenturen an meinem neuen Wohnort in Südtirol abgeklappert, um mir schon jetzt passende Angebote für meine Wohnungssuche vor Ort unterbreiten zu lassen.

Am Vorabend meiner Abreise nach Italien sprach ich nochmals mit meinen Söhnen: »Hört mal, ihr beiden, Valeria ist noch mit ihrer Messdienergruppe unterwegs, kommt aber in ein paar Stunden zurück. Ich muss vorher schon nach Italien, nämlich gleich morgen früh. Das muss sein, damit ich eine Wohnung für uns finde. Das wisst ihr. Ich komme wieder, euch abholen. Ich beeile mich ganz, ganz, ganz schnell. Vor deinem Geburtstag bin ich wieder da, Christian. Solange bleibst du bei deinem Papa. Stefan, du bist mit Valeria solange bei Bella. Und ich rufe euch an, so oft ich kann. Ich habe nicht mehr viel Geld. Vielleicht kann ich nicht jeden Tag anrufen. Aber ihr wisst, ich komme bald zurück. Ich liebe euch.«

Noch einmal sah ich mich in der Wohnung um und prüfte die drei Reisetaschen der Kinder, in denen ich für jeden das Notwendige für die nächsten drei Wochen eingepackt hatte. Dann legten wir uns gemeinsam zum letzten Mal auf meine breite Doppelbettmatratze, deren zugehöriges Bettgestell schon umzugsbereit an der Wand lehnte. Die nächste Nacht würden wir alle auf anderen Matratzen schlafen: Christian bei seinem Vater, Stefan und Valeria bei Bella Kötter, ich in Trento bei meinen Freunden. »Euer Schutzengel ist bei euch, Kinder«, sagte ich. »Er beschützt euch, bis ich euch hole. Ich hab euch ganz lieb.«

»Und wir haben dich ganz, ganz, ganz viel lieber«, antworteten meine Kinder und wiederholten das kleine Wörtchen »ganz« so oft und schnell, bis sie darüber einschliefen.

Am anderen Morgen, es war Samstag, der 25. September, brach ich endgültig nach Südtirol auf. Leider war Valeria noch mit ihrer Messdienergruppe in einer Jugendherberge unterwegs, so dass Stefan für ein paar Stunden allein bei Bella Kötter bleiben musste.

»Hab keine Angst«, munterte ich ihn auf. »Valeria ist morgen zurück. Dann bist du nicht mehr allein hier. Ich rufe euch beide auf ihrem Handy an. Und sobald ich eine Wohnung gefunden habe, komme ich zurück und nehme euch mit. Euch alle drei.«

Stefan legte die Arme um meinen Hals, während ich ihn noch einmal hochnahm und an mich drückte. »Beeilst du dich, Mama?«

»Ja«, versprach ich. »Ich komme so schnell wie möglich. Auf jeden Fall bin ich vor Christians Geburtstag zurück. Dann feiern wir.«

Bella Kötter lächelte mich an. »Mach dir keine Sorgen. Ich pass schon auf ihn auf. Er kennt uns ja. Und du bist schließlich bald zurück.« Nichts warnte mich. Kein Blick, keine Geste, nichts. Hätte ich damals geahnt, welchen Horror diese Frau wenige Tage später auslösen würde, keine Sekunde hätte ich ihr meine Kinder anvertraut. Aber leider schöpfte ich nicht den kleinsten Verdacht.

Stattdessen vertraute ich auf den deutschen Rechtsstaat und die festen, mir schriftlich vorliegenden Vereinbarungen mit dem Jugendamt und Bella Kötter, dass ich mich auf den Schutz und die Sicherheit meiner Kinder bis zu meiner baldigen Rückkehr verlassen könne.

Eine halbe Stunde später übergab ich Bob unseren Sohn Christian zur Betreuung, bis ich von der Wohnungssuche aus Italien zurück wäre. »Pass gut auf ihn auf«, bat ich ihn. »Du weißt ja, er war erst einmal für mehr als ein paar Tage allein mit dir.«

»Keine Sorge.« Bob drückte mir die Hand. »Ich bin froh, dass ich ihn vor Italien noch mal für ein paar Tage hier habe. Wir kommen schon zurecht. Und falls was wäre, gibt's ja auch Telefon.«

»Ich hab das Handy immer dabei«, nickte ich und umarmte meinen Jüngsten noch einmal, weil ich mich nicht von ihm losreißen konnte. »Du kannst mich immer erreichen. Aber ich kann nicht oft bei euch anrufen. Ich hab kein Geld mehr. Und aus Italien, das ist teuer. Ich melde mich zuerst bei Valeria. Ruf sie einfach an, wenn du etwas wissen willst.«

»Ja, ja, alles okay. Fahr du nur und such deine Wohnung«, meinte Bob. »Viel Glück! Und pass auf dich auf.«

Wie oft habe ich darüber nachgegrübelt, ob ich irgendein Signal übersehen hatte, das mich hätte warnen können. Aber da war nichts. Bobs Anwalt schrieb später, sein Mandant habe das Jugendamt bereits vor meiner Italienreise immer wieder darauf aufmerksam gemacht, wie unzufrieden er mit mir als Mutter sei. Wenn das stimmte, hatte Bob mich vom ersten Tage unseres Kennenlernens an belogen, denn er hatte mir nicht nur einmal versichert, dass er sich als Kind eine Mutter wie mich gewünscht hätte und sich keine bessere für unseren Sohn vorstellen könne. Passend zu dieser Aussage verhielt er sich mir gegenüber auch. Ich empfand uns beide als Eltern und Freunde. Ich vertraute Bob. Wenn er alle 14 Tage zu uns kam, um etwas mit Christian zu unternehmen oder ihn auch mal übers Wochenende zu sich zu nehmen, freute ich mich für unser Kind und war gleichzeitig oftmals traurig wegen Stefan, weil Alfred ein so viel schlechterer Vater war. Niemals hätte ich Christian seinen Papa weggenommen. Ich liebe meine Kinder. Wie könnte ich einem von ihnen so wehtun, ihm den eigenen Vater zu nehmen?

Für mich waren sie immer das, was Khalil Gibran in seinem Buch *Der Prophet* über Kinder schreibt: »Eure Kinder sind nicht eure Kinder. Sie sind die Söhne und Töchter der Sehnsucht des Lebens nach sich selber. Durch euch kommen sie, doch nicht von euch. Und sind sie gleich bei euch, so gehören sie dennoch euch nicht.«

Ich glaubte, auch Bob liebe unser Kind auf diese Weise. Dass er vor allem sich selbst liebt und unseren Sohn besitzen wollte, wusste ich nicht. Vielleicht war ich naiv, vielleicht zu maronitisch, vielleicht zu musterdeutsch; ich weiß es nicht. Jedenfalls ließ ich Christian für die Zeit meiner Wohnungssuche in Italien bei seinem Vater, und nichts deutete darauf hin, dass wir zum letzten Mal in aller Ruhe über unseren Sohn miteinander gesprochen hatten und Bob ihn mir nie mehr freiwillig zurückgeben würde.

Nachmittags gegen 16 Uhr war ich mit meinem Auto auf der Autobahn unterwegs in Richtung Südtirol. Zug und Flugzeug konnte ich diesmal nicht nehmen, da ich vor Ort zur Wohnungssuche flexibel sein musste.

Todmüde traf ich am Sonntag in aller Herrgottsfrühe bei meinen Freunden in Trento ein, hatte aber keine Ruhe, bis sie mich nach Santa Rita della Cascia in der Nähe von Rom brachten, damit ich dort um Gottes Hilfe und Segen beten konnte, meine Kinder in der Zeit meiner Abwesenheit zu beschützen und mir zu helfen, ganz schnell eine Wohnung zu finden. Objektiv gesehen, war es ein Ding der Unmöglichkeit, innerhalb von Tagen in der Nähe meines Arbeitsplatzes etwas Passendes zu finden. Wenn, so glaubte ich, könne es nur mit Gottes besonderer Hilfe geschehen.

Wieder in Trento zurück, klingelte mein Mobiltelefon: Valeria. »Ich bin aus der Jugendherberge zurück, Mama. Ich wollte dir viel Glück wünschen und dass du schnell eine Wohnung findest oder ein Haus. Ich bin jetzt bei Bella Kötter mit Stefan. Willst du Bella noch etwas sagen?«

Im Hintergrund hörte ich die Tagesmutter rufen: »Nee, nee, es ist alles okay. Sie braucht nicht mit mir zu reden. Sag ihr schöne Grüße.«

»Gut«, antwortete ich. »Ich rufe dich nochmals an, sobald ich kann. Morgen wahrscheinlich nicht. Wenn etwas passiert, kannst du mich jederzeit erreichen. Und vergiss nicht, jeden Tag zu Christian hinzugehen, auch wenn er bei Bob gut aufgehoben ist. Ich möchte nicht, dass er das Gefühl hat, er ist allein, oder die Familie ist nicht da, oder ihr seid nicht seine Geschwister. Bitte, plan dir das ein. Du weißt, dass er bisher nur ein einziges Mal von uns weg war, damals mit Bob, für drei Wochen im Urlaub. Und dass er sonst nie allein war mit seinem Vater, sondern immer bei uns.«

Diese drei Wochen waren mir unvergesslich, weil Bob sich damals nicht ein einziges Mal bei mir gemeldet hatte. Ich wusste nicht, wo er mit meinem Kind war, wie es dem Jungen ging. Drei Wochen lang! Ich habe ständig bei seinen Eltern angerufen, damit ich überhaupt etwas erfuhr. Aber obwohl ich seine Eltern angefleht habe, sie mögen Bob ausrichten, er solle mich mal anrufen, tat er es nicht. Es war schrecklich von ihm. Ich wurde fast verrückt vor Angst und Sorgen. Und als er zurückkam, war sein ganzer Kommentar: »Ja, wieso? Er war bei mir. Wenn er bei dir ist, frag ich auch nicht nach, wohin du mit ihm fährst.«

Valeria versprach mir, mindestens eine halbe Stunde täglich mit ihren beiden Brüdern zu verbringen. Der Weg zu Bob war ja nicht weit. Ich hatte ihnen etwas Taschengeld dagelassen, so dass sie sich manchmal ein Eis gönnen konnten. Sie sollten ihrem kleinen Bruder dann immer eins mitbringen. Als ich den Hörer auflegte, war ich wegen der Kinder ganz beruhigt, schlief mich aus und stürzte mich anschließend sofort in die Wohnungssuche.

Wie vorhergesehen, konnte ich meine Kinder am Montag nicht anrufen. Das war nichts Unerwartetes, Besorgniserregendes. Meine Kinder und Bella Kötter wussten, dass ich nicht täglich anrufen würde, weil ich zu wenig Geld hatte. Wir hatten vor meiner Abreise ausdrücklich darüber gesprochen und außerdem erst Sonntag miteinander telefoniert.

So klapperte ich vom frühen Morgen bis zum späten Abend zu Fuß oder mit dem Auto jede einzelne Bar zwischen Trento und unserem Wohnort ab, denn normalerweise hängen Wohnungsanzeigen in Italien in den Bars. Zusätzlich gab ich sofort eine entsprechende Suchanzeige in der örtlichen Tagespresse auf, die am Mittwoch erscheinen sollte. »Suche Haus oder Haus mit Garten, 3 bis 4 Zimmer für eine gut bezahlte Angestellte, Deutsche, in einer italienischen Firma.« Es war wichtig zu schreiben, dass ich Deutsche bin; das erhöhte meine Chancen auf eine attraktive Wohnung. Als ich spätabends von meiner Suche in den Bars, zahllosen Telefonaten und vergeblichen Wohnungsbesichtigungen bergauf, bergab nach Trento kam, war ich fast zu müde zum Essen und fiel sofort ins Bett.

Während ich am Dienstag, dem 28. September, erneut auf Wohnungssuche unterwegs war, rief mich im Auto plötzlich das Jugendamt an. Ich erkannte die Rufnummer im Display und bekam einen furchtbaren Schreck. War etwas mit den Kindern passiert? Trotzdem konnte ich den Anruf nicht sofort annehmen, sondern erst ein paar Minuten später zurückrufen.

»Sie haben mich auf dem Handy angerufen. Ist etwas mit den Kindern?«

Frau Bleich war am Apparat. Unfreundlich, laut. »Ja! Man hat uns gesagt, Sie haben sich abgesetzt …«

»Abgesetzt?« Ich versuchte, das Wort zu verstehen. Abgesetzt ist für mich: Der ist abgehauen. Das traf auf mich nicht zu. Aber manchmal mangelt es mir trotz meiner guten deutschen Sprachkenntnisse am richtigen Verständnis von umschreibenden Ausdrücken. »Vielleicht«, dachte ich, »bedeutet es doch etwas anderes.« Also fragte ich: »Was meinen Sie damit?«

»Ja, was wohl? Das heißt, Sie haben sich abgesetzt«, wiederholte Frau Bleich.

»Meinen Sie vielleicht, ich komme nicht wieder, um meine Kinder abzuholen?«, rief ich.

Ich hörte förmlich, wie Frau Bleich nickte. »Genau. Die Frau Kötter hat uns gesagt, Sie haben sie nicht angerufen und den Vater von Ihrem Sohn auch nicht.«

»Machen Sie nicht solche Scherze mit mir!«, fuhr ich auf und wusste noch immer nicht, was ich von diesem Unsinn halten sollte. »Ich war doch selbst bei Ihnen, Frau Bleich. Ich habe Ihnen doch persönlich gesagt, in zwei bis drei Wochen komme ich wieder, um meine Kinder abzuholen. Sie wissen, ich brauche die Zeit, um eine Wohnung für die Kinder und mich zu suchen. Sie haben mir selbst gesagt, das ist okay. Sie bezahlen die Tagesmutter, und ich bezahle sie nachts, damit sie auf die Kinder aufpasst. Und wieso hab ich die Kinder nicht angerufen? Ich habe gestern mit meiner Tochter telefoniert. Da sagte die Frau Kötter, es ist alles okay. Was soll das alles?«

Ich hörte, wie Frau Bleich am Telefon tief einatmete. »Sie sind jetzt also in Italien?«

»Ja, klar bin ich in Italien«, rief ich und schüttelte den Kopf über so viel Unverstand. »Ich suche eine Wohnung für meine Kinder und mich. Das wissen Sie doch.«

»Ja, ja«, sagte Frau Bleich. »Aber so einfach geht das nicht. Jetzt wollen wir Ihre Kinder doch erst einmal fragen, ob sie überhaupt nach Italien wollen. Sind Sie damit einverstanden?«

»Ja, natürlich!«, rief ich ärgerlich und begriff einfach nicht, dass allerhöchste Gefahr im Verzug war. Ich dachte, jemand habe sich einen schlechten Scherz mit mir erlaubt und ein blödes Gerücht in die Welt gesetzt. Spätestens jetzt musste Frau Bleich doch kapieren, dass es nicht stimmte. Ich und mich absetzen – ohne meine Kinder! So etwas konnte doch kein Mensch glauben. »Fragen Sie. Meine Kinder wollen natürlich nach Italien mit.«

Ich hatte ein bisschen Bauchweh wegen meiner Tochter, als ich dem Jugendamt die Befragung erlaubte. Valeria wollte ja nicht so gern mitkommen. Aber sie hatte mir versprochen, es wenigstens mal mit dem Umzug zu versuchen. Sie hatte mir am Telefon Glück für die Wohnungssuche gewünscht. Sie würde denen vom Jugendamt nichts Falsches sagen. Warum also sollte ich ihnen die Erlaubnis nicht geben, die Kinder zu fragen. Die Jungen freuten sich auf Italien.

»Wir wollen auch Ihre Wohnung inspizieren«, keifte Frau Bleich wieder in den Hörer. »Man hat uns gesagt, darin sieht's chaotisch aus.«

»Wer hat das gesagt? Meine Wohnung ist gepackt wegen dem Umzug. Natürlich sieht es darin nicht aus wie bei einem Staatsempfang. Sind Sie noch nie umgezogen? Sie wissen doch, dass ich umziehen will nach Italien.«

»Dürfen wir sie uns nun ansehen oder nicht?«

Inzwischen regte ich mich ernstlich auf. Ich konnte nicht mehr freundlich antworten und fuhr sie harsch an: »Von mir aus. Aber das darf doch alles nicht wahr sein. Was Sie da machen, das ist eine Unverschämtheit!«

»Wir werden ja sehen!« Frau Bleich knallte den Hörer auf.

Ohne lange zu überlegen, rief ich Bella Kötter an. »Hör mal, wie kommst du auf die Idee, dem Jugendamt zu sagen, ich hätte mich nicht gemeldet? Ich bin erst seit Samstag weg und habe Sonntag mit Valeria gesprochen. Du wolltest ausdrücklich nicht mit mir reden. Du sagtest, es sei nicht nötig, alles sei okay. Ich hab mich lediglich gestern, am Montag, einen einzigen Tag lang, nicht gemeldet. Das ist alles. Und Valeria wusste das. Ich hatte ihr gesagt, dass ich wahrscheinlich nicht anrufen kann und mich erst Dienstag wieder melde. Und am Samstag, falls du das meinst, da konnte ich mich nicht melden, weil ich den ganzen Tag unterwegs war. Ich bin gefahren. Allein. Da kann ich nicht gleichzeitig telefonieren. Du lieber Himmel, Bella, von S. bis dort, das ist eine ganze Tagesreise. Und heute ist Dienstag. Es ist morgens um kurz nach 8 Uhr. Ich habe einen einzigen Tag nicht angerufen. Du weißt, dass ich kein Geld habe und es mir nicht leisten kann, dauernd bei dir anzurufen. Warum rufst du da das Jugendamt an und Bob? Warum sagst du denen, ich hätte mich nach Italien abgesetzt und käme nicht wieder? Was soll das? Du weißt doch genau, dass das Blödsinn ist. Das darf doch nicht wahr sein.«

»Ich habe mir eben Sorgen gemacht«, giftete Bella Kötter.

»Welche Sorgen, bitte schön? Nur, weil ich mich einen Tag lang nicht gemeldet hab?«

»Nee, weil du dich bei Bob nicht gemeldet hast. Es war nämlich der Bob, der rief bei mir an. Der wollte wissen, was los ist, warum er nichts von dir hört.«

»Wieso macht er das?«, fragte ich verständnislos. »Er hat doch meine Handynummer. Er kann mich jederzeit anrufen, wenn er etwas wissen oder Christian mit mir reden will. Ich hab ihm gesagt, dass ich kein Geld habe und mich nicht jeden Tag bei ihm melden kann. Was soll das? Als er drei Wochen mit Christian im Urlaub war, hat er mich nicht ein einziges Mal angerufen, und ich habe ihm nicht das Jugendamt auf den Hals gehetzt, obwohl es die schlimmsten drei Wochen meines Lebens waren. Was soll der ganze Blödsinn? Er weiß, dass ich in ein paar Tagen komme, um die Kinder abzuholen. Wir haben das alles geklärt. Warum macht er das denn?«

»Was weiß ich?« Bella Kötter gab sich ahnungslos.

»Wieso hast du Bob denn nicht gesagt, dass alles okay ist?«, fragte ich immer noch wütend. »Du hast doch genau gewusst, was los ist und dass ich mich gemeldet habe und komme. Wieso rufst du das Jugendamt an und sagst denen so was?«

»Wieso? Wieso? Weil das mein Job ist, Joumana. Weil die mich bezahlen. Wenn ich denen nicht alles sage, bin ich den Job los. Meinst du, das kann ich mir leisten? Wenn Bob mich anruft, muss ich denen das sagen. Und wenn du hier nicht anrufst, muss ich denen das auch sagen.« Bella Kötter war die Unschuld in Person. »Mach doch jetzt keinen solchen Aufriss deswegen. Es ist alles okay. Du hast mit denen telefoniert. Jetzt wissen sie, dass alles okay ist und du zurückkommst.«

»Stell du das bei Bob und beim Jugendamt bitte auch noch mal selber richtig!«, verlangte ich. »Ich bin nächste Woche da und hole meine Kinder ab. Hörst du, Bella, nächste Woche! Ob ich eine Wohnung habe oder nicht. Und du lässt das Jugendamt in meine Wohnung rein, wenn die nachher kommen, zeigst ihnen alles. Unsere ganzen Sachen sind in den Kartons. Du sagst ihnen, dass wir für den Umzug alles fertig haben. Die glauben wohl nicht, dass ich umziehen will. Keine Ahnung. Und wenn sie mit den Kindern sprechen wollen, lässt du sie mit ihnen reden. Gott, bin ich froh, wenn ich endlich aus S. weg bin.«

Um die Mittagszeit rief ich erneut bei Bella Kötter an: »Und, war das Jugendamt da?«

»Ja«, stimmte sie zu. »Die waren hier. Die haben sich die Wohnung angeguckt. Aber die haben gesagt, sie kommen am Nachmittag wieder, um die Kinder auszufragen, weil die in der Schule waren.«

»Und was haben sie gesagt?«

»Nichts. Alles okay.«

»Na also, sag ich doch«, meinte ich erleichtert. »Dann rufe ich später nochmals an. Ich will auch mit Valeria reden.«

Zu diesem Zeitpunkt war ich immer noch nicht besorgt. Ich hatte nicht die geringste Ahnung, was da wirklich geschah. Ich ärgerte mich lediglich über Bob und Bella, die beide meine Telefonnummer hatten, aber zu geizig waren, die paar Cent in ein Auslandsgespräch zu investieren, wenn sie sich Sorgen um mich machten oder wissen wollten, wie weit ich mit der Wohnungssuche war, und stattdessen lieber ein Ortsgespräch mit dem Jugendamt geführt hatten.

»Ein Missverständnis«, glaubte ich. »Weiter nichts. Sobald sie in der Wohnung waren und mit den Kindern geredet haben, ist alles wieder klar.«

Die anmaßende Art, in der Frau Bleich mich am Telefon abgekanzelt und als schlechte Mutter hingestellt hatte, die ihre Kinder im Stich lässt, empörte mich immer noch, während ich unsere Aufenthaltsgenehmigung beantragte, die Kinder in den verschiedenen für sie zuständigen Schulen und im Kindergarten anmeldete, sowie zwischen den Bars mit Wohnungsannoncen hin und her und von einem Wohnungsmakler zum anderen hetzte. Sobald ich in Deutschland wäre, würde ich mit Herrn General über diese unverschämte Dame reden, nahm ich mir vor. Ich würde kein Blatt vor den Mund nehmen. Was bildete diese Frau sich denn ein? In meinem Beisein sollte er ihr sagen, wer ich bin, dass ich eine gute Mutter bin und meine Kinder nie im Stich lassen würde. Er wusste das. Er kannte mich. Er würde diese Frau in ihre Schranken weisen. Diese Vorstellung beruhigte mich.

Obwohl ich am liebsten eine ausreichend große, zentrumsnahe Wohnung mieten wollte, um den Kindern weite Anfahrtswege zur Schule zu ersparen und ihnen jeweils ein eigenes Zimmer geben zu können, besichtigte ich jetzt innerhalb und außerhalb der Stadt jeden noch so mickrig wirkenden Wohnraum. Ich konnte es nicht mehr erwarten, die Kinder zu holen und endlich weg von S., weg von allen Frau Bleichs der Welt zu kommen und mit meinen Kindern ein neues Leben in Italien zu beginnen. Ich brauchte bloß noch eine Wohnung, egal ob Stadtzentrum oder Stadtrand oder nahe gelegenes Dorf, Hauptsache irgendein Dach über dem Kopf. Aber ich fand nichts. Der Wohnungsmarkt war wie leer gefegt. Angesichts des mageren Resultats meiner bisherigen Wohnungsausbeute setzte ich alle Hoffnungen auf mein am Mittwoch erscheinendes Zeitungsinserat.

Es war stressig, immer wieder zu Hause anzurufen und auf diese Entfernung hin auch dort noch Probleme zu lösen. Als ich am Dienstagnachmittag abermals bei Bella Kötter anrief, ließ mich die innere Anspannung weit strenger mit meiner Tochter sprechen, als ich wollte. Ich war enttäuscht von ihr, weil sie ihr Wort nicht gehalten und ihren kleinen Bruder am Montag nicht sofort besucht hatte. Wäre sie sofort zu ihm gegangen und hätte erzählt, dass ich am Sonntag angerufen hatte, hätte Bob Bescheid gewusst und nicht bei Bella Kötter und diese nicht im Jugendamt angerufen, hielt ich ihr vor. Zu dem ganzen »dummen Missverständnis«, glaubte ich, wäre es dann gar nicht erst gekommen.

Valeria entschuldigte sich zerknirscht, gelobte Besserung, und damit war es auch wieder gut zwischen uns. Anschließend fragte ich Bella Kötter, ob sie die Sache mit dem Jugendamt geklärt habe und Frau Bleich nun definitiv wisse, dass alles ein Irrtum gewesen sei. »Ja, ja, das ist alles in Ordnung«, versicherte Bella mir. »Mach dir keine Gedanken. Wenn die nachher kommen und die Kinder ausfragen, sage ich das nochmals. Es ist alles okay.«

»Bestimmt?«

»Ja, ja.«

Später rief ich erneut bei meiner Tochter an, weil ich von ihr wissen wollte, wie die Befragung durch das Jugendamt verlaufen sei. »Sie waren da, Mama«, erzählte sie. »Sie haben zuerst Stefan ausgefragt. Das war so eine alte Frau mit weißen Haaren.«

»Frau Bleich«, dachte ich, »ausgerechnet die.«

»Sie hat ihn gefragt: ›Willst du mit Mama nach Italien fahren, oder willst du nicht doch lieber hier in Deutschland bleiben? Du hast ja deine Freunde hier und alles.‹«, fuhr Valeria fort. »Die hat ihm das richtig eingeredet, finde ich. Aber er sagte: ›Nee, ich will nach Italien zu Mama. Ich warte hier bloß noch auf sie. Sie kommt ja bald zurück.‹ Ganz spontan sagte er das. ›Und deine Freunde?‹, hat sie dann nochmals gefragt. Da hat er wieder gesagt, dass er nach Italien will und da neue Freunde kriegt.«

»Und du? Hast du ihr vielleicht gesagt, dass du lieber in Deutschland bleiben möchtest?«

»Nein, Mama.« Valeria war sehr ernst. »Ich hab es auch nicht gesagt. Ich hab ihr nur gesagt, dass ich traurig bin und viel lieber in Deutschland geblieben wäre, aber dass du keine Arbeit hier hast und dass wir deshalb alle mit dir nach Italien mitgehen wollen.«

»Hat sie das geglaubt?«

»Ich denke schon«, meinte Valeria.

»Super.« Ich hätte sie gern umarmt. »Geht jetzt mal euren kleinen Bruder besuchen. Geht einfach zusammen hin. Die Jungs sollen zusammen spielen. Kauft euch ein dickes Eis, für zehn Euro. Ich bin bald wieder da. Es ist schön hier in Italien. Es wird euch gefallen.«

Damit, dachte ich, sei die dumme Geschichte aus der Welt geschafft. Meine Kinder hatten dem Jugendamt ihre Meinung gesagt, dass sie mit mir nach Italien wollten. Die Leute hatten meine Wohnung gesehen. Sie wussten, dass darin alles für den Umzug vorbereitet und ich also wirklich nicht auf Lustreise, sondern auf Wohnungssuche war, weil am Freitag in drei Tagen, am 1. Oktober, mein erster Arbeitstag in meiner neuen Firma beginnen würde.

Mit keinem einzigen Gedanken kam mir in den Sinn, dass das Jugendamt auch die Väter meiner Söhne aufsuchen würde, um mit ihnen zu besprechen, wie viel besser es für unsere Kinder in Deutschland sei, wo sie die Sprache könnten, ihre Freunde, ihre Väter, ihre Großeltern, ihre Schule, ihren Kindergarten, kurz ihr gesamtes »soziales Umfeld« hätten. Und dass sie als sorgeberechtigte Väter ein Recht hätten, mir die Mitnahme der Kinder zu verbieten und dann mir gegenüber kindesunterhaltsberechtigt wären.

Während Alfred sich später als Unschuldslamm darstellte, als wisse er von absolut gar nichts und mir meinen eigenen Sohn verkaufen wollte, als er merkte, dass die Sache mit dem schönen, sicheren Unterhaltseinkommen von mir nicht funktionierte, hatte Bob für kurze Zeit den Mut zur Wahrheit.

Das Jugendamt sei zu ihm gekommen, gestand er mir vor meinem Freund Charles aus Paris und Valeria – mit denen ich mehrfach vergeblich nach Deutschland reiste, um Stefan zu suchen und Christian mitzunehmen – ein, und zwar Frau Bleich und Herr General. Er könne nichts dafür. Er habe mir von sich aus unseren Sohn nicht weggenommen. Die Mitarbeiter des Jugendamts hätten ihm mitgeteilt, da ich als vollzeitbeschäftigte Mutter die Kinder wegen meiner Arbeit ständig vernachlässige und im Ausland nicht mehr durch das deutsche Jugendamt kontrolliert werden könne, sei ein Umzug der Kinder nach Italien gegen das Kindeswohl. Deshalb müssten die Kinder in Deutschland bleiben. Entweder beantrage Bob also sofort das alleinige Elternrecht, das man ihm auch umgehend zunächst »vorläufig« und später für immer übertragen würde, nehme den Jungen zu sich und garantiere, dass er nicht nach Italien verbracht werde, oder eine Bereitstellungsfamilie des Jugendamts werde Christian bei sich aufnehmen.

Als Bob mir davon berichtete, war ich völlig außer mir, weil er mir unseren Sohn nicht zurückgeben wollte. Aber ich vertraute ihm immer noch. Ich begriff, in welchem Dilemma er sich befunden hatte. Als Vater musste er sein Kind schützen und dafür sorgen, dass Christian bei seiner eigenen Familie bleiben durfte. Aber warum hatte er mir in unseren Telefonaten von Italien aus immer wieder gesagt, es sei alles in bester Ordnung, ich müsse mir keine Sorgen machen, solle in Ruhe meine Wohnung suchen und so weiter?

Bis zuletzt, in jeder Gerichtsverhandlung, flehte ich ihn an, doch zur Vernunft zu kommen und wieder der Vater für unseren Jungen zu sein, der er immer war. Wir hatten schließlich das ganze Leben unseres Kindes lang friedlich und freundschaftlich im besten Einvernehmen gemeinsam als Eltern gelebt. Ohne das Jugendamt wäre es immer noch so. Davon bin ich überzeugt. Doch Bob war und ist wie verblendet vom Jugendamt, das ihm eingeredet hat, es sei sein »gutes Recht«, seine Pflicht, mir Christian wegzunehmen.

An jenem Dienstag, dem 28. September, an dem das deutsche Jugendamt mich in Italien anrief, um sich von mir die Erlaubnis erteilen zu lassen, sowohl meine Wohnung besichtigen als auch meine Kinder befragen zu dürfen, ob sie denn überhaupt mit ihrer Mutter nach Italien wollten, war ich sicher, dass alles nur dazu diente, ein Missverständnis zu beheben. Ich vertraute dem Jugendamt. Es war schließlich ein ordentliches Amt, eine deutsche Behörde mit ordentlichen Mitarbeitern im deutschen Rechtsstaat, den ich bewunderte.

Keine Sekunde lang hätte ich vermutet, dass sich in diesem Moment mein Schicksal und das meiner Familie entsetzlich veränderte.

Zur Sicherheit rief ich jedoch frühzeitig am Mittwochmorgen nochmals im Jugendamt an, um mich zu vergewissern, dass das Problem tatsächlich gelöst war. Die Stimme der Frau Bleich klingt mir wohl mein Leben lang unvergesslich in den Ohren, wie sie »Ja, ja« sagte. »Es ist alles in Ordnung.«

Nachmittags rief ich wieder bei den Kindern an. »Alles okay«, teilte mir auch Bella Kötter mit. »Den Kindern geht's gut. Sie haben gestern lediglich eure Wohnung unter Wasser gesetzt. Aber das macht jetzt ja sowieso nichts mehr.«

Tatsächlich hatten nicht die Kinder diese Überschwemmung veranstaltet, sondern Bella Kötter selbst. Als sie unseren Zwergkaninchen frisches Wasser geben wollte, vergaß sie, den Wasserhahn zuzudrehen. Anstatt ihren Fehler zuzugeben, schob sie ihn vor den Mitarbeitern des Jugendamts einfach mir in die Schuhe und verbot meiner Tochter, mir am Telefon die Wahrheit zu sagen.

Dass die Kinder gern mit Wasser planschten, wusste ich. Es konnte vorkommen, dass dabei der Fußboden nass wurde. Aber jetzt war der Teppichboden schon herausgerissen, das Parkett zum Teil auch. Der Rest davon würde in ein paar Tagen auf dem Sperrmüll landen. Also lachte ich nur über das Malheur.

Ich vertraute Bella Kötter. Sie hatte in den Jahren, die wir gemeinsam in einem Mehrfamilienhaus verbrachten, öfter auf meine

Kinder aufgepasst. Schließlich war sie eine offiziell vom Jugendamt empfohlene Tagesmutter und betreute in ihrem Haushalt ein Kind als Dauerpflegling. Dessen Mutter war, wie Bella Kötter behauptete, angeblich unfähig, sich selbst darum zu kümmern. Früher glaubte ich das.

Ich kam nicht einmal auf die Idee, dass sie mich wegen des Wassers und der Hasen angelogen haben könnte. Ich hätte auch nie gedacht, dass das Jugendamt daran Anstoß nehmen würde. Wasser verschütten oder Hasen entwischen lassen, was ist das schon? Es kann jedem mal passieren. Man wischte auf und fing die Hoppler wieder ein. Später, vor Gericht, musste ich erkennen, dass das Jugendamt daraus eine starke Vernachlässigung meiner Wohnung und einen Grund ableitete, mir meine Kinder wegzunehmen.

Und erst weit weg von Kötters, berichteten meine Kinder, dass sie von Bellas Ehemann mehrmals misshandelt wurden und er ihnen jedes Mal Schlimmeres für den Fall androhte, dass sie sich bei mir über ihn beschweren würden. Zwar hätten die Kinder sich mir am liebsten gleich anvertraut, als er Stefan, meinen älteren Sohn, so heftig in den Po getreten hatte, dass dieser mit dem Kopf voran gegen die Wand knallte, doch sie wagten es nicht. Wir wohnten im gleichen Haus. Irgendwann, glaubten sie, würde er sie schnappen und sich rächen. Sie hatten furchtbare Angst vor diesem Mann. Und ich ahnte nichts davon!

In der sicheren Annahme, dass sich das »dumme Missverständnis« im Jugendamt geklärt habe und zu Hause wirklich alles in Ordnung sei, eilte ich an jenem Mittwoch nach meinen frühmorgendlichen Telefonaten mit Frau Bleich und Bella Kötter zum Zeitungskiosk, um mir die Tageszeitung mit den Wohnungsinseraten zu kaufen.

Auf dem rosa eingefärbten Anzeigenblatt war in der Rubrik »Suchen« meine Anzeige erschienen. Am Samstag würde sie nochmals veröffentlicht werden. In der Rubrik »Angebote« aber stand ganz oben, in der ersten Zeile eine Dreieinhalb-Zimmerwohnung in der Innenstadt.

»Die ist es!«, dachte ich mit Herzklopfen und vergaß für den Moment alle Probleme in Deutschland. »Die ist es!« Ich kreiste die Annonce dick ein, kreuzte noch das eine oder andere weitere Angebot an und griff zum Telefonhörer.

Es meldete sich ein Herr Baron Von-und-zu mit freundlich sonorer Stimme, der mir mitteilte, er habe zwar bereits eine lange Liste von etwa 50 Bewerbern, doch biete er mir für Donnerstag gegen 16 Uhr einen Besichtigungstermin an. Hätte er mir einen Mitternachtstermin zur Wohnungsbesichtigung angeboten, hätte ich auch den wahrgenommen.

Aufgeregt suchte ich mir den genauen Lageplan der Wohnung aus dem Internet und druckte mir die Straßenkarte aus. Zum Nachweis meiner Seriosität steckte ich meinen Arbeitsvertrag nebst den wichtigsten persönlichen Papieren ein und machte mich auf den Weg.

Genau eine Minute vor 16 Uhr klingelte ich an der Tür und fuhr erstmals mit dem Aufzug durch das mit hellem Marmor verkleidete Treppenhaus in unsere heutige Wohnung hinauf. »Auch wenn die Zimmer nicht so schön sein sollten«, dachte ich unterwegs, »schon allein wegen diesem Aufzug will ich die Wohnung haben. Die Kinder haben bestimmt einen Riesenspaß damit.«

Doch als ich durch die Wohnungstür trat und die hellen, freundlichen Räume mit Balkon und Blick auf die Berge vor mir sah, wusste ich, dass ich wirklich alles daransetzen würde, hier mit den Kindern zu wohnen.

Der Wohnungsbesitzer erwies sich nicht nur als gebildeter Mann von Niveau, sondern auch als menschlich verständnisvoll. Nach einigem Hin und Her sagte er mir die Wohnung zu, falls ich einen Bürgen für die monatlichen Mietzahlungen hätte. Nun war guter Rat teuer. Woher sollte ich als Fremde in der Stadt auf die Schnelle einen Bürgen beschaffen? Einzig meine Arbeitgeber fielen mir ein, aber ich hatte ja noch nicht einmal meinen ersten Arbeitstag hinter mir.

Da ich einsehen musste, dass mir die Wohnung ohne Bürgen entgehen würde, fasste ich mir ein Herz und suchte am Freitag, dem 1. Oktober, der zugleich mein erster Arbeitstag war, meine Arbeitgeber auf. Sie hörten sich mein Anliegen aufmerksam an und meinten: »Kein Problem. Wir haben Sie engagiert, wir bürgen auch für Sie. Aber wozu, um Himmels willen, wollen Sie so eine Riesenwohnung? Da können wir ja immer Partys bei Ihnen machen.«

Jetzt erst erzählte ich ihnen, dass ich drei Kinder habe, die in Deutschland auf mich warteten, bis ich eine Wohnung hätte und sie abholen käme.

Mit der Zusage der Bürgschaft in der Tasche, die am Montag, dem 4. Oktober, unterschrieben werden sollte, gab ich dem Herrn Baron Von-und-zu entsprechend Nachricht, worauf dieser mir einen bestimmten Geldbetrag für die Renovierung abverlangte und den Mietvertrag zusagte.

Jubelnd rief ich meine Kinder an: »Am nächsten Wochenende sind wir zusammen in Italien. Ich fahre am Freitag, das ist der 8. Oktober, direkt nach der Arbeit los. Unterwegs schlafe ich ein paar Stunden im Auto und fahre dann gleich weiter. Spätestens am 9. Oktober bin ich bei euch und hole euch ab.«

Bis zuletzt wagte ich an mein Glück kaum zu glauben, innerhalb so weniger Tage eine so wunderbare Wohnung gefunden zu haben. Doch am Mittwoch, dem 6. Oktober, hielt ich tatsächlich den über meine Firma abgewickelten Mietvertrag und die Wohnungsschlüssel in Händen.

»Endlich!«, dachte ich. »Endlich wird alles gut. Ich habe in Deutschland so viel gelitten. Jetzt wird es aufhören. Jetzt haben wir endlich eine neue Chance.« Ich war sehr glücklich.

Obwohl ich kaum noch Geld hatte und nur mit Karte telefonieren konnte, da ich nicht auf Kosten der Firma anrufen wollte, rief ich meine Kinder sofort nochmals an, um ihnen von dem nun endgültigen Mietvertrag zu berichten und meine Heimreise für Freitag zu versprechen.

Anschließend informierte ich Bob, dass alles gut gegangen sei und er unserem Sohn ausrichten solle, ich wäre am Samstag da, um ihn nach Italien abzuholen. »Ja, gut«, versprach er mit derselben Stimmlage wie immer, obwohl er soeben die schlimmste Hinterhältigkeit beging, denn er wusste schon genau, dass er mir unseren Sohn niemals mehr freiwillig zurückgeben würde.

Am 8. Oktober, gegen 17 Uhr, brach ich zusammen mit meinem Freund aus Trento auf. Er war ein begeisterter Deutschlandfan, aber noch nie dort gewesen. Obwohl es auf der Heimreise, zu dritt auf der Rückbank, ein bisschen eng für die Kinder werden würde, war ich froh, dass er mitkam. Allein auf einer so weiten Strecke ermüdet man schneller.

Für die Kinder hatte ich Decken und Kissen eingepackt, damit sie es sich trotz der Enge bequem machen konnten. Ich kannte sie. Auf der langen Reise würden sie sowieso viel schlafen.

Als wir an jenem Freitag in München ankamen, regnete es. »Als ob Mutter Natur weinte, mich aufhalten wollte auf meiner Reise«, dachte ich später. »Als ob sie mich davor bewahren wollte, mein Unglück zu sehen.«

Ich war müde, weil ich die Nacht zuvor im Auto geschlafen hatte. Es fiel mir schwer, mich bei diesem strömenden Regen und den spiegelnden Straßen zu konzentrieren. Immer wieder trat Aquaplaning auf, so dass ich Mühe hatte, den Wagen auf der Fahrbahn zu halten.

Ich hatte den Kindern versprochen, gegen 1 Uhr nachts bei ihnen zu sein. Aber ich konnte nicht mehr. Ich musste ein wenig ausruhen und schlafen. Auch mein Freund aus Trento war froh, den Sitz ein bisschen zurücklehnen und sich ausstrecken zu können. Während ich fuhr, wollte er nicht schlafen. Nichts ist für einen müden Autofahrer ansteckender als ein schlafender Beifahrer. Und ablösen konnte er mich wegen eines amputierten Beines leider nicht. Also fuhr ich schließlich irgendwo hinter München an einer Autobahnraststätte ab, schloss die Augen und wachte erst kurz nach Mitternacht wieder auf. Leider goss es immer noch. Ich konnte nur langsam weiterfahren.

Um 6 Uhr, dann nochmals um 6.30 Uhr rief ich bei Bella Kötter an. Niemand ging ans Telefon. »Wahrscheinlich schlafen sie noch«, beruhigte ich mich. Es war inzwischen Samstag, der 9. Oktober. Wer nicht zur Arbeit muss, steht am Wochenende nicht mit den Hühnern auf.

Etwa eine Stunde später nahm Bella endlich den Hörer ab. »Tut mir Leid, dass ich mich verspäte«, sagte ich. »Ich bin aber seit gestern Nachmittag unterwegs und komme gleich, bin noch in Frankfurt. In zwei bis drei Stunden bin ich da, wenn kein Stau ist. Ist alles in Ordnung bei euch?«

Bella schien müde zu sein. Sie nuschelte ins Telefon. »Ja, ja, alles klar. Macht nichts, wenn du später kommst.«

Valeria war auf einer Abschlussfete ihrer Schule, die man nur ihretwegen zum Abschied veranstaltete. Ich konnte sie erst am Telefon erreichen, als sie wieder bei Kötters in der Wohnung war. »Tut mir Leid, dass ich zu spät bin«, entschuldigte ich mich auch bei ihr. »Ich hab vorhin schon mit Bella gesprochen. Ich bin gleich da. Gib mir doch schnell noch deinen Bruder, damit ich ihm sage, dass ich ihn lieb habe.«

»Er ist nicht mehr da, Mama.«

»Wie? Wo ist er denn?«

»Er ist abgeholt worden, Mama.«

»Abgeholt? Von wem? Von Alfred? Ich hatte Bella doch ausdrücklich gesagt, dass sie ihm den Jungen nicht geben sollte.«

»Ach, komm erst mal her, Mama. Dann sage ich dir alles.«

Ich fühlte leichten Ärger aufsteigen. »Lass die Spielchen, Valeria. Sag mir das jetzt. Gleich! Wo ist er?«

»Ich darf nicht reden. Bella hat es mir verboten.«

»Bella!«, schrie ich in den Hörer. »Was soll das?«

Aber die Leitung war stumm. Bella hatte einfach aufgelegt.

In diesem Moment fühlte ich nur noch panische Angst. Was war passiert? Hatte Alfred unser Kind abgeholt? Was wollte er damit erreichen? Dass ich nicht nach Italien gehen konnte?

Ich wusste, dass er nach mir nie wieder fest mit einer Frau zusammen gewesen war. Sein Schwager hatte es mir gesagt. Angeblich liebe Alfred mich immer noch und könne mich nicht vergessen. Wollte er mich jetzt durch das Kind erpressen, dass ich in Deutschland bliebe? Wollte er mich erpressen, dass ich wieder mit ihm ins Bett ginge, als Gegenleistung, damit er mir das Kind gäbe? War das eine von seinen Gemeinheiten? Aber egal, was er sich dabei gedacht hatte, das würde ich mir nicht von ihm bieten lassen. Ich würde gleich zu ihm hinfahren und meinen Jungen abholen. Und diesmal würde ich die Polizei mitnehmen, würde gar nicht erst lange reden und bitten. »Diesmal nicht, Alfred!«, schwor ich mir.

Außer mir vor Angst und Wut rief ich Bob an. »Hi, Bob. Ich bin spät dran. Ich weiß. Es regnet. Aber ich bin gleich da. Mach alles fertig, ich hole Christian gleich ab.«

Bob antwortete ganz ruhig. »Das kannst du gerne versuchen.«

»Versuchen? Wieso versuchen?«, dachte ich und sagte laut: »Wenn du ihn mir nicht gibst, dann komme ich mit der Polizei.«

»Das kannst du auch versuchen«, sagte er.

Erst als ich das Telefon so heftig auf die Autoablage warf, dass es auseinander fiel, merkte mein Freund aus Trento, dass etwas Schlimmes passiert sein musste. »Was ist los?«

Ich schlug mit den Händen aufs Lenkrad. »Meine Kinder, irgendetwas ist mit ihnen. Ich weiß nicht, was los ist. Stefan ist nicht mehr da, und sie sagen mir nicht, wo er ist. Und der Vater von Christian will ihn mir nicht mehr geben.«

Bis zu diesem Moment wusste mein Freund nicht, dass ich drei Kinder von verschiedenen Männern habe. Wir sind Freunde. Trotzdem wusste er nicht viel über mich privat.

»Was?«, fragte er jetzt. »Was ist los? Wie soll ich das verstehen? Dein Stefan ist weg und deinen Christian kriegst du nicht?«

»Ich weiß es nicht. Ich weiß es nicht!«, schrie ich wütend. »Valeria darf mir nicht sagen, wo Stefan ist, und Bob spielt sich auf, als sei es ihm sogar egal, wenn ich den Jungen mit der Polizei abholen komme.«

»Die spinnen«, meinte mein Freund aus Trento. »Wenn etwas Schlimmes wäre, hätten sie es dir schon gesagt. Fahr nicht so schnell, Joumana. Wenn wir einen Unfall haben und sterben, wirst du deine Kinder garantiert nie mehr sehen.«

»Das ist mir scheißegal! Ich muss sofort zu ihnen!«, fluchte ich los und konnte gar nicht mehr damit aufhören. »Das darf doch nicht wahr sein! Nein, das darf es nicht geben! Warum muss immer mir so etwas passieren? Warum? Immer wieder stecke ich in irgendwelchen Schwierigkeiten, die unmöglich zu bewältigen sind. Warum gerate ich ständig an die falschen Männer? Entweder werfen sie mich auf die Straße, oder sie wollen mir meine Kinder nicht mehr geben. Warum? Warum tun sie mir das an? Was ist los in diesem Land, dass man einer Mutter einfach die Kinder wegnehmen kann?«

Ich war unbeschreiblich wütend, fluchte die ganze Zeit, fuhr wie eine Verrückte. Ich wollte nicht mehr fahren, ich wollte fliegen, nur hin zu meinen Kindern. Und dabei überlegte ich ununterbrochen: »Was soll ich machen? Was soll ich machen? Was soll ich machen?«

Mein Freund aus Trento versuchte, mich zu beruhigen. »Warte, bestimmt ist es ein Missverständnis. Du wirst deine Kinder gleich sehen.«

Und ich stammelte und weinte, wie nett und lieb meine Kinder sind, dass wir zusammen zum Türken gehen und zum Abschied nochmals türkisch essen wollten, weil es in Italien so gut wie keine Türken gibt. »Meine Kinder lieben türkisches Essen«, schluchzte ich. »Ich hab ihnen immer mal einen Döner gekauft, wenn ich Geld hatte. Und ich hab ihnen versprochen, heute noch fahren wir zurück nach Italien, in aller Ruhe. Ich hab den Wohnungsschlüssel. Zwei Betten sind da. Wir könnten alle bei uns in der neuen Wohnung schlafen. Es ist alles vorbereitet.«

Und obwohl ich redete und redete, ratterte es weiter in meinem Kopf: »Was soll ich machen? Was soll ich machen?« Und endlich kam mir eine Erleuchtung. »Ich fahre zur Polizei. Ich habe meinen Freund Utz da, der mir damals gegen Alfred geholfen hat. Ich fahre zu ihm, zu seinem Revier, zu seiner Dienststelle. Er wird mir wieder gegen ihn helfen. Ich habe ihm und seinen Leuten dort so oft mit Übersetzungen geholfen. Ich will zuerst meinen Sohn bei Alfred abholen. Wenn ich ihn habe, wird Bob mir den Kleinen schon geben. Utz und die Polizei, sie werden mir helfen. Ganz bestimmt.«

Als ob Gott es so gefügt hätte, hatte mein Freund Utz an diesem Tag Dienst. Ich sprang aus dem Auto und schlug mit den Fäusten gegen die Fensterscheibe der Wache. »Mach mir auf! Mach mir auf!«

Erschrocken öffnete er die Tür. »Was ist los, Joumana? Was willst du?«

»Hör zu!«, rief ich und zitterte an allen Gliedern. »Alfred hat unser Kind genommen und will es mir nicht geben. Ich will, dass die Polizei mich begleitet, damit er mir das Kind geben muss.«

Der Polizist guckte mich an. »Beruhige dich erst mal. Erzähle mir, was los ist.«

Ich riss mich zusammen. Stockend, nur in Stichworten, informierte ich ihn. »Ich bin wegen Arbeit nach Italien gefahren, hab einen Vertrag, eine Wohnung und das Jugendamt hat mir das alles genehmigt. Heute will ich meine Kinder holen, und jetzt sagte mir Valeria, dass Stefan abgeholt worden ist. Und ich nehme an vom Vater, und ich will ihn jetzt abholen.«

»Fahr schon mal hin«, sagte Utz. »Ich schicke dir einen Streifenwagen nach. Die Jungs sind noch am Unfallort. Aber sie kommen sofort.«

Alfreds Eltern wohnen unweit der Bundesstraße. Fährt man in eine Seitenstraße ab, steht rechts an der Seite gleich ihr Haus mit Koppeln und Wald für ihre Pferdezucht. Noch ehe ich aus dem Auto sprang, auf das Haus zu rannte und anhaltend läutete, hupte ich. Alfred sollte wissen, dass ich da war. Doch nur sein Vater kam aus der Tür heraus. »Ja?«, fragte er auf seine arrogante Art.

»Ich will mit Alfred sprechen.«

»Er ist nicht da.«

»Ich will meinen Sohn haben!«

Der Vater hob die Schultern und schüttelte den Kopf. »Nee, nee, der ist nicht da. Wir wissen selber nicht, wo der ist. Der wurde abgeholt.«

Ich hielt die Luft an und atmete gegen die Wut und die Panik an. »Was heißt das, ihr wisst selber nichts? Ich verstehe nicht! Wo ist mein Sohn?« Inzwischen schrie ich fast. »Der ist nicht bei Bella Kötter. Und wenn er nicht bei Kötters ist, ist er bei euch. Erzählt mir doch keine Lügen. Außerdem hab ich die Polizei angerufen, die Polizei kommt gleich.«

Ich warf einen Blick über meine Schulter. Gott sei Dank, da war er; der Streifenwagen stand schon da. »Kommt her!«, winkte ich den Polizisten zu. »Kommt mal her!«

Raschen Schrittes kam einer der Beamten näher. »Der da!« Ich zeigte auf den Vater. »Der will mir mein Kind nicht geben. Bitte, ich will mein Kind haben.«

»Beruhigen Sie sich.« Der Polizist schaute zwischen dem Vater und mir hin und her.

»Das ist der Opa!«, rief ich. »Tun Sie doch was! Er hat mein Kind. Er gibt es mir nicht.«

Der Vater machte eine verächtliche Handbewegung und sagte zu dem Polizisten: »Die spinnt doch. Wir wissen, was das für eine ist.«

Ich fasste es nicht. »Was soll das heißen: Wir wissen, was das für eine ist? Noch vor zwei Wochen habt ihr mich angebetet, weil ich euren Sohn im Krankenhaus besucht habe. Noch vor zwei Wochen habt ihr mir gesagt, wir helfen dir mit allem. Was erzählst du da jetzt über mich?«

Ich verlor allmählich die Beherrschung und schrie auf: »Was ist denn bloß passiert, während ich weg war? Was ist los? Was macht ihr mit den Kindern und mit mir? Warum tut ihr das?«

Ich habe nichts, absolut nichts verstanden.

Der Polizist, der bereits neben mir stand, versuchte erneut, mich zu beruhigen. Sein Kollege, der inzwischen ebenfalls ausgestiegen und zum Haus gekommen war, sagte: »Wir schauen jetzt nach«, und ging hinein.

Meine Augen brannten, so starrte ich ihm hinterher. Am liebsten hätte ich ihn mit meinen Blicken durch das ganze Haus verfolgt. Endlich kam er wieder heraus und zeigte beide leere Hände. »Der Junge ist nicht hier drin.«

»Hört auf zu lügen!«, schrie und weinte ich laut auf. »Wenn er nicht bei der Kötter ist, ist er hier. Wo soll er denn sonst sein?«

Der Polizist schüttelte den Kopf. »Da drinnen ist ein Brief vom Jugendamt. Was die schreiben, das erzähle ich Ihnen lieber nicht, sonst kippen Sie um.«

In diesem Moment habe ich nichts mehr gehört, wollte auch nichts mehr hören. Ich schrie nur noch den Namen meines Sohnes und rannte ins Haus, so schnell ich konnte. Die Polizisten, der Vater, alle verfolgten mich, quer durch das Haus bis in den Keller. Ich kannte die Räumlichkeiten ja gut. Ungebremst raste ich in die Küche. Und da stand er, Alfred, mit seiner Mutter.

Ich sprang mit einem Satz auf ihn zu, trommelte mit den Fäusten auf seine Brust, seinen Kopf, seine Arme, überall hin. »Wo ist mein Sohn? Wo ist mein Sohn?«

Der Vater nahm mich von hinten in den Schwitzkasten. Ich bekam keine Luft mehr. Ich schrie, krächzte. Kein Wort kam heraus. Er drängte mich aus der Küche hinaus, bis ich wieder Luft bekam und erneut unter Tränen zu schreien anfing: »Ich will meinen Sohn! Ich will meinen Sohn!«

Zuletzt rief ich in meiner furchtbaren Not: »Ich verfluche euch. Ich verfluche dich, Amalie. Ich verfluche dich, damit du alle deine Kinder verlierst, so wie du mir jetzt mein Herz herausreißt.«

Und ich weinte, flehte die Polizisten an: »Bitte, bitte, helft mir, meinen Sohn da rauszuholen. Er ist bestimmt im Badezimmer. Bitte, ich will meinen Sohn. Ich will, dass ihr mir helft. Er ist hier. Ich spüre es. Es kann nicht sein, dass er anderswo ist. Wohin soll mein Sohn denn verschwinden?«

Ich schrie und weinte so sehr, dass ich fast ohnmächtig wurde. Die Polizisten bemühten sich vergeblich, mich zu trösten. Zuletzt hakten sie mich unter und trugen mich beinahe zum Auto, weil ich keine Kraft mehr in den Beinen hatte. »Können Sie überhaupt noch fahren?«, fragten sie besorgt, denn ich sollte sie zurück zum Polizeirevier begleiten und eine Vermisstenanzeige aufgeben.

»Ja«, schluchzte ich. »Ja, ich kann. Ich will.« Ich fuhr, ohne die Straße wahrzunehmen. In meinem Kopf war nichts als Leere. Ich verstand nichts, wusste nichts. Mein Sohn musste in diesem Haus versteckt sein. Sie wollten ihn mir bloß nicht geben. Warum logen die Polizisten? Durften sie das, mich anlügen, die Mutter? Was stand in diesem Jugendamtsbericht? Und immer wieder die eine jammervolle Frage: »Wo ist mein Sohn? Wo ist mein Sohn? Wo ist er?«

Auf der Polizeiwache angelangt, klammerte ich mich mit beiden Händen an den Kragen meines Freundes und drohte unter Tränen: »Hör mal, Utz, du musst mir jetzt mein Kind herbringen oder ich, ich …« Ich merkte selbst, wie meine Stimme vor Angst und Verzweiflung zitterte. Aber in diesem Moment war es mein bitterster Ernst. »Wenn ich mein Kind nicht von ihnen bekomme, dann gnade ihnen Gott. Und ihr, die Polizei, ihr seid schuld, weil ihr mir nicht geholfen habt, ihn zu holen.«

Mein Freund löste meine Hände von seinem Kragen und sah mich fest an. »Joumana, ich weiß nicht, was da genau passiert ist. Meine Kollegen haben mir von diesem Schreiben des Jugendamts berichtet. Sie wollten mir nicht genau sagen, was. Sicher ist, da hat jemand viele Lügen über dich erzählt. Irgendjemand hat das geglaubt. Und deshalb hat das Jugendamt das Kind in eine fremde Familie gebracht.«

»In eine fremde Familie?«, fragte ich fassungslos und wiederholte meine Frage lauter. »Zum wem? Wer ist das? Warum? Was für Lügen? Ach, es ist mir doch ganz egal, was die über mich lügen. Ich will nur mein Kind. Jetzt! Sofort!«

»Gut.« Utz nickte. »Wir werden das Kind suchen. Wir werden eine Fahndung starten. Wir werden herausfinden, wieso und weshalb das passiert ist. Aber beruhige dich und lass diese Drohungen. Das ist Blödsinn. Damit machst du alles nur schlimmer.«

Mit schlotternden Gliedern fuhr ich wenig später in Begleitung der Polizei zum Jugendamt, doch am Wochenende arbeitete dort lediglich ein Notdienst. Und der erklärte uns, auf Grund von Gefahr für Leib, Leben und Psyche des Kindes keine Auskunft über den Verbleib meines Sohnes erteilen zu dürfen. Das Jugendamt sei nicht einmal verpflichtet, der Polizei zu sagen, wo das Kind sei.

Hilflos standen die Hüter des Gesetzes vor der Mauer des Schweigens. »Tut mir Leid, Joumana, wir können nichts machen.«

Ich wollte nicht glauben, was da geschah. »Ihr könnt nichts machen? Wenn ihr mir nicht helft, wer soll mir sonst helfen? Wo soll ich sonst hingehen? Ihr müsst mein Kind holen! Es ist eure Pflicht, mir zu helfen.«

Doch mein Freund schüttelte nur immer wieder den Kopf. »Wir haben kein Recht, eigenmächtig zu handeln. Warte, es gibt bald einen Gerichtstermin, dann wird sich alles klären. Dann bekommst du deinen Sohn wieder.«

Ich weinte und lachte gleichzeitig. »Ihr wollt Polizisten sein? Ihr wollt die Rechte der Bürger beschützen? Feiglinge seid ihr.«

Utz nahm mich in die Arme. Ihm standen selbst die Tränen in den Augen. »Das Gericht gibt dir deinen Jungen zurück. Bestimmt. Diese ganzen Lügen, das wird sich klären. Irgendjemand hat da was ganz Dolles gelogen. Irgendwie stand da was ganz Schlimmes im Bericht vom Jugendamt. Deshalb mussten sie das Kind abholen und wegbringen. Aber ich kenn dich. Du bist eine gute Mutter. Wenn du willst, sage ich für dich aus. Wenn du Zeugen gegen den Vater brauchst, komme ich auch. Beruhige dich. In zwei, drei Tagen muss es einen Gerichtstermin geben. Sie haben den Jungen ohne

Gerichtsbeschluss abgeholt. Länger als zwei, drei Tage dürfen sie das nicht. Dann beschließen sie, dass du den Jungen zurückbekommst. Bestimmt!«

Ich war nicht zufrieden mit seiner Aussage. Aber ich versuchte, mich daran festzuhalten, dass ich meinen Sohn in spätestens zwei, drei Tagen zurückbekäme.

Allein der Versuch, mich mit diesem Zeitraum abzufinden, ging über meine Kräfte. Ich hing immer besonders an Stefan. Nicht nur, weil ich seinen Vater so sehr geliebt hatte und die Schwangerschaft unter dem Schock unserer grausam verlaufenen Trennung einfach furchtbar war. Nein, es war auch, weil er es immer schwerer als andere Kinder hatte.

Stefan ist eines dieser hochintelligenten Kinder, die einfach nicht in der Masse abtauchen können, weil sie »irgendwie anders« sind und deshalb von den anderen instinktiv nicht leicht angenommen werden. Schon im Kindergarten und in der Grundschule eckte er an, weil er nicht nur mehr wusste und fragte und sich für andere Dinge interessierte als die anderen Kinder, sondern vieles blitzschnell verstand, von dem selbst die Erzieherinnen oder seine Lehrer keine Ahnung hatten. Ich weiß nicht, ob das überall so gewesen wäre, aber in der Umgebung meines Kindes löste das den Drang aus, diesen »kleinen Klugscheißer« irgendwie fertig zu machen, ihn kleinzukriegen, ihm ein für alle Mal zu beweisen, dass und wie blöd er ist. Er wurde regelrecht ausgestoßen aus der Gruppe. Kein Kind wollte sein Freund sein. Kein Lehrer mochte ihn. Dass er nicht daran zerbrochen ist, ist ein Wunder.

Aber mein Sohn ist stark. Er hat einen festen Willen. Er ist ein Rebell. Und er erinnert mich an mich, als ich ein Kind war und ganz ähnliche Erfahrungen in der Schule machte wie er. Damals baute meine Mutter mich auf und sagte mir: »Lass sie reden. Lass sie denken. Du bist nicht dumm. Du bist ganz gescheit.« Mein Vater, meine Geschwister, meine ganze Familie – alle bauten mich auf. Ohne sie wäre ich an der Ignoranz der anderen zugrunde gegangen. Sie hielten mich, schützten mich, gaben mir die Kraft durchzuhalten, bis die anderen Kinder »erwachsener« waren und gelernt hatten, mit Gleichaltrigen, die »irgendwie anders« sind, umzugehen und sogar Freundschaft zu schließen. Dann erst hatte auch ich Freunde, darunter auch solche, die wirklich Freunde fürs Leben wurden. Aber die Zeitspanne bis dahin hätte ich ohne die Liebe meiner Mutter und meiner ganzen Familie nicht überstanden.

Ich wusste, das ist bei meinem Sohn ganz genauso. Und nun hatten sie ihn mir weggenommen, sagten mir nicht, wo ich ihn finden, wie ich ihn zurück nach Hause, zu seinen Geschwistern, zurück zu mir holen konnte. Ich wusste, ich spürte in meiner Seele, wie abgrundtief verzweifelt er war. Ich sah ihn nicht, hörte ihn nicht, fühlte seine Arme nicht und sah seine Tränen, hörte sein Schreien, spürte seine nach mir ausgestreckten Arme doch. Ich habe keine Worte für den Schmerz, der in mir explodierte, weil ich meinem Kind nicht helfen konnte, es nicht sofort retten konnte.

Und dennoch verlangte man von mir, mich zu beruhigen, kühl zu denken, kalkuliert zu handeln. Ich kannte mich in dieser Situation nicht aus. Ich hatte so etwas nie zuvor erlebt oder von anderen erfahren. Aber ich versuchte, es zu bewältigen. Für mein Kind.

»Gut«, sagte ich deshalb zu meinem Freund und löste mich aus seinen Armen. »Gut, ich werde jetzt deinem Rat folgen und Valeria und Christian abholen; und dann komme ich wieder, um meinen großen Jungen abzuholen. Du hilfst mir. Ich verlasse mich auf dich.«

Er nickte. »Mach das. Ich helfe dir.«

Auf der ganzen Fahrt zu Bella Kötter bereute ich und hasste ich mich dafür, Alfred das gemeinsame Sorgerecht für unseren Sohn aufgedrängt zu haben, ihm jemals erlaubt zu haben, das Kind zu sehen, es zu besuchen, mitzunehmen. Die Erinnerung an die Szene von damals, als ich ihn darum bat, es anzunehmen, spulte sich wie eine automatische Diashow in meinem Kopf ab.

Es war an jenem Tag gewesen, an dem Alfred unseren Sohn zum ersten Mal angeschaut hatte und wir in Ruhe über unsere gescheiterte Liebe sprachen. »Bitte«, sagte ich damals zu ihm, »ich möchte, dass du das gemeinsame Sorgerecht für ihn annimmst, damit, wenn mir mal etwas passiert, das Kind nicht in einem Heim landet. Wenn du willst, kann er auch deinen Namen tragen. Bitte, Alfred! Du musst nichts tun. Es ist nur, damit er seinen Vater kennt, damit er manchmal mit dir zusammen ist. Er ist ein schönes Kind, Alfred, und ganz intelligent. Schau ihn dir an, er ist dein Sohn. Er sieht aus wie du. Er hat deine Augen, deine Nase. Du kannst stolz auf ihn sein. Er kann doch nichts dafür, dass er da ist.«

Irgendwie konnte Alfred in diesem Moment wohl nicht mehr verdrängen, dass wirklich er der Vater ist. Jedenfalls ließ er sich dazu überreden, das gemeinsame Sorgerecht anzunehmen und unserem Kind seinen Namen zu geben. Ich war so glücklich damals, weil ich es geschafft hatte, die Ehre meines Kindes zu retten, dass Stefan nicht vaterlos aufwachsen musste, sondern immer, egal, was mit mir geschah, ein Zuhause haben würde.

Dass Kinder von Alleinerziehenden in Heimen landen und Geschwister auseinander gerissen werden, wenn der sorgeberechtigte Elternteil stirbt, war ständig meine größte Sorge. Wie oft habe ich meinen Kindern gesagt: »Hört mal, Kinder, wenn ich sterbe oder mir etwas zustößt, sollt ihr jeder zu seinem Vater gehen, aber immer zueinander Kontakt haben, immer. An Weihnachten und Ostern sollt ihr immer zusammensitzen, auch wenn jeder von euch bei seinem Vater lebt. Ihr sollt immer miteinander telefonieren und immer wissen, dass der eigene Bruder, die eigene Schwester immer für euch da ist.«

Ich versuchte, ihnen zu erklären, dass es bei ihnen genau wie bei meinen Schwestern und meinem Bruder oder ebenso wie bei Alfred mit seinen Geschwistern oder wie bei Bob mit seinen Geschwistern sein solle, dass es das Schönste ist, was es gibt, Geschwister zu haben.

»Seht ihr, Kinder«, sagte ich, »Geschwister, das kann nichts anderes ersetzen, weil Freundschaft meistens nur für eine bestimmte Zeit funktioniert. Die ist nicht fürs Leben. Obwohl ich durchaus Freunde fürs Leben habe. Aber das ist trotzdem was anderes. Man geht nicht immer durchs Feuer für einen Freund, höchstens manchmal. Nur der eigene Bruder, die eigene Schwester tun das.«

Ich rede mit ihnen darüber, weil ich immer dachte, irgendwann würde ich vielleicht plötzlich sterben. Und ich will nicht, dass meine Kinder Waisenkinder werden, die in einem Heim landen, weil sie nicht einmal zu meinen Eltern in den Libanon gehen dürften, da sie die Sprache nicht sprechen. Das weiß ich, weil ich vor einigen Jahren in meinem Testament schrieb, dass sie im Falle meines Todes oder einer schweren Krankheit zu meinen Eltern kommen sollten. Als ich dieses Testament für die Kinder hinterlegen wollte, erfuhr ich, dass mein letzter Wille gesetzlich unmöglich sei, weil meine Kinder deutsche Staatsangehörige sind und kein Libanesisch können. In meiner Sorge sagte ich damals: »Also gut, dann bestehe ich auf dem gemeinsamen Sorgerecht mit ihren Vätern. Dann müssen die Väter das annehmen, ob sie wollen oder nicht. Ich muss meine Kinder schützen. Ich will nicht, dass sie für immer getrennt werden und in irgendein Heim kommen.«

Mein Freund aus Trento hatte meinen verzweifelten Aufstand bei Alfreds Eltern und die Ohnmacht der Polizei wie versteinert miterlebt. Er ist beinamputiert und konnte mir daher nicht helfen. Zum bloßen Zuschauen und Zuhören verdammt, sah er mich in meiner Angst, in meiner wütenden Hilflosigkeit und vollkommenen Verzweiflung und wusste nicht, was er sagen sollte, was er sagen konnte. Das Einzige, was irgendwann aus ihm herausbrach, war die resignierte Feststellung: »Ich habe Deutschland so geliebt. Ich fange an, es zu hassen.« Er sprach mir dabei aus der Seele.

Endlich vor meinem Wohnblock angekommen, musste mein Freund wieder im Auto sitzen bleiben, während ich die Treppe zu Bella Kötter hinaufrannte. Ich war unsagbar böse auf diese Frau, diese falsche Tagesmutter. Bei meiner Abreise hatte ich ihr ausdrücklich eingeschärft: »Niemals die Kinder jemandem geben! Schon gar nicht dem Vater, der den Jungen vor meiner Abreise nicht haben wollte.«

Ich hatte Alfred angerufen, ehe ich die Kosten für die Tagesmutter im Jugendamt beantragte, und ihn gebeten, unseren Sohn für die Zeit meiner Wohnungssuche zu sich zu nehmen. Was hatte er gesagt? »Nee, ich kann nicht, hab Probleme mit der Firma und meinem Kompagnon.«

»Ach, bitte, Alfred«, hatte ich ihn zu überreden versucht, »nimm den Jungen doch nochmals, ehe wir nach Italien gehen. Du bist doch zu Hause, hast keinen Job. Du hast doch Zeit für ihn. Bitte, er freut sich bestimmt.« Aber er, dieser »Supervater«, wollte partout nicht.

»Okay«, gab ich auf. »Wenn du dich schon nicht um ihn kümmern willst, dann sollst du aber wenigstens Unterhalt für ihn zahlen. Ich kann dich nicht zwingen, den Jungen zu nehmen, aber du bist der Vater, und du hast auch deine Pflichten. Davor kannst du dich nicht dauernd drücken.«

Alfred wusste, was das bedeutete. Ich hatte immer hingenommen, dass er keinen Unterhalt zahlte. Diesmal ging ich zum Rechtsanwalt und verklagte ihn auf Unterhalt und sagte: »Schicken Sie ihm den Gerichtsvollzieher, wenn er nicht zahlen will. Er ist der Vater. Er kann seinen Sohn nicht dauernd im Stich lassen.«

Als ich nach Italien zur Wohnungssuche aufbrach, hatte ich damit gerechnet, dass Alfred sich lieber ein paar Stunden um den Jungen kümmern würde, als dem Gerichtsvollzieher den Kindesunterhalt zu geben. Ich kannte ihn. Aber diesmal, das hatte ich mir fest vorgenommen, würde ich mich nicht wieder von ihm übertölpeln lassen und nachgeben. Diesmal sollte er zahlen und endlich mal am eigenen Geldbeutel spüren, wie es ist, ein Kind zu haben, für das man auch zuständig sein muss.

Genau deshalb hatte ich Bella Kötter eingeschärft, sie solle den Jungen keinesfalls seinem Vater geben. Und nun hatte sie es doch getan. Ich hätte sie schlagen mögen, so aufgebracht war ich. Aber ich riss mich zusammen.

Als die Tür aufging, ging ich lediglich mit Worten auf Bella Kötter und ihren Mann los, der hinter ihr auftauchte. »Hab ich euch nicht gesagt, ihr sollt auf meine Kinder aufpassen, sie bei euch behalten, sie beschützen und niemandem geben?«

»Ja, aber das Jugendamt hat angerufen, wir sollen den Jungen seinem Vater übergeben«, sagten sie lahm und hatten Angst vor meiner Wut. »Wir können nichts dafür. Wir mussten ihn seinem Vater geben.«

»Aber er ist nicht bei seinem Vater!«, schrie ich auf. »Wo ist er?«

Bella trat näher zu ihrem Mann, als ob er sie beschützen würde, wenn es hart auf hart käme. »Wir mussten ihn gestern zur Polizei nach H. bringen.«

»Was, zur Polizei? Gestern schon? Warum habt ihr mir nichts davon erzählt? Ihr habt mir immer gesagt, es ist alles in Ordnung, die ganze Zeit!«, brüllte ich sie an. »Warum habt ihr mich angelogen? Warum habt ihr das dem Kind angetan? Was habe ich euch getan, dass ihr das mit mir macht? Was soll das? Ich will mein Kind! Wo ist er? Was habt ihr mit ihm gemacht?«

»Nichts.« Bella starrte mich an. »Wir mussten machen, was das Jugendamt sagt. Und wir mussten dir auch immer sagen, dass alles in Ordnung ist. Hat uns das Jugendamt so befohlen. Wir mussten machen, was die wollten.«

Ich versuchte, mich zu mäßigen. Diese falsche Schlange hatte H., einen Ortsnamen, genannt. Eine Spur, vielleicht war das eine Spur. Vielleicht konnte mein Freund von der Polizei damit etwas anfangen. Ich musste es genauer wissen. »Warum musstet ihr ihn zur Polizei nach H. bringen?«

»Nach H., ja, keine Ahnung«, antwortete Bella und fuchtelte mit den Händen. »Aber mehr weiß ich auch nicht.«

»Gut. Gib mir den Schlüssel zu meiner Wohnung. Danke für eure Hilfe.« Ich wollte nur noch weg. Mein Sohn war in H. Zumindest würde die Polizei dort wissen, wo er war. Ich glaubte, ich hätte tatsächlich eine Spur.

In Windeseile packte ich Valeria ins Auto, warf die Reisetaschen der Kinder in den Kofferraum und raste zu meiner Freundin, um sie zu bitten, sich meiner Wohnung anzunehmen und sie übergabefertig zu machen, da ich meinen Sohn suchen musste und keine Zeit mehr haben würde, die letzten Umzugsarbeiten zu erledigen.

Ein Blick in meine Wohnung hatte genügt, um mir zu zeigen, dass Bella Kötter ihren eigenen Sperrmüll und Hausmüll in meinem Wohnzimmer abgelegt hatte. Unsere Kaninchen liefen frei herum. Eine Maschine, die Wasser aus dem Fußboden saugte, brummte. Die Wohnung, die ich fast umzugsfertig hinterlassen hatte, sah aus, als hätten Schweine darin gehaust.

Meine Freundin ist eine Alleinerziehende wie ich. Von ihren drei Kindern lebt eines beim Vater, zwei bei ihr. Ihre kleine Tochter spielte oft und gern mit meinem jüngsten Sohn. Wir Frauen halfen uns gegenseitig, so gut wir konnten. Als sie mich verheult und völlig mit den Nerven am Ende in ihrer Tür stehen sah, zog sie mich sofort zu sich herein und wollte wissen, was um Himmels willen denn passiert sei.

»Hör zu«, stieß ich hervor, »ich brauche jemanden, der meine Wohnung fertig macht. Ich geb dir 200 Euro. Mehr habe ich nicht. Bitte, mach sie fertig für mich. In einem Zimmer liegt noch Dreck. Der muss raus. Ein paar Tapeten müssen noch abgerissen werden. Der Fußboden ist nass. Da läuft eine Maschine. Und unsere Hasen. Das ist ziemlich viel Arbeit. Ich weiß, aber mehr Geld hab ich nicht.«

Meine Freundin nickte. »Okay. Ich helf dir. Aber warum machst du es nicht selbst? Was ist passiert?«

»Die vom Jugendamt haben mir meinen Sohn weggenommen.« Ich fing schon wieder an zu weinen. »Ich weiß nicht, wo er ist. Ich mach mir ganz viele Sorgen. Ich weiß gar nichts. Ich weiß noch nicht mal, warum. Ich muss ihn suchen. Sie haben gesagt, sie haben ihn zur Polizei nach H. gebracht.«

Meine Freundin nahm mich schnell fest in die Arme. »Du wirst ihn wieder zurückkriegen. Die haben das auch bei mir versucht.«

Verwundert guckte ich sie an. Sie hatte nie etwas davon gesagt. Jetzt erzählte sie mir, dass das Jugendamt auch ihr die Kinder genommen hatte, als sie umziehen wollte. Zwei Monate später, als sie eine neue Wohnung gefunden hatte, gaben sie ihr die Kinder zurück. Ohne Probleme. »Sobald du eine Wohnung gefunden hast, machen sie das bei dir genauso«, meinte sie und gab mir damit wirklich Mut. Schließlich hatte ich eine Wohnung in Italien. Es gab einen Mietvertrag, einen Arbeitsvertrag, die Wohnungsschlüssel, alles. Ich hatte immer eine gute Beziehung zum Jugendamt gehabt. Diese Frau Bleich kannte mich nicht so gut. Aber der Herr General, der kannte mich. Der war inzwischen sicher wieder aus dem Urlaub zurück. Meine Freundin hatte Recht, ich würde meinen Sohn garantiert zurückbekommen. Es würde nur ein paar Tage länger dauern. Das war schlimm. Und der Junge litt jetzt mindestens ebenso wie ich.

»Aber zur Not – hat er so lange auf mich gewartet, kann er jetzt noch ein paar Tage länger warten«, beruhigte ich mich. »Bald sind wir wieder zusammen und in Italien. Dann vergessen wir das ganz schnell, und alles wird gut.«

»Ich fahre später, wenn ich den Kleinen habe, nochmals zum Jugendamt, spreche mit dem Notdienst, zeige den Mietvertrag vor«, sagte ich zu meiner Freundin. »Vielleicht unternehmen sie dann doch gleich was. Oder Montag, spätestens dann, geben sie ihn mir.«

Ich bedankte mich bei meiner Freundin. Sie hatte mir mehr geholfen als die Polizei. Ich fühlte wieder so etwas wie Zuversicht und Vertrauen. »Komm uns bald mal besuchen in Italien«, lud ich sie ein. »Wir haben eine große Wohnung. Du kannst bei uns schlafen. Ich verwöhn dich ein bisschen, die Kinder können spielen. Komm, wann du willst. Ruf einfach an und fahr los.«

Durch das Gespräch mit meiner Freundin etwas beruhigt, kehrte ich ins Auto zurück und fuhr zu Bob.

Um etwa 9 Uhr war ich an diesem Samstag, dem 9. Oktober, in S. angekommen. Die Suche nach meinem Sohn, inklusive der Polizeiaktion bei den Großeltern, hatte vielleicht zwei Stunden gedauert. Eine halbe Stunde bei Kötters, ein paar Minuten, um Valeria und die Reisetaschen der Kinder aus meiner Wohnung abzuholen. Eine Stunde hatte ich mich bei meiner Freundin aufgehalten. Als ich bei Bob ankam, war es mittags gegen zwölf.

Zusammen mit meiner Tochter liefen wir zum Haus. Bob wohnt im dritten Stock, unter ihm wohnen seine Eltern und Nachbarn. Normalerweise öffnete er mir die Tür, und unser Sohn kam mir schon auf der Treppe entgegen. Diesmal öffnete er mir nicht, als ich schellte, sondern rief nur herunter: »Ja?«

»Ich bin's.«

»Was?«

»Gib mir jetzt den Kleinen. Ich hab keine Zeit. Ich weiß noch nicht einmal, wo sein Bruder ist.«

Bob zögerte, sagte dann: »Ja, ich weiß. Ich hatte keine Ahnung, dass sie dir auch Stefan wegnehmen würden. Ich wusste das nicht, ehrlich. Es tut mir Leid, dass sie das gemacht haben. Ich habe ein ganz schlechtes Gewissen deswegen. Ich kann deshalb kaum noch schlafen.«

»Wieso kannst du nicht schlafen?«, fragte ich und wollte es gar nicht wirklich wissen. Ich hatte andere Sorgen als seinen Schlaf. »Warum hast du das alles gemacht, Bob? Warum tust du mir das an? Warum gibst du mir meinen Sohn nicht? Was soll das, Bob? Was soll das alles?«

Ein paar Augenblicke später hörte ich seine Schritte auf der Treppe. Er machte die Tür auf und sah mich an. Von all dem Schreien und Weinen sah ich fürchterlich aus. Wie jemand, der im voll bewussten Zustand operiert wird. Wie jemand, dem seine Organe bei lebendigem Leibe herausgerissen werden. So habe ich das alles empfunden; als ob man mich innerlich zerschneidet. Ich hatte unaussprechliche Schmerzen.

Bob sah auch nicht viel besser aus mit seinen schwarzen Augenringen, dem bleichen, übernächtigten Gesicht. Aber es war mir egal. »Wo ist mein Sohn?«

»Ich kann ihn dir nicht geben.« Bobs Stimme schwankte. »Das Jugendamt war hier. Sie haben gesagt, du kommst nicht mehr zurück und gefragt, ob ich das alleinige Sorgerecht haben will.«

»Aber du wusstest, dass ich zurückkomme«, schrie ich ihn an. »Wir haben alles genau besprochen. Dass ich ihn abhole, noch vor seinem Geburtstag, sobald ich eine Wohnung in Italien habe.«

»Du hast mich nicht angerufen«, gab Bob lahm zurück. »Ich wusste nicht, ob alles okay ist. Ich hab die Kötter angerufen. Bei der hast du dich auch nicht gemeldet. Sie sagte, du hast nicht angerufen. Wir wussten nicht, was los ist.«

»Das stimmt doch alles nicht. Ich hab mit meiner Tochter telefoniert. Die Kötter wollte nicht mit mir reden. Sie hat gesagt, alles ist okay, sie will mir nichts sagen.«

»Zu mir sagte sie, du hast dich nicht gemeldet.«

»Und dann hast du im Jugendamt angerufen, ja?«, schimpfte ich. »Warum hast du mich nicht angerufen? Warum hast du denen irgendeinen Scheiß erzählt? Dass ich mich abgesetzt habe.«

Bob schüttelte den Kopf. »Ich nicht. Wenn, dann hat die Kötter denen das gesagt. Und dann hat das Jugendamt bei mir angerufen und hat gesagt, wenn ich das Sorgerecht nicht beantrage, bringen sie den Jungen ins Heim. Ich musste das machen. Ich wusste nicht, dass sie dir dann auch noch Stefan wegnehmen. Wirklich, das musst du mir glauben.«

Ich verstand nichts. »Wieso das Sorgerecht beantragen? Du hast doch das Sorgerecht? Wir haben gemeinsames Sorgerecht.«

Bob schien genervt. »Nee, jetzt nicht mehr. Das war mal. Jetzt habe ich das alleinige Sorgerecht.«

Ich brauste auf: »Seit wann denn? Spinnst du? Ich hab doch erst vor zwei Tagen mit dir gesprochen. Du hast gesagt, es ist alles okay. Wieso beantragst du das alleinige Sorgerecht und sagst es mir nicht?«

»Ich durfte das nicht«, gab Bob zurück. »Das Jugendamt hat es verboten. Ich musste machen, was die wollten. Es ist schließlich mein Kind.«

»Unser Kind!«, schluchzte ich auf und ohrfeigte Bob mit voller Kraft. Er stand einfach da und sein Kopf flog herum und seine Wange wurde rot und wehrte sich nicht. Und ich wusste: »Er weiß, dass er das verdient hat. Er hat das alles gemacht, obwohl er weiß, dass es falsch ist. Er hat ein schlechtes Gewissen. Deshalb kann er nicht schlafen.« Ich konnte nicht aufhören, ihn zu schlagen und zu schreien: »Gib mir den Jungen! Ich will jetzt das Kind!«

»Vergiss es.« Bob begann, meine Hände festzuhalten. »Ich kann dir den Jungen nicht mitgeben. Er bleibt bei mir. Du kannst allein nach Italien gehen.«

Ich verlor den letzten Rest an Selbstbeherrschung. »Bob, lass das jetzt! Halt einfach den Mund. Ich hab keinen Bock, mich mit dir zu streiten. Ich weiß nicht, wo Stefan ist. Ich hab die Kinder seit zwei Wochen nicht gesehen. Ich hab sie so sehr vermisst. Gib mir jetzt endlich den Jungen! Ich will mein Kind sehen. Kapierst du das nicht? Du gibst mir jetzt meinen Sohn!«

In diesem Moment entdeckte ich Christian, wie er die Treppe herunterkam und sah, wie seine Eltern sich schlugen. Ich drängte Bob zur Seite und kämpfte mich meinem Sohn entgegen: »Ach, mein Schatz, mein Liebling! Ich hab dich so vermisst.« Die Tränen strömten mir nur so übers Gesicht, als ich die Hand nach ihm ausstreckte: »Komm, wir gehen jetzt nach Hause.«

In diesem Moment schlug Bob mich mit aller Kraft, so dass ich zurücktaumelte und meinen Jungen nicht anfassen konnte und brüllte mich an: »Nein, du nimmst ihn nicht mit!«

Valeria, die mich zur Tür begleitet und alles mit angesehen hatte, wollte mir unter Tränen helfen. »Bob, bitte, gib uns meinen Bruder. Die Mama wird wahnsinnig. Siehst du nicht, wie sie leidet? Das kannst du uns doch nicht antun? Warum machst du das?« Obwohl sie keine Chance gegen ihn hatte, versuchte sie, Bob, einen großen, kräftigen Mann, vor das Schienbein zu treten und von mir wegzuzerren. Gleichzeitig weinte Christian laut: »Mama! Mama!« Wieder versuchte ich, seine nach mir ausgestreckte Hand zu schnappen.

In diesem Moment gelang es Bob, die Tür zu packen. Er schlug sie zu. Dahinter hörte ich unseren Sohn, der immer noch nach mir schrie, wie er von Bob weg- und die Treppe hinaufgezerrt wurde. Und mein Freund aus Trento verfluchte sein verlorenes Bein, das ihn ans Auto fesselte, so dass er mir nicht beistehen konnte.

Wie eine Schlafwandlerin stieg ich ins Auto. Ich merkte nicht, dass Valeria sich auf den Rücksitz klemmte. Ich hörte ihr Schluchzen nicht, nicht die Flüche meines Freundes. Ich hatte nur noch die Worte »Sorgerecht« und »Jugendamt« im Kopf und fühlte mich, als ob ich in einem tiefen schwarzen Loch säße oder in einem endlosen Tunnel, lebendig eingebuddelt, ohne es in diesem Moment zu realisieren.

Man weiß instinktiv um die Dinge, die geschehen, ohne es bewusst zu denken, man lebt und ist irgendwo, aber man hat das Gedächtnis, jede Orientierung, jede Fähigkeit, sich zu koordinieren, man hat alles verloren, man weiß nichts mehr, kann nicht mehr denken, ist wie ein Computer, dessen Programm sich aufgehängt hat, der abgestürzt ist. Ich war immer jemand, der noch eine Lösung gefunden hat, wenn keinem mehr etwas einfiel, in jedem Dilemma. Ich habe vorausdenkend geplant, fand querdenkend einen Ausweg. Jetzt wusste ich nichts. Gar nichts.

Wie lange ich so saß und nicht mehr wusste, wo ich war, wer ich war, wie gelähmt an Kopf und Gliedern, in mir und außer mir und nichts von alledem, ich weiß es nicht. Irgendwann öffnete sich etwas wie ein Riss in meinem seltsamen lebendig toten Zustand, ein Gedanke fiel mir ein. Ich sagte: »Los, zum Anwalt«, und raste schon davon, ehe ich merkte, dass ich fuhr.

Es kam mir wie eine Fügung vor, dass ich vor meiner Wohnungssuche in Italien einen Rechtsanwalt aufgesucht hatte, um Alfreds Kindesunterhaltszahlungen einzufordern. Doch als ich dort ankam, war nur der Vater zu erreichen, der Anwalt selbst war außer Haus. Es war Samstag; auch Anwälte genießen ihr freies Wochenende.

In diesem Moment war mir das allerdings egal. »Bitte«, ersuchte ich den alten Herrn, »ich brauche die Hilfe Ihres Sohnes. Es ist sehr dringend. Richten Sie ihm bitte aus, ich bin heute aus Italien gekommen, um meine Kinder abzuholen. Aber das Jugendamt hat sie mir weggenommen. Ich will sie zurückhaben.« Der Vater schaute mich mitfühlend an und versprach, sein Sohn werde mich so bald als möglich anrufen.

Ich wartete, das Telefon wie die Notleitung zu Gott in der Hand. Eine Stunde Tränen, Grübeln, Verzweifeln, ein paar Ideen. Ich versuchte Alfreds Schwager anrufen, der mir schon früher so oft geholfen hatte. Er würde wissen oder für mich herausbringen, wo mein Sohn versteckt war und welche Lügen diese Familie über mich beim Jugendamt verbreitet hatte. Ich ließ es klingeln und klingeln, doch niemand nahm ab. Die meiste Zeit aber schimpfte ich mit meiner Tochter. »Es ist alles deine Schuld.«

Meine ganze Verzweiflung, meine Wut, alles habe ich an ihr ausgelassen und das arme Mädchen dafür fix und fertig gemacht, weil sie mir nicht gehorcht hatte, ihren kleinen Bruder nicht täglich besucht und nicht auf ihren älteren Bruder aufgepasst, sondern sich lieber auf ihrer verdammten Schulparty amüsiert hatte. Wie ungerecht, wie grausam und wie falsch das war!

Natürlich konnte Valeria nichts dafür, dass das Jugendamt mir ihre Brüder weggenommen hatte. Sie war ein Kind, und sie liebt ihre Brüder. Selbst wenn sie dort gewesen wäre, hätte sie nicht verhindern können, dass Bella Kötter Stefan zur Polizei nach H. brachte, um ihn dort seinem Vater zu übergeben, der ihn mit oder ohne Polizei zu einer Bereitstellungsfamilie des Jugendamtes brachte, weil er ihn mir zwar wegnehmen, aber selbst nicht haben wollte.

Valeria hätte vermutlich nicht einmal etwas von dieser Aktion erfahren, weil das Jugendamt strengste Geheimhaltung befohlen hatte. Sie litt ebenso wie ich unter dem, was geschehen war. Ich hätte sie trösten, aufbauen, beruhigen, eine Mutter für sie sein müssen. Aber ich konnte es nicht. Ich sah nur, sie hatte mir nicht gehorcht, ihren kleinen Bruder nicht besucht, wusste nichts über den Verbleib ihres älteren Bruders, und sie selbst war da. Sie als Einzige war mir nicht weggenommen worden. Warum nicht? Warum nicht auch sie? Die plausibelste Erklärung dafür schien mir, dass sie nicht zu Hause war, als das Jugendamt kam.

Woher sollte ich wissen, dass das Jugendamt niemals Valeria, sondern von Anfang an nur meine Söhne wollte, weil deren Väter sich dazu hergaben, mir meine Kinder wegzunehmen, Valerias Vater aber nicht. Er als Einziger hatte sich nicht dazu benutzen lassen, sie mir wegzunehmen. Er hatte nicht das alleinige Elternrecht, welches aus Sorgerecht und Aufenthaltsbestimmungsrecht sowie der Pflicht zur elterlichen Fürsorge und Erziehung besteht, für sie beantragt.

Ich wusste ja nicht einmal, wie Stefan verschwunden war und dass das Jugendamt Bella Kötter gezielt angewiesen hatte, ihn wegzubringen, solange Valeria außer Haus war. Noch weniger konnte ich mir vorstellen, dass man sie bewusst nicht mitgenommen hatte, weil sie mit 14 Jahren bereits strafmündig war und insofern auch ein Mitspracherecht über ihren Aufenthaltsort hatte und nicht so einfach mitgegangen wäre. Das erfuhr ich erst im Laufe der Monate, in denen ich um die Herausgabe meiner Kinder kämpfte.

Hätte das Jugendamt damals auch meine Tochter wegbringen lassen, hätte sie der Polizei in H. erklärt, dass ich bereits unterwegs war und in wenigen Stunden meine Kinder abholen wollte, wäre die Aktion des Jugendamtes womöglich ins Leere gelaufen. Eventuell hätten die Beamten dann nicht mehr geglaubt, dass ich meine Kinder im Stich gelassen und mich ohne sie nach Italien abgesetzt hatte, sondern mich erst einmal angerufen, um Valerias Aussage zu überprüfen, ehe sie meinen Sohn ohne richterlichen Beschluss zu Alfred gebracht hätten. Womöglich hätten sie gewartet, um mir Stefan gleich mitzugeben. Valeria wollte einfach niemand haben und anhören als nur ich.

Alles das konnte ich mir in diesen Horrorstunden absolut nicht denken.

Valeria war, so glaubte ich, lediglich nicht greifbar gewesen. Nach meinem Verständnis war sie sozusagen den Häschern entkommen. Sie hatte ihre eigene Haut gerettet, aber nicht die ihres Bruders. Und auch sie hatte mich am Telefon belogen, mich verraten.

»Warum?«, schrie ich sie an, schüttelte sie und fühlte mich wie im Krieg, wie damals, als meine Freunde, die an der Front gewesen waren, mir von ihren Kriegskameraden erzählten, von der Kameradentreue bis zuletzt, dass keiner einen Kameraden im Stich lassen, sondern bis zur letzten Patrone verteidigen würde. Die Jungen waren damals nicht älter, oftmals jünger gewesen als Valeria. Sie hatten auch Angst gehabt. Jeder hat Angst vor dem Tod. Aber sie waren geblieben. Sie hatten gehorcht. Valeria nicht. Sie hatte meinen Befehl missachtet, ihn verweigert, war nicht da gewesen, als es galt.

Es war absurd, so zu denken. Valeria war nicht im Krieg aufgewachsen, sie war kein Soldat und befand sich nicht im Krieg, sie musste nicht mit der Waffe in der Hand kämpfen. Gott sei Dank nicht. Aber in diesen furchtbaren Momenten war ich keine Mutter, die ruhig und klar denken konnte. Ich war ein Muttertier, ein aufs Höchste gereiztes Muttertier, dessen Junges sich in Gefahr befand. Ich sah buchstäblich rot und war alles, nur nicht mehr ich selbst. Und in diesem verwirrten Zustand kam es mir vor, als sei selbst Valeria mein Feind, als habe auch sie gegen mich gearbeitet, womöglich in gemeinsamer Sache mit dem Jugendamt. Warum hatte sie mir nicht die Wahrheit gesagt? War sie in ein Komplott des Jugendamtes gegen mich verwickelt? Hatte sie das alles gedeckt, weil sie nicht nach Italien wollte?

»Wieso hast du mir nicht die Wahrheit gesagt?«, schrie ich sie wieder und wieder an. »Warum immer nur: ›Es ist alles okay, Mama‹? Warum hast du nicht gesagt, dass nichts in Ordnung ist? Ich wäre sofort gekommen. Ich hätte euch sofort geholt. Ich hätte das alles verhindert. Warum hast du gelogen?«

Valeria weinte, als ob sie sterben müsse. »Bella hat es mir verboten«, schluchzte sie endlich. »Sie stand jedes Mal hinter mir, wenn wir telefonierten. Sie machte mir Angst.«

»Wieso Angst?« Ich verstand nichts. »Du hättest es mir auf Englisch oder Libanesisch sagen können. Das hätte sie nicht verstanden. So viel Libanesisch kannst du mittlerweile doch!« In den Augenblicken dieser Stunde, die ich vergeblich auf den Rückruf des Rechtsanwalts wartete, hasste ich Valeria fast.

»Wenn ich deinen Bruder nicht kriege, will ich dich auch nicht haben«, sagte ich eisig und hörte kaum, wie sie schluchzte: »Ich bin nicht schuld, ich bin nicht schuld. Ich war in der Schule, ich konnte es nicht wissen, dass sie kommen und ihn holen. Ich wusste es nicht, Mama. Ich wusste gar nichts.«

»Wieso konntest du danach nicht mal wissen, dass dein Bruder nach H. gebracht wurde? Wieso hast du es mir nicht spätestens dann gesagt?«

Valeria zitterte unter ihrem Schluchzen und konnte kaum sprechen, aber sie würgte es trotzdem heraus: »Mama, ich schwöre es dir, ich wusste nichts von H., dass sie ihn dorthin gebracht haben. Sie haben mir nichts gesagt. Ich wusste wirklich gar, gar nichts. Ich habe nur gemerkt, dass die Bella heimlich ganz oft mit Stefans Lehrerin telefonierte. Aber ich durfte dir nichts sagen. Glaub mir, ich durfte es nicht. Es war die Hölle bei denen!«

»Die Hölle? Was war die Hölle?«

Valeria weinte noch heftiger. »Das war die Hölle, nämlich, dass die uns bei der Bella geschlagen haben. Der ihr Mann hat Stefan wieder in den Bauch getreten, richtig reingeschossen. Er ist vom Anfang des Flures in der Wohnung bis zum Ende geflogen und mit dem Kopf gegen die Wand geknallt. Er hat so viel Schmerzen gehabt und geweint. Und er wollte sich wehren. Wir wollten abhauen.«

Langsam erfasste ich, was sie da erzählte. »Warum hast du mir nichts gesagt? Warum nicht?«

»Mama, wir durften dir nichts sagen. Wir wussten nicht, wohin wir abhauen sollten. Wir hatten kein Geld. Und bis nach Italien, wie sollten wir denn da hinkommen?« Valeria schrie plötzlich auf. »Glaubst du, als Stefan weg war, ich wollte mich von denen auch mit dem Kopf an die Wand treten oder in den Bauch schlagen oder verprügeln lassen? Ich hatte Angst vor denen. Richtige Angst, Mama, verstehst du das nicht?«

So erfuhr ich in dieser Stunde zum ersten Mal, wie es meinen Kindern bei dieser vom Jugendamt empfohlenen, als Dauerpflegemutter bezahlten Tagesmutter ergangen war, die seit Jahren ein Pflegekind in ihrer Familie großzog, dessen Mutter, eine Ausländerin wie ich, sich angeblich nicht richtig darum gekümmert hatte. Ich hatte oft gemerkt, dass mein Sohn sich nicht wohl fühlte, wenn ich ihn nach der Arbeit oder der Schule dort abholen kam. Kopfschmerzen, Bauchschmerzen, kein Appetit, ein paar blaue Flecken, müde. Ich hatte mir nichts dabei gedacht. Wir hatten als Kinder auch blaue Flecken oder abends mal keinen Appetit, weil wir vom Spielen und Toben einfach zu müde zum Essen waren.

Eine vom deutschen Jugendamt bezahlte Tagesmutter mit einem Dauerpflegekind, das war für mich wie ein Gütesiegel. Ich war froh, eine so perfekte Tagesmutter für meine Kinder zu haben. Nie wäre ich auf den Gedanken gekommen, dass meine Kinder bei ihr misshandelt und so sehr eingeschüchtert würden, dass sie nicht einmal mehr wagten, sich bei ihrer Mutter zu beklagen und um Hilfe zu bitten.

Ich sah mein Kind an, das blasse verweinte Gesicht mit den rot geriebenen Augen und flüsterte: »Es tut mir Leid, Liebes. Es tut mir so Leid. Es stimmt, es ist nicht deine Schuld. Ich dachte, weil du nicht aufgepasst hast oder so. Aber das war falsch, es war völlig falsch. Du kannst nichts dafür. Bitte, verzeih mir, dass ich dich falsch verdächtigt und so angebrüllt habe. Es tut mir Leid. Ich liebe dich.«

Lange saßen wir eng umschlungen und hielten uns und weinten zusammen, und ich lehnte den Kopf an die Schulter meiner kleinen Tochter und flehte sie an: »Bitte, mein Schatz, hilf mir. Ich brauche Hilfe.«

In diesem Moment war ich keine starke Frau, keine selbstbewusste allein erziehende Mutter, keine clevere Businessfrau mit einem brandneuen Führungsjob in einer tollen Firma. Ich weinte, ich war verloren, ich brauchte Hilfe, ich hatte keinen Plan, nichts.

Mein Freund aus Trento brachte auf den Punkt, was sich in meinen Gedanken erst zu sortieren begann: »Diese Frau, diese Tagesmutter, die war es. Die hat beim Jugendamt diese Scheißlügen über dich verbreitet, damit sie dir die Kinder wegnehmen. Sie hat bestimmt gedacht, dass sie die Kinder dann als Dauerpflegekinder bekommt, wenn du weg bist. Sie hat dir erzählt, sie hat Schulden, einen kranken Mann und keine Arbeit und dass sie jeden Cent braucht. Sagtest du das nicht? Das ist es doch. Diese Frau wollte, dass das Jugendamt dir die Kinder wegnimmt.«

»Meinst du, darum hat sie ihren eigenen Müll in meine Wohnung gestellt. Ehe die vom Jugendamt kamen?«, fragte ich, denn auch das hatte Valeria mir berichtet. »Und dann absichtlich das Wasser ausgekippt und die Hasen überall hinkacken lassen?«

Mein Freund nickte. »Ich vermute, sie hat denen absichtlich gesagt, du hättest nicht angerufen und dass sie Angst hat, du hättest dich abgesetzt. Die weiß doch, wie das mit dem Jugendamt läuft. Die kennt sich aus. Die wusste, wenn sie denen sagt, du hast die Kinder sitzen lassen, dann nehmen sie sie dir weg. Die kennt das Jugendamt doch. Darum hat sie dafür gesorgt, dass es bei dir total dreckig und verwahrlost aussieht, wenn das Jugendamt kommt. Die weiß, wie man so was macht. Vielleicht hat die das mit der Mutter von diesem anderen Kind auch schon so gemacht.«

Bis zu diesem Moment hatte ich nur eine Riesenwut auf Bella Kötter gehabt, weil sie mir am Telefon nicht die Wahrheit gesagt und Stefan seinem Vater gegeben hatte.

Plötzlich bekam alles einen ganz anderen Sinn. Die Frage war nur, ob es die Wahrheit war?

Als der Rechtsanwalt endlich in seinem Auto vor der Kanzlei vorfuhr, rannte ich sofort zu ihm. »Bitte, Sie müssen mir helfen. Sie haben mir mein Kind weggenommen. Ich weiß nicht, wo es ist. Bitte, das Jugendamt hat meinen Sohn genommen. Ich habe dem Vater den Gerichtsvollzieher wegen dem Unterhalt geschickt. Hätte ich das doch nie gemacht! Jetzt wollen die sich an mir rächen. Und mir das Kind wegnehmen. Ich mache mir solche Vorwürfe!«

Der Anwalt hörte sich alles an, während er ausstieg und sich zu mir umdrehte. »Erzählen Sie mal der Reihe nach. So werde ich nicht daraus schlau.«

Es fiel schwer, ihm das, was ich selbst nicht verstehen konnte, verständlich zu machen. Und die ganze Zeit hatte ich das Gefühl, er glaubte mir kein Wort. Vielleicht sind Anwälte zu sehr an Lügen gewöhnt, so dass sie überall Lügen sehen. Ich log nicht. Aber ich konnte nichts erklären, wofür ich keine Erklärungen hatte. Am Ende sah er mich an und meinte: »Warum haben Sie Ihre Kinder nicht von Anfang an mitgenommen? Sie sind selbst an allem schuld. Wenn die Kinder erst mal beim Jugendamt landen, kriegen die Eltern sie fast nie wieder.«

Ich drehte beinahe durch. »Wie, ich kriege sie nie wieder? Was soll das heißen? Sie sind Anwalt. Deutschland ist ein Rechtsstaat. Die können einer Mutter, die können mir doch nicht einfach so, ohne Grund, die Kinder wegnehmen. Das gibt es doch nicht. Das kann doch gar nicht wahr sein!«

Der Anwalt zuckt mit den Schultern. »Einen Grund wird es geben. Sie kennen ihn nur nicht oder glauben, ihn nicht zu kennen. Gehen Sie zur Zeitung. Sofort! Vielleicht hilft es, wenn das an die Öffentlichkeit kommt. Aber große Chancen sehe ich nicht. Sie kriegen Ihre Kinder wahrscheinlich nicht mehr wieder. Ich werde es versuchen. Aber Sie werden sie vermutlich nicht kriegen. Das kann ich Ihnen jetzt schon sagen.«

Ich dachte, er wollte mir nur noch mehr Angst machen, um den Preis für seine Arbeit hochzutreiben. Ich dachte, er handelt mit mir. »Ich gebe Ihnen alles Geld der Welt, aber bitte, tun Sie was. Bitte, ich will meine Kinder wiederhaben.«

»Erst mal kriege ich 160 Euro, damit ich heute noch einen Eilantrag stellen kann«, sagte er.

Ich besaß noch 100 Euro, das Geld, das ich Bella Kötter schuldig geblieben war, als ich Valeria abgeholt hatte. 60 Euro fehlten. Woher sollte ich die jetzt nehmen?

Ich bettelte meinen Freund aus Trento an: »Gib mir alles, was du hast. Ich muss den Anwalt bezahlen, damit er meine Kinder holt.«

Er zögerte keine Sekunde, gab mir sogar das Geld, das er für Souvenirs reserviert hatte. »Das gibt's ja wohl gar nicht!«, schimpfte er auf Italienisch. »Ein Anwalt, der dir in dieser Situation erst mal alles Geld abknöpft! Die sind ja wohl krank hier in Deutschland. Das ist wie im Film. Wenn mir das einer erzählt hätte, kein Wort hätte ich davon geglaubt. Nimm mein Geld. Hier! Nimm alles. Aus diesem Land hier brauch ich kein Souvenir. Was ich hier erlebe, reicht mir.«

Als ich ihm das Geld aushändigte, machte der Anwalt mir weitere Vorwürfe. »Hätten Sie das alleinige Sorgerecht, hätten wir die Kinder mit einer Anweisung des Gerichts bei den Vätern abgeholt. Wie konnten Sie das nur machen und denen das gemeinsame Sorgerecht geben?«

»Ich habe genau das gemacht, was der deutsche Staat als Ideal verlangt. Ich habe das Beste für das Kind gewollt«, gab ich zurück und hatte einen so staubtrockenen Mund, dass ich die Worte kaum aussprechen konnte. »Ich habe das Beste für die Kinder getan. Ich bin keine Egoistin. Ich will den Kindern die Väter nicht wegnehmen. Ich wollte, dass die Kinder auch ihre Väter haben.«

Der Anwalt lachte trocken auf. »Das können Sie ja jetzt einfach so sagen. Im Idealfall ist das so, aber in der Realität existiert das so nicht. Ich würde keinem raten, ein gemeinsames Sorgerecht zu beantragen. Sie sind ja wohl verrückt, gute Frau! Wie konnten Sie so etwas machen? Sie sind nicht mal verheiratet und geben den Vätern das gemeinsame Sorgerecht. Das war der größte Fehler Ihres Lebens. Da sind Sie doch dumm beraten worden.«

Ich versuchte, souverän zu wirken. Er musste nicht wissen, wie sehr mich seine Vorhaltungen trafen. »Kommen Sie«, sagte ich. »Wir diskutieren jetzt nicht. Gehen wir die Kinder holen! Hier ist die Nummer von meinem Freund bei der Polizei.«

Der Anwalt sah mich ein bisschen komisch an, nahm aber trotzdem sein Telefon und rief Utz an. Nach ein paar Wortwechseln legte er auf. »Das hat keinen Zweck. Die Polizei kann die Kinder nicht holen.« Er überlegte einen Moment. »Fahren Sie zurück nach Italien. Ich werde einen Eiltermin bei Gericht veranlassen. Wenn alles gut geht, haben Sie Ihre Kinder in ein paar Tagen zurück.«

»Bitte«, sagte ich und rang die Hände, ohne dass es mir auffiel. »Sie müssen veranlassen, dass die Kinder bei diesem Termin dabei sind. Ich will sie dann sofort mitnehmen. Bitte, ich muss wissen, wo Stefan ist. Ich will ihn wenigstens umarmen, ehe ich wegfahre. Er muss doch wissen, dass ich gekommen bin, um ihn abzuholen.«

Der Anwalt antwortete nichts, zog nur sein Diktiergerät hervor und ließ es seine Notizen zu meinem »Fall« gleich ausdrucken.

»Bitte, machen Sie, dass ich ihn sofort sehen darf, heute noch, bitte! Valeria habe ich bei mir. Meinen kleinen Sohn konnte ich wenigstens sehen und weiß, dass er gesund ist und bei seinem Vater. Der wird ihn gut behandeln. Er ist ein guter Vater. Aber mein großer Junge! O Gott, er weiß nicht mal, dass ich gekommen bin. Er wird kaputtgehen, wenn er denkt, ich bin nicht gekommen.« Ich brach in dem Sessel vor seinem Sekretär zusammen und weinte und weinte.

Der Anwalt stand auf. »Sie müssen jetzt gehen, Frau Gebara. Es tut mir Leid. Ich kann heute nichts für Sie tun. Es geht nicht. Sie können Ihren Sohn nicht sehen. Tut mir Leid.« Er schob mir das Schriftstück zur Unterschrift hin, das aus seinem Diktiergerät gekommen war. Ich musste es unterschreiben. Und wegfahren.

Draußen saß ich bei Valeria und meinem Freund aus Trento im Auto, schob den Schlüssel ins Schloss und startete dennoch nicht. Es war, als hielte etwas Unsichtbares meine Hand fest. Ich konnte nicht wegfahren. Mein Sohn war verschwunden. Er schrie dort, wo er war, nach mir. Er weinte. Er hatte Angst. Todesangst. Er wollte, dass ich käme, dass seine Mama ihn retten sollte. In meinem Herzen hörte ich seine helle Stimme: »Mama! Mama!«

Ich ließ das Auto stehen. Straße um Straße lief ich in S. ab, schaute in alle Fenster, klingelte an allen Türen, fragte nach meinem Kind, das keiner gesehen haben wollte. Die Leute starrten mir nach, schüttelten den Kopf. Keiner wusste etwas. Keiner hatte etwas gesehen. Mitleid, Bedauern, Spott und Schadenfreude, alle möglichen Empfindungen las ich in den Gesichtern, wenn ich kam und wieder ging. Hinter den Gardinen stehend schauten sie mir nach. Was dachten sie wohl über die junge Frau mit den schwarzen Haaren und dem von Tränen verwüsteten Gesicht, die aussah, als wäre sie soeben dem Teufel begegnet? Wie wäre ihnen zumute, wären sie in meiner Situation gewesen? Hätten sie dann die Ruhe bewahrt, gehorcht, ordentlich vor dem Jugendamt Schlange gestanden, gehorsam gewartet, höflich und diszipliniert?

Wir fuhren weiter nach H., befragten die Polizei, die angeblich nichts wusste, liefen auch dort die Straßen ab, fragten vergeblich von Tür zu Tür. Blieb noch, meinen Schwager nach Alfreds Sohn zu fragen. Doch ehe wir uns auf den Weg machten, kehrten wir Valeria zuliebe ein letztes Mal bei unserem Türken ein. Ich wollte ihr mit einem Döner eine kleine Freude und ein bisschen etwas von all den Vorwürfen wieder gutmachen, mit denen ich sie überhäuft hatte. Aber keiner von uns hatte Lust zu essen. Wir saßen da, würgten widerwillig unsere Mahlzeit herunter. Keiner hatte Lust, etwas zu sagen.

»Drei Kinder von drei Vätern«, dachte ich. »Ich musste am Ende noch für etwas bestraft werden. Es konnte nicht einfach so gut gehen mit Italien und meinem Neuanfang. Es musste etwas passieren. Es musste etwas schief laufen. Ich hab noch nie in meinem Leben vollkommenes Glück gehabt. Noch nicht einmal zwei Tage am Stück. Aber dass so etwas Schlimmes schief laufen würde, das musste nicht sein.«

Nach dem Essen suchte ich den Schwager auf, der mir damals geholfen hatte, als Alfred mich mit meiner Tochter an der Hand und seinem Sohn im Bauch auf die Straße warf. »Die haben mir die Kinder weggenommen.« Er schaute mich verwundert an. »Wie bitte?« Ich kämpfte schon wieder mit den Tränen, obwohl ich gedacht hatte, völlig leer geweint zu sein. »Ja. Weißt du, wo mein Sohn ist?«

Alfreds Schwager hatte von alledem noch mit keiner Silbe gehört. Aber er war bereit, mir auch diesmal zu helfen, damit ich Stefan wenigstens umarmen und ihm versprechen könne, ihn schnellstmöglich zu mir nach Hause zu holen. Unter dem Vorwand, Alfreds Eltern überraschend einen Besuch abstatten zu wollen, rief er dort an und nahm seine ganze Verstellungskunst zusammen: »Ich käme nachher mal kurz bei euch durch. Oder passt es euch heute nicht? Habt ihr Besuch? Ist Alfreds Steppke da?«

»Nee, nee, kannst gern kommen.« Ich hörte die Antwort aus der Telefonmuschel mit. »Den Jungen hat das Jugendamt mitgenommen. Keine Ahnung, wo der steckt.«

Die Mutter des Schwagers, die zufällig ins Zimmer kam und unsere Worte hörte, brach in Tränen aus. »Hoffentlich findest du ihn und kriegst ihn wieder. Ich habe noch nie gehört, dass Kinder, die vom Jugendamt weggenommen wurden, ihren Eltern wieder zurückgegeben worden sind.«

Jedes Wort stach wie ein Messer. Aber ich wollte das Fünkchen Hoffnung, das meine Freundin mir am Morgen auf den Weg mitgegeben hatte, nicht verlieren. »Doch«, widersprach ich deshalb und versuchte, so mutig auszusehen, wie ich mich nicht fühlte. »Meiner Freundin haben sie die Kinder wiedergegeben. Ich will jetzt einfach optimistisch sein, will nichts Pessimistisches hören. Ich will, ich muss meine Kinder wiedersehen, sonst würde ich mich aufhängen, noch heute.«

Alfreds Schwager hatte sein Bestes getan. Ich konnte ihm keinen Vorwurf daraus machen, dass er nichts erreicht hatte. »Bitte, wenn du etwas hörst, lass es mich wissen.« Ich gab ihm meine Adresse, meine Telefonnummer, die Anschrift meiner neuen Firma. »Wenn du den Jungen siehst, sag ihm, dass ich ihn liebe, dass ich ihn nie im Stich gelassen habe, dass ich komme, um ihn zu retten. Gib ihm einen Kuss von mir. Sag ihm, ich tue alles, was ich kann, damit er schnell wieder bei mir ist. Ich will ihn mit mir nach Italien nehmen. Sag ihm das, bitte.«

Alfreds Schwager nickte. »Du kannst dich auf mich verlassen. Wenn ich etwas für den Jungen und dich tun kann, sofort. Einem kleinen Kind so etwas anzutun, ist das Allerletzte.«

Selbst innerhalb der eigenen Familie haben Alfred und seine Eltern damals gelogen. Sie wussten von Anfang an, dass mein Sohn nach X. zu einer dieser Bereitstellungsfamilien des Jugendamtes verschleppt worden war. Schließlich musste Alfred dem Jugendamt sein Einverständnis zu dieser Maßnahme geben, weil er zu dieser Zeit noch das gemeinsame Elternrecht mit mir besaß und über Stefans Aufenthalt bestimmen konnte, so dass er das Jugendamt, das ohne richterlichen Beschluss handelte, dazu ermächtigen konnte, Stefan vor seiner Mutter in geheimen Gewahrsam zu nehmen.

Niemals werde ich aufhören, Alfred dafür zu verdammen, dass er Stefan zu wildfremden Leuten in eine Pflegefamilie abschob. Er ist der Vater. Er hätte ihn zu sich nehmen und bei sich behalten können. Aber das wollte er nicht. Alfred hatte niemals auch nur das geringste Interesse an unserem Sohn. Er wollte ihn einfach nicht. Es war ihm egal, was das Kind fühlte und seinetwegen durchmachte und was aus ihm wurde.

Dieser Mann hat das alleinige Elternrecht lediglich beantragt und angenommen, um sich an mir dafür zu rächen, dass ich ihm den Gerichtsvollzieher wegen der Unterhaltszahlungen auf den Hals gehetzt hatte. Davon bin ich überzeugt.

Er benutzte unser Kind, um mich zu bestrafen und endlich kleinzukriegen. Er wusste, dass er mir mit nichts mehr weh tun könnte, als mir die Kinder wegzunehmen und sie ins Heim oder zu fremden Leuten zu stecken. Er kannte meine Angst. Ich selbst hatte sie ihm verraten.

»Wie«, frage ich mich, »war es möglich, dass ich diesen Menschen einmal über alles geliebt habe? Dass ich bis zur Selbstaufgabe um ihn gekämpft habe? Dass ich ihn für das Schönste und Beste hielt, was mir je im Leben begegnet war?« Ich weiß es nicht. Vielleicht war es Schicksal, Karma, Gottes Wille. Vielleicht sollte ich durch ihn etwas lernen oder zu etwas reifen, was ich ohne das Leid, das er über meine Kinder und mich brachte, nicht erfasst hätte? Ich versuche, der Zeit mit ihm einen Sinn zu geben, indem ich solche Überlegungen anstelle. Aber der einzige Sinn, den ich definitiv erkennen kann, ist das Leben unseres Sohnes, den ich liebe.

Unsere Fahrt nach Italien war ein Kaleidoskop der Selbstanklagen. Ich fuhr im Schneckentempo, als habe mich ständig ein Magnet zurückgezogen. Die Bemerkungen des Rechtsanwalts, die Befürchtungen der Mutter von Alfreds Schwager, die Hilflosigkeit der Polizei, diese Allmacht des Jugendamtes, die Falschheit der beiden Kötters, das Leiden meiner Kinder, alles ballte sich in meinem Magen zusammen, als wollte sich mein Innerstes um den schneidenden Schmerz verknoten und ihn kampfunfähig machen, ehe die Schärfe mich umbrächte.

»Hätte ich die Kinder doch mitgenommen. Hätte ich sie im Auto schlafen lassen. Ich hätte sie irgendwo schlafen lassen können. Irgendeinen Platz hätten wir schon gefunden. Warum habe ich sie in Deutschland gelassen? Warum habe ich sie nicht mitgenommen? Warum, verdammt noch mal, warum? Warum haben die das gemacht? Was habe ich falsch gemacht? Warum?«

Ich begriff es nicht. Irgendetwas mussten die Kinder bei Bella Kötter angestellt haben. Was hatten sie getan, dass sie sie unbedingt loswerden wollte? Ich nahm Valeria erneut ins Verhör: »Erzähl mir alles. Jede Einzelheit. Ich muss alles wissen. Was ist passiert? Sag mir, was ist los? Was war in meiner Abwesenheit?«

»Mama, ich weiß nichts. Wir haben nichts gemacht. Wir haben uns gut benommen. Wir waren in der Schule.«

»Bitte, erinnere dich. Du musst mir jetzt helfen. Jede Kleinigkeit kann mir helfen, deinen Bruder zu finden. Ich versteh noch immer gar nichts. Bitte, denk nach.«

Doch so sehr ich auch bohrte, ich erreichte nur, dass Valeria wieder weinte und ein ums andere Mal beteuerte: »Mama, ich weiß nichts.«

Ich fühlte, wie der Zorn wieder in mir aufstieg. Wieso begriff dieses Kind nicht, dass ich mir zumindest ein Bild von der ganzen Sache machen musste, damit ich erkennen konnte, wo das Problem lag? Sie musste etwas wissen. Schließlich ist sie nicht dumm. Sie war schon 14. Ich fragte, drängte, schimpfte, weinte.

»Lass sie doch in Ruhe, Joumana. Sie weiß nichts. Sie ist noch ein Kind. Sie leidet. Sie kann das nicht verkraften.« Mein Freund aus Trento schaltete sich ein, lenkte meinen Ärger auf sich.

Manchmal hielt ich einfach irgendwo an, ließ beide aussteigen und reagierte mich an meinem Auto ab, indem ich gegen die Räder trat, auf die Motorhaube, das Dach, die Fenster, irgendwohin schlug, um mir das Gefühl zu geben, irgendetwas tun zu können. Ich kam mir vor wie ein gefangenes Raubtier zwischen Eisenstäben, das mit den Pranken durch die Gitter schlägt und brüllt und mit seiner Kraft jeden zermalmen könnte, aber keinen erreicht.

Immer wieder musste ich anhalten, weil ich blind von Tränen war oder so heftig am ganzen Leibe zitterte, dass ich einfach nicht mehr in der Lage war, ein Auto zu steuern. Ich hatte eine Nacht im Auto geschlafen, eine Tagesreise hinter mir von Italien nach Deutschland, dort den entsetzlichsten Horrortag meines Lebens unter Tränen, Bitten, Schreien und verzweifeltem Entsetzen verbracht, saß erneut am Steuer, um nonstop zurück nach Italien zu fahren.

Unablässig suchte ich nach einer Erklärung, um zu verstehen, warum das Jugendamt mir die Kinder weggenommen hatte, obwohl ich eine schriftliche Vereinbarung mit ihnen geschlossen hatte, obwohl sie mich angerufen hatten, als irgendwer diese Lügen über mich verbreitete, und ich ihnen versicherte, dass ich meine Kinder selbstverständlich abholen würde und nur nach einer Wohnung suchte, und obwohl ich viel früher eine Wohnung gefunden hatte und nach Hause gekommen war, als ursprünglich mit dem Jugendamt vereinbart – es war ja bereit gewesen, für drei Wochen die Kosten für die Tagesmutter zu übernehmen.

Ich war nicht nur nervlich und seelisch, sondern auch körperlich mit meinen Kräften am Ende. Essen konnte ich nicht. Stattdessen begann irgendwann mein Magen zu revoltieren, so dass ich mich gleichzeitig mit jedem neuen Weinkrampf übergeben musste, obwohl nur mehr bittere Galle kam. Trotzdem blieb mir keine andere Wahl, als weiterzufahren. So gern mein Freund mich abgelöst und entlastet hätte, mit nur einem Bein konnte er es nicht.

Valeria lag mehr auf der Rückbank, als dass sie saß. Die Erschöpfung forderte ihren Tribut. Sie schlief in den Kinderdeckbetten, die ich für alle drei mitgebracht hatte. Das Mädchen allein, ohne seine beiden kleinen Brüder, im Rückspiegel zu sehen, war wie ein Albtraum, aus dem ich nicht wach werden konnte.

Sie schlief schlecht, zuckte immer wieder zusammen, wachte plötzlich auf. »Mama, die Bella Kötter hat immer gesagt: ›Deine Mutter ist eine Lügnerin. Sie kommt nicht wieder. Sie lügt. Sie ruft euch an, aber das ist alles. Sie kommt nicht wirklich. Sie lügt. Sie holt euch nicht ab. Ihr müsst hier bleiben.‹ Wir haben ihr nicht geglaubt, Mama. Aber sie hat es immer wieder gesagt. Wir wollten abhauen und zu dir nach Italien kommen. Wir wollten wirklich abhauen, Stefan und ich. Aber wir dachten an Christian. Wir konnten ihn nicht mitnehmen. Er war ja bei Bob. Und du hast immer gesagt, wir sollen zusammenbleiben.«

»Danke, dass du dich erinnert hast«, lobte ich sie. »Das ist wirklich wichtig, dass Bella Kötter das immer gesagt hat. Und es war auch richtig, dass ihr euren Bruder nicht im Stich gelassen habt.«

Und ich grübelte: »Warum hat Bella das den Kindern gesagt? Hat sie das erfunden und dem Jugendamt erzählt? Oder weiß sie es vom Jugendamt? Wenn ja, wer hat es dann erfunden? Alfred? Seine Eltern?« Zu diesem Zeitpunkt war alles reine Spekulation, obwohl sich immer deutlicher abzeichnete, dass Bella Kötter eine zentrale Rolle spielte. Sie hatte zum Beispiel immer wieder heimlich mit der Lehrerin meines Sohnes telefoniert. Warum? Was hatten die Frauen zu verbergen? Welche der beiden wollte Informationen von der anderen?

Sicher war, dass ich zwar sechs Stunden später als meinen Kindern versprochen bei ihnen angekommen war und somit wieder einmal meinem Ruf der Unpünktlichkeit Ehre gemacht hatte. Aber das Jugendamt hatte Stefan nicht erst abgeholt, als ich zu spät nach Hause kam. Sie konnten sich nicht damit herausreden, dass sie auf Grund meiner Unpünktlichkeit annehmen mussten, ich hätte die Kinder im Stich gelassen und käme gar nicht. Nein, sie hatten ihn bereits am Tag vor meiner Ankunft abgeholt, und zwar gegen 13 Uhr, als ich noch gar nicht da sein konnte, weil ich arbeiten musste und erst gegen Abend, nach der Arbeit, aufbrechen konnte.

Das alles zusammengenommen ergab den Beweis, dass das Jugendamt mir die Kinder nicht wegnahm, weil ich gegen unsere Vereinbarungen verstoßen hatte, denn das hatte ich nicht. Das konnte ich beweisen. Sie hatten ganz andere Gründe. Gründe, die ich in jener Nacht nicht wusste und auch trotz allen Grübelns nicht erfassen konnte.

KAPITEL 6

Das erste Mal vor Gericht

Als ich endlich in Italien ankam, hatte der sonnige Süden seinen Glanz für mich verloren. Was nützte mir die wundervolle Gegend, wenn man mir zwei meiner drei Kinder weggenommen hatte und meine beiden Söhne mein Glück nicht mit mir teilen konnten?

Mein Freund aus Trento, der viele Kontakte zur Kirche und zum deutschen Geheimdienst pflegte, gab sich Mühe, mich aufzumuntern. In Italien spielte sein fehlendes Bein keine Rolle mehr. Hier musste er nicht rennen, um mich zu verteidigen. Hier hatte er sein Telefon und Leute, die für ihn liefen. »Zuerst besorgen wir dir einen richtigen Anwalt«, meinte er. »Der Typ in Deutschland, das ist doch kein Rechtsanwalt. Das ist ein Halsabschneider! Verlangt von einer weinenden Mutter, der man gerade die Kinder geklaut hat, weil sie kein Geld für sie hatte, 160 Euro. Warte, ich werde dir einen anderen besorgen. Und meine Leute in Deutschland, irgendwie werden die herausfinden, wo das Kind ist.«

Während ich ihm zuhörte, wie er die ersten Telefonate führte, versuchte ich, diesen Wahnsinnsschmerz zu verdrängen, dass mein Sohn irgendwo in Deutschland verlassen und verloren ohne seine Mama war, ganz allein, ohne seinen Bruder und seine Schwester, voller Angst und Verzweiflung bei fremden Leuten, einem Vater ausgeliefert, der ihn nicht liebte und nicht wollte, und dass er glauben musste, man habe ihn mir weggenommen, weil ich nicht pünktlich gekommen sei, um ihn abzuholen.

Ich kämpfte noch gegen die immer neu aufquellenden Tränen und den Brechreiz an, der meinen Magen in Krämpfe versetzte, als mein Freund mich am Telefon mit Don bekannt machte, einem wichtigen Kirchenmann, der sich sofort mit uns an der Autobahnraststätte, Ausfahrt Trento, verabredete und mir Hilfe bei der Suche nach einem fähigen Anwalt versprach. Die Kirche, sagte er, verfüge über zahlreiche hochqualifizierte Anwälte. Für mich als Maronitin werde es kein Problem sein, einen entsprechenden Mann zu engagieren, der mir für Gotteslohn helfen werde. Die von Don ausgehende Zuversicht und Ruhe trösteten mich.

Bob, den ich anrief, um wenigstens die Stimme unseres Sohnes zu hören, wenn ich ihn schon nicht sehen und umarmen durfte, ließ mich tatsächlich mit Christian reden. So ruhig wie möglich sagte ich ihm, wie sehr ich ihn liebe und an ihn denke, erzählte ihm von seiner Schwester und dass es seinem Bruder gut gehe. Doch als ich ihm versichern wollte, dass ich bald käme, um ihn zu uns nach Italien zu holen, nahm Bob ihm den Hörer aus der Hand. »Pass auf, was du sagst!«, knurrte er mich an. »Oder es war das letzte Mal, dass du mit ihm gesprochen hast.« Dann legte er auf.

Es war nicht das Gespräch gewesen, das ich mir gewünscht hatte. Aber es war besser als nichts. Und irgendwie, redete ich mir ein, würde ich es schon fertig bringen, mich mit Bob zu einigen. Er war immer ein guter Vater gewesen. Wir würden das zusammen regeln. Zumindest Christian würde ich mir bald holen können. Bis dahin war er bei seinem Vater und in Sicherheit. Und wegen Stefan würde mir die Kirche helfen. Don hatte es versprochen. Die Kirche ist mächtig. Sie würden es schaffen. Irgendwie würde sie mir und den Kindern helfen. Etwas wie Frieden zog in meine Seele ein. Endlich konnte ich ein wenig schlafen.

Am Montag sollte ich zur Arbeit gehen, sollte meine Geschäfte abwickeln, Profite erwirtschaften, mit Kunden parlieren, auftreten, als sei nichts geschehen. Es war meine zweite Arbeitswoche. Man hatte mich für gutes Geld engagiert, eine Bürgschaft für meine Wohnung übernommen. Selbstverständlich erwartete man gute Leistung für gutes Geld. Aber ich? Meine Haare standen wie das Symbol meiner völlig durch den Wind geschossenen Seele nach allen Seiten zu Berge. Jede Öko-Werbekampagne hätte mich mit meinen biologischwasserfesten Augenschatten als Model für Bio-Kosmetik angeheuert.

Mein polyglotter Wortschatz, den man in S. öffentlich belobigt hatte, hatte übers Wochenende die Motten bekommen. Und mein selbstbewusstes Lachen, hatte es das jemals gegeben? Ich sah nicht so aus.

»Was ist los?«, fragten meine Kolleginnen.

»Ach, nichts, nichts!« Wenn ich auch nur ein Wort davon verraten würde, würde ich nicht mehr aufhören zu weinen.

»Warst du in Deutschland?«

»Ja, klar.«

Meine Kolleginnen schauten mich ratlos an. »Die wissen noch immer nicht, dass ich Kinder habe«, dachte ich und sagte schlicht: »Ich will nicht mehr leben.«

Staunen. Erschrecken. Mitgefühl. Alles kam auf mich zu. »Was ist denn passiert?« Wahrscheinlich dachten sie an Liebeskummer oder etwas in der Art.

Ich zog die Luft scharf durch die Nasenflügel ein, um nicht laut loszuheulen. »Ja, es ist so«, fing ich langsam und zögernd an. »Ihr wisst etwas nicht. Ich hab nämlich Kinder. Ich bin nach Deutschland gefahren, um sie abzuholen und ich fand sie nicht.«

»Was, du hast Kinder?«

»Wieso fandest du sie nicht?«

Ich nickte, schaffte es, immer noch nicht zu weinen. »Ja, drei Kinder. Ich wollte sie mitbringen. Aber es ging nicht. Die haben sie mir weggenommen.«

»Was? Weggenommen? Deine Kinder?«

»Wer?«

»Wie können wir dir helfen?«

Meine Kolleginnen umringten mich aufgeregt. Sie hatten selbst Kinder. Unvorstellbar, dass jemand käme, sie ihnen wegzunehmen.

»Ich weiß es nicht«, würgte ich heraus und verlor die Fassung. »Ich weiß es nicht. Ich weiß nicht, was los ist.«

Ich war darauf gefasst, dass sie mir nicht glauben würden. Wäre ich an ihrer Stelle gewesen, hätte ich so etwas geglaubt? Ich weiß es nicht. Vielleicht gab es Zweifel bei ihnen. Aber wenn, dann ließen sie es mich nicht spüren. Vom ersten Tage an, an dem ich von meinem

Kummer sprach, erfuhr ich in der Firma eine wahrhaft grandiose Unterstützung. Wann immer ich mir freinehmen musste, bekam ich anstandslos Urlaub. Niemand tadelte mich, wenn ich mich schlecht konzentrieren konnte. Keiner ließ es mich büßen, wenn ich öfter weinte als arbeitete. Ich habe ringsum von allen so viel Hilfe erfahren, dass ich mich von Anfang an wie unter Freunden fühlte, obwohl wir erst nach und nach Freunde wurden.

Mein erster Anruf an diesem Montag galt meinem Anwalt in Deutschland, um ihn zu fragen, wann der Gerichtstermin sei, an dem das Gericht mir meine Kinder zurückgeben werde. »Bald«, versprach er.

»Was ist bald?«, rief ich außer mir. »Was ist bald? Heute, morgen?«

»Nein, tut mir Leid.« Er nuschelte. »Die Gerichte haben nicht so schnell reagiert. Wahrscheinlich wird es erst nächste Woche Montag sein.«

Utz, mein Freund von der Polizei, hatte mir gesagt, der Gerichtstermin müsse binnen zwei, drei Tagen stattfinden; länger sei dem Jugendamt eine »Kindesherausnahme« ohne richterlichen Beschluss nicht gestattet. Jetzt war Montag. Bis zu dem von meinem Anwalt genannten Termin würden elf Tage vergehen.

Mein Anwalt hatte keine Antwort darauf. Es gehe alles seinen geregelten rechtmäßigen Gang, wie er meinte. Ich müsse mich nun mal etwas gedulden.

Tatsächlich ging nichts seinen ordnungsgemäßen Gang.

Stefan war mir am Freitag, dem 8. Oktober, gegen Mittag ohne Gerichtsbeschluss weggenommen worden, während ich in Italien im Büro saß und die Stunden bis zu unserem Wiedersehen zählte. Somit war den Verantwortlichen klar, wenn ich am Samstag in S. ankäme, um meine Kinder zu holen, wäre im Jugendamt nur mehr der Notdienst erreichbar, der mir keinerlei Auskünfte erteilen würde. Sie hatten in jedem Fall also erst einmal das ganze Wochenende, um Stefan auch ohne Gerichtsbeschluss in irgendeiner ihrer

Bereitstellungsfamilien vor mir versteckt zu halten. Und am Montag, auch das wussten sie, musste ich wieder in Italien an meinem Arbeitsplatz erscheinen. Es würde mir folglich unmöglich sein, sofort und ehe das Jugendamt einen richterlichen Beschluss zur Kindesherausnahme bekäme, mit Hilfe eines Anwalts dagegen einzuschreiten.

Im ersten, am 26. November entstandenen Bericht des Jugendamts heißt es, man musste mir meine Kinder wegnehmen, weil ich mein Kommen für Freitag angekündigt hätte, jedoch erst am Samstag erschienen sei. Tatsächlich war mir dies nicht als Fehlverhalten vorzuwerfen, da ich am Freitag arbeitete und mich erst nach Feierabend auf den Weg machen konnte, also selbst bei größter Eile von Südtirol aus niemals schon am Freitag bei meinen Kindern in S. hätte ankommen können. Außerdem war meine voraussichtliche Abwesenheit mit dem Jugendamt vom 25. September an für bis zu drei Wochen abgesprochen und die Bezahlung der Tagesmutter bewilligt. Das war bis zum 15. Oktober. Meine Rückkehr am 9. Oktober lag also weit vor dem letztmöglichen vereinbarten Termin und rechtfertigte nicht, mir die Kinder wegzunehmen.

Hätte mein deutscher Anwalt mir geglaubt, dass ich mir wirklich nichts hatte zu Schulden kommen lassen, an jenem ersten Montag auf den zur Kindesherausnahme erforderlichen Gerichtsbeschluss gepocht und dem verantwortlichen Richter meine Sache persönlich dargelegt, hätte dieser mir meine Kinder wohl sofort zurückgegeben. Ich hatte eine feste Arbeit und eine Wohnung in Italien, den Nachweis meiner Regelung mit dem Jugendamt, war nach wie vor sorgeberechtigt und aufenthaltsbestimmungsberechtigt für meine Kinder und hatte keine Straftat gegen sie begangen. Die am Freitag aufgestellte Behauptung des Jugendamts, ich habe meine Kinder im Stich gelassen und mich mit der Absicht nach Italien verzogen, sie in Deutschland ihrem Schicksal bei einer Tagesmutter zu überlassen, war demnach niemals richtig.

Mein Anwalt aber glaubte es mir erst, als ihm die Stellungnahme des Jugendamts vorlag und er daraus ersah, dass dieses meine Angaben zu unseren Terminabsprachen bestätigte und mich dadurch selbst von dem Vorwurf entlastete, meine Kinder im Stich gelassen zu haben.

»Noch eine Woche, nur eine Woche noch«, tröstete ich Valeria, die unglücklich in unserer schönen Wohnung saß und keinen Blick für die steilen Berghänge, die Häuser und Dächer des greifbar nahen Stadtzentrums oder den südlich blauen Himmel hatte. Sie war traurig und einsam. Sie sehnte sich nach ihren Brüdern, nach ihren Freundinnen, nach unserem alten heilen Leben und nach der Mama, die ich immer gewesen war. Die verzweifelte, ständig aufs Neue in Tränen ausbrechende, fast ununterbrochene rauchende, hypernervöse Vieltelefoniererin, die vergessen zu haben schien, dass sie eine leibhaftig vorhandene Tochter hatte und nicht nur zwei verschwundene Söhne, diese Mutter kannte sie nicht und wollte sie auch nicht kennen.

Valeria brauchte ihre Mama, an deren Brust sie sich die Angst von der Seele weinen konnte, die sie trösten und ihr mit der überzeugendsten Stimme der Welt versprechen würde, dass ihre Brüder zu dem und dem Zeitpunkt zur Tür hereinkämen. Sie brauchte eine Mama, bei der sie das sein durfte, was sie war, ein Mädchen, gerade erst ein paar Monate aus dem gesetzlichen Kindesalter heraus und an der Schwelle zum jugendlichen Alter, ein verschrecktes, von Selbstzweifeln und der Angst, irgendwie doch schuld am Verschwinden ihrer Brüder zu sein und deshalb nicht mehr geliebt zu werden, zutiefst erschüttertes Kind. Manchmal, flüchtig, wusste ich, was sie brauchte und dass sie ein Recht darauf hatte, dass ich als ihre Mutter ihr Sicherheit und Liebe schuldig war. Ich liebte sie ja auch. Aber Kraft, es ihr zu zeigen, hatte ich viel zu selten.

Vielleicht wäre es besser gewesen, Valeria sofort nach unserer Ankunft in die Schule zu schicken. Doch weder wollte sie zur Schule gehen, ehe ihre Brüder wieder da wären, noch hatte ich die Energie, sie dorthin zu begleiten und mit der Schulleitung sowie den Lehrern zu reden. Die bloße Vorstellung, Smalltalk machen zu müssen, positiv über Deutschland, die Menschen dort und die Schulzeit meiner Kinder zu reden, trieb mir das Wasser in die Augen. Ich wollte jedoch aus guten Gründen nicht erklären müssen, warum.

Valeria wollte nicht, dass ihre neuen Klassenkameraden sie schief anschauen oder zu ihr auf Distanz gehen würden, weil ihrer Mutter die Kinder weggenommen worden waren. Nach der allgemeinen Volksmeinung nimmt man höchstens Asozialen die Kinder weg: Eltern, die ihre Kinder misshandeln, sexuell missbrauchen, verhungern lassen. Was sollte Valeria ihren neuen Mitschülern erklären? Welchen Grund sollte sie angeben, dass ihre Brüder mir weggenommen worden waren? Wir wussten es doch selber nicht. Und obwohl es stimmte, konnte es kein unglaubwürdigeres Argument geben.

Mir wiederum lag auch absolut nichts daran, ins Gerede der Leute zu kommen. Ich hasste die Vorstellung, man werde mit dem Finger auf uns zeigen und hinter der vorgehaltenen Hand tuscheln: »Hey, die Frau hat drei Kinder von drei Männern, und jetzt haben sie ihr die Kinder weggenommen.«

Genau das war ja die Schreckensvision meiner zerquälten Nächte, wenn der Verstand die Seele nicht mehr kontrollierte und es in mir schrie, ob das alles womöglich nur passiert sei, weil ich die drei Kinder von drei Männern hatte und man deshalb in der ordentlichen, disziplinierten, makellosen deutschen Jugendamtsbehörde vermutet hatte, eine wie ich, die es wohl mit den Kerlen nicht so genau nehme, lasse auch ihre Kinder mit Vergnügen im Stich.

Ich wusste nicht, dass viele andere Eltern in Deutschland ähnliche Erfahrungen wie ich mit dem Jugendamt machten und machen. Niemals hatte ich etwas von den Gerichtsurteilen des Europäischen Menschenrechtgerichtshofs in Straßburg erfahren, der Deutschland bereits mehrmals wegen Menschenrechtsverletzungen an Eltern und Kindern zur sofortigen Rückgabe der Kinder und hohen Schadenersatzforderungen verurteilt hat. Ich kannte die Datenbanken im Internet nicht, auf denen solche Fälle verzeichnet sind.

Ich dachte, einzig und allein mir hätte das Jugendamt die Kinder weggenommen, obwohl es dazu keinen Grund gab. Daher hatten Valeria und ich nicht nur Angst, sondern empfanden auch tiefe Verunsicherung und Scham. Hätte ich mir nicht immer wieder klar gemacht, dass ich als Mutter kein Recht hatte, einfach aus dem Leben meiner Kinder zu verschwinden und sie allein zu lassen, ich hätte mich in diesen Tagen selbst getötet.

Herrn General hatte ich ohnedies ganz oben auf meiner Telefonliste stehen, doch vor dem Hintergrund der Information meines Anwalts, wie lange es dauern sollte, bis ich meine Kinder vor Gericht zurückbekäme, rief ich sofort nach meinem Anwaltstelefonat im Jugendamt an.

»Hallo, Herr General, ich bin's, Joumana Gebara, Sie wissen doch ...« Ich stockte, setzte neu an, um meiner abrutschenden Stimme Festigkeit zu geben. »Herr General, Sie wissen doch, die haben mir meine Kinder weggenommen.«

»Ja, hab ich gehört.«

»Herr General, Sie kennen mich. Sie wissen, dass das alles nicht stimmt, dass das Lügen sind. Bitte, Sie haben mir damals gesagt, ich würde keine Schwierigkeiten bekommen, wenn ich in Italien arbeiten und mit den Kindern umziehen will. Ihre Mitarbeiterinnen haben das gehört. Ich weiß die Namen noch ganz genau. Bitte, Sie müssen mir meine Kinder zurückgeben. Sofort! Sie müssen auf alle Fälle sofort meinen Sohn anrufen und ihm sagen, dass ich gekommen bin, um ihn zu umarmen und an mein Herz zu nehmen. Ich war da. Ich wollte zu ihm. Aber sie haben mich nicht gelassen. Bitte, Herr General, Sie müssen ihn anrufen und ihm sagen, ich bin gekommen. Ich habe mein Versprechen gehalten. Ich hab noch nie meine Kinder belogen. Noch nie.«

Der Jugendamtsmitarbeiter blätterte in irgendwelchen Papieren. Ich hörte es rascheln. »Tut mir Leid, das kann ich nicht machen. Ich habe am Mittwoch einen Termin mit Ihrem Sohn. Ich werde mit ihm reden. Aber das kann ich nicht machen. Das kann ich ihm nicht sagen.«

»Aber warum denn nicht?« Ich konnte kaum sprechen, weil mir der Mund vom Weinen zitterte, das ich nicht zulassen wollte. »Was seid ihr denn für Menschen? Warum können Sie meinem Sohn nicht sagen, dass ich ihn liebe, dass ich ihn abholen wollte, dass ich es nur nicht durfte? Er liebt mich. Er will, dass ich bei ihm bin. Was macht ihr denn mit uns? Habt ihr denn kein Herz? Habt ihr keine Kinder? Wisst ihr nicht, wie wir leiden? Bitte, was hab ich denn verbrochen?«

Das Papierrascheln hörte auf. »Sie haben Ihre Kinder auf der Matratze in Ihrer völlig verdreckten Wohnung schlafen lassen. Und dann kam das Jugendamt und hat das überprüft.«

»Welche Matratze?«, rief ich. »Meine Kinder haben bei Bella Kötter geschlafen! Die waren nicht in meiner Wohnung.«

Herr General schien zu gähnen. »Ja, ja, wir werden Frau Kötter befragen.«

»Dann werden Sie sehen, es ist alles in Ordnung. Dann geben Sie mir meine Kinder. Sie können sie doch gleich befragen. Ich komme und hole sie sofort ab. Ich fahre los und bin in ein paar Stunden da. Dann geben Sie mir die Kinder, bitte. Die Kinder haben bei ihr geschlafen. Das Jugendamt hat die Tagesmutter bezahlt, ich habe für die Übernachtungen bezahlt. Das wissen Sie doch. Das habe ich schriftlich vom Jugendamt.«

»So einfach ist das nicht«, sagte Herr General.

»Wo ist denn das Problem?«, wollte ich wissen. »Wenn meine Kinder nicht auf der Matratze geschlafen haben, ist doch alles okay. Und die haben nicht auf der Matratze geschlafen, sondern bei Bella Kötter. Das stimmt.«

Herr General tippte auf der Computertastatur. »Nee, nee, Frau Gebara. Das müssen wir erst prüfen.«

»Gut.« Ich merkte, dass ich so mit ihm nicht weiterkam. »Ich mache mir jetzt einen Plan. Ich werde mir alles aufschreiben aus dieser Zeit, mir einen Kalender machen und das dem Richter präsentieren. Dann wird er sehen, dass ich nichts Falsches gemacht habe. Dann muss er mir meine Kinder zurückgeben. Sie werden schon sehen, Herr General.«

»Versuchen Sie es«, sagte er.

Der Telefonhörer lag noch kaum auf der Gabel, da suchte ich schon meine Unterlagen zusammen, öffnete das Tabellenprogramm meines Computers und hämmerte alle Informationen hinein, über die ich verfügte. Sämtliche Tage, Uhrzeiten, Namen, Gesprächsnotizen, alles trug ich mit Datum in die Tabelle ein, schrieb rot und fett, was mir besonders wichtig erschien, wechselte in den Spalten zwischen blauer und schwarzer Schriftfarbe, damit man beim Lesen nicht durcheinander geriete. Der Richter, dem ich diese Tabelle vorführen und im Gespräch erläutern wollte, sollte in der Lage sein, die Situation auf einen Blick zu erfassen. Und falls er Fragen zu den einzelnen Eintragungen hätte, wäre ich ja da, sie ihm zu beantworten.

Da ich mittlerweile diverse Freunde und Bekannte angerufen hatte, um ihnen mein Leid zu klagen und sie um Hilfe zu bitten, wusste ich, wie schwer an meine Unschuld zu glauben war. Jedes Mal, selbst bei Freunden, erregte ich Zweifel, dass so etwas grundlos passieren könne. Ihre Skepsis verletzte und machte zugleich auch wütend. Ich war das Opfer, nicht der Täter. War das so schwer zu kapieren?

Aus diesem Grund fertigte ich diese Tabelle der tatsächlichen Ereignisse so sorgfältig an, dass sie hieb- und stichfest war. Ich stellte mir vor, sobald ich sie dem Richter präsentiert hätte, könnte ich meine Kinder auf der Stelle mitnehmen.

Ich habe damals keinen Moment gezweifelt, dass ich meine Kinder gleich am ersten Gerichtstermin zurückbekäme, dass sie beide im Gerichtssaal wären, auf mich zulaufen, mich umarmen und an meiner Hand mit mir zum Auto, fort mit mir nach Italien gehen würden. Keinen Moment habe ich gezweifelt, dass jeder meine Unschuld erkennen müsse. Ich war mir so sicher. Ich hatte ja nichts getan. Ich hatte nichts falsch gemacht. »Dass man Eltern die Kinder wegnimmt«, glaubte ich, »so etwas kann nur Leuten passieren, die etwas falsch gemacht haben. Aber ich habe ja nichts falsch gemacht.«

Neben der Arbeit an meiner Tabelle begann ich, Zeitungen anzuschreiben. Mein Anwalt hatte gesagt, die Öffentlichkeit werde mir vielleicht helfen. Ich wollte nichts unversucht lassen. Auch meine Partei, die CDU, die ich so lange von meinem wenigen Geld wegen ihres christlichen Namens und ihrer Familienpolitik unterstützt hatte, schrieb ich an. Sie antworteten mir, ich solle zur Caritas gehen. Diese solle mir die Kinder zurückgeben. Als ich den Brief las, konnte ich nur bitter lachen. Gut, dass ich meine Mitgliedschaft inzwischen gekündigt hatte.

Auch mit anderen Rechtsanwälten nahm ich Kontakt auf. Mein Freund aus Trento hatte meinen deutschen Anwalt einen Halsabschneider genannt. Sein Freund Don hatte mir zu einem Kirchenanwalt geraten. Vielleicht hatten beide Recht. Doch als ich den Kirchenanwalt sprach, war seine erste Frage, warum das Jugendamt mir die Kinder weggenommen hatte. Und als ich wahrheitsgemäß antwortete, das wisse ich nicht, hörte ich an seiner reservierten Reaktion, dass er dachte, ich wisse es sehr wohl, habe aber etwas zu verbergen. Einen solchen Anwalt hatte ich bereits.

Sehr bald schrieb ich auch an die Polizeidienststelle in H., zu der Bella Kötter meinen Sohn gebracht hatte, damit sie ihn seinem Vater übergeben würden. Ich schilderte die Situation so, wie sie sich mir damals darstellte, dass die Tagesmutter Angst um ihr Einkommen gehabt habe und mich deshalb beim Jugendamt fälschlich denunzierte, damit meine Kinder bei ihr zur Pflege blieben und sie weiterhin das Betreuungsgeld kassieren könne.

Der Polizist, der mir antwortete, hatte zumindest ein bisschen Empathie entwickelt. »Ich darf Ihnen über den Verbleib Ihres Kindes keine Auskunft geben«, teilte er mir mit. »Doch wenn Sie Ihre Geschichte dem Richter so schildern wie mir, wird er Ihnen glauben und Ihnen Ihre beiden Kinder wiedergeben.«

Über der Arbeit und den Vorbereitungen auf die Gerichtsverhandlung rückte das Wochenende unaufhaltsam näher. Mein deutscher Anwalt meldete sich nicht. Ich hatte keine Ahnung, um wie viel Uhr und in welchem Saal der Gerichtstermin stattfinden würde. »Wann ist am Montag die Verhandlung?«, rief ich ihn an.

»Montag? Nein, nein, es ist am Mittwoch«, antwortete er in diesem Ton, den man aufsetzt, wenn man einem anderen weismachen will, man habe ihm bereits etwas mitgeteilt, obwohl man genau weiß, es nicht getan zu haben. »Am 20. Oktober.«

Ich beließ es dabei. Es hatte keinen Sinn mehr zu protestieren. »Gut, dann ist es Mittwoch. Wann?«

»Um 10.30 Uhr.«

»Ich bin da.«

Dienstagabend setzten Valeria und ich uns mit Herzklopfen ins Auto. »Ein paar Stunden noch«, sprachen wir und lachten uns zu, »dann sind sie bei uns, dann fahren wir zusammen nach Hause.«

Jeder Kilometer schien mir einer weniger bis zu meinen Kindern. Wenn das Licht die Katzenaugen am Straßenrand aufleuchten ließ, stellte ich mir die glänzenden Augen meiner Kinder vor, die sich mir jauchzend in die Arme werfen würden, wenn wir uns endlich, endlich wiedersehen würden und ich sie mitnähme nach Hause. »Hey, das ist unsere Mama«, würden sie rufen und lachen. »Wir wollen zu unserer Mama und mit ihr nach Italien umziehen.«

Valeria nahm ich wegen des Richters mit. Für alle Fälle. Falls er doch noch bestimmte Fragen zu meiner Tabelle mit der Liste der Ereignisse hätte. Sie sollte und wollte ihm erzählen, wie alles gewesen war. Die Wahrheit wollte sie ihm sagen. Ihre kleinen Brüder konnten vielleicht keine Zeugen sein. Valeria aber war 14. Sie war kein Kind mehr.

Als wir in S. ankamen, blieb genügend Zeit bis zum Gerichtstermin, um vorher meinen Anwalt zu konsultieren. Doch wichtiger war es mir, einen Blick auf meine Kinder zu erhaschen. Der Parkplatz vor dem Jugendamt war leer, während ich langsam vorfuhr, nahe der Eingangstür stehen blieb und aufpasste. Wenn die Pflegeeltern oder ein Jugendamtsmitarbeiter mit Stefan kämen und Bob mit Christian, würde ich meine Söhne zwar nicht berühren, aber doch wenigstens noch vor dem Gerichtstermin sehen.

Leider hofften Valeria und ich vergeblich. Die Jungen kamen nicht. Vielleicht gab es eine andere Einfahrt, einen anderen Eingang. Es hatte keinen Sinn, noch länger zu warten. Die Zeit wurde knapp. Ich musste vor dem Gerichtstermin meinen Anwalt sprechen. Mir war eingefallen, dass ich vergessen hatte, ihm eine entscheidende Mitteilung zu machen. »Das Arbeitsamt und das Jugendamt haben mir beide gesagt, ich solle nach Italien fahren. Es wäre mit den Kindern kein Problem. Ich wäre niemals nach Italien gefahren, wenn das Jugendamt mir gesagt hätte, dass es nicht geht, dass sie mir dann die Kinder wegnehmen.«

»Ja, ja, schon gut. Beruhigen Sie sich«, winkte mein Anwalt ab.

Wenig später betraten Valeria und ich zusammen mit ihm das Gerichtsgebäude. Polizisten bewachten den Eingang. Sie durchsuchten mich und nahmen mir meinen Laptop weg, auf dem ich meine Liste für den Richter abgespeichert hatte. »Warum machen Sie das?«, fragte ich entsetzt. »Ich brauche den Laptop. Ich muss dem Richter etwas zeigen. Eine Datei, eine Tabelle. Sie ist auf der Festplatte. Ihr könnt mir das nicht wegnehmen.«

»Vorschrift«, hieß es. »Es ist verboten, Gegenstände in den Gerichtssaal mitzubringen.«

In diesem Moment sah ich Bob. Er war ohne Anwalt und ohne Christian gekommen. Warum? Wusste er, dass er keinen Rechtsbeistand brauchen würde, der seine Rechte schützte? War er seiner Sache so sicher?

Ich rief ihn an: »Hör mal, Bob, was machst du mit uns? Was tust du uns an? Warum gehst du gegen mich vor Gericht? Ich bin die Mutter. Die Mutter, Bob! Hast du das vergessen? Was soll das? Was machst du? Das darf doch nicht wahr sein! Was machst du?«

»Machen Sie kein Theater«, sagten die Polizisten und kamen drohend auf mich zu.

Bob reagierte nicht.

Oben auf der Treppe stand Frau Kieperhaus vom Jugendamt, die ich wegen ihres ähnlichen Aussehens mit Frau Bleich verwechselte. Neben ihnen bewegte Herr General sich auf den Zehenspitzen auf und ab. Sofort eilte ich auf ihn zu. »Bitte, wo sind meine Kinder? Bitte, wann sehe ich meine Kinder?«

»Die sind nicht da.«

Ich glaubte es nicht. »Aber ich habe Sie doch extra angerufen. Ich habe Sie gebeten, dass Sie die Kinder heute mitbringen. Ich will sie mitnehmen nach Italien. Ich bin gekommen, um sie mitzunehmen. Bitte, wo sind sie?«

Sein Blick schien mir verächtlich. »Hören Sie auf, so hysterisch zu sein. Hören Sie auf mit diesem Geschrei!«

Ich fühlte mich wie vor den Kopf geschlagen. Das Jugendamt hatte meine Kinder nicht mitgebracht. Was sollte das bedeuten? Von tief innen heraus wurde mir eisig kalt.

»Bitte, was habe ich gemacht?« Die Tränen schnürten mir schon wieder den Hals zu, und ich blinzelte, um klar sehen zu können. Vielleicht benahm er sich nur so, weil die beiden Frauen neben ihm standen. Vielleicht hatte er irgendwie Angst vor ihnen. Sie sahen für mich aus, als sei mit ihnen nicht gut Kirschen essen. »Bitte, Herr General, helfen Sie mir. Ich kann nicht mehr. Ich bin erledigt. Sagen Sie mir, wo sind meine Kinder. Bitte!« Dieser Mann kannte mich doch. Ich glaubte wirklich, er würde den Irrtum klarstellen, der hier gegen mich vorlag. »Warum haben die mir meine Kinder weggenommen? Herr General, antworten Sie mir. Bitte!«

Nichts.

Einen Moment später verschwand die ganze Gruppe mit der Richterin im Gerichtssaal. Ich wusste damals nicht einmal, ob es tatsächlich eine Richterin war. Hinter ihnen wurde die Tür geschlossen. Irgendetwas besprachen sie hinter dieser Tür. Was nur?

Als ich meine Nase schnäuzte und die Tränen abwischte, erfasste ich Bob aus den Augenwinkeln. Er stand weit abseits von uns im Flur. Immer noch allein. Er sah nicht zu Valeria und mir hin. Ich überlegte, ob ich ihn erneut anflehen sollte, dieses grausame Spiel zu beenden und mir unseren Jungen zu geben, da sprang die Tür des Gerichtsaals wieder auf. Die Richterin und die Leute vom Jugendamt schritten auf Bob zu, flüsterten, nickten, tuschelten.

In Panik klammerte ich mich an Valeria. »Was reden die da? Was machen die da hinter meinem Rücken aus? Das ist doch keine Gerichtsverhandlung. Was wird hier gespielt? Ich kann nicht mehr. Bitte, halt mich fest. Hilf mir.« Und das arme Kind hielt mich und wuchs über sich hinaus, um mir zu helfen.

So saßen wir, bis endlich mein Anwalt kam. Bei seinem Anblick raffte ich mich auf. »Bitte, Herr Rechtsanwalt, sehen Sie doch, etwas stimmt nicht an dieser ganzen Geschichte. Das Flüstern, diese heimlichen Absprachen. Es ist ein Komplott gegen mich.«

»Hören Sie auf mit Ihrer albernen Konspirationstheorie.« Unwirsch fuhr er mir über den Mund. »So was gibt es gar nicht. Ein solches Komplott gibt es bei Ihnen im Libanon, aber nicht hier in Deutschland.«

Ich ließ mich nicht davon abbringen. »Bitte, wie soll es denn anders sein? Warum haben die Leute vom Jugendamt meine Kinder nicht zu diesem Termin mitgebracht? Wieso fragen sie meine Kinder nicht, ob sie mit mir mitkommen wollen? Fragen Sie meine Tochter. Lassen Sie sie als Zeugin aufrufen. Das Gericht muss sie anhören. Sie kennt die Wahrheit. Sie wird alles sagen. Bitte, Sie haben mir versprochen, dass meine Kinder dabei sein werden.«

Der Anwalt hob die Hände und ließ sie wieder fallen. »Ich kann nichts gegen das Jugendamt tun.«

»Sie haben mich angelogen. Sie, mein eigener Anwalt. Ach, Gott!« Ich war bereits am Ende, ehe es richtig begonnen hatte.

Der Gerichtsdiener rief uns in den Sitzungssaal. Valeria nahm in der ersten Zuhörerreihe Platz. Sie wollte ja als Zeugin aussagen. Meinem Anwalt und mir gegenüber ließ Bob sich allein an einem Tisch nieder. Neben der Richterin an ihrem langen Richtertisch saßen die beiden Leute vom Jugendamt, Frau Kieperhaus und Herr General.

Bis zu diesem Zeitpunkt wusste ich immer noch nicht, dass es in dieser Verhandlung ausschließlich um den Gerichtsbeschluss gehen würde, mir Christian wegzunehmen und seinem Vater das vorläufige alleinige Elternrecht aus Sorgerecht und Aufenthaltsbestimmungsrecht zu geben. Während wir auf die Verfahrenseröffnung warteten, versuchte ich ständig, wispernd meinen Anwalt zu fragen: »Wo sind die Kinder? Warum sitzen die Kinder nicht hier? Wo ist Stefan?«

Als die Richterin die »Sache« verlas, protestierte ich: »Warum reden Sie nur von einem Sohn? Das Jugendamt hat mir zwei Söhne weggenommen. Ich will jetzt endlich meine beiden Kinder haben und zurück nach Italien.«

Die Richterin schüttelte den Kopf. »Nein, nein, Frau Gebara, wir müssen jetzt erst mal wegen des Kindes Christian beraten und zu einem Beschluss kommen.«

»Aber warum nur wegen Christian?«, begehrte ich abermals auf. »Ich verstehe das nicht. Es geht nicht nur um ein Kind. Es geht um meine beiden Kinder. Ich will sie zurück und mit ihnen nach Italien. Was wollen Sie darüber diskutieren? Warum geben Sie mir die Kinder nicht? Ich habe eine Liste gemacht, eine Tabelle, sie ist auf meinem Laptop. Den musste ich draußen lassen. Wegen der Polizei. Darin habe ich alles aufgeschrieben. Ich will sie Ihnen zeigen. Sie werden dann sofort sehen, dass ich nichts falsch gemacht habe. Sie geben mir die Kinder danach. Bitte, lassen Sie mich meinen Laptop holen!«

Die Richterin winkte ab. Ich erinnere mich nicht mehr an jedes Wort, das fiel. Aber ihren Satz: »Wir sind hier, weil Sie Ihre Kinder verlassen haben, weil Sie lieber arbeiten wollten, als bei ihnen zu bleiben«, werde ich nie vergessen.

Ich schrie auf: »Nein! Ich habe meine Kinder nie verlassen. Nie! Ihr«, ich zeigte auf die Jugendamtsmitarbeiter, »ihr habt mir gesagt, ich solle fahren, ihr bezahlt die Tagesmutter. Ihr habt mich angerufen und gefragt, ob ich zurückkomme. Ich habe euch gesagt, dass ich selbstverständlich zurückkomme und meine Kinder hole. Ich hielt eure Frage für einen schlechten Scherz. Ich habe euch geglaubt, als ihr mir sagtet, es ist alles in Ordnung. Ich habe meine Kinder angerufen, auch Bella Kötter, die Tagesmutter. Sie sagten immer nur, es ist alles in Ordnung. Da ist meine Tochter Valeria, befragt sie! Befragt die Tagesmutter. Befragt meine Söhne. Ich habe meine Kinder niemals verlassen. Wieso sagt ihr das? Warum lügt ihr?«

Ich sagte wohl tausendmal: »Bitte, bitte! Sagt mir, was ich falsch gemacht habe, damit ich es besser machen kann. Macht mit mir, was ihr wollt, aber nehmt mir mein Herz, meine Kinder, nicht weg. Ich liebe sie. Ich hatte kein eigenes Bett in meiner Wohnung, nichts, ich schlief mit den Kindern in einem Bett. Der Kleine auf meiner Brust, der Große über meinem Kopf; er liebt es, mit meinen Haaren zu spielen. Bitte! Ich habe meinen Kindern vor dem Schlafengehen Geschichten erzählt. Und jede Geschichte habe ich in tausend verschiedenen Versionen erzählt. Ich habe sie für die Kinder erfunden. Bitte, gebt mir meine Kinder, bitte! Fragt sie, fragt meine Kinder über die drei Schweinchen und die vielen Geschichten dazu, über Rapunzel zum Mittag, Rapunzel zum Abendessen, Rapunzel gekocht und geschnitten. Fragt sie über den Soldaten mit einem Bein, der so stolz dastand trotz seines fehlenden Beins und dessen Herz am Ende schmolz, weil er die schöne Ballerina liebte. Fragt meine Kinder, sie werden es euch sagen. Ich liebe meine Kinder. Niemals würde ich sie verlassen. Ich habe sie immer verteidigt wie eine Löwin in der Savanne. Ich bin eine Mutter, versteht ihr. Ich bin eine Mutter. Ich habe meine Kinder an meinem Herzen getragen, nicht nur vor der Geburt, in meinem Bauch, sondern auch danach. Immer. Ich liebe sie.«

In meiner Verzweiflung und Trostlosigkeit warf ich mich schließlich vor ihnen auf die Knie und flehte sie an. »Bitte, bitte, gebt mir meine Kinder. Seht her, ich knie vor euch. Ich demütige mich vor euch.«

Ich schaute sie an, diese eiskalten Augen, die hochgezogenen Augenbrauen, diese verzogenen Lippen, das Kopfschütteln und ich weinte, weinte. »Bitte, beendet diesen Weg nach Golgatha. Es tut so weh. Diese Schmerzen sind unerträglich. Bitte, ihr habt euren Willen, ich bin klein und zerstört vor euch. Ihr könnt mit mir machen, was ihr wollt. Ihr hattet euren Spaß. Ich knie vor euch. Aber bitte, gebt mir meine Kinder. Bitte!«

Es kam kein Echo. Als hätte ich gegen die Wand geredet, schwiegen sie, starrten mich an. »Sprecht mit mir! Sagt mir, warum ihr das macht? Weil meine Haare schwarz sind statt blond? Weil meine Haut nicht so weiß ist wie eure? Weil ihr denkt, ich bin eine Ausländerin?«

Sie schwiegen, verächtlich, wie mir schien.

»Aber ich liebe Deutschland«, beteuerte ich. »Ich bin Mitglied der CDU, bitte, ich kann euch meine Mitgliedsnummer geben. Ich habe meine Kinder zu guten Deutschen erzogen. Ihr wisst doch gar nicht, wer ich bin. Ihr habt nicht mit uns gelebt. Ich habe an Deutschland geglaubt. Wo ist er jetzt, der Rechtsstaat? Bitte, gebt mir meine Kinder.«

Nichts.

Ich spreche manchmal in poetischen Bildern. Das stammt aus meiner Muttersprache, der Sprache des Libanon. So drückte ich mich aus, als ich flüsterte und die Hände rang und nichts davon merkte, dass ich auf dem Boden, auf den Knien, zur Seite fiel und mich unter Schmerzen krümmte: »Meine Kinder sind die Symphonie, die Farben des Lebens für mich. Sie sind der Wind des einsamen Seglers auf dem Ozean, der ihn in den sicheren Hafen trägt. Meine Kinder sind die ewig aufrechte Zeder, das Sinnbild für die Schönheit und Ehre Libanons. Ihre Wurzeln sind tief in meinem Herzen und meiner Seele verankert. Meine Kinder lieben mich. Ich kämpfe für sie. Ihr werdet sie nicht zerstören.«

Herr General sprach als Erster wieder. »Da sehen Sie, wie hysterisch diese Frau ist, Frau Richterin. So eine Frau ist doch unfähig, Kinder zu erziehen. Das ist doch keine Frau, die eine Mutter sein kann.«

Weder mein Anwalt noch die Richterin widersprachen.

Irgendwann begann Herr General mit seinen Anklagepunkten gegen mich, indem er mir vorwarf, ich hätte in zehn Jahren diverse Tagesmütter gehabt und immer lieber arbeiten wollen, als meine Kinder selbst zu versorgen.

Ich unterbrach: »Was war daran schlecht? Es sind doch Tagesmütter von euch gewesen! Ihr habt das bewilligt. Ihr habt sie empfohlen. Manchmal habt ihr sie bezahlt. Und natürlich habe ich gearbeitet. Meine Kinder hatten Hunger, wir brauchten eine Wohnung. Ich habe gearbeitet, weil ich Geld für meine Familie verdienen musste. Würde Geld vom Himmel fallen, würde ich auch lieber mit meinen Kindern spielen, als jeden Tag zur Arbeit gehen.«

»Sie waren sozialhilfeberechtigt. Sie hätten nicht arbeiten müssen«, hielt Herr General mir vor und schien mich wie Abschaum zu betrachten. »Aber Sie mussten Ihren Kindern ja Berge von Spielzeug kaufen, statt für sie da und bei ihnen zu Hause zu sein. Ihr älterer Sohn nässte ein und kotete ein, weil sie nie Zeit für ihn hatten. Er hatte Schwierigkeiten im Kindergarten und war aggressiv in der Schule. Sie haben Ihre Kinder ständig vernachlässigt, weil Sie lieber arbeiteten, statt Mutter zu sein.«

Ich fasste es nicht. Warum sagte dieser Mann so etwas? Er wusste doch, wie es wirklich war. »Stefan hat seit Jahren nicht mehr in die Hose gemacht. Er hatte damit ein Problem, als er klein war. Ich weiß schon nicht mehr, wann, weil es so lange her ist. Damals habe ich mich um Hilfe an das Jugendamt gewandt, weil ich nicht wusste, was ich machen sollte. Sein Vater und dessen Geschwister hatten als Kinder jahrelang dasselbe Problem. Ich dachte, es sei etwas Vererbtes. Aber wir bekamen das in den Griff. Es kam nie mehr vor. Ich war mit Stefan bei einer Psychologin. Und im Kindergarten flog er raus, weil ich Streit mit der Erzieherin hatte. Sie wollte Stefans Geburtstag nicht feiern, obwohl ich Kuchen mitgebracht hatte. Sie sagte, er wäre unfolgsam gewesen, und sie würde ihn bestrafen. Damit war ich nicht einverstanden, weil ich denke, das ist eine zu schwere Strafe für ein kleines Kind. Deshalb gab es einen Streit mit den Erzieherinnen. Ich beschwerte mich im Jugendamt darüber, weil ich es für eine pädagogisch falsche Maßnahme hielt. Bei dieser Gelegenheit sagte ich auch, dass der Kindergarten die Tür nicht ausreichend sicherte, so dass Christian, mein kleinerer Sohn, der ebenfalls in diesem Kindergarten war, abhauen konnte. Drei Stunden lang musste er mit Hilfe der Polizei gesucht werden. Als wir ihn endlich gefunden haben, war er mit irgendeinem Mädchen zusammen und von oben bis unten, – na ja, hatte er schon Pipi in der Hose und alles. Was ist das für ein verantwortungsloser Kindergarten, habe ich zu euch gesagt. Weil ich das alles bei euch im Jugendamt gemeldet hatte, ließ der Kindergarten dann ein psychologisches Gutachten über meine Kinder anfertigen, in dem stand, dass ich als Mutter nicht kooperativ wäre. Und deshalb, weil ich ihnen nicht passte, warfen sie Stefan dann raus. Aber nicht, weil ich ihn vernachlässigt und mich nie um ihn gekümmert habe.«

Herr General schaute zuerst mich, dann die Richterin an. Es kam mir vor, als freute er sich zu widersprechen: »Dazu muss ich sagen, dass Stefan bis heute einnässt und einkotet, Frau Richterin. Die Bereitstellungsfamilie, bei der er in Sicherheit gebracht wurde, hat entsprechende Aussagen vor uns gemacht.«

Ich schüttelte den Kopf. »Das stimmt nicht. Das glaube ich nicht. Mein Sohn hat das seit Jahren nicht mehr gemacht. Fragen Sie seine Schwester. Sie kann es bezeugen. Das stimmt doch alles nicht. Bitte, fragen Sie sie, Frau Richterin. Sie ist extra mitgekommen, um als Zeugin auszusagen.«

Doch die Richterin befragte Valeria nicht.

Herr General fuhr fort: »Während der Wohnungsbesichtigung in der verlassenen Wohnung der Mutter haben wir festgestellt, dass die

Kinder während der Abwesenheit der Mutter in der völlig verwahrlosten Wohnung auf einer Matratze zwischen Müllsäcken auf dem nassen Boden schliefen.«

»Sie lügen!«, brauste ich auf. »Sie wissen, dass die Kinder nicht in meiner Wohnung schliefen und nicht auf der Matratze, sondern bei Bella Kötter. Das Jugendamt hat die Tagesbetreuung bezahlt und ich die Nachtbetreuung, damit sie dort schlafen konnten. Wir haben lediglich die letzte Nacht vor meiner Abreise zusammen auf der Matratze geschlafen, weil die Betten für den Umzug auseinander geschraubt waren. Da war die Matratze sauber und trocken und der Fußboden auch. Fragen Sie Bella Kötter. Fragen Sie Valeria. Bitte, fragen Sie. Sie wird Ihnen die Wahrheit sagen.«

»Bella Kötter hat bei uns eine entsprechende Aussage gemacht, Frau Richterin«, sagte Herr General. »Demnach haben die Kinder in der Wohnung der Mutter auf der Matratze geschlafen, weil in der Wohnung der Tagesmutter kein ausreichender Schlafraum vorhanden ist.«

Ich wollte aufspringen. Diese Lügen regten mich auf. »Mäßigen Sie sich, Frau Gebara!«, tadelte die Richterin mich streng. »Der Herr General hat das Wort. Schließlich muss ich erst einmal erfahren, worum es im Einzelnen geht.«

Als hätte er nur darauf gewartet, dass die Richterin mich ermahnte, beugte sich auch mein Anwalt zu mir herunter und murmelte, ich solle mich beruhigen und endlich den Mund halten. Mit meinem Reden würde ich alles nur schlimmer machen.

Herr General fuhr fort: »Die Wohnung der Frau Gebara war extrem verschmutzt. Überall Staub, Dreck. Die Fenster nicht geputzt. Im Wohnzimmer Müllsäcke. Auch draußen vor dem Haus stand der Müll der Frau Gebara. Da waren Maden im Müll.«

Er meinte den Müllhaufen, die Schränke und alles andere, was ich für den Sperrmüll an die Straße gestellt hatte. »Was soll das, Herr General?«, fragte ich entgeistert. »Sie wissen doch, ich bin am Umziehen. Ich habe Sperrmüll abgestellt und Sachen, die ich nicht mitnehmen kann. Das Zeug stand über zwei Wochen an der Straße. Der Sperrmüll kam leider noch nicht. In einem Zimmer hatte ich ein paar Säcke mit Tapetenresten und anderem Abfall, der beim Umzug anfiel, stehen gelassen. Die standen dort alle in einer Ecke. Ich hatte einfach keine Zeit mehr, das wegzuschaffen. Das wollte ich machen, wenn ich die restliche Tapete abreiße und alles putze und die Wohnung zur Übergabe fertig herrichte. Frau Kötter hat dann irgendwann ihren eigenen Müll dazugepackt; keine Ahnung, was da in den Tüten war. Sie hat auch die Hasen in der Wohnung frei laufen lassen und Wasser verschüttet. Fragen Sie meine Tochter. Sie kann es bezeugen. Warum fragt sie denn niemand? Vielleicht waren da Maden im Müll oder vor dem Haus, ja und? Wollen Sie mir deshalb meine Kinder wegnehmen?«

Mein Anwalt schritt ebenfalls dagegen ein und meinte: »Der Müll draußen, die Maden, das tut nichts zur Sache. Das ist ein Ausnahmezustand wegen des Umzugs, den man meiner Mandantin nicht anlasten kann.«

»Ja, aber wir haben die Nachbarn befragt«, bekräftigte Herr General seine Vorwürfe. »Die Nachbarn haben ausgesagt, dass es in der Wohnung der Frau Gebara immer unordentlich aussah. Die Kinder haben ihre Spielsachen überall in der Wohnung verstreut.«

»Meine kleine Tochter bringt auch Spielzeug ins Wohnzimmer«, sagte mein Anwalt. »Das hat nichts mit extremer Unordnung zu tun.«

Ich sah Bob an, der die ganze Zeit geschwiegen hatte und still an seinem Tisch saß, als ginge ihn alles nichts an. »Bitte, Bob, mach jetzt Schluss mit diesen ganzen Theaterstücken. Bitte! Du weißt doch, ich habe dir immer gesagt, du bist ein guter Vater, und ich hab dir auch gesagt, ich schick dir unseren Sohn alle zwei Wochen. Sag doch was! Du weißt, dass ich eine gute Mutter bin. Sag denen, was du wirklich von mir denkst.« Ich schaute ihn an aus meinen verweinten Augen, als könnte ich ihm die Worte aus dem Mund ziehen. Ich sah schrecklich aus, übernächtigt, verheult, die Haare zerrauft. Aber er schwieg, presste einfach seine dünnen Lippen zusammen und reagierte nicht.

»Wieso hat er keinen Anwalt?«, fuhr es mir wieder durch den Kopf. »Wieso beschützen die Leute vom Jugendamt ihn? Warum sind die hier seine Verteidiger und seine Anwälte?«

Ich drehte den Kopf und sah sie an, die Frau Kieperhaus und den Herrn General. »Seid ihr seine Anwälte? Wieso hat der Vater keinen Anwalt? Wieso muss er nicht selbst aussagen? Da stimmt doch was nicht! So geht es doch bei Gericht nicht zu. Ihr wollt mich reinlegen. Das hier ist doch kein Gerichtssaal!«

Die Richterin, mein Anwalt, alle gingen sofort mit Worten auf mich los, dass ich mich beherrschen solle, dass es jetzt genug sei. Und Bob saß die ganze Zeit da mit seinen dünnen Lippen und lehnte sich in den Stuhl zurück und sah zu. Als ob wir in einem Theater wären und er der Zuschauer, für den wir auf der Bühne standen.

Plötzlich mischte Frau Kieperhaus sich ein. »Wir wissen, dass da nicht bloß der ganze Müll und die Maden und das Spielzeug überall waren. Sie haben nicht nur Ihre Wohnung, sondern auch Ihre Kinder immer vernachlässigt, Frau Gebara. Sie waren ständig überfordert mit ihnen.«

»Wie bitte?«, fragte ich. »Was soll das heißen, ich habe meine Kinder immer vernachlässigt? Wann haben Sie mit mir gelebt? Wann haben Sie gesehen, wie ich die Kinder vernachlässigt habe? Wann haben Sie gesehen, wie ich meine Kinder Tag und Nacht versorgt habe? Wie ich mich zu ihnen auf ihr Krankenbett gelegt habe? Die ganze Nacht und bin trotzdem tagsüber arbeiten gegangen, während der Babysitter oder eine Tagesmutter da war, obwohl ich mir das Geld dafür an mir selbst abgespart habe. Daran zum Beispiel, dass ich nie ein eigenes Zimmer in unserer Wohnung hatte, damit meine Kinder ihre eigenen Zimmer haben können und Valeria nicht mit ihren Brüdern zusammen in einem Zimmer schlafen muss.«

»Ziehen Sie hier doch nicht so eine Show ab!«, fuhr Herr General mich an und Frau Kieperhaus nickte. »Spielen Sie doch nicht ständig das arme Opfer und das Unschuldslamm. Sie sind doch bloß hysterisch. Sie sind doch keine Mutter. Sie wollten doch immer schon lieber arbeiten als für Ihre Kinder da sein. Die ganzen Jahre haben Sie Ihre Kinder geschädigt, weil Sie arbeiten gingen und die Kinder zu Tagesmüttern gaben, anstatt bei ihnen zu Hause zu bleiben und selbst für die Kinder da zu sein. Geben Sie doch zu, dass Sie Ihre Kinder immer lieber für Geld an andere Leute abschieben und ihnen materiell etwas bieten wollten, statt ihre Mutter zu sein.«

Ich rang nach Luft. Worauf spielte dieser Mann an? Darauf, dass ich dem Jugendamt vor einiger Zeit, als ich lange arbeitslos war und sie mir die Tagesmutter nicht bezahlen wollten, weil ich als Arbeitslose ja zu Hause bleiben könnte, einmal gesagt hatte, dass ich eine Ausbildung zur Industriekauffrau machte und zur Berufsschule ginge und abends, wenn die Kinder schliefen, zusätzlich Betriebswirtschaftslehre studierte? Darauf, dass ich ihm gesagt hatte, ich ginge lieber arbeiten, als Sozialhilfe zu beziehen, weil ich mir für meine Kinder wünsche, dass sie eine gute Schulausbildung bekämen und vielleicht studieren könnten, damit sie ihre Ziele im Leben erreichen würden? Stufte dieser Mann mich deshalb als schlechte Mutter ein, die ihre Kinder vernachlässigte? Andere Frauen arbeiteten auch den ganzen Tag und keiner nahm ihnen die Kinder weg, weil sie diese in einen Kinderhort oder eine Krippe oder zu einer Tagesmutter gaben, oder ein Au-pair oder einen Babysitter hatten.

»Frau Richterin«, sagte ich und blickte meinen Anwalt an, der keine Anstalten traf, mich zu verteidigen, »ich habe meine ganzen jungen Jahre für meine Kinder geopfert. Und gerne habe ich das gemacht, weil ich sie liebe. Die Väter wollten unsere Kinder nicht. Sie haben sich fast nie um sie gekümmert oder nur dann, wenn ich sie darum angebettelt habe und sie gerade nichts Besseres vorhatten. Ich habe drei Kinder von drei Männer; das stimmt. Darauf bin ich nicht stolz. Aber sie sind da. Das kann ich nicht rückgängig machen. Das will ich auch nicht. Die Väter wollten, dass ich abtreibe. Aber ich wollte das nicht. Ich habe die Kinder bekommen und großgezogen. Ich, nicht die Väter! Ich habe für sie gearbeitet, damit ich sie allein großziehen konnte. Ich, nicht die Väter! Ich habe eine gute Ausbildung gemacht und studiert, damit ich genug Geld verdiene in einem guten Beruf, denn ich will meinen drei Kindern auch ohne Vater eine gute Ausbildung geben, möchte, dass wir nicht jeden Tag Angst haben müssen, aus der Wohnung zu fliegen, weil ich die Miete nicht aufbringen kann.«

»Sie bekamen Kindesunterhalt«, unterbrach mich Herr General.

»Der Vater von Christian hat regelmäßig Kindesunterhalt gezahlt«, stimmte ich zu. »Er war immer ein guter Vater. Das habe ich nie bestritten. Der Vater von Stefan hat von der Geburt 1997 bis zum zweiten Lebensjahr nichts bezahlt und danach bis April 2004 auch nur, wenn er wollte. Ab April kam gar nichts mehr. Er wollte das Kind niemals. Der Vater von Valeria zahlte zum ersten Mal über ein halbes Jahr nach unserer Scheidung und brachte auch danach das Geld nur selten auf. Ab 1999, damals war mein drittes Kind bereits geboren, bekam ich erstmals Hilfen zur Finanzierung einer Tagesmutter vom Jugendamt. Ich selbst habe nie Unterhalt bekommen, auch nicht von meinem geschiedenen Mann. Christians Vater hat sich gern um unseren Sohn gekümmert, wenn er nicht zu viel arbeiten musste. Stefans Vater hat ihn sehr selten mal für ein paar Stunden genommen. Der Vater meiner Tochter hat andere Kinder, die er liebt. Ich habe das allein geschafft.«

Bob saß weiterhin da und sagte nichts.

»Nicht meine Kinder haben mich jemals überfordert, Frau Richterin«, stellte ich fest und ballte die Fäuste, um mich selbst zu bezwingen, damit ich die Tränen verbeißen konnte und leiser sprach. Sie sollte sehen, dass ich keine hysterische Versagerin bin, sondern eine Mutter, die um ihre Kinder kämpft, die sie liebt. »Ihr, hier das Jugendamt und das Gericht, ihr überfordert mich und zwar jetzt, mit dieser Situation. Ihr sagt mir nicht einmal, was ich falsch gemacht haben soll. Erst diese absurde Geschichte mit dem Müll und der Matratze und dem Spielzeug. Das ist doch kein Grund, mir meine Kinder wegzunehmen! Und jetzt behaupten die Leute vom Jugendamt plötzlich, ich hätte meine Kinder schon immer vernachlässigt und sie verlassen. Warum, wenn sie das doch angeblich schon immer dachten, warum haben sie mir dann eine neue Tagesmutter gesucht, weil die eine, die meine Kinder besonders gern hatten, ein Kind bekam, die andere irgendwann krank wurde, eine dritte keine Lust mehr hatte oder wegzog? Warum haben sie nicht gesagt, sie bezahlen das nicht mehr?«

»Jetzt sind wir aber neugierig«, verstand ich das Murmeln von Herrn General.

Ich achtete nicht darauf. Die Richterin, die wollte ich überzeugen, nicht ihn. »Ich erkläre Ihnen, warum, Frau Richterin. Weil bei mir und den Kindern immer alles in Ordnung war. Weil ich eine gute Mutter bin. Weil ich mehrmals mein Studium wegen meiner Kinder abgebrochen habe. Weil ich wegen meiner Kinder so viele Fehlzeiten hatte, dass ich beinahe nicht zur Prüfung vor der Industrie- und Handelskammer zugelassen wurde. Weil ich wegen meiner Kinder nicht promovieren konnte, obwohl ich bereits ein Thema für meine Doktorarbeit und das Konzept dazu hatte. Und weil ich meine Kinder nie allein gelassen habe, wenn ich studierte oder lernte oder für uns arbeitete.«

Meine Stimme zitterte schon wieder, so dass ich zwischendurch tief Luft schöpfte. »Bitte, Frau Richterin, das mit der ständigen Unordnung in meiner Wohnung und allem stimmte so nicht. Das hat Ihnen auch mein Anwalt gesagt. Und dass ich meine Kinder verlassen habe, stimmt auch nicht. Ich habe sie niemals verlassen und ich werde sie niemals verlassen. Bitte, fragt sie danach, meine Kinder. Ich war immer für sie da und mit ihnen zusammen. Ich bin noch nicht mal zu einer Party gegangen, nicht mal zum Schützenfest. Das ist ganz berühmt in S. Ich bin trotzdem nie dort gewesen. Nur zum Karussell mit den Kindern, mehr nicht. Die ganze Zeit, als ich in S. gelebt habe, die ganzen fünf Jahre, bin ich nie abends allein zum Schützenfest oder sonst wohin ausgegangen. Bitte, fragen Sie Valeria. Sie ist hier. Sie wird es Ihnen sagen.«

Die Richterin wandte den Blick von mir ab. Valeria meinte später, sie habe ausgesehen, als würde sie gleich in Tränen ausbrechen. Aber die Richterin weinte nicht.

»Bitte«, flehte ich nochmals. »Tun Sie mir das nicht an. Nehmen Sie mir die Kinder nicht weg. Sie sind das Wichtigste in meinem Leben. Bitte, ihr tut das alles hier mit der falschen Person. Ich habe meine Kinder nicht vernachlässigt und verlassen. Ich bin eine sehr gute Mutter. Glaubt mir doch! Bitte!«

Die Richterin erhob sich. Sie sah in die Runde und schaute doch niemanden an, als sie verkündete: »Das Gericht zieht sich zur Beratung zurück. Bitte, warten Sie draußen. Sie werden dann wieder hereingerufen.«

Das Schweigen, während die Richterin ihre Papiere auf dem Tisch zusammenschob, ehe sie aufstand, kam mir wie Zeitlupe vor: Unter mir öffnete sich der Abgrund, und ich fiel und fiel und die Ohnmacht des Falls war schlimmer als das Sterben am Ende.

Nach etwa einer Stunde rief uns der Gerichtsdiener wieder in den Gerichtssaal. Die Richterin erklärte in freundlich-ruhigen Worten: »Wir können das so machen, Frau Gebara: Sie können Ihren älteren Sohn bekommen. Da können wir mit dem Vater reden. Da lässt sich eine Lösung finden.«

»Ja«, pflichtete ihr Frau Kieperhaus vom Jugendamt bei. »Das können wir arrangieren. Auch, dass Sie den Jungen heute kurz sehen können. Zehn Minuten vielleicht oder eine halbe Stunde.«

»Aber Ihr kleiner Sohn, Christian, über den heute hier verhandelt wird«, griff die Richterin den Faden wieder auf, »der bleibt bei seinem Vater. Wir machen die Gerichtsverhandlung schon bald für Ihren älteren Sohn, damit die Sache schnell geregelt wird. Sind Sie damit einverstanden?«

Ich schüttelte nichts begreifend den Kopf. »Sagen Sie, schachern Sie mit mir um meine Kinder, oder was? Das ist doch keine Ware! Ich will meine beiden Kinder haben. Das ist meine Familie. Sie können mir doch nicht einreden, jetzt lasse ich dem Vater den einen Sohn und dann nehme ich den anderen. Wenn ihr meint, dass ich eine schlechte Mutter bin, der man ihre Kinder wegnehmen muss, warum lasst ihr mir dann Valeria und gebt mir Stefan zurück und wollt den Kleinen behalten? Da stimmt doch was nicht. Das ist doch ein abgekartetes Spiel.«

Ich war dumm. Ich hätte darauf eingehen müssen. Hätte ich doch mitgespielt! Hätte ich Stefan nur gleich mitgenommen und es später gegen sie benützt, dass sie ihn mir ebenso gegeben hatten wie Valeria! Aber ich bin eine Mutter. Ich kann nicht um meine Kinder spielen oder handeln. Ich war in dem Moment keine Politikerin, die strategisch denkt. Ich reagierte als Mutter, die zu keinen Kompromissen bereit war, weil es um meine Kinder ging. Erst später dachte ich: »Warst du dumm!«

Vor Gericht dachte ich nur: »Das bin nicht ich, die das erlebt. Diese Leute dürfen mir einfach einen Sohn wegnehmen und arrangieren, dass sie mich meinen anderen Sohn sehen lassen? Diese Menschen haben das Recht, das zu arrangieren. Für mich, obwohl ich die Mutter bin und es meine Kinder sind?«

In diesen Augenblicken waren das nicht Kinder eines Vaters und einer Mutter. Es waren nur meine Kinder. Ich habe sie geboren. Ich habe sie getragen, die ganzen Jahre. Ich habe sie umarmt. Ich habe sie geliebt. Wie kamen diese Menschen dazu, mir meine Kinder wegzunehmen und einfach zu verteilen? Mir ein Kind von dreien zu nehmen und mir zwei zu geben? Oder morgen zu kommen und mir zwei zu nehmen, eines zu geben? »Ich bin diejenige«, dachte ich, »die entscheidet, ob andere meine Kinder sehen dürfen, ob sie zu ihren Freunden gehen. Und jetzt bin ich in der Rolle, diese Leute anzubetteln, damit ich meine Kinder sehen durfte.«

»Bitte, Bob«, versuchte ich es nochmals und sah ihm in die Augen, mit denen er meinem Blick auswich, »bitte, sag der Richterin endlich, wer ich bin. Dass ich eine wirklich gute Mutter bin.« Er wandte den Kopf ab, schwieg.

Die Richterin sprach irgendetwas. Ich ignorierte es. Meine ganze Aufmerksamkeit galt Bob, an dessen Tisch ich trat, ehe mich jemand daran hindern konnte, und ihm die Hände entgegenstreckte, leise, eindringlich, verzweifelt, ihn aus ganzem Herzen bat: »Bitte, Bob, was machst du? Ich hab dir doch nie verwehrt, unseren Sohn zu sehen. Warum willst du ihn mir wegnehmen? Du wolltest auch deiner geschiedenen Frau eure Tochter wegnehmen. Warum tust du das? Warum gibst du dich dazu her, deine eigenen Kinder zu zerstören? Siehst du nicht, was die hier machen, dass diese Leute dich benutzen, um unser Kind zu zerstören? Bob, sei doch vernünftig! Bitte, du entehrst mich. Du verletzt mich. Ich hab dich nie so verletzt. Morgen ist der Geburtstag unseres Sohnes! Du warst dabei, als er zur Welt kam, obwohl wir nicht verheiratet waren. Ich hab dich als Vater nicht verstoßen. Ich hab dich beteiligt an allem. Lass mich dich doch auch weiterhin beteiligen an allem und nimm mir das Kind nicht weg.« Ich habe geweint und geweint.

Und da ich so durcheinander war, hatte ich gesagt: »Morgen ist der Geburtstag unseres Sohnes.« Keinem war dieser Versprecher aufgefallen, nur dem Herrn General, der laut rief: »Sehen Sie, Frau Richterin, diese Frau weiß noch nicht mal, wann ihr Sohn Geburtstag hat. Er hat am 20. Oktober Geburtstag. Das ist heute. Nicht morgen, am 21.«

Die Richterin sprach nochmals mit den Jugendamtsmitarbeitern und verkündete dann: »Hiermit ist die Sitzung beendet. Es ergeht folgender Beschluss: Der Junge bleibt vorübergehend bei seinem Vater.«

Ich glaubte, in Ohnmacht zu fallen. »Das ist nicht wahr! Das habe ich falsch verstanden«, dachte ich und rief: »Was soll das heißen, vorübergehend?« Ich hatte bei diesem Aufschrei pure Angst und Empörung empfunden. Doch die Richterin schien anzunehmen, ich als Ausländerin hätte den Wortsinn nicht verstanden. Jedenfalls erklärte sie mir, das heiße, das Kind müsse so lange beim Vater bleiben, bis ich durch eine Bestätigung des örtlichen Jugendamtes den Nachweis erbringe, dass ich tatsächlich eine feste Arbeitsstelle in Italien sowie eine ordentliche, einer vierköpfigen Familie angemessene Wohnung dort habe.

»Aber Sie haben doch die ganzen Unterlagen vor sich«, sagte ich verständnislos und wies auf die Fotokopien meines Arbeitsvertrages, des Mietvertrages sowie unser aller polizeilichen Abmeldung in Deutschland, Anmeldung in Italien, Schulbescheinigungen und anderer Nachweise, die auf dem Richtertisch lagen.

Die Richterin zog die Augenbrauen hoch. »Schon. Aber ich benötige die schriftliche Bestätigung des Jugendamtes aus der Stadt, in der Sie wohnen. Ohne diese schriftliche Bestätigung geht hier gar nichts.«

»Okay, okay.« Ich nickte. »Das ist kein Problem. Das regle ich, sobald ich in Italien bin. Wenn Sie diese Unterlagen haben, geben Sie mir meine Kinder?«

Die Richterin zögerte. »Wir werden das alles in die nächste Verhandlung einbeziehen und prüfen. Man wird sehen.«

»Wann wird das sein?« Ich merkte erst später an meinen schmerzenden Händen, wie fest ich diese während der ganzen Verhandlung immer wieder geknetet, gerungen, gefaltet, gepresst, gedrückt oder geballt hatte.

Die Richterin blickte auf das Schriftstück in ihrer Hand. »Das Jugendamt wird für die nächste Verhandlung am 29. November, in welcher das Kind richterlich angehört und der endgültige Aufenthalt des Kindes geprüft und beschlossen werden muss, einen Bericht vorlegen. Und von wegen Besuchsrecht …«

»Was heißt ›von wegen Besuchsrecht‹?«, schrie ich und schüttelte die Hand meines Anwalts ab, der mich am Arm packte. »Ich will keine Besuchsrechte. Ich will meinen Sohn mitnehmen. Was sagen Sie da, er bleibt bei seinem Vater? Sind Sie wahnsinnig? Wie soll er bei seinem Vater bleiben? Er war nie länger bei seinem Vater als ein paar Tage. Ich bin die Mutter. Ich will keine Besuchsrechte!«

»Die Mutter lehnt das Besuchsrecht ab. Das Besuchsrecht wird ausgesetzt.« Die Richterin wandte sich zum Gehen.

»Haben Sie Kinder?«, rief ich und zitterte am ganzen Leibe. »Haben Sie Ihr Kind neun Monate an Ihrem Herzen getragen und am Ende dürfen Sie es nur einmal in der Woche oder im Monat oder alle zwei Wochen sehen, und das alles nur, weil Sie für Ihre Familie arbeiten und Geld verdienen wollen? Weil Sie nicht von Sozialhilfe leben wollen? Weil Sie wollen, dass Ihre Kinder es gut haben und keine Armenkinder sind? Wo lebe ich? Wo ist der Rechtsstaat, von dem ich meinen Schülern erzählt habe?«

Als ich zu Boden fiel, weil meine Knie nachgaben, lachte jemand. Es war der 20. Oktober, der Tag, an dem ich meinen Sohn sechs Jahre zuvor zur Welt gebracht hatte.

Nicht einmal, als die Richterin die Verhandlung eröffnete und die »Sache« verlas, die sie aus dem Schicksal meiner Kinder machte, war mir sofort klar geworden, dass es nicht um die Rückgabe meiner beiden Kinder ging. Vielmehr wurde jetzt erstmals offiziell darüber verhandelt, ob das Jugendamt richtig gehandelt hatte, als es mir meine Kinder wegnahm.

Erst viel später begriff ich, dass dies der Grund war, warum sowohl Bob als auch das Jugendamt mich unter allen Umständen von meinen Kindern fern hielten. Wochenlang hatte ihnen kein Richter dazu das Recht erteilt oder mir mein elterliches Recht abgesprochen. Wie mein Anwalt mir erklärte und schriftlich bestätigte, hatte das Jugendamt gehandelt, ohne durch einen bereits zuvor erteilten oder unmittelbar folgenden Richterbeschluss dazu autorisiert zu sein.

Es stimmte also nicht, was Bob mir an seiner Haustür gesagt hatte, als ich unseren Sohn von ihm zurückverlangte und abholen wollte. Er besaß damals kein alleiniges Elternrecht. Er hatte es lediglich ohne mein Wissen beantragt. Und zwar am 29. September, drei Tage nach meinem für drei Wochen jugendamtlich genehmigten Aufbruch zur Wohnungssuche, und zwar, wie er sagte, auf Drängen des Jugendamts. Jetzt schrieben wir den 20. Oktober. Und erst an diesem Tag, genau an Christians Geburtstag, war Bob per Gerichtsbeschluss erstmals »vorläufig« erlaubt worden, mir unseren Sohn wegzunehmen. Erst an diesem Tag, mit diesem Beschluss, erklärte mir später mein neuer Anwalt, war es keine strafbare Handlung des Kindesentzugs mehr, die Bob an mir beging.

Hätten die Väter mir unsere Kinder in den vergangenen Wochen zurückgeben wollen und sie mir tatsächlich mitgegeben, wäre die Aktion des Jugendamtes verpufft. Es hätte uns nicht daran hindern können.

Noch später begriff ich auch die Wirkung der langen, durch das Jugendamt und dann durch das Familiengericht angeordneten Trennungszeit, in der ich meinen Kinder nicht zeigen und sagen durfte, dass ich sie liebe und mein Wort gehalten hatte und gekommen war, um sie abzuholen. Die kontaktlosen Monate erweckten in den Kindern den falschen Eindruck, es sei wahr, wenn ihnen von Bob beziehungsweise von den Pflegeeltern oder anderen eingeredet wurde, ich hätte sie belogen und im Stich gelassen. Entsprechend sagte mein kleiner Sohn Christian später vor Gericht, er wolle nicht mehr zu mir zurück, weil ich ihn schlimm belogen hätte, er aber nicht mehr wisse, was das gewesen sei.

Jeder psychologisch oder in der täglichen Arbeit mit Sozialfällen geschulte Mensch weiß, dass Kinder, denen ein Elternteil genommen wird, größte Ängste entwickeln, auch den zweiten zu verlieren. Fachleute nennen die daraus entstehende seelische Störung »PAS«, »*Parental Alienation Syndrom*«, auf Deutsch: »Elterliches Entfremdungssyndrom«. Es äußert sich darin, dass das betroffene Kind sich irgendwann vehement gegen jeden Umgang mit dem ihm entrissenen Elternteil ausspricht. Es hat dabei unbewusst den Wunsch entwickelt, dem einzig ihm verbliebenen Elternteil zu gefallen, um sich dessen Liebe zu sichern und nicht auch von diesem verlassen zu werden. Jugendamtsmitarbeiter kennen »PAS«, das sich umso rascher entwickelt, je jünger, seelisch verletzlicher und tiefer zu verunsichern ein Kind ist.

Es ist eine Tatsache, dass Herr General Termine mit meinem Sohn wahrnahm und mit ihm Gespräche führte, in denen er ihm nicht einmal einen Gruß, ein liebes Wort von mir ausrichten wollte, obwohl er wusste, dass ich verzweifelt darum rang, meinen Sohn sehen und mitnehmen zu dürfen. Er wusste, dass ich ihn flehentlich gebeten hatte, meinem Sohn bei diesen Gesprächen auszurichten, wie sehr ich ihn liebe und dass ich gekommen war, um ihn abzuholen, dies aber nicht durfte und konnte. Herr General sagte mir persönlich, er könne meinem Sohn meine Liebe und die Wahrheit meines Kommens nicht ausrichten. Stattdessen nötigte er den kleinen, ihm hilflos ausgelieferten Jungen, sich von seiner Mutter fern zu halten, indem er ihm drohte, ich müsse ins Gefängnis, wenn er mich umarme und mit mir gehe. Diese Aussagen machte mein Sohn später vor dem italienischen Gericht.

Erkannte die Richterin, die zu eigenen Recherchen verpflichtet ist, um Justizopfer zu verhindern, nicht, dass das Jugendamt mir heimlich und gegen seine eigenen schriftlich mit mir getroffenen Vereinbarungen meine Kinder weggenommen hatte, ohne mir wenigstens die Chance zu geben, dies zu verhindern? Stattdessen schlug sie mir vor, meinen damals sechsjährigen Sohn freiwillig allein bei seinem Vater in Deutschland zu lassen. Meine drei Kinder lieben mich, sie vertrauen mir, sie wissen, dass ich sie liebe. Alle drei wollten mit mir nach Italien. Wie könnte ich sie jemals verlassen und verraten und gegeneinander austauschen, indem ich meinen kleinen Sohn in Deutschland bei seinem Vater lasse, um dafür meinen großen Sohn nach Italien mitnehmen zu dürfen! Erst dann, wenn ich auf diesen Kindertausch eingegangen wäre, wäre ich doch eine wahrhaft schlechte Mutter.

Ich weiß nicht, was in der Richterin bei diesem Vorschlag vorging. Wenn die Jugendamtsvorwürfe aus mir eine schlechte Mutter machen konnten, warum wollte sie mir dann einen meiner Söhne geben, den anderen aber wegnehmen?

Gina in Italien meinte, die Richterin sei vielleicht in einem Schubladendenken befangen gewesen. Möglicherweise habe sie so viele Scheidungskriege zwischen Mutter und Vater erlebt, die in Deutschland alljährlich vor dem Familiengericht verhandelt werden und damit enden, dass ein Kind einem Elternteil zugesprochen wird und den anderen meist für immer verliert, dass sie betriebsblind geworden sei. Oder vielleicht sei es die Gewohnheit gewesen, sich vom Jugendamt einfach auf die gewohnte Scheidungskrieg-Schiene führen zu lassen.

Tatsächlich ging es aber nicht um einen hochstrittigen Scheidungsfall und auch nicht um einen hochstrittigen Sorgerechts- und Aufenthaltsbestimmungsrechtsfall zwischen restlos verfeindeten Eltern. Die Väter meiner Kinder und ich hatten keinen Streit. Ich hatte ihnen freiwillig das gemeinsame Sorgerecht eingeräumt. Ich hatte Bob freiwillig unseren gemeinsamen Sohn für drei Wochen zur Betreuung übergeben. Wir hatten freiwillig seit der Geburt unserer Kinder gemeinsam und friedlich miteinander am Leben unserer Kinder teilgehabt, obwohl wir getrennt lebten. Wir hatten freiwillig und einvernehmlich meinen Umzug nach Italien und meine Rückkehr nach der Wohnungssuche geregelt, um meine Kinder abzuholen und mitzunehmen. Es gab keinen Konflikt zwischen Eltern.

Es gab einzig und allein einen Konflikt zwischen dem Jugendamt und mir, und zwar deshalb, weil das Jugendamt wider besseres Wissen und entgegen schriftlicher Vereinbarungen vertragsbrüchig an mir geworden war und mir ohne jegliche Berechtigung und jeden triftigen Grund meine Kinder weggenommen hatte und sich dabei, wie ich meine, der Väter meiner Kinder bediente, um dieses strafbare Unrecht zu legalisieren.

Ich weiß nicht, was in den Köpfen der verantwortlichen Mitarbeiter des Jugendamts vorging, als ich bei ihnen denunziert wurde, mich aus Italien nicht gemeldet zu haben. Vielleicht schnappte in diesem Augenblick die Falle der Vorurteile bestimmter Jugendamtsmitarbeiter gegen mich zu. Möglicherweise machte es plötzlich »Klick!«, und sie dachten: »Das haben wir doch immer gewusst, die hat sich abgesetzt, die hat ihre Kinder im Stich gelassen. Diese Ausländerin macht sich in *Bella Italia* einen schönen Lenz als Single und lässt ihre Kinder Schnee von gestern sein.«

Dass ich am Telefon beteuerte, meine Kinder selbstverständlich sofort und innerhalb der schriftlich vereinbarten Zeit abzuholen, sobald ich eine Wohnung hätte, glaubten die Verantwortlichen im Jugendamt auf einmal nicht mehr.

Stattdessen setzte die »Kinderklau-Behörde«, wie eine Jugendamtsmitarbeiterin das Jugendamt schon 1996 auf einer öffentlichen Tagung nannte, sich in Gang und wandte dabei zuallererst den Trick an, mich in falsche Sicherheit zu wiegen, um in aller Ruhe ungestörten »Zugriff« auf meine Kinder zu haben und Beweise gegen mich zu sammeln, die zum Standardprogramm der »Kindesherausnahme« gehören.

Vielleicht bildeten die Verantwortlichen im deutschen Jugendamt sich wirklich ein, zum Wohle meiner Kinder zu handeln, indem sie ihnen ihre Familie wegnahmen. Aber sowohl mein Anwalt, als auch das Gericht hätte aus meinen schriftlichen Dokumenten und Schriftstücken ersehen können und müssen, dass meinen Kindern und mir Unrecht getan wurde. Sie hätten mir die Kinder spätestens in dieser ersten Verhandlung sofort übergeben und die Willkür des Jugendamtes stoppen müssen. Aber sie taten es nicht.

Ich glaube heute, dass meine strikte Weigerung, eines meiner Kinder loszulassen und es freiwillig dem Vater zu geben, den Ausschlag gegeben haben muss, dass das Gericht mir meine beiden Söhne wegnahm und mir jedes Elternrecht an ihnen absprach. Im Sinne des an deutschen Familiengerichten hoch geschätzten *Kaukasischen Kreidekreises* nach dem biblischen Urteil des weisen Königs Salomon, erschien ich den verantwortlichen Richtern wohl eindeutig als schlechte Mutter.

Salomon erkannte in einem Streit zweier Frauen diejenige als die wahre Mutter, die ihr Kind lieber hergeben, als es mit dem Schwert in zwei Hälften spalten lassen wollte. Eine gute Mutter hätte sich nach diesem Muster des »Salomonischen Urteils« freiwillig von ihrem Kind trennen und es lieber dem Vater überlassen müssen, als weiter darum zu kämpfen. Im Gegensatz zu Salomon, welcher der wahren Mutter ihr Kind zurückgab, gab das Familiengericht in meinem »Fall« das Kind dem falschen Elternteil, nämlich demjenigen, der es dem richtigen Elternteil gestohlen und dadurch erst in die Gefahr des Zerteiltwerdens gebracht hatte. Salomon entschied weise. Das deutsche Jugendamt und Familiengericht entschieden meines Erachtens gegen Kindeswohl und Menschenrecht.

Hätte ich alle diese Zusammenhänge an jenem 20. Oktober gekannt und verstanden, oder hätte mich wenigstens mein Anwalt entsprechend informiert und beraten, dass eine derartige Tauschaktion als gerichtlicher »Vergleich« auf den Tisch kommen könne und ich dem zustimmen solle, vielleicht wäre ich trotz der Verzweiflung und Angst um meine Kinder dann gerissen genug gewesen, mich zum Schein auf diesen Tauschhandel einzulassen.

Am 20. Oktober, völlig unerfahren in familienrechtlichen Angelegenheiten, von meinem Anwalt in mir unbegreiflicher Weise beraten und im Zustand allerhöchster Not und Verzweiflung völlig kopflos, reagierte ich nur panisch. Mein Herz raste. Ich zitterte am ganzen Leibe. Das Vokabelgedächtnis ließ mich zeitweilig im Stich. Ich wusste nicht, wohin eines meiner Kinder durch das Jugendamt verbracht worden war. Das andere wurde mir soeben von einer Richterin weggenommen. Warum? Gott im Himmel, warum taten sie das? Wofür bestraften sie mich? Ich wollte doch nur mit meinen Kindern nach Italien umziehen, um dort unseren Lebensunterhalt zu verdienen.

Italien ist nicht der Libanon. Es gab dort keinen Krieg. In Südtirol, wo wir leben würden, ist Deutsch Amtssprache. Kinder werden in Italien geliebt, mehr vielleicht als in Deutschland, dessen Ruf als kinderfeindliches Land immer wieder die Politik und Presse beschäftigen. Was warfen das Jugendamt und das Gericht mir denn Schlimmes vor? Was hatte ich falsch gemacht? Warum erfuhr ich nicht endlich die Wahrheit?

Da Frau Kieperhaus vom Jugendamt während der Gerichtsverhandlung angeboten hatte, dass ich Stefan endlich sehen dürfte, und die

Richterin dem zugestimmt hatte, konnte das Jugendamt nun keinen Rückzieher mehr machen, sondern musste veranlassen, dass der Junge ins Jugendamt gebracht wurde. Dort, im Spielzimmer, sollte ich ihn unter Aufsicht für ein paar Minuten sehen und mit ihm spielen dürfen.

Mit überwachen Sinnen saßen Valeria und ich im Büro des Jugendamts und hörten, wie Herr General am Telefon zu jemandem sagte: »Hallo, Frau Sowieso. Könnte Ihr Mann den Jungen von Frau Gebara zu uns ins Jugendamt bringen? – Ach, so, er ist krank. Im Krankenhaus. Na gut, dann komme ich vorbei, ihn abholen.«

Valeria und ich hatten den Namen nicht genau verstanden. Den Anfangsbuchstaben mussten wir raten. Später, als wir das Jugendamt verlassen hatten, suchte ich als Allererstes das ganze Telefonbuch nach Namen ab, die ähnlich klangen wie der von uns vernommene, rief überall an. Aber nirgends war mein Sohn. Ich wusste damals noch nicht, dass Bereitstellungsfamilien des Jugendamts Geheimnummern haben, damit die suchenden Eltern ihre Kinder nicht finden.

Auf dem Parkplatz vor dem Haus auf Stefan zu warten, waren die bis dahin längsten Minuten meines Lebens. Drinnen im Haus hätte ich nicht auf ihn warten können. Ich wollte ihm so weit wie möglich entgegengehen, ihn so bald als möglich sehen und umarmen, keinen Sekundenbruchteil der mir zugebilligten Wiedersehenszeit verlieren. Sobald Herr General mit Stefan im Auto vorfuhr und an der Ecke einparkte, rannte ich, laut seinen Namen rufend, meinem Sohn entgegen.

Mein sonst so lebhaftes, an allem interessiertes, stets hellwaches Kind war völlig apathisch. Stefan stieg wie eine Marionette aus, umarmte mich nicht einmal, stand steif in meinen Armen, wie erstarrt. Er hatte so weite Augen. Die Augäpfel mit der auf beiden Seiten von einem breiten blutroten Rand umgebenen Pupille drückten sich ganz merkwürdig aus den Augenhöhlen. Das kleine Gesicht war gelb, blass, farblos irgendwie. Und er bebte am ganzen Leib. Zu sehen, wie der Junge sich quasi zurückentwickelt hatte, und zu begreifen, warum die Bereitstellungsfamilie behaupten durfte, er mache Pipi in die Hose, waren eins.

Als ob er weinen wollte, aber nicht konnte, zog Stefan ständig die Luft mit einem scharfen Geräusch durch die Nase ein, so dass die Nasenflügel sich jedes Mal nach innen bogen. Es war nicht das alltägliche Geräusch, als wenn man etwas in der Nase hat und diese hochzieht. Es war die Luft, die er einzog, nur die Luft.

Ich umarmte ihn mit beiden Armen und schmiegte mich an ihn, da er so steif stehen blieb. »Schatz, ich war da. Ich wollte dich abholen. Ich wollte dich an meinem Herzen zurück. Aber die haben dir das nicht gesagt. Ich bin gekommen. Freitagnacht bin ich gefahren, Samstag ganz früh war ich da. Ich bin gekommen, mein Schatz. Ich hab mein Versprechen gehalten. Aber die haben dich mir weggenommen, bevor ich gekommen bin.« Er stand steif, wollte sich nicht tragen lassen, beugte den Rücken so durch, dass ich ihn nicht auf den Arm nehmen konnte.

»Sie dürfen ihn nicht tragen«, verbot Herr General. »Sie sehen doch, dass es nicht sein Wunsch ist, von Ihnen getragen zu werden. Lassen Sie den Jungen sofort runter.«

Ich ignorierte seine Anweisung, so wie ich auch diesen steifen Rücken meines Sohnes ignorierte. Ich wusste, es war nicht der Wunsch meines Kindes, sondern der Befehl des Herrn General. Aber ich war nicht sein »Militant«. Ich hob mein Kind einfach hoch und trug Stefan und ging mit ihm zum Jugendamt und merkte, wie seine Arme sich um meinen Hals legten. Ganz langsam.

Als ich an meinem Auto vorbeikam, war ich versucht, blitzschnell mit dem Jungen einzusteigen und abzuhauen. Doch die Vernunft siegte. Sie hätten mich gleich erwischt. Es hatte keinen Zweck.

»Lassen Sie doch zu, dass ich ihn bis zum nächsten Gerichtstermin mitnehme«, bat ich, während wir um das Jugendamt herum zu einem engen Zimmerchen in der ersten Etage gingen. »Wenn Gerichtstermin ist, dann komm ich ja wieder. Ich habe ja noch ein

Kind hier, wenn ich ihn mitnehme.« Doch Herr General schnauzte mich nur an. »Das geht nicht. Er muss in seine Bereitstellungsfamilie zurück.«

»Wo ist die Bereitstellungsfamilie?«, drängte ich. »Ich will wissen, wer das ist und wo die sind, damit ich meinen Sohn jeden Tag anrufen kann. Damit ich weiß, wo er im Heim ist. Ich bin die Mutter. Es ist mein Recht, das zu wissen.«

Inzwischen waren wir im Spielzimmer angelangt, einem mit Spielsachen voll gestopften Raum, der so unordentlich war, dass man dem Jugendamt sofort alle Kinder hätte wegnehmen müssen. Ich wartete immer noch auf Antwort, auf den Namen der Bereitstellungsfamilie. Doch sowohl Herr General als auch die Frau, die mich beim Spielen mit meinem Sohn bewachen sollte, taten, als hätten sie nichts gehört.

»Warum weiß der Vater, wo er ist?«, hakte ich nach. »Er hat sich nie um Stefan gekümmert. Er wollte ihn nie haben. Ich sollte ihn abtreiben. Er hat ihn nie freiwillig genommen. Er hat ihn nie geliebt. Ihm habt ihr es mitgeteilt. Mir verratet ihr es nicht. Ihr seid Unmenschen!« Es war, als hätte ich nichts gesagt.

In der hintersten Ecke des proppenvollen Zimmerchens stand ein kleiner Tisch mit Stühlen. »Sie können jetzt mit Ihrem Kind spielen.«

Spielen? Ich schaute meinen Sohn an. Ich war nicht 1000 Kilometer gefahren, um mit ihm zu spielen. Ich wollte ihn umarmen, ihn trösten, ihn ganz einfach nur halten, ihn mitnehmen.

»Stellen Sie sich nicht so an!«, sagte Herr General. »Machen Sie nicht schon wieder Theater. Jetzt spielen Sie mit Ihrem Kind.«

Mein Sohn entwand sich meinen Armen und verkroch sich in einem Spielhäuschen, das in diesem Zimmer stand. »Komm, mein Schatz, komm mal her zu mir«, bat ich und streckte die Arme nach ihm aus. »Ich will mit dir reden! Hör zu, ich bin gekommen. Ich hab dich nicht im Stich gelassen. Ich will dich mitnehmen. Aber sie erlauben mir das nicht. Wir müssen bis zum Gerichtstermin warten. Aber ich verspreche dir, dann werde ich dich mitnehmen. Du weißt, ich halte mein Wort. Ich bin gekommen, um euch abzuholen. Aber die haben dich vorher weggenommen. Ich weiß nicht, warum, mein Schatz. Ich weiß gar nicht bis jetzt, was los ist. Aber ich werde dich mitnehmen. Siehst du den Papa?«

»Machen Sie ihm keine absurden Versprechungen! Stellen Sie ihm nicht solche Fragen!«, bellte Herr General.

Valeria schaltete sofort. »Siehst du den Papa?«, fragte sie.

Nun schimpfte Herr General mit ihr.

»Ja«, flüsterte mein Sohn. »Ja, ich sehe ihn; er ruft mich auch immer an.«

»Lassen Sie das Geflüster mit dem Kind!«, rief die Jugendamtsmitarbeiterin, die als zweite Wachperson eingeteilt war. O-beinig, kleiner als ich, mit einer strengen Duttfrisur und allwettertauglichem Strapazier-Look vom Kaufhaus-Grabbeltisch wirkte sie auf mich eher wie eine Aufseherin aus dem Fernsehfilm *Weiberknast* als eine Frau, die sich zum Wohl von Kindern einsetzte. Das war also Frau Tischler, die Kollegin, die Frau Kieperhaus in meinem Beisein angerufen und zu ihr gesagt hatte: »Ich habe hier die Frau Gebara. Wir werden bei Gericht ein gutes Wort für sie in der Sorgerechtssache ihres Sohnes Stefan einlegen. Sie möchte ihr Kind sehen. Was halten Sie davon, wenn Sie das darf? Die Richterin stimmt dem zu.«

»Es ist wirklich wahr«, hatte ich bei diesem Telefonat gedacht. »Ich muss um Erlaubnis fragen, mein Kind zu sehen.«

Und nun stand diese Frau Tischler vor mir, die genau wusste, dass Frau Kieperhaus bei Gericht zu meinen Gunsten reden wollte, und behandelte mich, dass ich mich wie der letzte Dreck fühlte.

»Hören Sie«, sagte ich und hielt meinen Sohn fest umarmt, »egal, was Sie denken, ich bin eine sehr gute Mutter. Warum springen Sie so mit mir um? Sehen Sie, da sind so viele andere Mütter, die haben Kinder und arbeiten. Warum sollte ich das nicht schaffen? Ich schaff das. Ich bin nicht mit meinen Kindern überfordert. Was soll dieser ganze Quatsch? Lassen Sie mich meinen Jungen mitnehmen, und Sie sind mich los. Ich will nie wieder etwas vom Jugendamt.«

Frau Tischler warf den Kopf mitsamt Dutt in den Nacken und starrte mich von unten herauf wütend an. »Die Kinder von den anderen karrieregeilen Müttern, die werden wir auch noch holen«, verstand ich. »Und die von den Alleinerziehenden, die sowieso. Die werden sich noch umgucken, die Mütter. Ihre Kinder vergammeln lassen und einen auf Hully-Gully machen, nee, nee, das ist nicht.«

»Ja, ja, Sie lassen den Jungen mal ganz hübsch hier bei uns in Deutschland«, knurrte Herr General dazwischen.

Ich merkte, wie Stefan wieder zu zittern und sich vorsichtig aus meinen Armen zu drehen begann. »Hab keine Angst.« Ich küsste ihn. »Die können uns gar nichts. Wer sind die denn? Kinderklauer sind die, weiter nichts. Ich bin eine gute Mutter.«

»Ha!«, kreischte Frau Tischler mit einem Gackerlachen auf. »Ach ja?! Sie glauben, Sie sind eine gute Mutter? Sie sind gar keine gute Mutter. Absolut keine gute Mutter sind Sie. Sie sind bald gar keine Mutter mehr.«

Langsam stand ich auf. »Sie haben kein Recht, so mit mir zu sprechen. Ich eine sehr gute Mutter, Sie. Ich bin eine gute Bürgerin. Ich habe noch nie gegen das Gesetz verstoßen. Ich habe noch nie etwas Schlimmes gemacht. Hören Sie, ich bin in der CDU. Ich bin wirklich ein Muster von einer Bürgerin. Okay, zwei Unfälle hab ich gehabt. Drei Strafen für Falschparken. Aber ich habe sonst noch nie was gemacht. Ehrlich! Ich achte das Gesetz. Ich hab noch nie …«

»Quatschen Sie keinen Sermon«, sagte Frau Tischler. »Darum geht's hier gar nicht.«

»Worum geht es dann?«, fragte ich. »Sagen Sie mir endlich, worum es hier geht.«

Ich erinnere mich nicht mehr an jedes Wort, aber Frau Tischler bezog ihr Wissen wohl aus der Untersuchung meines Sperrmülls, dem Zeitungsarchiv und dem verlogenen Klatsch von Bella Kötter, als sie ungefähr zu mir sagte: »Es geht darum, dass Sie keine gute Mutter sind. Dass Sie immer nur an sich denken, immer bloß ans Geldverdienen, ans Image, an die Karriere. Sehen Sie sich doch an, studieren mit drei Kindern, Sprachkurse geben, kellnern, im Büro jobben, von Bafög leben, aber ein eigenes Auto, Oililly-Klamotten für die Kinder kaufen und die ganze Bude voll Spielzeug und in der Zeitung rumspinnen von wegen ›Joumana Gebara träumt vom Flug auf den Mond‹. Und damit Sie die große Kohle in Italien oder sonstwo verdienen können, muss Papa Staat in Deutschland die Tagesmütter bezahlen. Ja, so weit kommt das noch. Nee, nee, nicht mit uns. So nicht. Da muss man dann eben zugreifen und die Kinder in Familien geben, wo sie mal echtes Familienleben kennen lernen mit Papa und Mama. Und wo sie mal merken, wie das ist, wenn die Mutter da ist und Zeit für ihre Kinder hat und mit ihnen spielt und nicht dauernd weg ist, weil sie mal wieder arbeiten muss und dann schnell ein paar neue Spielsachen kauft, zur Wiedergutmachung.«

Irgendwann zischte ich diese Frau nur noch an: »Du, pass mal auf, du, dich werde ich wie eine Ameise zertreten. Was glaubst du, wer du bist? Eine Diebin bist du, die anderen Leuten ihre Kinder klaut. Eine nichtsnutzige alte Frau bist du, ein Garnichts. Du sagst mir, ich bin eine schlechte Mutter, und du weißt nichts von mir als Lügen. Du willst mir mein Kind wegnehmen, weil ich arbeite und einen tollen Job in Italien habe und du hier im lausigen ›Pott‹ sitzen musst und nichts auf die Füße stellst, als anderen Müttern ihre Kinder zu klauen. Was glaubst du, wer du bist, du Wanze, du?«

In diesem Moment packte Herr General meinen Sohn beim Arm: »Schluss! Aus! Der Umgangstermin ist beendet!«

Vielleicht hatte er nicht damit gerechnet, dass Stefan sich weigerte, mitzugehen und sich stattdessen an meinen Mantel klammerte und jammerte: »Mama, Mama, bitte, geh nicht, geh nicht!« Jedenfalls ließ der Jugendamtsmitarbeiter seinen Arm los und drohte mir: »Lassen Sie den Jungen sofort gehen. Sie sehen doch, dass er nicht von Ihnen angefasst werden will!«

Aus den Augenwinkeln erfasste ich, wie Valeria die Streiterei nutzte, um unbemerkt auf ihren Bruder einzureden. Ich wusste, was sie ihm zuflüsterte. Wir hatten es zuvor miteinander verabredet. Es werde bald einen Gerichtstermin für ihn geben. Der Richter werde ihn ausfragen, ob er nach Italien und zu Mama wolle. Er solle nur immer fest dabei bleiben, dass er nicht in Deutschland bleiben, sondern zu uns kommen wolle. Das sei ganz wichtig.

Um Herrn General noch stärker auf mich zu konzentrieren und den Kindern Gelegenheit zu geben, sich zu besprechen, zog ich demonstrativ mein Handy heraus, rief meinen Anwalt an und kündigte an: »Hören Sie, ich mache das alles nicht länger mit. Ich werde jetzt mein Kind nehmen und abhauen.«

»Nein!« Der Anwalt schrie so laut, dass Herr General es garantiert mithören konnte. »Machen Sie das bloß nicht! Dafür werden Sie bestraft. Damit machen Sie alles noch viel schlimmer. Man wird Ihnen sowieso das Kind zusprechen. Die Kieperhaus hilft Ihnen. Warum auch nicht? Die haben ja nichts gegen Sie, diese Leute.« Das hätte er nicht behauptet, hätte er gewusst, dass ich die Kollegin der Frau Kieperhaus gerade wie eine Ameise zertreten wollte.

Immerhin bewirkte mein Telefonat mit dem Anwalt, dass Herr General sich wohl nicht traute, mir meinen Sohn sofort wegzunehmen. Vielleicht hatte er aber auch Angst vor Frau Kieperhaus, die ein Auftreten hatte, dass selbst ein echter General vor ihr mit den Händen an der Hosennaht strammstehen würde.

Wie mein Sohn mir später in Italien und auch der dortigen Polizei erklärte, durfte er sich bei unserem Wiedersehen nach so langer Zeit nicht anmerken lassen, wie sehr er mich vermisst hatte und mit mir mitkommen wollte. Alles das habe Herr General ihm auf dem Weg von der Bereitstellungsfamilie zu mir ins Jugendamt verboten. »Das sind die Regeln, die Spielregeln«, habe er ihm eingeschärft. »Weißt du, wie in Mensch-ärgere-dich-nicht. Du darfst deine Mama nicht umarmen, nicht weinen, nicht auf ihren Arm gehen. Das sind die Spielregeln! Wenn du dich nicht daran hältst, wird deine Mama bestraft. Und wenn du mit ihr mitgehst, kommt sie ins Gefängnis.«

Kein Wunder also, dass Stefan sich von mir anscheinend nicht umarmen lassen wollte, obwohl ich ihm an den Augen ansah, welche Sehnsucht er danach hatte, von mir gehalten zu werden.

Da Herr General und Frau Tischler mich nun nachdrücklich aufforderten, ich solle endlich mit meinem Sohn spielen, oder sie würden das Treffen tatsächlich sofort beenden, versuchte ich, mich mit ihm auf den Boden zu legen, wie wir das zu Hause machten und ihn auf meinen Beinen als »Flugzeug« kreisen zu lassen. Es war das absolute Lieblingsspiel beider Jungen. Kaum sahen die Wächter jedoch, dass dies ein Körperkontaktspiel war, schritten sie dagegen ein und befahlen, ich solle aufstehen und mich angemessen benehmen, Stefan nicht ständig berühren und bedrängen, sondern mich mit ihm an den Tisch setzen und »etwas Vernünftiges mit ihm spielen«.

»Weißt du was, mein Schatz«, versuchte ich zu tun, als seien die Aufpasser gar nicht vorhanden. »Komm, wir beide rufen jetzt deinen Bruder an. Der hat heute Geburtstag. Wir wollen ihm gratulieren. Ich will später auch noch zu ihm gehen und ihm gratulieren.« Mein Sohn atmete wieder ganz scharf ein, um die aufsteigenden Tränen zu beherrschen. Kindergeburtstag war immer ein besonderes Fest bei uns gewesen. Ich hatte jedes Mal eine Kinderparty daraus gemacht. »In ein, zwei Wochen werde ich euch sowieso abholen, dann fahren wir zurück nach Italien und feiern dort zusammen«, versprach ich, um uns beide zu trösten.

»Reden Sie dem Kind keinen solchen Unsinn ein«, warnte Herr General. »Sie machen hier große Worte, die Sie niemals einhalten werden. Wenn Sie kommen, um die Kinder zu holen, gehen Sie nicht nach Italien zurück, sondern ins Gefängnis. Also reden Sie dem Kind kein unverantwortliches Zeug ein.«

»Sie reden unverantwortliches Zeug!«, rief ich und hielt meinen Sohn fest, der schon wieder wie Espenlaub zitterte. »Natürlich werde ich kommen und meine Kinder abholen. Daran werden Sie mich nicht hindern. In der nächsten Gerichtsverhandlung nehme ich beide Kinder mit. Der Richter wird sie mir geben. Dann gehen Sie ins Gefängnis, nicht ich.«

»Beruhige deine Mutter!«, schnauzte Herr General Valeria an. »Sag ihr, sie soll sich beruhigen.«

»Mama, beruhige dich!«, sprach Valeria ihm angstvoll nach, denn sie sah mich schon von der Polizei verhaftet und abgeführt, weil ich dem mächtigen Herrn General Widerworte gab.

Es machte mich verrückt, wie diese Leute uns kommandierten, die Kinder einschüchterten, mich zu unterdrücken versuchten und Valeria dazu brachten, ihnen zu gehorchen. »Du sollst nicht tun, was die dir sagen!«, schrie ich sie aufgebracht an. »Du sollst mir nicht sagen, was die wollen. Sie sind die Bösen, nicht ich. Du sollst ihnen sagen, wie schrecklich du wegen ihnen gelitten hast.«

Diese Auseinandersetzung zwischen meiner Tochter und mir verwendete das Jugendamt in der nächsten Gerichtsverhandlung gegen mich, indem Herr General sie in seinen Bericht aufnahm, den er dem Gericht vorlegen musste. Allerdings schrieb er darin nicht, dass er Valeria mehrfach befohlen hatte, mich zu beruhigen. Stattdessen stellte er es so dar, als habe sie mich von sich aus ermahnt und dadurch mehr sittliche Reife bewiesen als ihre völlig erziehungsunfähige Mutter, die das Kindeswohl im höchsten Grade gefährde.

Ich habe immer erwartet, dass meine Kinder so stark sind wie ich. Ich habe erwartet, dass sie ihre Meinung sagen können. Dass sie keine Angst vor jemandem haben, weil sie im Recht sind. Wer im Recht ist, muss und darf keine Angst zeigen. Als Kriegskind war mir diese Lehre in Fleisch und Blut übergegangen. Wir durften keine Angst vor dem Feind haben. Wer Angst hatte, war schon verloren. Nur wer kämpfte bis zuletzt und läge er auch am Boden, hatte eine Chance zu siegen.

Später erst, im Gespräch mit Freunden, verstand ich, dass Valeria und mein Sohn mit ihrer mühsam bewahrten Ruhe und ihrem scheinbaren Gehorsam nicht feige waren, sondern ganz im Gegenteil sehr tapfer und klug. Hätten sie beide geweint, geschrien und rebelliert, hätte mein Sohn nicht mit unglaublicher Kraft seine Tränen und seine Sehnsucht nach mir unterdrückt, hätte er Angst gezeigt und sich an mich geklammert, ich wäre den Jugendamtsmitarbeitern an die Gurgel gesprungen und genau dort gelandet, wo diese mich wohl auch am liebsten gesehen hätten, hinter Gittern. Dann erst hätten sie mir meine Kinder vollends nehmen können und zwar alle drei.

Während ich noch mit Frau Tischler debattierte, setzte Stefan sich mit Valeria an den Spieltisch. Ich folgte ihnen. »Komm, Schatz, mal mir ein Bild«, forderte ich ihn laut auf und legte Stift und Papier vor ihn hin, wobei ich flüsterte: »Schreib mir die Adresse, wo du bist.«

»Was tuscheln Sie da?«, fragte Herr General sofort und trat drohend auf uns zu.

»Das geht Sie nichts an«, antwortete ich. »Was wollen Sie? Wo waren Sie die ganzen Jahre, wenn ich mit meinem Sohn geflüstert habe? Da haben Sie noch nicht mal existiert! Was geht Sie das an, was zwischen mir und meinem Sohn ist?«

»Das geht mich sehr wohl etwas an. Ich muss jetzt alles wissen. Es geht mich jetzt alles an. Es geht nicht darum, was vorher war. Es geht nur ab heute. Sie dürfen Ihren Sohn nicht umarmen und nicht mit ihm flüstern. Haben Sie verstanden?« Er trat immer näher auf mich zu.

»Was, drohen Sie mir? Ich ruf die Polizei«, sagte ich und griff nach meinem Handy.

»Nein, nicht Sie, ich werde die Polizei holen.« Herr General drehte sich nach dem Telefon um.

»Gehen Sie! Holen Sie die Polizei!«, rief ich. »Dann werde ich sagen, wer hier meine Kinder entführt. Holen Sie die Polizei. Dann soll die Polizei Sie ins Gefängnis bringen.«

Herr General lachte nur.

Während wir stritten, war unser Aufpasser zu abgelenkt, um zu bemerken, dass mein Sohn mir heimlich einen Zettel mit den drei ersten Buchstaben eines Ortsnamens schrieb.

»Okay.« Ich las, nahm den Zettel und zerriss ihn.

Herr General fuhr schon wieder wie von der Tarantel gestochen auf. »Was hat er geschrieben?«

Ich zuckte mit den Schultern. »Das geht Sie gar nichts an.«

»Ich habe ihr nur meinen Namen geschrieben und dass ich sie liebe«, sagte mein kluger Sohn.

Später, als ich ihn in Deutschland abgeholt hatte, gleich in der ersten halben Stunde, nachdem er seine Angst überwunden hatte, war das Erste, was er mir dann sagte: »Mama, ich hab dir diese drei Buchstaben geschrieben. Ich war in X., die ganze Zeit. Ich wusste, dass du kommst und mich rettest.«

O, dass ich das Kind so lange warten lassen musste!

Aber er hatte es mir geschrieben. Er wusste, dass ich es verstanden hatte. Doch immer noch hatte ich damals und für lange Zeit keinen Hinweis darauf, wie und wo in X. ich die Familie mit dem unvollständigen Namen finden sollte.

Nach nicht einmal einer halben Stunde beendeten die Jugendamtsmitarbeiter die uns gewährten Wiedersehensminuten, die ich persönlich demütigend wie einen Besuch bei einem Strafgefangenen im Hochsicherheitstrakt erlebt hatte, mit dem Auftritt der von Herrn General angerufenen Polizei.

Aus dem Fenster konnte ich den Polizeiwagen vorfahren sehen, während Herr General und Frau Tischler mich von Stefan wegzerrten, den ich zum Abschied zu umarmen und zu küssen versuchte und ihm nochmals versprach, ihn niemals im Stich zu lassen und mit mir nach Italien zu nehmen.

»Lassen Sie das Kind los!«, wies Frau Tischler mich an. »Der ist doch kein Pullover, den Sie so fest umarmen können.«

»Halt die Klappe, du blöde Kuh!«, schrie ich außer mir, während Herr General meinen Sohn packte und aus dem Zimmer schob und sein Rufen: »Mama! Mama! Geh nicht!« ignorierte.

Zusammen mit Valeria wollte ich ihm nachrennen, doch Frau Tischler hielt mich zurück. »Geben Sie mir Ihre Adresse, Frau Gebara.«

»Verschwinde!« Ich versuchte, mich aus ihrem Griff zu befreien. Ich wollte nichts, als meinem Kind hinterher. »Ich werde dir doch nicht meine Adresse geben. Sag du mir lieber, wo ihr mein Kind hinschleppt.«

»Du«, sagte sie, »du wirst deinen Sohn sowieso niemals wiedersehen.«

Ich stieß sie weg, rannte mit Valeria an der Hand aus dem Haus, ehe die Polizisten ins Spielzimmer kamen, und versteckte mich mit ihr in meinem Auto. Meinen Sohn sah ich nicht mehr. Wie Stefan mir später erzählte, hatte Herr General ihn oben im Haus in ein Zimmer eingesperrt und wartete darauf, wie ich Handschellen abgeführt würde.

So tief wie möglich ins Auto geduckt, hörten Valeria und ich die Polizisten über den Parkplatz laufen und dann endlich den Polizeiwagen abfahren. »Wir bleiben hier sitzen«, flüsterte ich meiner Tochter ins Ohr, »und warten, bis der General mit Stefan rauskommt und ihn nach X. fährt. Dann verfolgen wir ihn und holen deinen Bruder bei diesen Leuten raus und rasen zurück nach Italien.«

Als sich nach einer halben Stunde vergeblichen Lauerns und Wartens immer noch nichts rührte, schlich ich mich aus dem Auto und sah nach Herrn Generals Wagen. Er war nicht mehr da. Heimlich und unbemerkt hatte er sich mit Stefan auf einem anderen Weg aus dem Staub gemacht. Wieder hatte ich ihn verloren.

»Dann werden wir jetzt wenigstens deinem kleinen Bruder zum Geburtstag gratulieren«, sagte ich zu Valeria und hielt sie in den Armen, weil sie hemmungslos schluchzte. »Komm, er feiert bestimmt mit seinem Vater. Bob lässt mich vielleicht nicht rein. Aber du kannst ihn sicher besuchen. Dann sagst du ihm, dass ich ihn liebe und ihn bald abholen komme und dass es seinem Bruder gut geht.«

Valeria versuchte sich zu beruhigen. »Okay, Mama, alles klar. Lass uns schnell zu ihm fahren. Ich hab solche Sehnsucht nach ihm.«

Wenig später standen wir vor Bobs Haus und schellten und klopften, riefen. Niemand antwortete. Keiner öffnete. Das Haus war wie ausgestorben. »Vielleicht sind sie mit ihm essen gegangen.« Valeria begann wieder zu weinen. Erst nach drei Stunden Warten gaben wir auf.

Wie jedes Mal aufs Neue, wenn ich in Deutschland war, durchsuchten wir X. nach der Bereitstellungsfamilie, die niemand zu kennen meinte. Dann machten wir uns auf den Weg zurück nach Italien. Müde, abgekämpft, verzweifelt. Ein weiterer Horrortrip durch die Nacht. Am nächsten Morgen, dem 21. Oktober, musste ich arbeiten.

KAPITEL 7

Ich bin nicht allein

Zurück in Italien war ich kaum imstande, zu arbeiten. Dennoch erhob niemand Vorwürfe. Im Gegenteil, jeder behandelte mich mit Samthandschuhen. Meine Chefs sagten mir volle Unterstützung zu, vor allem wegen der auf mich zukommenden Gerichtstermine in Deutschland, die ja jeweils an Arbeitstagen stattfanden und für die mir angesichts der kurzen Zeit, die ich erst in der Firma angestellt war, noch gar kein Urlaub zustand.

Noch immer wirr im Kopf und mit diesem komischen Gefühl der Taubheit, das man verspürt, wenn man von einer Kugel getroffen wurde, am Boden liegt und weiß, man verblutet, aber den Schmerz der Wunde noch nicht spürt, weil der Körper für kurze Zeit eine Schockreaktion als Schmerzbremse aussenden kann, begann ich, mich auf X. zu fixieren und das ganze Internet nach Personen abzufischen, die in oder im Umkreis der Stadt so ähnlich hießen, wie das, was wir im Jugendamt aufgeschnappt hatten. Doch wie schon bei meinen ersten Versuchen, so hatte ich auch diesmal keinen Erfolg.

Die erste Gerichtsverhandlung hatte mir zumindest klar gemacht, dass das Jugendamt mir meine Kinder weggenommen hatte, weil ich nach Auffassung der Jugendamtsmitarbeiter zu viel arbeitete und meine Kinder von einer Tagesmutter betreuen ließ, anstatt meine Arbeit aufzugeben oder zumindest drastisch einzuschränken und mit meinen Kindern von Sozialhilfe zu leben.

Als politisch engagierte Frau wurde mir inmitten meines persönlichen Leids sowohl die innenpolitische deutsche als auch die europapolitische Ungeheuerlichkeit meiner Erfahrungen mit dem deutschen Jugendamt und Familiengericht bewusst.

Meine Kinder und ich erlebten und erlitten das alles in keinem Land der Diktatur, sondern im freien demokratischen Deutschland. In Deutschland, dessen Politiker Frauen und Mütter seit vielen Jahren in die Erwerbstätigkeit geradezu hineinbeschwören und das wie kaum ein zweites Land auf ein vereinigtes Europa drängt.

Öffentlich und politisch wird in ganz Deutschland massiv dafür geworben, sich als Arbeit suchender deutscher Bürger nicht auf die wenigen freien Arbeitsstellen im deutschen Arbeitsmarkt zu beschränken, wo täglich in großem Ausmaß Arbeitsplätze abgebaut werden, sondern die marktwirtschaftlichen Chancen des vereinigten Europas und der globalisierten Welt zu nutzen. Jedem EU-Bürger steht es rechtlich frei, sich innerhalb der EU Arbeit zu suchen und zu leben, wo immer er will.

Ich war von Deutschland nach Italien, nach Südtirol, auf Arbeitssuche gegangen. Das deutsche Arbeitsamt hatte mir die dortige Arbeitsstellensuche und meinen Umzug finanziert. Italien ist ein Rechtsstaat. Kinderbetreuung wird hier groß geschrieben, Müttererwerbstätigkeit auch. Ich hatte bei meiner Arbeitsplatzsuche sogar Rücksicht auf die Deutschsprachigkeit meiner Kinder genommen, um ihnen die Eingewöhnung in ein neues Land möglichst einfach zu machen.

Alle Spatzen pfeifen es in Deutschland schon von den Dächern, dass die Regierung seit Jahren mit dem Slogan »leichtere Vereinbarkeit von Beruf und Familie« eine flächendeckende Kinderganztagsbetreuung durch öffentliche und private Betreuungseinrichtungen und Kinderpflegekräfte fördert und fordert. Und zwar bereits für Babys. In diesem Zusammenhang erfolgte erst vor wenigen Jahren bundesweit der Ausbau des Berufs der Tagesmutter.

Um technisches und praktisches Know-how zu erwerben, besuchten deutsche Politiker unlängst andere Länder Europas wie Italien, Frankreich und Skandinavien, wo Kinder seit Jahren während der Berufstätigkeit ihrer Eltern in Ganztagskindergärten und

Ganztagsschulen betreut und unterrichtet werden. Ein ähnliches flächendeckendes Angebot wird seitdem mit hohen Fördermitteln der Bundesregierung in Deutschland etabliert.

Gleichzeitig bekräftigt das Mantra des Feminismus ebenfalls seit vielen Jahren unablässig, Deutschland könne sich den Verzicht auf die Frauenarbeitskraft der hervorragend ausgebildeten deutschen Bürgerinnen, zu denen ich als Akademikerin gehöre, nicht mehr leisten und müsse auch nicht darauf verzichten. Es sei kompletter Unsinn, dass Kinder nur unter der Obhut ihrer eigenen Mütter und Väter glücklich gedeihen. Im Gegenteil, die Kinder erwerbstätiger Mütter seien nachweislich sozialer und in allen Lebenslagen kompetenter als die überbehüteten Kinder von nicht erwerbstätigen Hausfrauen oder die an der Armutsgrenze lebenden Kinder von Sozialhilfeempfängern.

In einem Ganztagsschulsystem nach englischem Vorbild und als Kriegskind aufgewachsen, weiß ich, dass Kinder weder körperlich noch seelisch daran zugrunde gehen, wenn ihre Eltern nicht rund um die Uhr mit ihnen zusammen sind, sondern arbeiten und den Lebensunterhalt der Familie sichern. Aus persönlicher Erfahrung teile ich die von deutschen Frauenrechtlerinnen und Familienexpertinnen vertretene Auffassung, dass Kinder bei netten, kompetenten Betreuungspersonen gut aufgehoben sind, bis sie nach Feierabend von ihren Eltern abgeholt werden.

Selbst in der CDU, der ich angehörte, weil ich ihr politisches Programm unterstützenswert fand, herrscht die Meinung vor, dass die Erwerbstätigkeit von Müttern selbstverständlich ist und das Kindeswohl nicht durch diese Erwerbstätigkeit geschädigt wird, solange Kinder während der Arbeitszeit der Mutter von kompetenten Bezugspersonen betreut und nicht sich selbst überlassen werden.

Meine Kinder wurden und werden während meines Studiums und meiner Arbeitszeit immer betreut. Herr General vom Jugendamt sprach vor dem Familiengericht von zehn Tagesmüttern, die er benennen könne. Ich habe sie nicht gezählt. Alle diese Tagesmütter waren mir vom Jugendamt empfohlen worden und folglich als kompetente Fachkräfte einzustufen, bei denen ich meine Kinder gut aufgehoben wissen durfte. Ebenso verhielt es sich mit den Erzieherinnen in den Kindertagesstätten, die sie besuchten, und mit den Lehrern, von denen sie unterrichtet wurden.

Dennoch nahm mir das Jugendamt als deutsche Behörde einzig und allein meine Söhne weg, weil ich erwerbstätig war, weil meine Kinder von Tagesmüttern betreut wurden, weil sie vormittags und nachmittags im Kindergarten waren, während ich studierte und arbeitete, um Geld für unseren Lebensunterhalt zu verdienen. »Frau Gebara wurde … immer wieder nahe gelegt, ihre Arbeitszeiten zum Wohl ihrer Kinder zu reduzieren«, schrieb Herr General am 26. November in seinem Bericht ans Familiengericht. Diese Anweisung »kann Frau Gebara bis heute nicht nachvollziehen«, obwohl »sie damit die gesamte Zeit nicht im Sinn ihrer Kinder handelte.«

Wo ist da der freie demokratische Rechtsstaat, der mir als Mutter die Wahl lässt, ob ich erwerbstätig sein will oder nicht und ob ich meine Kinder während meiner Abwesenheit durch eine kompetente Betreuungskraft betreuen lasse oder nicht? Warum schützte das Gesetz meine Rechte nicht, sondern gab dem Jugendamt das Recht, mich dafür zu bestrafen, dass ich arbeitete und meine Kinder betreuen ließ?

Wenn das Jugendamt dazu berechtigt ist, Müttern in Deutschland nur deshalb ihre Kinder wegzunehmen, weil diese Mütter erwerbstätig sind und ihre Kinder nicht selbst betreuen, kann jede erwerbstätige Mutter die Nächste sein. Dann hätte Frau Tischler Recht, als sie mir sagte, das Jugendamt werde sich die Kinder aller erwerbstätigen und allein erziehenden Mütter holen, und sie in Pflegefamilien bringen, in denen es Vater und Mutter gäbe.

»Wenn das deutsche Jugendamt mit der Macht ausgestattet ist, alle Regeln des Rechtsstaates zu brechen, dann«, so erkannte ich, »ist das Jugendamt größer als ich und als mein Anwalt aus Deutschland, der ja selbst sagt, er könne nichts gegen das Jugendamt machen und das auch vor Gericht bewiesen hat. Dann muss ich mir internationale Hilfe holen. Dann muss ich mir Hilfe beim Land Italien gegen das Land Deutschland holen. Dann muss ich hier zur Polizei gehen. Wenn ich mir keine solche Hilfe hole, werde ich es nicht schaffen, meine Kinder zu retten.«

KAPITEL 8

Was ich von Hajo lernte

Als mögliche Helfer informierte ich zunächst einmal alle meine Freunde in Deutschland und Frankreich. Ihnen sagte ich, dass das deutsche Jugendamt in Zusammenarbeit mit dem Familiengericht mir meine beiden Söhne weggenommen hatte und einen von ihnen vor mir versteckt, ja, gefangen hielt.

»Warum?«, fragten sie immer zuerst.

»Weil ich arbeite«, sagte ich.

Viele Leute haben nicht geglaubt, dass dies in Deutschland möglich ist. Obwohl sie wissen, dass ich nicht lüge, erschien es ihnen absolut undenkbar, dass so etwas in einem Rechtsstaat passieren könnte. Und alle empfahlen mir, einen Detektiv einzuschalten, um erst einmal herauszufinden, wo mein Sohn versteckt wurde. Ich aber wusste, ich brauchte nicht nur jemanden, der mir den Ort finden half. Ich brauchte auch jemanden, der mir half, das Kind dort abzuholen.

Hajo fiel mir ein. Hajo ist Deutscher und Detektiv. Wir standen in engem politischen Kontakt miteinander. Wir waren eine kleine Gruppe, Hajo, Kurt, Alina, ein paar andere und ich. Frauen und Männer, die politisch gleicher Meinung über das Nahostthema, Israel und die palästinensischen Aktionen waren und zusammenhielten.

Hajo hatte immer gesagt: »Wenn du jemanden kennst, der Details braucht, ich bin Detektiv, habe eine Website.« Daher nahm ich an, Hajo sei der Richtige für meinen Plan.

Doch als ich ihn einweihte, meinte er, er könne mir zwar helfen, das Kind zu finden. Das koste 1200 Euro. Aber mir helfen, das Kind zu holen, könne er nicht.

»Bitte, Hajo, überleg doch mal, 1200 Euro! Das ist ein Vermögen! Woher soll ich das nehmen? Ich habe mein ganzes Geld ausgegeben, weil ich ständig hin- und herfahre. Ich habe außerdem noch Extrageld gegeben, damit ich meine Wohnung bekomme, obwohl ich jetzt noch nicht mal Kinder habe. Alles war vergeblich: die Wohnung, nach Deutschland fahren und zurück, jedes Mal ohne die Jungen. Das hat viel Geld gekostet, der Anwalt und alles. Alles, was ich gespart hatte, ist weg. Und ständig kommen neue Rechnungen. Bitte, du musst mir helfen, aber ich kann dir das Geld nicht geben. Nicht sofort.«

»Tut mir Leid, Joumana, ohne Geld kann ich nicht arbeiten.« Hajo blieb knallhart. »Ich muss da jemand dransetzen, der den Vater beobachtet; wann der geht und kommt etc. Das Jugendamt, wohin die fahren. Die Pflegeeltern, wann die aus dem Haus gehen, und das Kind, den ganzen Tagesablauf. Das kostet Zeit, und Zeit ist nun mal Geld. Ich muss ja schließlich die Leute bezahlen, die ich damit beauftrage. Das kann ich nicht einen Mann machen lassen. Wenn das richtig saubere Arbeit werden soll, brauche ich dafür immer wieder andere Leute. Sonst fällt das auf. Wahrscheinlich muss ich beantragen, dass wir in die Jugendamtsakten gucken. Und wenn alle Stricke reißen, muss man dort eben mal mit einem Tausender winken, das öffnet jeden Aktendeckel oder lässt auch so manche Akte ganz verschwinden.«

Er hatte durchaus Ahnung. Das merkte ich, als er mir erzählte, wie vielen Leuten es genauso ergehe wir mir. Ständig müsse er nach Kindern suchen, die das Jugendamt den Eltern wegnehme und verstecke oder deren einem Elternteil es dabei helfe, die Kinder dem anderen Elternteil wegzunehmen. Deutschen Eltern, ausländischen Eltern. Dabei frage er sich oft, ob es da wohl einen Zusammenhang gäbe, dass besonders häufig Eltern aus Nordrhein-Westfalen seine Hilfe in Anspruch nähmen, weil ihnen ihre kleinen Kinder für immer weggenommen wurden, und dass eine neue Studie der Bundesregierung ergeben habe, dass in keinem anderen Bundesland so viele Kinder adoptiert würden. Schließlich, so Hajo, sei bekannt, dass vor allem kleine Kinder adoptiert würden. »Gib mal im Internet Suchwörter wie ›Kinderklau‹, ›Jugendamt‹, ›Kinderklaubehörde‹, ›Kindesentführung‹ ein«, riet er mir. »Du wirst erschlagen von den Seiten, die dann aufgehen.«

Ich saß mit dem Telefon in der Hand und kam mir vor, als redeten wir nicht von einer deutschen Behörde in Deutschland, das wir im Libanon für so perfekt gehalten hatten, sondern von irgendeinem finsteren Al-Capone-Film, für das wir gerade ein Drehbuch zusammenfantasierten. Aber Hajo erfand das nicht. Er war Detektiv, ein Profi, einer, der jeden Tag sein Brot damit verdiente, dass er Eltern half, ihre geklauten Kinder zu finden. Er musste es wissen. Welche Abgründe zeigte er mir da?

»Aber irgendwann muss die Wahrheit doch ans Licht kommen«, hielt ich dagegen.

»Das kommt auch vor«, stimmte Hajo trocken zu. »In den Fällen, von denen ich etwas verstehe, waren die Kinder bis dahin so lange weg, dass sie ihre Eltern oder einen von ihnen kaum noch kannten. In Pflegefamilien müssen sie die Pfleger meistens Mama und Papa und sich selbst mit deren Nachnamen nennen. Kinder müssen zur Ruhe kommen, heißt es. Man kann sie dort nicht wieder herausnehmen. Sie brauchen Kontinuität. Sie dürfen nicht zwischen den Parteien zerrieben werden. Sie brauchen feste Bezugspersonen, Planungssicherheit, ihr soziales Umfeld. Das sind so die Ausdrücke, die man in Stellungnahmen des Jugendamts lesen kann, wenn sie begründen, warum ein Kind nicht mehr zu den eigenen Eltern darf.«

Mir lief es bei Hajos düsteren Prophezeiungen eiskalt den Rücken herunter, als ich mir vorstellte, mein Sohn müsse so lange bei den Pflegeeltern bleiben, bis er mich nicht mehr erkennen und zu einer anderen Frau »Mama« sagen würde. Ich wusste, wie schnell man sich nicht mehr an Gesichter erinnern kann, wenn jemand verstorben ist. Stefan hatte nicht mal ein Foto von mir. Er wusste keine Adresse in Italien, keine Telefonnummer. Der Gedanke, wie er irgendwo in einer fremden Wohnung auf einem fremden Bett lag und versuchte, an seine Mama zu denken, und nicht mehr wusste, wie ich aussah, verursachte einen Schmerz in mir, dass ich am liebsten brüllend aufgesprungen wäre. Mein Kind, wo war mein Kind? Ich wollte ihn holen, sofort.

KAPITEL 9

Das deutsche Jugendamt erklärt der italienischen Jugendbehörde, warum es mir meine Kinder wegnahm

Gegen Vorlage einer schriftlichen Bestätigung meiner persönlichen Lebensverhältnisse mit festem Arbeitsplatz, festem Wohnsitz und kindgerechter Wohnung meine Kinder zurückzubekommen, war die einzige Hoffnung, die ich am 20. Oktober aus Deutschland nach Italien mitbrachte. Am 20. Oktober war der Verhandlungstag in Deutschland gewesen, an dem mir das Gericht meinen Sohn Christian nahm. Kaum in Italien zurück, rief ich in der italienischen Jugendbehörde an. Tags darauf, am 22., konnte ich dort mein Anliegen vortragen.

Wahrscheinlich hatte die Richterin mir diese Auflage gemacht, weil sie wohl annahm, mit der Beglaubigung meiner Unterlagen würde man mich auf dem italienischen Jugendamt – ähnlich wie in Deutschland – sofort in die Schlechte-Mutter-Schublade stecken, meine Wohnung inspizieren, meinen Lebenswandel mit Argusaugen bewachen oder mir gar die Aufenthaltserlaubnis entziehen. Ganz sicher rechnete sie nicht damit, mich mit ihrer Auflage auf direktem Wege zu den besten Helfern zu führen, die mir fortan auf ihre selbstverständliche und verständnisvolle Art mit Rat und Tat zur Seite standen und ohne deren Unterstützung meine drei Kinder niemals bei mir in Italien leben würden. Dankbarkeit ist ein schwaches Wort für das, was ich empfinde, wenn ich an sie denke.

Gina und George arbeiten beide im Jugendbereich der italienischen Polizeibehörde. Ein Jugendamt wie in Deutschland gibt es in Italien, wie auch in den meisten anderen Ländern, nicht. George ist Ginas Vorgesetzter, doch ihre Zusammenarbeit verläuft auf einer respektvollen, von Sympathie getragenen freundschaftlichen Ebene, so dass die berufliche Hierarchie nur in den amtlichen Dingen von Belang ist.

Gina ist eine große, attraktive Blondine mit aufmerksamen, mitfühlend dreinblickenden Augen, einem selbstsicheren Auftreten und sehr viel Charme, eine waschechte Südtirolerin, deren südländisch gefärbtes Deutsch im Vergleich zum gutturalen »Boa-eyh« und »Woll-Woll« des deutschen »Potts« wie eine Mozartschöpfung in meinen Ohren klingt. George wirkt neben ihr noch italienischer, als er ohnehin ist; ein agiler, bei aller gelassenen Distanziertheit herzlich wirkender Mann, dem man die durchtrainierten Muskeln kaum ansieht, so dass man fast erstaunt über seinen rollenden Bizeps ist, wenn er einem zum ersten Mal die Hand drückt. Beide sind verheiratet, allerdings nicht miteinander, und haben Kinder, die sie über alles lieben und die ihnen nie jemand nur deshalb wegnehmen würde, weil sie als Mutter oder Vater berufstätig sind und erst abends von der Arbeit nach Hause kommen.

Gina war meine erste Ansprechpartnerin. Ich gestehe, ich hatte Angst, zu ihr zu gehen und mich als deutsche Bürgerin zu outen, der eine deutsche Behörde ihre eigenen Kinder weggenommen hatte. Drei Kinder von drei Männern zu haben, wurde mir so oft als »asozial« angekreidet, dass ich eher eine negative als eine positive Meinung erwartete. Deshalb befürchtete ich, man werde der deutschen Behörde sofort glauben, dass ich keine gute Mutter wäre und man einer Frau, die ihr eigenes Leben anscheinend so wenig im Griff hätte, keine Kinder anvertrauen dürfe.

Doch schon die ersten mit Gina gewechselten Sätze belehrten mich eines Besseren. Diese Frau wusste, dass das deutsche Jugendamt häufig Eltern aus faktisch nicht nachvollziehbaren Gründen ihre Kinder wegnimmt und Deutschland deshalb als oberster Arbeitgeber dieser Institution bereits erfolgreich wegen Menschenrechtsverletzungen verklagt wurde. Ein Fall, von dem mir mein Detektiv-Freund Hajo bereits erzählt hatte, war ihr bekannt und erschütterte sie ebenso wie der sich über einen langen Zeitraum hinziehende qualvolle Hungertod eines Pflegekindes, von dem sie kürzlich aus einer Fernsehreportage erfahren hatte. Auch in diesem Fall hatte das deutsche Jugendamt Eltern ihr Kind weggenommen und es in eine den Eltern verheimlichte Pflegefamilie gegeben. Während die verzweifelten Eltern monatelang vergeblich um die Herausgabe ihres Kindes kämpften, verhungerte ihre Tochter bei den Pflegeeltern, deren eigene Kinder stets gut ernährt wurden. Verwunderte Fragen etwa der Nachbarn und anderer Außenstehender nach dem immer schlechter werdenden Aussehen des abmagernden kleinen Mädchens bügelten die Pflegeeltern mit der Erklärung ab, es sei ein schlechter Esser und Kostverwerter und erbreche alles, was man ihm vorsetze. Sie wären deshalb mit dem Kind in ärztlicher Behandlung. Damit gaben die Leute sich ebenso zufrieden wie die Jugendamtsmitarbeiter, die bei ihren gelegentlichen Routinebesuchen zwar bemerkten, dass das Kind extrem dünn war, sich aber nichts dabei dachten, da auch ihnen die Erklärungen der Pflegeeltern genügten. Als das Kind tot war, wurden zwar die Pflegeeltern verklagt und bestraft, nicht aber die verantwortlichen Mitarbeiter des Jugendamts. Ihnen wurde von ihrem Vorgesetzten bestätigt, dass sie ihre Arbeit nach bestem Wissen und Gewissen und nach Vorschrift getan hätten. Der Tod des Kindes, hieß es, sei eine alleinige Schuld der Pflegeeltern und ein tragischer Unglücksfall, jedoch kein Fehler des Jugendamts.

Das grausame Schicksal dieses Kindes und die Bilder des fast zum Skelett abgemagerten Körpers wirkten so lebhaft in Gina nach, dass sie spontan bereit war, meine Aussagen ernst zu nehmen. Dennoch fiel es ihr schwer, sich vorzustellen, dass es in einem hochzivilisierten europäischen Land wie Deutschland möglich sein sollte, mir meine Kinder einzig deshalb wegzunehmen, weil ich nach Meinung der Jugendamtsmitarbeiter weniger arbeiten müsse, um eine »gute Mutter« zu sein.

»Die deutschen Frauen«, meinte sie, »sind schon so viel länger emanzipiert als wir hier in Italien und stehen überall ihren Mann im Beruf. Wir haben immer mit Neid und Bewunderung über die Grenze geschaut und uns gewünscht, ebenso fortschrittlich und selbstständig zu sein. Wir haben allerdings auch bemerkt, dass in Deutschland die Frauen immer mehr wie Männer auftreten. Das wollen wir hier nicht. Wir wollen emanzipiert, aber trotzdem Frauen sein, die sich gern von den Männern verwöhnen lassen und Kinder bekommen, eine Familie haben, all das. Obwohl wir arbeiten und unser eigenes Geld verdienen. Bei uns regelt das ganze System, dass Mütter auch dann »gute Mütter« sein können, wenn sie arbeiten. Da sind wir viel moderner als in Deutschland, obwohl wir Frauen in Italien vielleicht weniger emanzipiert sind als deutsche Frauen. Bei uns würde jedenfalls keiner einer Mutter die Kinder wegnehmen, weil sie arbeitet und ihre Kinder in dieser Zeit von jemand anderem betreuen lässt. Deshalb ist es für mich fast undenkbar, dass man so etwas im so viel emanzipierteren Deutschland tut, wo Frauenrechte ein viel größeres Thema sind als bei uns. Erzählen Sie mir doch bitte ganz genau, was passiert ist und was Sie darüber wissen.«

Da ich damals noch keine schriftlichen Begründungen besaß, aus denen ersichtlich gewesen wäre, was man mir vorwarf, konnte ich ihr nur meinen eigenen Eindruck schildern und möglichst genau wiedergeben, was ich erlebt hatte.

Während ich erzählte, schüttelte Gina immer wieder fassungslos den Kopf, weil die Vorgehensweise des deutschen Jugendamts und des Familiengerichts ihr als Mitarbeiterin der italienischen Partnerbehörde absolut rechtswidrig und gegen jede Menschenwürde erschien. »Die armen Kinder! Die bekommen ja ein Trauma von dem, was man ihnen da angetan hat. Sie einfach mitzunehmen, ohne dass sie sich von der Mutter verabschieden können und ohne zu wissen, dass sie bald wieder nach Hause kommen werden, sobald die momentanen Probleme beseitigt sind, das ist brutal. So darf man doch nicht mit kleinen Kindern umspringen. Welcher Richter hat das nur erlaubt? Ein Verkehrsrichter vielleicht?«

»Es hat bis zum 20. Oktober gar kein Richter erlaubt«, sagte ich. »Sie haben mir meine Kinder am 8. Oktober weggenommen. Aber erst an diesem Tag, am Geburtstag meines jüngeren Sohnes, hat eine Familienrichterin es erlaubt. Und bei meinem Kind, von dem ich nicht einmal weiß, wo es ist, und mit dem ich auch nicht telefonieren darf, hat es immer noch kein Richter erlaubt. Ich weiß nicht einmal, wann der Gerichtstermin dafür sein wird. Ich frage meinen Anwalt jeden Tag danach. Er weiß es auch nicht. Das Gericht legte bisher keinen Termin fest. Sie verstecken mein Kind vor mir, geben mir keinerlei Nachricht, wie es ihm geht, lassen mich absolut im Ungewissen. Ich sterbe vor Angst und Sorge um mein Kind. Aber es ist ihnen egal. Sie beschimpfen mich, weil ich in ihren Augen hysterisch und wegen meiner Verzweiflung eine unfähige Mutter bin, die keine Kinder erziehen kann.«

Ich sah Gina an, wie sich bei meinen Worten vorstellte, das alles selbst erlebt zu haben. »Das ist eine Entführung«, stellte sie fest. »Und wenn kein Richter das genehmigt hat, ist es eine Straftat. Jedenfalls wäre es das hier bei uns.« Sie musterte mich eindringlich und fragte nochmals nach: »Hat es wirklich kein Richter erlaubt? Die haben das einfach so gemacht? Ohne einen richterlichen Beschluss? Kann es sein, dass Sie da etwas falsch verstanden haben?«

»Nein.« Ich schüttelte den Kopf. »Mein Anwalt sagte mir, dass es keinen richterlichen Beschluss gibt. Aber er sagte auch, dass ich trotzdem nichts dagegen machen könne und das Jugendamt mir meine Kinder nicht zurückgeben müsse. Er sagte, gegen das Jugendamt könne er nichts machen.«

»Das heißt, dass das Jugendamt in Deutschland machen kann, was es will?« Gina beugte sich über ihren Schreibtisch zu mir vor. »Ich kann das nicht glauben. Sehen Sie, wenn wir hier in Italien ein Kind seinen eigenen Eltern wegnehmen wollen, muss immer zuerst ein konkreter richterlicher Beschluss dafür eingeholt und den Eltern vorgelegt werden. Nur mit einem solchen Beschluss dürfen wir die Kinder holen. Und einen solchen richterlichen Beschluss bekommen wir erst dann, wenn zum Beispiel die Polizei schon in dieser Familie war und wir anhand des Polizeirapports nachweisen können, dass es dem Kind in der Familie schlecht geht. Nur auf Verdacht oder auf eine Denunziation hin, nehmen wir Eltern ihre Kinder nicht weg. Das dürfen wir nicht. Wenn so ein Verdacht bestünde, würden wir als Behörde zuerst einmal in die Familie gehen und den Eltern sagen, dass da so ein Verdacht besteht, und wir würden uns die Lebensverhältnisse in der Familie sehr genau anschauen. Ohne Wissen der Eltern, oder indem wir die Eltern gezielt über unsere Vorgehensweise täuschen, wie Sie mir das als Ihre Erfahrung schildern, passiert bei uns nichts. Würden wir das machen, müssten wir mit einer Anzeige rechnen und mit entsprechenden Strafen.«

Ihre freundliche, verständnisvolle Art und ihre Bereitschaft, sich meiner Not anzunehmen, taten mir unendlich gut. Nicht nur das, auch Ihre Erklärungen über den Ablauf der Arbeitsweise des italienischen Jugendamtes leuchteten mir ein. Wäre es bei mir und meinen Kindern so gewesen, müsste ich jetzt nicht darüber verzweifeln, dass ich weder wusste, weshalb und wohin eines meiner Kind durch die Behörde verschleppt wurde, noch warum mir mein zweites von ihr genommen worden war.

»Würden wir bei unserer Arbeit feststellen, dass die Eltern und das Kind ein Problem haben, würden wir dafür sorgen, dass dieses Problem bewältigt wird. Dafür gibt es die verschiedensten Hilfsmaßnahmen, die dann angeordnet würden und deren Erfolg wir überprüfen müssten.« Gina sah mich aufmerksam fragend an. »Wenn ich Sie richtig verstehe, hat man Ihnen vor Ihrer Abreise nach Italien nie gesagt, dass es Probleme geben würde und Sie dieses oder jenes machen müssten, um sie zu bewältigen?«

Ich verneinte. »Herr General und seine Mitarbeiterinnen im Jugendamt sagten, es sei alles okay. Ich habe schriftlich, dass sie die Tagesmutter bezahlen würden, damit ich nach Italien fahren könne. Sie wussten, dass ich eine Wohnung suchte und danach meine Kinder abholen wollte. Wir hatten einen festen Zeitraum vereinbart. Sie hatten das aufgeschrieben. Ich habe das schwarz auf weiß. Und ich bin sogar früher zurückgekommen, weil ich schneller eine Wohnung finden konnte, als ich dachte.« Inzwischen weinte ich schon wieder. »Sie sagten immer, es sei alles in Ordnung. Auch, nachdem jemand diese Lügen über mich verbreitet hatte und sie am Telefon wissen wollten, ob ich wirklich zurückkäme. Ich dachte, da hätte sich jemand einen schlechten Scherz mit mir erlaubt. Ich sagte ihnen, dass ich selbstverständlich kommen und meine Kinder abholen würde. Und sie sagten, dann ist es okay. Kein Mensch sagte jemals zu mir, dass ich sofort zurückkommen müsste, oder sie würden mir die Kinder wegnehmen. Ich wäre ja sofort gekommen. Ich hätte nie zugelassen, dass sie mir die Kinder wegnehmen. Und hätten sie am Anfang gesagt, dass sie mir die Kinder wegnehmen würden, wenn ich nach Italien ginge, wäre ich nicht nach Italien gegangen. Ich bin doch nicht nach Italien gegangen, weil ich meine Kinder nicht mehr wollte. Ich bin hierher gekommen, weil ich hier einen Job gefunden habe; weil ich in Deutschland arbeitslos war. Ich wusste nicht, dass sie mir das antun würden. Sie sagten immer, es sei alles okay. Sie müssen mir glauben!« Gina legte mir beruhigend die Hand auf die Schulter. »Und Sie haben Ihnen jetzt auch keine konkreten Auflagen gemacht, unter welchen Bedingungen und wann Sie Ihre Kinder zurückbekommen werden?«

»Die Richterin hat gesagt, ich muss eine schriftliche Bestätigung von Ihnen vorlegen, dass ich tatsächlich eine Arbeit und eine schöne Wohnung hier habe.«

»Das ist kein Problem. Also bekommen Sie Ihre Kinder sofort zurück, sobald Sie unsere Bestätigung vorlegen?«, fragte Gina.

»Nein, das ist nicht garantiert«, schluchzte ich. »Die Richterin hat nur gesagt, wenn ich den Nachweis bringe, werden sie das bei der nächsten Verhandlung prüfen.«

»Und wann ist das?«

»Am 29. November.«

»Und Sie dürfen die ganze Zeit Ihre Kinder nicht einmal am Telefon sprechen?«

»Mit meinem großen Jungen darf ich keinen Kontakt haben. Sie sagen mir nicht, wo er ist. Ich kann ihm nicht schreiben, ihn nicht anrufen. Sie halten ihn irgendwo vor mir versteckt.« Die Mitmenschlichkeit dieser Frau zu spüren, ihr Mitfühlen als Mutter, machten es mir leicht zu reden. Es gab keine Demütigungen, kein Herumkommandieren wie im Jugendamt in Deutschland, keine spöttischen, verächtlichen Blicke, keine Anpöbeleien, keine Beschuldigungen und Bedrohungen, eine schlechte Mutter zu sein, die ihre Kinder nie wieder bekomme. Hier musste ich mich nicht ständig angegriffen fühlen und mich aggressiv verteidigen. Gina kannte mich nicht, sie wusste gar nichts von mir. Aber sie hörte mich mit Würde an und ließ auch mir meine Würde. Sie machte mich nicht klein und lachte weder über meine Ausdrucksweise noch über meinen Schmerz. Sie verstand, dass ich als Mutter aufs Höchste verzweifelt und außer mir war vor Angst um meine Kinder. Sie respektierte meinen Schmerz und verlangte keine eiserne Selbstdisziplin und die Unterdrückung meines Elends. Sie verhielt sich mir gegenüber wie ein Mensch, obwohl sie eine Polizistin war. Und sie verachtete mich nicht dafür, dass ich mich wie ein leidender Mensch verhielt. Sie hörte mir einfach respektvoll, mitfühlend und aufmerksam zu, fragte, wo ihr etwas unklar war, und erklärte mir, was ich wissen wollte.

»Und mit Ihrem kleinen Sohn, der jetzt bei seinem Vater ist? Lässt er Sie mit ihm sprechen?«, fragte sie weiter.

»Ja, aber er steht daneben und hört alles mit. Und wenn ich etwas sage, was ihm nicht passt, nimmt er ihm das Telefon weg und beendet das Gespräch. Er droht mir, dass ich nicht mehr mit ihm reden darf, wenn ich noch einmal sage, dass ich meinen Sohn zu mir nach Italien abholen will. Ich befürchte, dass er diese Drohung bald wahr macht. Ich habe kein Umgangsrecht mit meinem Sohn, weil ich kein Umgangsrecht will, sondern mein Kind. Das Jugendamt wird ihm sagen, dass ich kein Recht mehr habe, mit unserem Kind zu reden, weil es jetzt allein sein Kind ist. Und er tut alles, was das Jugendamt will.«

Gina lehnte sich ihren Bürostuhl zurück. »Das ist ja unglaublich! Geschieht das wirklich in Deutschland? Das ist doch kein unterentwickeltes Land! Dass man eine Mutter nicht einmal mit ihrem Sohn am Telefon sprechen lässt!« Sie war erkennbar erschüttert. »Wie schrecklich für die Kinder, dass sie nicht einmal mit ihrer Mama reden können. Jedes Kind in einer solchen Situation hat Heimweh und Angst. Es muss mit den Eltern reden können, damit es weiß, es ist nicht verlassen und alles wird wieder gut.«

»Wenn wir in Italien Eltern tatsächlich ihre Kinder wegnehmen müssen«, sagte sie, »geschieht das für einen bestimmten Zeitraum, in dem die Eltern einen für die Kinder gefährlichen Zustand beseitigen können. Nehmen wir das Beispiel, wenn eine Familie in einer furchtbaren Wohnung lebt, in der das Kind immer wieder krank wird oder anders gefährdet ist. Dann kann es sein, dass wir zu den Eltern sagen, sie müssten eine andere Wohnung suchen, und wir nehmen das Kind mit, bis die Eltern eine neue Wohnung haben. Sobald das geschehen ist und wir das festgestellt haben, geben wir den Eltern ihre Kinder zurück. In bestimmten Fällen kontrollieren wir dann noch einige Zeit, ob auch alles in Ordnung ist und bleibt.«

Dieses Beispiel erinnerte mich an meine Freundin in S. Auch ihr hatte das Jugendamt die Kinder nur so lange weggenommen, bis sie eine bessere Wohnung gemietet hatte. »Aber ich hatte keine Wohnung, in der meine Kinder krank wurden«, sagte ich. »Das Jugendamt hat der Richterin gesagt, die Wohnung war schmutzig und da waren Maden im Müll vor dem Haus. Aber ich war mitten im Umzug; darum war es schmutzig. Und die Sperrmüllabfuhr kam nicht. Deshalb waren da vielleicht Maden. Und meine Kinder haben überhaupt nicht in meiner Wohnung, sondern bei der Tagesmutter in deren Wohnung gelebt, während ich in Italien war. Das Jugendamt wusste das. Das hatten wir schriftlich so vereinbart.«

»Ein Umzug ist immer mit Müll verbunden.« Gina schüttelte den Kopf. »Das ist kein Grund, einer Mutter ihre Kinder wegzunehmen und ihnen keinen Kontakt mehr zu erlauben. Wir hier sind der Meinung, dass die eigenen Eltern und die eigene Familie im Vergleich zu einer Fremdunterbringung immer die bessere Alternative ist. Ein Kind den Eltern für immer wegzunehmen, ginge bei uns in Italien nur, wenn die Eltern eine schwere Straftat gegen das Kind unternommen hätten und das Kind auch weiterhin bei ihnen in Gefahr wäre. Alles andere ist unmenschlich!«

»Ich habe meine Kinder nie geschlagen. Nicht einmal die vom Jugendamt haben gewagt, das zu behaupten. Ich war immer für meine Kinder da. Ich bin eine sehr gute Mutter. Wirklich!«

»Und Sie haben Ihnen Ihre Tochter Valeria gelassen, obwohl auch sie noch minderjährig ist? Sie haben keine Anstalten gemacht, sie Ihnen wegzunehmen? Auch nicht vor Gericht?« Gina bohrte abermals nach.

»Ich verstehe das selber nicht«, gestand ich. »Ich weiß nicht, warum sie sie nicht mitgenommen haben. Es ist vielleicht, weil ihr Vater sie nicht wollte. Er hat keinen Antrag beim Jugendamt gestellt. Nick ist kein richtiger Deutscher. Er ist halb Libanese. Wir nehmen einer guten Mutter ihre Kinder nicht weg. Und ich bin eine gute Mutter. Valerias Vater weiß das.«

»Das ist vermutlich der Grund«, bestätigte Gina meine Meinung. »Ohne die Väter der Kinder konnte das Jugendamt Ihnen die Kinder nicht wegnehmen. Wir werden es genauer sehen, wenn das Jugendamt endlich eine schriftliche Stellungnahme abgegeben hat.«

Wie oft hatte ich Valeria gegenüber ein schlechtes Gewissen, weil ich ihr keine freudige, unbeschwerte Kindheit schenken konnte. Während sie klein war, hatte ich als ihre Mutter drei gescheiterte Beziehungen zu verkraften, bekam weitere zwei Kinder von zwei verschiedenen Männern, was mich seelisch fertig machte, musste immer jeden Pfennig oder Cent dreimal umdrehen, ständig darum kämpfen, meine Familie mit Anstand und Würde über Wasser zu halten. Italien sollte auch für Valeria der Start in ein fröhlicheres Leben sein. Und nun war ausgerechnet dieser Aufbruch zum grausamsten Debakel geworden.

Die Zeit ohne Stefan und Christian verging für Valeria und für mich wie ein einziger Albtraum. Ich ging arbeiten, aber ich fühlte mich tot, wollte nicht essen, nicht trinken. Ich weinte. Ich hatte nichts, wofür ich leben wollte. Man hatte mir meine Kinder genommen. In diesen Schmerz bezog ich Valeria mit ein, weil ich mich fühlte, als sei diejenige, die ich geliebt hatte, zu der geworden, die ihre Brüder im Stich gelassen habe und meine Liebe nicht mehr verdiene. Ihre vollkommen berechtigte Klage, ich sei für sie nie mehr da, ich würde nur an ihre Brüder denken, schien mir damals unberechtigt. Sie brauchte meine Hilfe und meine Liebe und forderte dies absolut richtig von mir ein. Aber ich verstand es nicht. »Ich hasse dich. Du bist schuld.« Das habe ich ihr damals so oft an den Kopf geworfen.

Ich konnte nicht einmal in Ruhe einen Stadtbummel mit Valeria machen, kein Eis mit ihr essen gehen, in keinem Park spazieren gehen, kaum in einem ganz normalen Lebensmittelgeschäft einkaufen. Sobald ich ein Kind sah, das im Alter meiner Söhne war, spielte, an der Hand der Mutter hüpfte, lachend mit ihr sprach oder Fahrrad fuhr, stach es mir wie ein Bajonett durchs Herz und rührte mich zu Tränen. »Wo ist mein Kind? Wo ist mein Kind?«

Vor ein paar Wochen waren wir nicht nur Mutter und Tochter, sondern auch Freundinnen gewesen. Plötzlich stritten wir viel. Wir hatten dauernd Konflikte. Sie fühlte sich von mir vernachlässigt, warf mir vor, deshalb eine »schlechte Mutter« zu sein. Ich habe Angst, wenn sie mir das vorwirft.

Obwohl ich allmählich begriff, dass sie keine Schuld an unserem Leid hatte, vergaß ich immer wieder, dass auch sie noch ein Kind war, dass sie mich brauchte. Ich sah, sie war groß, größer als ihre Brüder. Die waren noch Kinder. Sie war eine Jugendliche, fast erwachsen. Aber sie war trotzdem ein Kind. Ich musste mir das bewusst machen, hatte jedoch selten die Kraft dazu. Als meine Freundin ihr ein Plüschtier schenkte und sie sich grenzenlos darüber freute, erkannte ich zum ersten Mal seit Monaten wieder, dass sie ein Kind war. »Sie ist ein Kind!«, dachte ich. »Sie spielt mit Plüschtieren.« Und ich weinte über mich, dass ich das nicht mehr richtig gemerkt hatte. »Ich bin ihre Mutter und habe das nicht gemerkt. Früher habe ich das gemerkt. Da war ich anders. Da war ich eine andere. Da hatte ich Freude am Leben.«

Manchmal brach es wie die Sonne hinter dicken Wolken hervor, dass wir stundenlang sitzen und reden konnten. Ich machte und mache mir weiterhin Sorgen um sie und habe Angst, sie bekommt irgendwann einmal den falschen Mann und hat dann auch solche Probleme wie ich. Seit man mir meine Kinder wegnahm, sage ich immer wieder zu ihr: »Du musst zu mir kommen, wenn du Schwierigkeiten hast.« Valeria dürfte nicht mit solchen Ängsten aufwachsen, mit diesen Erfahrungen, dass das Jugendamt einem die Kinder grundlos wegnehmen darf und keiner diese Menschen dafür bestraft.

Wenn ich sie in den Monaten unseres Leids ansah, wie sie in ihrem Zimmer saß und weinte und darum kämpfte, ein ganz normales Mädchen in einer ganz normalen Welt mit normalen Freunden und normalen Partys, normalen Beziehungen zu sein, drückte ihre Anwesenheit mich noch tiefer in die seelische Not, so dass ich sie oftmals am liebsten zu meinen Eltern in den Libanon geschickt hätte. Dort hätte sie Ferien von ihrem armen gequälten Ich machen können. Aber das ging nicht. Sie musste zur Schule. Und sie wollte bei mir bleiben.

Außerdem würde ich meinen Eltern niemals erzählen können, dass das Jugendamt mir meine Kinder weggenommen hatte. Wie denn? Was sollte ich ihnen sagen, warum? Ich wusste es doch selbst nicht genau und zermürbte mich mit Selbstvorwürfen, dass ich meine Kinder nicht sofort nach Italien mitgenommen, sondern auf den deutschen Rechtsstaat vertraut hatte, als dessen Musterdeutsche ich mich gefühlt hatte, die das Schulgesetz achtet, ihr gesetzlich verbrieftes Recht auf die Hilfe des Jugendamts wahrnimmt, das Familiengesetz zur gemeinsamen elterlichen Sorge anwendet, dem Staat nicht unnötig auf der Tasche liegt, sondern ihre Brötchen selbst verdient, Mitglied der CDU ist, der Polizei bei ihrer Arbeit behilflich ist und sich auch sonst nichts zu Schulden kommen lässt. Ich war so stolz auf meine deutsche Nationalität und diesen Rechtsstaat gewesen. Jetzt stand ich da mit meiner musterdeutschen Gesetzestreue und war die Dumme.

Ich konnte das alles meinen Eltern nicht sagen. Sie hatten schon so viel wegen mir und meiner drei Kinder von drei Männern gelitten. Ich brachte es nicht über mich, ihnen nun auch dieses Leid noch anzutun. Sie würden daran sterben, fürchtete ich. Sie lieben meine Kinder. Sie lieben auch mich. Ihr Entsetzen, ihr Kummer, ihre Tränen, ihre Anrufe mit immer derselben Frage: »Wo sind die Kinder? Wann bekommst du sie zurück? Wie geht es ihnen?« Ich wusste, es würde mehr sein, als ich noch verkraften konnte. Lieber als diese zusätzliche Last trug ich die bestehende Last allein und verschonte meine Eltern damit. Folglich konnte ich ihnen Valeria nicht einfach schicken. Meine Eltern hätten gefragt, warum sie nicht zur Schule gehen müsse. Und ich hätte dafür keine plausible Erklärung gehabt.

So rieben mein armes Kind und ich unsere Seelen oftmals aneinander auf, weil sie mich als »schlechte Mutter« und ich sie als »schlechte Tochter« empfand, obwohl wir uns lieben und ich in den Augenblicken, in denen mir meine Ungerechtigkeit bewusst wurde, am liebsten mit dem Kopf gegen die Wand gerannt wäre, weil ich es nicht geschafft hatte, ihr nach einer schweren Kindheit wenigstens eine leichte Jugend zu geben.

Wären meine Kinder tot gewesen, hätte ich um sie gelitten und getrauert, aber ich hätte gewusst, sie ruhen in Gottes Frieden, kein Mensch tut ihnen weh, keiner schlägt sie, lässt sie verhungern oder verdursten, sie weinen nicht vergeblich nach ihrer Mutter, sie werden nicht an Leib und Seele zerstört. Tote kann man nicht wieder lebendig machen. Man ist Realist. Doch meine stete Sorge um sie, die anhaltende Verzweiflung, nicht zu wissen, wo mein älterer Sohn war, wie es ihm ging – ich kann das nicht mit Worten beschreiben. Es war Folter ohne Unterlass. Es zerbricht einen Menschen so sehr, dass man nicht mehr lebenswillig ist. Man ist wie eine Leiche, die läuft. Ein lebender Toter.

Deine Umgebung begreift nicht, wie das ist. Sie denken, wir leben in einer anderen Welt. Aber das ist nicht so. Es war diese absolute Ohnmacht. Dieses: »Wenn ich mich umbringe, hilft es nichts; wenn ich lebe, hilft es nichts. Gar nichts hilft. Du musst es aushalten.«

Immer wieder brach ich seelisch zusammen. Im Geschäft konnte es passieren, dass ich Spielzeug, das meine Kinder lieben würden, oder Packungen mit ihren Leibspeisen mit Füßen trat. Auf der Straße kam es vor, dass ich den inneren Druck nicht mehr aushielt und zu schreien begann: »Ah, ich hab Schmerzen, ich hab Schmerzen!« Die Leute hielten mich sicher für verrückt. Es war mir egal. Ich litt so sehr. Ich konnte mir dieses Leid nicht verkneifen. Es ging über meine Macht.

Ich merkte nicht, dass Valeria sich vor meinem Leid nur schützen konnte, indem sie sich von mir abkapselte und ihr eigenes Leben mit neuen Freundinnen, der neuen Schule und dem Bestreben lebte, so »normal« wie alle anderen Jugendlichen ihres Alters zu sein. Ich hatte den Drang, anderen von dem erlittenen Unrecht zu berichten, sie versuchte, es geheim zu halten. Und je besser sie es zu tarnen versuchte, um »normal« leben zu können, umso hartnäckiger wurde in mir der Gedanke, es interessiere sie nicht wirklich, was geschehen war. Ein falscher Gedanke, aber damals erkannte ich das nicht. Mein Denken und Fühlen waren wie blockiert, wie hinter Scheuklappen auf meine verlorenen Kinder fixiert.

Wenn ich jemals eine »schlechte Mutter« war, dann war ich es in diesen Monaten, in denen ich fast wahnsinnig vor Verzweiflung und nicht mehr ich selbst war. Und es tut mir so unendlich Leid für Valeria, der ich viel zu lange fast nie zeigen konnte, wie sehr ich sie liebte.

Gedanken und Gefühle wie diese schossen mir durch den Kopf, als Gina mich fragte, warum das Jugendamt mir meine Söhne weggenommen, mir aber Valeria gelassen hatte. Ich wollte nichts davon sagen, dass ich die Schuld bei Valeria sah. Aber musste ich das nicht? Meine unruhigen Blicke erfassten die Aktenregale, die die Wände im Büro säumten. Aktenstapel lagerten überall, auf dem Boden, auf Tischen und Rollwagen, der Geruch von Staub hing in der Luft. Vor den Fenstern wurden die Blätter der Platanen allmählich gelb, obwohl es im Vergleich zu Deutschland sommerlich warm war. Gegenüber sah ich die unordentlich drängelnde Schlange der Ausländer, die um eine Aufenthaltsbescheinigung oder eine Arbeitserlaubnis an der Pforte anstanden.

»Wir werden das alles überprüfen.« Gina sah mich aus ihren großen blauen Augen an, als ob sie mir bis in den hintersten Winkel der Seele schauen wollte. Eine blonde Strähne hatte sich aus ihrer Steckfrisur gelöst und baumelte neben dem mit vielen kleinen Diamantsplittern besetzten Ohrring, in deren Spitzen das schräg ins Büro fallende Sonnenlicht glitzerte. Ihr plötzliches Lächeln stieg bis in diese prüfenden Augen hinein und ließ das harte Blau weicher werden. Unwillkürlich musste ich an die hämische Miene der Frau Tischler mit ihrem knochenhart gezurrten Dutt denken, die mir gesagt hatte, dass das Jugendamt sich alle Kinder berufstätiger Mütter holen würde. Diese beiden Gesichter – hier Ginas blonde, mit Freude zur Schau gestellte, sich schmückende Weiblichkeit, dort die unter formlosem Textil und irgendwie haarloser Strenge quasi verschwundene Weiblichkeit – schienen mir seltsam sinnbildlich für die Arbeit dieser beiden Jugendbehörden, die in Deutschland Kinder verwaltet und in Italien Kinder liebt.

Dass Gina in diesem Moment zum Telefonhörer greifen würde, um das Jugendamt in Deutschland anzurufen, hatte ich nicht erwartet. Zitternde Aufregung erfasste mich, als sie zu wählen und sprechen begann und schließlich die Frage aller Fragen stellte: »Warum haben Sie Frau Gebara die Kinder weggenommen? Warum halten Sie sie für eine schlechte Mutter?«

Die Antwort konnte ich wegen der lauten Stimme am anderen Ende der Telefonleitung mit anhören, obwohl Gina die Lautsprecherfunktion nicht aktiviert hatte. »Frau Gebara muss keine schlechte Mutter sein. Wir sagen nicht, sie ist eine schlechte Mutter. Die Kinder bleiben in Deutschland, weil ein Leben in Italien gegen das Kindeswohl ist.«

»Sie haben ihr die Kinder weggenommen, weil ein Leben der Kinder in Italien das Kindeswohl schädigt?«, wiederholte Gina zugleich empört und ungläubig.

»Ja, genau so ist es. Der Umzug nach Italien ist gegen das Kindeswohl.« Ich hörte es klar und deutlich.

»Was glauben Sie denn, wo Italien ist? Meinen Sie, wir haben hier keine Kinder? Meinen Sie, wir sind Kannibalen und fressen Kinder oder was?« Jetzt war Ginas Empörung nicht mehr zu verkennen.

»Das spielt keine Rolle. Die Kinder bleiben in Deutschland, weil sie hier in Deutschland ein schönes Leben haben.«

»Heißt das, Frau Gebara würde ihre Kinder sofort zurückbekommen, wenn sie aus Italien zurück nach Deutschland ginge?«

Ich hielt den Atem an.

»Nein.« Die Stimme ließ keinen Zweifel zu. »Es wurde festgestellt, dass Frau Gebara das Kindeswohl geschädigt hat, weil sie keine Zeit für ihre Kinder hat, sondern ständig arbeitet und die Kinder von anderen Personen betreuen lässt. Das ist gegen das Kindeswohl. Wir haben Frau Gebara gesagt, sie muss weniger arbeiten und ihre Kinder nicht bei Tagesmüttern lassen, sondern sie selbst betreuen. Das befolgt Frau Gebara nicht, obwohl sie ihre Kinder durch ihre Arbeit schädigt. Da die Kinder der Frau Gebara es bei ihren Vätern in Deutschland besser haben, weil durch diese eine kindgerechte Rund-um-die-Uhr-Betreuung durch feste Bezugspersonen garantiert wird, liegt das Kindeswohl in Deutschland. Ein Leben bei der arbeitenden Mutter, die ihre Kinder nicht rund um die Uhr betreuen kann, verstößt gegen das Kindeswohl. Also können Frau Gebara ihre Kinder nicht zurückgegeben werden.«

»Wie können Sie das jetzt schon so sicher wissen? Frau Gebara teilte uns mit, dass das Familiengericht erst in einem Fall eine bisher nur vorläufige Entscheidung über das Elternrecht getroffen hat«, fragte Gina mit professioneller Neutralität. »Liegen Ihnen bereits neue Erkenntnisse vor?«

»Das Familiengericht in Deutschland ist dem Jugendamt angeschlossen«, erklärte die Stimme am anderen Ende der Leitung. »Das Familiengericht folgt den Empfehlungen des Jugendamts zum Schutz des Kindeswohls. Daher gehen wir davon aus, dass Frau Gebara die elterliche Sorge für ihre Kinder nicht mehr zurückerlangen wird, da die Väter mit einem Umzug der Kinder nach Italien nicht einverstanden sind, weil Frau Gebara die Kinder durch ihre Arbeit vernachlässigt. Nur durch den Entzug der elterlichen Rechte wird gewährleistet, dass die in Deutschland geborenen Kinder nicht durch Kindesentzug nach Italien in ihrem Kindeswohl geschädigt werden.« Die Stimme machte eine kleine Pause. »Aber wenden Sie sich doch schriftlich mit Ihren Fragen an uns. Wir werden dann gern dazu Stellung nehmen.«

»Ja, danke. Vielen Dank.« Gina legte den Telefonhörer auf und schaute mich an. »Sie haben alles verstanden?« Ich nickte. »Das heißt, es geht dem Jugendamt nicht darum, ob Sie eine schlechte oder eine gute Mutter sind. Es geht dem Jugendamt nur darum, die Kinder unter allen Umständen in Deutschland zurückzuhalten und nicht nach Italien umziehen zu lassen, da man unterstellt, ein Leben bei einer erwerbstätigen Mutter sei gegen das Kindeswohl. Es ist tatsächlich die Arbeit. Man hat Ihnen die Kinder weggenommen, weil Sie arbeiten. Weiter nichts. Aber das ist kein Grund.«

»Werden Sie mir helfen, meine Kinder zurückzubekommen?«

Einen Augenblick lang sahen wir uns schweigend an. Dann sagte sie: »Ja, ich spreche mit George.«

Mein erstes Treffen mit George verlief nicht viel anders als das Gespräch mit Gina. Sie hatte ihn vorab über die Situation informiert. Beide überprüften meine Aussagen, indem sie zum Beispiel Polizeiberichte einholten, Einblick in die Akte des Jugendamts verlangten, mit Kindergärten und Schulen Kontakt aufnahmen und vieles mehr recherchierten, wovon ich erst viel später erfuhr. Sie brachten zum Beispiel in Erfahrung, dass Alfred mich während der Schwangerschaft verprügelt und in die Obdachlosigkeit getrieben hatte. Sie wussten, dass ich ein anständiges Leben geführt hatte, trotz der drei gescheiterten Beziehungen, und immer eine gute Mutter war, die für ihre Kinder sorgte und sich nichts zu Schulden kommen lassen hatte. Das Wichtigste: Sie erkannten, dass ich die Wahrheit sagte.

Es war so gut, dass sie mir nicht einfach glaubten und emotional handelten oder lediglich vorgaben, meine Aussagen verifiziert zu haben. Gut, weil ihre Rechercheergebnisse mir etwas gaben, was ich dringend brauchte: Die Gewissheit, dass man mir im Jugendamt und bei Gericht nicht konkret sagte, was ich angeblich falsch gemacht hatte, weil es nichts Gravierendes gab, was sie mir vorwerfen konnten. Die Gewissheit, dass ich meinen ersten Eindruck eines Komplotts, mit dem ich mir den Ärger meines deutschen Anwalts zugezogen hatte, vielleicht nicht mit dem passenden Ausdruck, aber in der Sache richtig beschrieben hatte. Die von Gina bezeugten Aussagen des Jugendamts ließen den Schluss zu, dass das Jugendamt an uns eine Straftat begangen hatte, um meine Kinder in Deutschland und unter der Kontrolle des Jugendamts zurückhalten zu können, weil man dort der Meinung war, dass ich zu viel arbeite, meine Kinder wegen meiner Arbeit angeblich immer vernachlässige und schließlich im Stich gelassen haben soll. Letztlich führte diese Erkenntnis zu meiner von Italien aus gegen das deutsche Jugendamt erstatteten Strafanzeige wegen Kindesentführung und Menschenhandels.

Von dem Tag an, an dem sie definitiv ermittelt hatten, dass meinen Kindern und mir in Deutschland Unrecht getan wurde und mein einziges »Verbrechen« darin bestand, eine berufstätige Mutter zu sein, die den Lebensunterhalt ihrer Familie allein finanzierte, sagte Gina zu George: »Wir müssen ihr helfen.« Und George sagte zu Gina: »Diese Frau hat nichts falsch gemacht. Ich glaube es ihr. Wir helfen ihr.« Er ist der Boss. Er hat es entschieden. Getan haben sie es gemeinsam.

Keiner von ihnen hat mir je aufgezählt, was alles sie für mich in die Wege geleitet, wo überall sie Fürsprache für mich einlegten, welche offiziellen und inoffiziellen Wege sie beschritten haben, um mir beizustehen. Anders als so mancher andere Helfer verlangten sie kein Geld von mir und erinnerten mich nicht dauernd an meine Dankesschuld. Sie waren einfach da. Sie berieten sich mit mir über die richtigen und wichtigen Maßnahmen, die ich einleiten konnte und wollte, um offiziell die Herausgabe meiner Kinder von Italien aus einzufordern. Sie legten ihre Untersuchungsergebnisse über mich und mein Leben in Deutschland der italienischen Staatsanwaltschaft und den Richtern vor. Sie bürgten für mich mit ihrer persönlichen Glaubwürdigkeit, indem sie den zuständigen Personen erklärten: »Diese Frau ist wirklich unschuldig an all dem, was ihr in Deutschland vorgeworfen wird. Deutschland will die Kinder in Deutschland zurückhalten, weil diese Frau für ihre Familie arbeitet. Das haben die vom Jugendamt uns ganz klar am Telefon gesagt.«

Persönlich gaben sie mir immer wieder Mut, nicht aufzugeben. Nie werde ich vergessen, wie George mir eines Tages den Arm um die Schultern legte und sagte: »Ich bin dein Bruder, Joumana. Verlass dich auf mich.«

KAPITEL 10

Erneut in Deutschland vor Gericht

Jeden Tag rief ich meinen Rechtsanwalt in Deutschland an, oft mehrmals, um zu fragen, wann endlich der Gerichtstermin für meinen verschollenen Sohn Stefan stattfinden werde.

»Die Richterin hat versprochen, dass sofort ein Termin für ihn anberaumt wird. Warum setzen Sie das nicht durch?« – »Finden Sie raus, wo mein Sohn ist. Bitte! Ich will ihn anrufen, mit ihm reden. Ich muss wissen, wo er ist und wie es ihm geht.« – »Beschaffen Sie mir die Akte des Jugendamts. Ich brauche sie hier in Italien. Bitte, ich will sie der italienischen Polizei vorlegen.«

Auf meine immer gleichen Forderungen hatte er immer die gleichen Antworten: »Nein, das kann ich nicht machen. Ich kann das Gericht nicht drängen.« – »Wenn ich den Richter dränge, mache ich alles nur schlimmer.« – »Ich will nicht mit dem Jugendamt sprechen. Ich kann die Akte des Jugendamts nicht einsehen. Der Aufenthalt Ihres Sohnes ist Verschlusssache.«

Und fast jedes Mal appellierte ich weiter an ihn: »Das ist mir egal. Sie müssen mit denen sprechen und mir sagen, wo mein Kind ist.«

Endlich, am 22. November, – obwohl das deutsche Jugendamt am 26. Oktober eine erste offizielle Stellungnahme verfasst hatte, warum man mir meine Kinder weggenommen hatte, lag diese bis jetzt weder meinem Anwalt noch mir vor – war es so weit. Endlich, so glaubte ich, würde ich Stefan zurückbekommen, den mir das Jugendamt am 8. Oktober weggenommen und versteckt hatte.

Mein Anwalt kannte den Richter. Sie waren Mitglieder in einem gemeinsamen Motorradclub oder Golfclub oder in beidem, ich weiß es nicht mehr genau. Und er hatte meinen »Fall« bereits mit ihm besprochen. Daher meinte er: »Ich gehe davon aus, dass er geneigt ist, Ihnen Ihren Sohn zu geben. Es kommt ganz darauf an, welchen Eindruck Sie auf ihn machen.«

»Wie meinen Sie das?«, fragte ich. »Es gibt das Gesetz. Er soll das Gesetz befolgen. Die dürfen mir doch nicht einfach meine Kinder wegnehmen, weil ich arbeite.«

»Hören Sie auf mit diesem Schwachsinn!« Mein Anwalt giftete mich an. »Sie reden sich um Kopf und Kragen. Sie haben Ihre Kinder im Stich gelassen. Das ist alles. Hätten Sie sie nach Italien mitgenommen, wären Sie heute froh und glücklich im sonnigen Süden und nicht hier vor Gericht. Das Jugendamt hat lediglich seine Pflicht getan. Also reden Sie nicht dauernd von Komplott und solchen Sachen.«

»Sie sind mein Anwalt!«, erinnerte ich ihn laut. »Sie müssen mir glauben. Sie müssen mir helfen. Sie müssen mich schützen. Was soll das? Warum sagen Sie so was? Ich habe meine Kinder nicht im Stich gelassen. Das Jugendamt hat der italienischen Behörde gesagt, sie geben mir die Kinder nicht, weil ich arbeite.«

Mein Anwalt winkte ab. »Überzeugen Sie den Richter.«

Das Prozedere bei Gericht lief ganz ähnlich ab wie zuvor in der Verhandlung um meinen Sohn Christian am 20. Oktober. Das Jugendamt erhob dieselben absurden Vorwürfe. Ich versuchte, mich zu verteidigen. Mein Anwalt ermahnte mich zur Ruhe. Herr General beschimpfte mich wegen meines hysterischen Benehmens. Und irgendwann brach der Richter, der auf Grund des Anfangsbuchstabens vom Nachnamen meines Sohnes die Verhandlung leitete, die Anhörung ab. Es bringe nichts, sich das Hin und Her der Argumente anzuhören, da man auf keinen gemeinsamen Nenner komme. Er wolle zuerst den Jungen befragen. Dann sehe man weiter.

Eine Weile blätterte er in seinen Unterlagen, dann verkündete er, der Anhörungstermin werde auf den 29. November gelegt.

»Bitte«, wandte ich ein, »bitte, Herr Richter, das geht nicht. An diesem Tag findet die Gerichtsverhandlung meines zweiten Sohnes statt.«

Der Richter blickte ungehalten auf mich nieder. »Ja und? Sie können sowieso nicht dabei sein. Sie haben die Auflage, sich dem Gerichtsgebäude bei Androhung von Strafe auf höchstens 500 Meter nähern zu dürfen.«

»Was? Warum?«, schrie ich auf. »Was habe ich getan?«

Der Richter zählte meine Vergehen einzeln auf. Ich hätte die Mitarbeiter des Jugendamts beschimpft und bedroht, als man mir freundlicherweise einen Umgangstermin mit Stefan eingeräumt hatte. Ich hätte vor Zeugen angekündigt, Stefan widerrechtlich mitnehmen zu wollen. Es sei nötig gewesen, ihn unter Polizeischutz in seine Bereitstellungsfamilie zurückzubegleiten. Ich hätte auch gegenüber meinem jüngeren Sohn Christian mehrfach am Telefon geäußert, ihn widerrechtlich nach Italien mitnehmen zu wollen. Der Vater hätte mir deshalb zum Schutz des Kindes die Gesprächserlaubnis mit dem Kind entziehen müssen, da meine Äußerungen das Kindeswohl bedrohen.« Zuletzt sagte er: »Da aus allen diesen Gründen durch Sie eine Gefahr für Seele, Leib und Leben der Kinder besteht, dürfen Sie sich dem Gerichtsgebäude nicht nähern, solange Ihre Kinder sich darin aufhalten.«

»Das darf nicht wahr sein!« Ich ertrug das alles kaum. »Ich bin die Mutter! Ich bin doch keine Verbrecherin. Ich habe meinen Kindern noch nie etwas getan. Ich will dabei sein, wenn es um das Schicksal meines Sohnes geht. Es ist auch mein Schicksal.«

»Ich werde den Termin Ihres jüngeren Sohnes überprüfen.« Der Richter stand auf und entfernte sich aus dem Gerichtssaal. Nach einiger Zeit kehrte er zurück und erklärte: »Nein, nein, der Entscheidungstermin für Ihren jüngeren Sohn findet nicht am 29. November statt. Er ist erst auf Dezember anberaumt, irgendwann um den 16. Dezember herum. Also können wir den Anhörungstermin für Ihren älteren Sohn auf jeden Fall auf den 29. November legen.«

Ich stand auf. »Das stimmt aber nicht, Herr Richter. Die Richterin hat es anders verkündet.«

»Wollen Sie sagen, dass ich ein Lügner bin?«, brauste er zornig auf.

»Nein.« Ich versuchte, ruhig zu bleiben. »Aber ich kann mich sehr gut erinnern, dass sie gesagt hat, der Termin ist am 29. November und dass dann die Entscheidung getroffen wird. Da es mir sehr wichtig ist und es um mein Kind geht, habe ich mir das Datum gemerkt. Deshalb können Sie jetzt nicht sagen, dass es erst im Dezember ist. Ich kann nicht so lange warten. Ich sterbe ohne meine Kinder.«

Der Richter ermahnte mich zur Ruhe. Herr General sah aus, als hätte er am liebsten applaudiert. Dann wurde verkündet:

»Hiermit wird der Termin zur Anhörung des Kindes in der Familiensache, betreffs Antrags der Mutter auf Herausgabe des Kindes vom 12. Oktober, auf den 29. November festgesetzt. Zu laden sind die Anwälte der Parteien sowie die Vertreter des Jugendamts. Die Mutter hat gemäß Auflage zum Gerichtsgebäude einen Abstand von 500 Metern zu wahren. Dem Jugendamt wird aufgegeben, dem Gericht vorab einen entsprechenden Bericht vorzulegen. Die Sitzung ist geschlossen.«

Was half es mir, dass ich meinen Anwalt beschwor, er habe doch auch gehört, dass die Richterin bei der Verhandlung für meinen jüngeren Sohn den nächsten Termin nicht erst im Dezember festgelegt hatte? Er wimmelte mich nur ab. Selbst wenn das dort so gesagt wurde, habe die Richterin jederzeit das Recht, den Termin aus Gründen des Gerichts oder der Anwälte zu verschieben. »Geben Sie jetzt Ruhe mit Ihrem Protest! Sie verärgern das Gericht. Sie schaden sich und Ihrer Sache. Ich warne Sie, geben Sie Ruhe!«

Ich musste gehorchen.

Bis zu dieser ersten gerichtlichen Anhörung meines spurlos verschwundenen Sohnes Stefan wurde es also vollends Winter. Nicht ich als Mutter, sondern ausschließlich die Rechtsanwälte, das Jugendamt und mein Sohn wurden zum 29. November, mittags um halb zwei, in der ersten Etage des Amtsgerichtsgebäudes vor das Familiengericht geladen.

Der Termin zur endgültigen Entscheidung über Stefans zukünftigen Aufenthaltsort wurde auf kurz vor Weihnachten, den 20. Dezember, festgelegt. Grundlage des an diesem Tag zu fassenden Gerichtsbeschlusses sollte das Ergebnis der Anhörung und die Aussage meines Sohnes sein.

Vom Ergebnis der am 29. November erfolgten Befragung und Anhörung meines Sohnes erfuhr ich am Nikolaustag durch meinen Anwalt, der mir den Schriftsatz des Familiengerichts per Fax an meine Firma in Italien weiterleitete.

Dieser Bericht war keine Abschrift eines Tonbandes, sondern eine indirekte Zusammenfassung der Aussage, gab also nicht die direkte Rede meines Sohnes wieder. Daraus entnahm ich, dass Stefan nicht von dem Richter allein, sondern »in Anwesenheit der Vertreter des Jugendamts angehört« wurde und das Gericht seine Aussage folgendermaßen protokollierte.

Er gab an, dass er sich in der neuen Familie, bei seinen Pflegeeltern Frank und Walburga wohl fühle. Es würde ihm allerdings noch besser gefallen, wenn seine Eltern nicht streiten würden und er mit diesen zusammen sein könnte. Wichtig ist für ihn, dass er sich dort aufhalten kann, wo er Freunde habe. Dies sei hier in W. der Fall. Er wisse auch von seiner Schwester, dass diese lieber hier bleiben würde. Seinen anderen Bruder sehe er außer am Wochenende eigentlich jeden Tag. Ihm gehe es in der Pflegefamilie gut.

In der Vergangenheit sei die Mutter immer wieder ausgerastet, weshalb er nicht so gerne mit ihr zusammen sei. Dies sei insbesondere dann der Fall, wenn sie sich gestört fühle. Wenn sie z.B. am Computer sitze, wolle sie nicht gestört werden. Er habe sich dann immer mit seiner Schwester an ihr vorbeigeschlichen.

Wenn seine Mutter ausgerastet sei, habe sie manchmal mit der Faust gegen die Wand geschlagen, um sich abzureagieren. Sie habe diese Ausraster aber nicht gehabt, wenn jemand zu Besuch gewesen sei, es sei denn, sie konnte diese Person nicht leiden. Es sei auch schon mal vorgekommen, dass sie einen Stuhl hinter ihnen hergeworfen habe.

In der Vergangenheit sei es auch vorgekommen, dass die Mutter ihn bei jemand anderem abgegeben habe und dann weggefahren sei. Sie sei dann auch nicht unbedingt pünktlich wiedergekommen. Manchmal sei sie erst Tage später wieder erschienen.

Er wünsche sich, dass seine Eltern mit ihm mehr unternehmen, wenn sie ihn besuchen. Gestern sei er mit seinem Vater zusammen gewesen und habe mit ihm den Weihnachtsmarkt X. besucht.

Auf Nachfrage, ob er sich bei seinen Pflegeeltern wohl fühle, erklärte er erneut, dass dies der Fall sei. Diese würden auch nie ausrasten. Sie würden wohl schon mal laut oder schimpfen, wenn er etwas verbrochen habe. Dies könne er aber auch verstehen.

»Sie haben ihn zerstört«, dachte ich nach der Lektüre voller Entsetzen. »Mein eigenes Kind will nicht mehr zu seiner Mama zurück. Er hat mich geliebt. Er wollte mit mir nach Italien. Was haben sie mit ihm gemacht, dass er sagt, er sei nicht gern mit mir zusammen?«

Gina und George nahmen die Ungereimtheiten dieser Aussage auseinander. Dass ein Kind, das sein Leben lang bei Mutter und Geschwistern aufwuchs und keinerlei Gewalt erlitten hatte, seine Mutter und Familie nicht vermisste, sondern behauptete, sich bei ihm fremden Personen wohl zu fühlen, hielten beide für unwahrscheinlich. Als Fachleute, die tagaus, tagein mit Problemfamilien und ihren Kindern zu tun haben, wussten sie, dass selbst schwer misshandelte Kinder extremes Heimweh nach ihrer Familie haben. Wenn also mein Sohn ausgesagt hatte, sich bei den Pflegeeltern wohl zu fühlen, mochte das stimmen. Es sagte aber nichts darüber aus, ob er sich nach seiner Mutter sehnte und sie vermisste.

Die Aussage meines Sohnes, lieber bei seinen »Eltern« sein zu wollen, sofern diese sich nicht streiten würden, hielten beide Fachleute für wichtig. Gleichwohl gingen sie davon aus, dass mein Sohn diese Aussage gemacht hatte, weil er suggestiv nach »Eltern« gefragt worden sei. Er hatte ja nie bei seinen »Eltern« gelebt, sondern ausschließlich bei seiner Mutter und seinen Vater eher selten besucht und »Streit« der Eltern nicht miterlebt. Auch lebte er nicht in einer Pflegefamilie, weil seine Eltern sich gestritten hatten, sondern weil das Jugendamt ihn in Abwesenheit der Mutter dorthin gebracht hatte. Die Worte »Eltern« und deren »Streit« waren ihm also vermutlich durch die Fragestellung des Richters oder des bei der Befragung anwesenden Jugendamtmitarbeiters in den Mund gelegt worden.

Noch unwahrscheinlicher erschien es Gina und George, dass mein Sohn gesagt habe, er würde gern mehr zusammen mit seinen Eltern unternehmen, wenn sie ihn besuchten. Nachweislich war sein Vater seit unserer Trennung der einzige Elternteil mit Besuchsrecht. Ich als Mutter hatte meinen Sohn in der Pflegefamilie nie besucht, weil es mir verboten war. Insofern konnte mein Sohn sich allenfalls vom Vater wünschen, mehr mit ihm zu unternehmen, wenn dieser ihn besuchte. Und auch der explizit den Vater lobende Hinweis auf seinen Besuch des Weihnachtsmarktes mit dem Kind lief ins Leere, da mir als Mutter keine Erlaubnis erteilt worden war, irgendetwas mit meinem Sohn zu unternehmen. Ich wusste ja nicht einmal, wo er war und durfte mich ihm auf höchstens 500 Meter nähern.

Für ebenso unwahrscheinlich sahen Gina und George es an, dass mein Sohn seinen Freunden den Vorzug vor der eigenen Familie gebe. Die Aussage, dass seine Freunde meinem Sohn wichtig seien, stimmte sicher. Dass er aber lieber bei seinen Freunden als in seiner eigenen Familie sei, war damit nicht gesagt. Hinzu kam, dass er zu der Zeit, in der wir zusammenlebten, keine Freunde in »W.« hatte, er diese also erst kurze Zeit kannte und folglich keine familienersatzähnliche Beziehung zu ihnen haben konnte. Ganz davon abgesehen, dass Jugendliche ab 14, 15 Jahren die Clique vielleicht der Familie vorzogen, nicht aber siebenjährige Kinder, die vor die Wahl gestellt wurden, entweder bei ihren Freunden oder ihrer Familie zu leben.

Alles in allem waren die Aussagen meines Sohnes entweder faktisch ungenau protokolliert oder auf Grund suggestiver Befragung entstanden, eindeutig aber tendenziell gegen mich als Mutter interpretiert worden. Dies zu erfahren, tat mir einesteils gut, weil ich nun wusste, dass mein Sohn mich nicht vergessen hatte. Gleichzeitig steigerte es meine Angst und Sorge um ihn erheblich.

KAPITEL 11

Hilfe aus dem Internet

Mein Anwalt hatte mir von Anfang an dringend geraten, meinen »Fall« in die Medien zu bringen, um auf diese Weise das Jugendamt und das Familiengericht an den Pranger der öffentlichen Meinung zu stellen und sie unter Druck zu setzen, mir meine Kinder zurückzugeben. Da er selbst als aktiver Politiker zahlreiche Pressekontakte hatte, versandte er eine von ihm persönlich verfasste Presseerklärung an die verschiedensten Fernsehsender und motivierte die ihm bekannten Journalisten dazu, Reportagen über meinen »Fall« zu drehen, mich in Talkshows einzuladen, sowie ihn als Rechtsexperten zur Sache zu interviewen.

George, der ebenfalls oftmals mit den Medien zusammenarbeitet, bot an, sich in Italien für eine Pressekonferenz stark zu machen. Ergänzend dazu begann ich mit intensiven Internetrecherchen, um andere Eltern zu finden, die ähnliche Erfahrungen machen mussten wie ich und bereit waren, mit mir gemeinsam vor die Presse zu treten. Als Wunschziel schwebte uns eine internationale Pressekampagne vor, die zeitgleich in Deutschland und Italien starten und dann weite Kreise ziehen sollte.

Sehr bald fand ich heraus, dass mein Detektiv-Freund Hajo Recht hatte. Die Fülle der Beiträge und weiterführenden Links im Internet ist immens, sobald man Suchworte wie »Kinderklau«, »Kinderklaubehörde«, »Jugendamt«, »Jugendamtsskandal«, »Jugendamtsinitiative«, »Probleme mit dem Jugendamt«, »Kindeswohl« »Dilemma der Jugendämter«, »Kidnapping«, »Kindesentziehung«, »Kindesentführung«, »binationale Eltern«, »Eltern ohne Kinder«, »Justizwaisen«, oder Namen wie Haase, Kutzner, Görgülü, Karrer,

Hickman, Van der Elst in die verschiedenen Suchmaschinen eingibt. Von privaten Homepages bis hin zu Websites der verschiedensten Selbsthilfegruppen fand ich neben menschlichem Leid und persönlichem Widerstand viel und massive Kritik von Rechtsexperten, psychologischen Gutachtern und anderen Fachleuten, die die Praxis und Unkontrollierbarkeit der Jugendämter anprangern.

Beim ersten Mal konnte ich nur denken: »Oh, mein Gott! Oh, mein Gott! Ich bin nicht die Einzige!« Dann musste ich das Internet verlassen, weil ich nicht aufhören konnte zu weinen.

Nie werde ich vergessen, wie ich kurze Zeit später mit meinem Freund Charles, den ich von unserer politischen Arbeit im Libanon kenne, sprach: »Ich dachte immer, ich bin die Einzige; nur mir sei das passiert. Aber es gibt wahnsinnig viele Fälle. Die werden mir meine Kinder niemals wiedergeben. Die machen das systematisch. Die machen das mit vielen anderen. Das ist unglaublich! Mütter, die nie wieder ihre Kinder gesehen haben, Väter, die nie wieder ihre Kinder gesehen haben. Die klauen Kinder! Charles, wer soll mir bloß helfen?«

Charles lebte in Paris und kannte die Arbeitsweise des deutschen Jugendamtes nicht. Die französische Jugendbehörde ist ähnlich wie in Italien konzipiert. Es war ihm unvorstellbar, dass mir meine Kinder ohne Gerichtsbeschluss weggenommen worden waren, und er meinte, die Polizei müsse mir helfen. Doch »Die Polizei, dein Freund und Helfer« hatte sich für mich als Mogelpackung-Slogan entpuppt. Gegenüber dem Jugendamt sind die »Ordnungshüter« ebenso machtlos wie die »Hüter des Rechts«, die Anwälte. Da frisst der Große ungestraft den Kleinen, weil der Kleine sich nicht wehren kann.

Unter den vielen Elternorganisationen, die mir im Internet auffielen, schien eine internationale Gruppierung unter dem Namen »CEED – Conseil Euopéen des Enfants du Divorce« mit europäischem Hauptsitz in Paris und dem Slogan »*L'enlèvement d'enfants est un crime*« am ehesten zu meinem Problem zu passen. Auch ich empfand Kindesentzug als Verbrechen. Die Kampfansage dieses Namens entsprach meinem Ziel, das uns angetane Unrecht zu bekämpfen. Ich war nicht gewillt, noch länger ohnmächtig um die Herausgabe meiner Kinder zu betteln. Wenn Deutschland mit mir Krieg um meine Kinder wollte, sollte es Krieg haben, dachte ich. Ich würde sie niemals kampflos aufgeben.

Wie viele Mitglieder der »CEED« hatte, konnte ich nicht herausfinden, doch berichtete die Internetseite von vielen Fällen von Müttern und Vätern, deren Kinder für immer in Deutschland verschwunden waren. Es schien keine der männerdominierten und auf deutsch-deutsche Väterrechte nach Scheidungen oder Trennungen beschränkten Väterorganisationen zu sein, die ich in Deutschland unter Namen wie »Väteraufbruch für Kinder«, »Trennungsväter«, »vaeter-aktuell« oder »paPPa.com« recherchiert hatte. Deren Websites und Internetforen empfand ich zum Teil als extrem mütterfeindlich. Ich konnte mir nicht vorstellen, dass diese Väter, denen die Mütter die Kinder weggenommen hatten, ausgerechnet mir, einer Mutter, helfen würden, ihre Kinder zurückzubekommen, nachdem das Jugendamt mir die Kinder weggenommen hatte, um sie den Vätern zu geben. Mit meinem »Fall« entsprach ich eindeutig dem Traum vieler dieser Väter, die sich nichts heißer wünschten, als dass das Gericht ihnen ihre Kinder zusprechen, den Müttern die Kinder wegnehmen oder zumindest eine gemeinsame elterliche Sorge anordnen würde. Wenn diese Organisationen jemandem helfen würden, so dachte ich, dann eher den Vätern meiner Kinder als mir.

Der französische »CEED« informierte meiner Meinung nach geschlechtsneutraler und stellte die Kinder in den Mittelpunkt, nicht den Vater oder die Mutter. Vor allem aber erkannte ich dort nicht einen bestimmten Elternteil, sondern das Jugendamt als gemeinsamen Feind der vom »Kinderklau« betroffenen Eltern. Zwar ging es in den geschilderten »Kinderklau«-Geschichten auch häufig um Scheidungskriege, in denen das Jugendamt zugunsten des deutschen Elternteils eingriff, um die Kinder in Deutschland zurückzuhalten. In anderen Fällen aber ging es auch um Erfahrungen wie meine, in denen der Streit zwischen Jugendamt und Eltern lag.

Ich bat meinen Freund Charles, der in Paris lebt, mit Olivier, dem Vizepräsidenten bei »CEED«, Kontakt aufzunehmen und ihn unverbindlich etwas auszuhorchen. Würde Charles mir grünes Licht geben, wollte ich mich diesem Unbekannten anvertrauen, der mich verstehen würde, weil er ein Vater war, dessen deutsche Ehefrau das gemeinsame Kind heimlich nach Deutschland entführt und dann dafür gesorgt hatte, dass er zusammen mit dem Kind ins Gefängnis gekommen war, als er es nach Hause zurückholen wollte.

Charles war sofort dazu bereit und sagte mir kurz darauf, Olivier habe sich am Telefon zwar reichlich bedeckt und reserviert gezeigt, doch spreche gerade das für ihn. Auch scheine er »wirklich Ahnung« zu haben und habe nicht versucht, ihn aus der Anonymität zu locken, sondern akzeptiert, dass er, Charles, sich ihm nicht vorgestellt und auch meinen Namen nicht genannt hatte. Er glaube, ich könne ihm vertrauen.

Kurze Zeit später rief ich Olivier in Paris an, dessen Telefonnummer ich von Charles erhalten hatte. Ich fühlte mich unsicher und hatte Mühe, meine Hemmungen zu überwinden, einen Fremden um Hilfe zu bitten, doch Olivier machte es mir leicht, ihm meine Geschichte zu erzählen. Indem er mir Zug um Zug auch von sich selbst, seinem Sohn und seinen Erfahrungen mit dem deutschen Jugendamt und Familiengericht berichtete, stellte er sich mit mir auf eine gemeinsame Erfahrungsebene.

Meine anfänglichen Bedenken, wie ein Mann in Frankreich mir wohl in Italien und Deutschland helfen könne, verflogen schnell. Ich sah uns beide im gleichen Boot sitzen, als Kämpfer für die gemeinsame gute Sache unserer Kinder. Und Olivier kannte viele andere Eltern und Elternteile mit ähnlichen Erfahrungen.

Unser Gespräch weckte umso mehr Vertrauen, als Olivier nichts von dem, was ich sagte, anzweifelte. Selbst meine besten Freunde, die mich kennen, glaubten mir nicht so spontan wie er. Nur ein Mensch, der aus eigener Erfahrung wusste, wovon ich sprach, so dachte ich, würde mir sofort wie dieser Fremde glauben. Und genau dieses Vertrauen, das er in mich setzte, weckte mein ebenso fragloses Vertrauen in ihn und seine ehrliche Kompetenz.

Als er mich aufforderte, ihm meine Geschichte per E-Mail zu schicken, damit er diese in seinem persönlichen Netzwerk aus Politikern, Journalisten internationaler Medien, gleich gesinnten Freunden und Helfern innerhalb des »CEED« und an andere Organisationen Betroffener weiterleiten könne, zögerte ich keinen Moment.

Am Donnerstag, dem 25. November 2004, um 3 Uhr nachts, wenige Minuten nach dem Ende meines ersten Telefonats mit Olivier, setzte meine E-Mail mit der Betreffzeile *»Please help me«* das Internet in Bewegung.

Unbekannte Elternteile aus der ganzen Welt, denen das deutsche Jugendamt und das Familiengericht ihre binationalen Kinder entzogen und jeden Umgang mit ihnen verweigert hatte, schickten mir ihre eigene Geschichte, Informationen und Ratschläge. Aus Deutschland meldeten sich einige Mitglieder von Väterselbsthilfegruppen und forderten mich auf, zahlendes Mitglied zu werden, um vom Angebot der Organisation profitieren zu können. Ich war jedoch auf Olivier fixiert, der kein Geld von mir wollte. Warum sollte ich mich auf andere Helfer einlassen, wenn er der Mann mit dem besten Know-how in diesen Dingen ist, dachte ich und folgte seinen Anweisungen blind.

Eine der ersten Anweisungen, die er mir in unseren von nun an täglichen Telefonaten erteilte, die wir tagsüber von meinem Büro und abends von meiner Wohnung aus führten, war, ihm Personen zu benennen, mit denen er über mich reden könne, und ihn mit Valeria sprechen zu lassen. Ich verheimlichte ihm nichts, auch nicht, dass meine drei Kinder verschiedene Väter hatten. Und selbstverständlich hatte ich nichts dagegen, dass er Valeria befragte. Wenn man in einer so ohnmächtigen Situation ist, muss man die Scham vergessen. Es ist wie im Krankenhaus, wenn du einen Unfall hattest und zulassen musst, dass fremde Menschen deinen Körper an den intimsten Stellen waschen. Ich nahm an, Olivier wollte mit seinen

Fragen möglichst viele Details erfahren, um mir besser helfen zu können, und ich ließ keinen Verdacht in mir aufkeimen, dass er in erster Linie mich und meine Integrität sowie den Wahrheitsgehalt meiner Aussage auf diese Weise überprüfte. Hätte ich es begriffen, wäre ich vermutlich auf Distanz gegangen, weil sein Misstrauen mich verletzt hätte.

Einer der ersten Punkte unserer Beratungen, wie ich am klügsten vorgehen müsse, um meine Kinder zurückzubekommen, zielte auf meinen deutschen Anwalt ab. »Trau ihm nicht«, riet Olivier. »Du musst alle deine Unterlagen von ihm zurückverlangen. Du musst selbst sehen, was das Jugendamt gegen dich vorbringt. Schließlich handelt es sich nicht um seine, sondern um deine Kinder. Du musst ihm sagen, was er tun soll, nicht umgekehrt. Gib mir die Adresse und die Telefonnummer. Ich werde mich als französischer Journalist vor ihm ausgeben und ihn interviewen.«

Tatsächlich gelang es ihm, meinen Anwalt aufs Glatteis zu führen, so dass dieser ihm bestätigte, es gebe noch keinen rechtsgültigen Gerichtsbeschluss über Christian und Stefan, dessen Aufenthaltsort das Jugendamt vor mir geheim hielt. Auf Oliviers Frage, wie er als Anwalt die Chance der Mutter einschätze, ihre Kinder zurückzubekommen, verwies dieser auf seine Bekanntschaft mit dem verantwortlichen Richter, der ihm angedeutet habe, der Mutter die Kinder geben zu wollen. Oliviers weitere Frage, ob der Anwalt diesen Fall als Kindesentführung durch das deutsche Jugendamt ansehe und Strafverfolgung der Verantwortlichen nach Artikel 235 des deutschen Strafgesetzbuches beantragen werde, verneinte er vehement.

Diese Auskünfte veranlassten Olivier, mich noch nachdrücklicher vor meinem Anwalt zu warnen. Dieser, sagte er, vertrete die Interessen Deutschlands zur Rückhaltung der Kinder, aber nicht mein Anliegen zur Herausgabe der Kinder. »Angriff ist die beste Verteidigung, Joumana«, meinte er. »Wir müssen den Spieß umdrehen und die Waffen des Gegners gegen ihn selbst richten. Wenn du mir vertraust und keine Angst hast, werde ich den Leiter des Jugendamtes öffentlich angreifen und dies der gesamten deutschen Presse mitteilen. Sobald die ganze Welt informiert ist und alle Augen sich auf deine Geschichte und dieses Gericht und dieses Jugendamt richten, werden die Leute dort möglichst schnell und diskret eine Entscheidung treffen und dir die Kinder geben. Wir müssen deinen Sohn Stefan deshalb schleunigst und öffentlich in ganz Deutschland suchen lassen, ehe das Gericht beschließt, ihn in Deutschland zurückzuhalten.«

Mein Anwalt ließ mich wissen, dass er meine Versuche, an die Öffentlichkeit zu gehen, gutheiße und aktiv unterstützen werde. »Ich begrüße die vielseitige Unterstützung und werde selbstverständlich auch eine breite Öffentlichkeit über den gesamten Vorgang informieren. Dabei werde ich mich sowohl meiner Bekannten bei Zeitungen und TV als auch des größten Verteilers dpa (Deutsche Presseagentur) bedienen.«

Im Gegensatz zu Olivier, der auf Eile setzte, warnte der Anwalt jedoch: »Ich halte es aus strategischen Gründen nicht für sachdienlich, wenn man vor der Anhörung am kommenden Montag bereits an die Öffentlichkeit geht. Die deutschen Gerichte haben das Selbstverständnis absoluter Objektivität und Unbeeinflussbarkeit. Durch Presseberichte könnte der Eindruck entstehen, man wolle das Gericht unter Druck setzen. Hierauf reagieren die Gerichte fast ausnahmslos allergisch. Diese komplexe Situation verdient eine strategisch sichere Herangehensweise; vertrauen Sie bitte auf meine Erfahrung.«

Außerdem, teilte er mir mit, habe er soeben eine persönliche Eingabe an das zuständige Amtsgericht W. geschickt, worin er die »streitbefangenen Maßnahmen der arroganten und selbstherrlichen Mitarbeiter beim hiesigen Jugendamt (typischer deutscher Beamter)« gerügt und meinen Fall aus seiner »liberalen Vorstellung« heraus dargelegt habe.

Dass mein deutscher Anwalt mit dieser Einschätzung den Nagel auf den Kopf traf, wollte ich damals einfach nicht glauben. Ich war überzeugt, dass ein deutsches Gericht, ein deutscher Richter allein dem

Gesetz verpflichtet sei und nach beweisbaren Tatbeständen fahnden und urteilen müsse. Es erschien mir unvorstellbar, dass auch nur ein deutscher Richter einen nachweislich Unschuldigen dafür bestrafen dürfe oder würde, dass der Unschuldige sich mit dem ihm angetanen Unrecht an die Presse wandte und dadurch bewusst oder unbewusst Druck auf die wahren Täter oder die zuständigen Richter ausübte.

Hätte das Gericht anders entschieden und mir meine Kinder zurückgegeben, hätte ich meinem Anwalt damals vertraut? Ich weiß es nicht. Was ich weiß, ist, dass ich meinem Anwalt vertraut hätte, hätte dieser mich intensiver beraten, anstatt blindes Vertrauen von mir zu verlangen und die Tadellosigkeit des deutschen Rechtssystems zu loben, dessen Opfer meine Kinder und ich geworden waren. Mein blindes Vertrauen in den deutschen Rechtsstaat hatte mich in diese entsetzliche Lage gebracht. Ich hatte kein blindes Vertrauen mehr zu verschenken.

Im Gegensatz zu Olivier, der Mut und Tatkraft zeigte, schien mir mein Anwalt mit seinen Schweigegeboten ein Angsthase.

Es mag sein, dass ich mit dieser Einschätzung falsch lag. Aber ich hatte zu diesem Zeitpunkt noch mehr rasende Angst um meine Kinder als zu Beginn des Dramas. Ich wusste seit Wochen nichts über den Verbleib meines Sohnes, erhielt nicht die kleinste Nachricht über sein Wohlbefinden, durfte ihn nicht einmal am Telefon sprechen, ihm nicht schreiben, geschweige denn ihn sehen. Ich war wahnsinnig vor Angst um mein Kind. Und mein Anwalt tat nichts, als mich zur Ruhe und zum Schweigen zu mahnen. Ich hatte nicht die geringste Erfahrung im Umgang mit einer solchen Situation. Und ich konnte nicht schweigen, nicht strategisch denken. Ich war außer mir vor Angst und Verzweiflung.

Dieser Anwalt schien mir nichts, rein gar nichts zu begreifen. Er vertrat mich vor Gericht nur wegen des Honorars, aber nicht, weil er an meine Unschuld glaubte, vermutete ich. Ich brauchte ihn, weil man vor Gericht einen Anwalt haben muss und ich keinen anderen kannte. Aber es schien mir, als habe er nichts getan, das mein Vertrauen gerechtfertigt hätte.

Olivier hingegen wusste, wie ich mich fühlte. Er verstand meinen Kampf um meine Kinder und gegen das Jugendamt. Er wusste, wie man sich dagegen wehrte. Er glaubte mir. Er half mir nicht, weil ich ihn bezahlte, sondern aus Mitmenschlichkeit und Gerechtigkeitsgefühl. Ihm vertraute ich. Und zwar nicht blind, sondern weil er mir gezeigt hatte, dass und warum ich ihm vertrauen konnte.

Als ich Olivier die warnende E-Mail meines Anwalts zeigte, winkte er ärgerlich ab. »Du bist diejenige, die ihm sagt, wie sie es haben will. Du darfst dir von ihm die Presse nicht aus der Hand nehmen lassen. Die Presse ist das Einzige, was hier hilft. Du brauchst die Öffentlichkeit jetzt sofort, damit die Welt es weiß und auf dieses Jugendamt und diesen Richter schaut. Die werden dir deine Kinder nur geben, wenn sie Druck von der Weltöffentlichkeit bekommen und sich nicht mehr trauen, Kinderklau zu betreiben, wenn die Welt es sieht.« Seine Argumente überzeugten mich.

Wenig später und somit vor der Anhörung meines vom Jugendamt entführten Sohnes Stefan verfasste Olivier die erste Presseerklärung im Namen des »CEED«, in welcher er alle Namen der involvierten Personen offen nannte sowie die Anschriften der beteiligten Behörden bekannt gab. Diese Presseerklärung sandte er sowohl an das Jugendamt und das Familiengericht als auch in seinem persönlichen Presseverteiler um die Welt. Darüber hinaus bat er bestimmte Freunde um Unterstützung, um meine Geschichte als aktuellen Fall in möglichst vielen Diskussionsforen des Internet publik zu machen.

Knut W., einer von Oliviers deutschen Freunden, der im Internet eine eigene Website für gesuchte Personen betreibt und in der Szene der deutschen Väterselbsthilfeorganisationen als provokativer Diskussionsforenschreiber bekannt ist, griff meinen Fall sogleich auf und stellte eine Suchanzeige nach Stefan nebst dessen aktueller Fotografie ins Internet.

Etwa zeitgleich eröffnete man in einem bestimmten »rapidforum«, dessen federführende Besitzer und Moderatoren es sich zur

Aufgabe gemacht haben, für die Rechte aller Kinder auf beide Eltern einzutreten, einen Thread über meinen »Fall«.

Ich persönlich kannte dieses Diskussionsforum nicht, doch Olivier versicherte mir, es sei eines der bedeutendsten und sichersten Foren, da es streng moderiert werde und User sich nicht anonym einloggen könnten.

Wenn ich darüber nachdenke, was mich dazu bewegte, Oliviers Internet-Freunden zu vertrauen, so war es meine libanesische Kameradschaftstreue, die nach dem Motto »Deine Freunde sind auch meine Freunde« funktionierte. Wir alle schreiben uns in bestimmten Internetforen und fühlen uns dort als verschworene Gemeinschaft. Ich glaubte, im »rapidforum« sei es ebenso und war dankbar, nun durch Olivier und Knut W. dazuzugehören. Das war ein Fehler, denn ausgerechnet aus diesem Internetforum und von seinem »Freund« Knut W. bezog das Gericht später die entscheidende Argumentationshilfe, mir meine Kinder »vorläufig« zu entziehen.

Ihnen, liebe Leserinnen und Leser, zu erzählen, was mir bei diesen »Freunden« begegnete, ist ein Stück weit Warnung für andere, die ebenso, wie ich damals, verzweifelt nach jedem Strohhalm greifen, der sich ihnen bietet.

Kurz nachdem der Internetkämpfer Knut W. sich meines »Falles« annahm, berichtete mir mein deutscher Anwalt, er habe Anrufe und Zuschriften erhalten, in denen ihm juristische Ratschläge und Anweisungen erteilt worden seien, wie er bei Gericht vorzugehen habe. Zwar sei er grundsätzlich bereit, mit den Medien und meinen diversen Freunden zu kooperieren, doch habe er keine juristischen Nachhilfestunden nötig, denn er sei ein erfahrener und renommierter Anwalt, der seine Arbeit professionell und erfolgreich abwickle. Außerdem hätten viele Personen wüste Briefe an die Richter, das Jugendamt, sowie die Tagesmutter und die Väter meiner Söhne geschrieben und diese telefonisch belästigt und sogar bedroht. Vor allem der Richter, der Stefans Fall bearbeite, sei darüber aufs Höchste empört. »Pfeifen Sie also sofort Ihre Helfer aus dem Internet zurück, Frau Gebara«, verlangte mein Anwalt. »Sie schaden Ihrer Sache mehr, als ihr zu nutzen.«

Natürlich berichtete ich Olivier sofort davon. Er sah es als bewiesen, dass die Taktik der Nadelstiche zu wirken beginne und endlich Bewegung in den bis dahin mehr als schleichenden Verlauf der Verhandlungen komme.

Ich gab ihm Recht und konnte die über mich hereingebrochene Welle der Hilfsbereitschaft aus dem Internet kaum fassen. Angesichts meiner übergroßen Dankbarkeit fühlte ich mich zugleich beschämt und zutiefst gerührt von der Selbstlosigkeit dieser Menschen, die mich gar nicht kannten und mir dennoch helfen wollten. Kein Tag verging, an dem ich alle diese neuen »Freunde« nicht in meine Gebete eingeschlossen hätte.

Als ich am 29. November von meinem deutschen Anwalt erfuhr, dass der zuständige Richter die Entscheidung über die Zukunft meines Sohnes Stefan erst kurz vor Weihnachten treffen wollte, schienen mir meine neuen »Freunde« im »rapidforum« die breite Schulter, an der ich mich ausweinen dürfte. Im Vertrauen auf ihre Solidarität kündigte ich an, von jetzt an werde mein Anwalt an die Presse gehen, denn der Richter, den ich namentlich nannte, sei »ungerecht«, so dass ich mich fragen müsse, »ob, wenn ich nun einen Mord begehe oder Kinder entführe, auch so davonkomme wie das Jugendamt W.«, welches mir meine Söhne entführt und meine Seele getötet habe und dennoch von keinem zur Rechenschaft gezogen werde.

Auf Zustimmung und Hilfe hatte ich gezählt. Tatsächlich aber tauchte plötzlich ein »Drachentöter« auf, der in mir wohl den Drachen sah und mich heftig attackierte, weil ich mir seiner Meinung nach drei Kinder von drei Männern hatte machen lassen, um gehörig Unterhalt abzuzocken. Etwa gleichzeitig holte Knut W. plötzlich per E-Mail gegen Olivier und mich aus. Er habe von Olivier und mir eine Zusage für 10 000 Euro dafür erhalten, dass er sich meines »Falles« annehme. Um dieses Geld sei er durch uns betrogen worden.

Wir hätten bestellt und nicht bezahlt. Nicht einmal »Mindestanerkennungsbeträge« für seine Telefongeldspendenkasse habe er erhalten und werde deshalb »keinen Handschlag mehr unternehmen«, um mir zu helfen.

Etwas später erfuhr ich, Knut W. habe dem verantwortlichen Richter mein Posting vom 29. November aus dem »rapidforum« gesandt und ihm geschrieben, er halte es für dringend notwendig, dass mir meine Kinder weggenommen würden, da auch er mich als unberechenbar und unzuverlässig erlebt habe.

Tatsächlich zitierte dieser Richter meine vertrauensvoll an meine »Freunde aus dem Internet« geschriebenen Zeilen in seinem Beschluss und nahm sie zum Anlass, Stefans Vater das vorläufige alleinige Sorgerecht und dem Jugendamt das vorläufige alleinige Aufenthaltsbestimmungsrecht zu erteilen.

Ich war doppelt fassungslos.

KAPITEL 12

Sogar Staatsoberhäupter klagten Deutschland bereits an

Schon Jahre vor meiner Anklage gegen »Kinderklau« durch das deutsche Jugendamt als »Kinderklaubehörde« formierte sich öffentlicher Widerstand betroffener Eltern. Im Jahr 2001 etwa hatte eine Hand voll Eltern aus Frankreich, Südafrika, Rumänien und Deutschland einen in den USA, Kanada, Australien, Schweden, England, Japan, Italien, der Schweiz, Österreich, Deutschland, Skandinavien und Spanien mitgetragenen Hungerstreik auf dem Alexanderplatz in Berlin organisiert. Auch Olivier gehörte dazu, der damals Karin Jäckel kennen lernte, die diese Aktion unterstützte, wie man auf ihrer Webseite im Internet mit Fotos und Texten dokumentiert sehen kann. Auf diese Weise sollte die damalige rot-grüne Bundesregierung Deutschlands dazu bewegt werden, endlich wirksam gegen das Jugendamt und die deutschen Familiengerichte anzugehen, die ausländischen Elternteilen im Regelfall ihre vom deutschen Elternteil nach Deutschland entführten Kinder absprechen und ihnen nicht einmal ein großzügiges, regelmäßiges Umgangsrecht einräumen.

Zuvor hatten die Regierungen Frankreichs und der USA bereits vergeblich gegen diese Entscheidungspraxis beim damaligen deutschen Bundeskanzler Gerhard Schröder interveniert. Catherine Meyer, die dem in Deutschland lebenden Vater ihre beiden Söhne aus England zum Besuchskontakt geschickt und danach nie wiedergesehen hatte, motivierte Hillary und Bill Clinton, sich der Sache anzunehmen. Jacques Chirac nannte das deutsche Familienrecht zornig das »Gesetz des Dschungels«. Auch im englischen Parlament hatte eigens zu diesem Problem eine Debatte stattgefunden. Der damalige SPD-Bundeskanzler Gerhard Schröder nickte den Ärger ab. Wenig später gab Margot von Rennesse, ehemalige Familienrichterin und so genannte »Mutter des neuen deutschen Kindschaftsrechts« einige Zeitungsinterviews, in denen sie den deutschen Familienrichtern Provinzialismus und schlechte Ausbildung anlastete. In der Praxis änderte dies allerdings wenig, so dass betroffene Franzosen in Paris auf die Barrikaden gingen und dort mit ersten öffentlichen Hungerstreiks protestierten. Die Presseberichte darüber regten andere Väter auf der Welt an, einen internationalen Hungerstreik zu beginnen und zwar in Berlin, direkt vor der Haustür der verantwortlichen Bundesregierung.

Durch Olivier lernte ich nun, dass es grundsätzlich unzulässig ist, widerrechtlich ins Ausland entführte oder entzogene Kinder dort zurückzuhalten. Die auch von Deutschland unterzeichnete »Haager Kinderrechtskonvention« schreibt das Recht aller Kinder auf beide Eltern fest, sieht im elterlichen Trennungs- oder Scheidungsfall Sorgerechtsentscheidungen im Heimatland des Kindes vor und ordnet daher die umgehende Rückführung an. Aber keine Regel ohne Ausnahme. Hier ist es der als Lückenparagraf bekannte Paragraf 13 b, der die Rückführungspflicht bei einer Gefährdung des Kindeswohls aufhebt. Für die entsprechende Prüfung wird eine Regelzeit von einigen Wochen veranschlagt.

Der Hungerstreik sollte bewusst machen, dass Deutschland diese Prüfung des Kindeswohls in aller Regel nicht zügig, sondern analog zur langwierigen Sorgerechtsentscheidung ausführt. Dabei vergeht sehr viel Zeit, so dass am Ende meist der Beschluss ergeht, das Kind müsse zum Schutz des Kindeswohls in Deutschland bleiben, weil es dort bereits fest integriert sei und eine erneute Eingewöhnung in seinem Heimatland eine unverantwortliche Belastung darstelle.

Olivier und alle anderen Hungerstreikenden auf dem Berliner Alexanderplatz hatten die persönliche Erfahrung gemacht, dass Jugendamtsmitarbeiter oder Rechtsanwälte den entführenden deutschen Elternteilen rieten, während eines in Deutschland verbrachten Urlaubs ohne Wissen des ausländischen Elternteils die Scheidung einzureichen und sich gleichzeitig das vorläufige alleinige Elternrecht erteilen zu lassen. Mit der Behauptung des deutschen Elternteils, der verlassene ausländische Elternteil wolle das Kind entführen, wurde das Jugendamt im Einzelfall dazu motiviert, dem Gericht entsprechende Mitteilung zu machen und ein Umgangsverbot zu erwirken. Zum Beweis der Entführungsbehauptung reichte in diesen Fällen aus, dass der verlassene Elternteil das Kind nicht aufgab, sondern um dessen Herausgabe und Rückführung nach Hause kämpfte. In einigen Fällen waren Mutter und Kind wegen dieser Behauptung mit Hilfe des Jugendamts Monate lang unauffindbar abgetaucht, indem die Mutter einen Sperrvermerk für ihre Adresse beim Einwohnermeldeamt und in den Gerichtsakten eintragen ließ oder ins Frauenhaus einzog, dessen Anschrift immer geheim ist. Nicht selten waren Väter bei dem Versuch, ihre Kinder besuchen zu wollen, als potentielle Kindesentführer verhaftet worden.

Passanten, die sich den Hungerstreikenden zum Gespräch oder auch zu Solidaritätsbekundungen näherten, erzählten von ihren eigenen Erfahrungen mit dem Jugendamt, das ihnen die Kinder wegnahm und in Pflegefamilien mit geheimen Telefonnummern und verschwiegenen Adressen verbrachte. In einem Fall berichtete ein Vater, seine vor ihm versteckte Tochter nach langer Suche bei Porto in Portugal in einem Wohnwagen entdeckt zu haben, wo sie seit Monaten bei einer vom deutschen Jugendamt bezahlten Pflegefamilie lebte.

Als mein Sohn Stefan nach seiner Ankunft in Italien vor der italienischen Jugendbehörde angab, er habe Angst, wenn er nach Deutschland zurückmüsse, in eine Pflegefamilie außerhalb Deutschlands verbracht zu werden, weil man nun wisse, wie gut ich mich in Deutschland auskenne, erinnerte ich mich an die Geschichte dieses Vaters. Zu einem mir unbekannten Zeitpunkt hatte jener sogar das Fernsehen zu einer Reportage angeregt, in der ermittelt wurde, dass eine solche Verschiebung deutscher Pflegekinder ins Ausland kein Einzelfall war. Eine Verbringung der Pflegekinder ins Ausland zu dort lebenden Bereitstellungsfamilien sei kostengünstiger als eine Betreuung in Deutschland. Wie dieser Vater berichtete, sei eine Verschiebung bestimmter Pflegekinder auch erfolgt, wenn sich Pflegeeltern zur Adoption bereit erklärt hatten. Diesen seien die Kinder dann entzogen worden, um dem zuständigen Jugendamt oder der Betreuungseinrichtung das erhebliche Betreuungsgeld zu erhalten, welches im Falle einer Adoption entfallen wäre. Er habe gehofft, durch die Ermittlungsarbeit des Fernsehteams würden die Verantwortlichen im Jugendamt zur Rechenschaft gezogen. Passiert sei jedoch nichts.

Vermutlich handelt es sich bei diesem Film um *Die Reportage: Heimkinder, verschifft, verschleppt, allein gelassen; Wie dubiose Organisationen amtlich deutsche Heimkinder ins Ausland schaffen*, den ich in der Sammlung der Universität Marburg ausfindig machte.

Meine Recherchen im Internet zeigten mir bald auch, dass Kinder nach der Entführung durch das Jugendamt in der Regel einige Wochen von Schule oder Kindergarten fern gehalten, danach auch weiterhin rund um die Uhr bewacht und daran gehindert werden, wegzulaufen oder unbemerkt ans Telefon zu gehen, bis der erste Trennungsschock überwunden sei und das Kind sich resignierend in seine Verlassenheit finde.

Gleiches erlebte mein Sohn Stefan, der vor der italienischen Jugendbehörde aussagte, er habe sich bei seinen Pflegeeltern einige Wochen ausruhen müssen, ehe er wieder zur Schule gehen durfte, so dass er später in die erste Klasse zurückgestuft wurde, weil er im Lernstoff zurückgeblieben war. Ebenso berichtete er, dass ihm meine Handynummer abgenommen worden sei, die ich ihm bei unserem einzigen Wiedersehen im Spielzimmer des Jugendamtes heimlich zustecken konnte. Zusätzlich durfte er sein Zimmer in der Wohnung der Pflegeeltern nur zu den Mahlzeiten verlassen und musste verschwinden, sobald diese Gäste hatten, damit niemand seiner ansichtig werden könnte und mir vielleicht mitteilen würde, wo mein Kind versteckt und »gefangen« gehalten wurde. Ab Einbruch der Dämmerung musste er in seinem Zimmer die Jalousien herunterlassen, um von außen nicht gesehen werden zu können, und er sollte sofort laut brüllen, sobald er mich bei einem Blick aus dem Fenster entdecken würde. Und zur Schule, in der ihn eine Vielzahl von Lehrern bewachen musste, wurde er entweder von den Pflegeeltern gebracht und abgeholt oder musste den Weg rennend zurücklegen. Wie ich selbst ermitteln konnte, durfte er das Haus der Pflegeeltern nur zum Spaziergang mit den Pflegeeltern, grundsätzlich selten und im Hause Kötter lediglich unter Aufsicht von deren älterer Pflegetochter verlassen und auch keine Spielkameraden zu sich einladen.

In vielen von mir recherchierten Fällen blieben elterliche Suchaktionen überwiegend ergebnislos, so dass der mit der Trennung einhergehende Entfremdungsprozess zwischen Eltern und Kind eintrat und die verstreichende Zeit gegen den verlassenen Elternteil arbeitete. Es erschreckte mich, wie oft Familienrichter in ihren Beschlüssen dem negativen Kindeswillen folgten und diesen als dauerhaftes Umgangshindernis bewerten, obwohl auch Richtern »PAS« als seelische Erkrankung von Kindern bekannt sein müsste, denen ein Elternteil oder beide weggenommen wurden.

Statistische Erhebungen im Zusammenhang mit Unterhaltszahlungen sowie Studien und Umfragen zeigten mir, dass etwa die Hälfte aller Kinder bereits im ersten Trennungsjahr der Eltern keinen Kontakt mehr zum verlassenen Elternteil hat. 90 Prozent aller Kinder aus hochstrittigen Scheidungen verlieren einen Elternteil für immer.

Klar wurde mir auch, dass der Faktor Zeit in deutsch-ausländischen Beziehungen eine besonders große Rolle für die Entscheidungsfindung spielt. Gelingt es einem Elternteil, das dem anderen entzogene Kind für etwa ein Jahr in Deutschland zurückzuhalten, betrachtet man es vor Gericht zumeist als voll integriert und lehnt eine Rückführung ins Ausland zum Schutz des Kindeswohls ab, weil das Kind sich sowohl dem verlassenen Elternteil als auch dem verlassenen Land entfremdet habe. Vor allem die Sprache wird oftmals als unüberwindliche Barriere eingestuft. In Deutschland lebende polnische Mütter und Väter, die sich inzwischen zu einer Selbsthilfegruppe organisierten, dürfen ihre Kinder beispielsweise allein deshalb nicht mehr sehen, weil sie mit ihnen polnisch sprachen und dadurch nach Meinung der Familiengerichte das Kindeswohl schädigten. Ich selbst erlebte vor Gericht, dass Bobs Anwalt die italienische Sprache an meinem neuen Wohnort als gegen das Kindeswohl meines Sohnes Christian auslegte, damit aber nicht durchkam, weil Deutsch in Südtirol Amtssprache ist.

Eingedenk des internationalen Widerstands aus aller Herren Länder gegen das deutsche Jugendamt freute ich mich über die Solidarität aus Frankreich, als Olivier das Jugendamt im Namen des französischen Elternvereins »CEED« ein letztes Mal per Einschreiben und Fax aufforderte, mir spätestens zum 5. Dezember 2004 den geheimen Aufenthaltsort meines Sohnes mitzuteilen, und drohte, andernfalls erfolge Strafanzeige gegen die beteiligten Einzelpersonen, da die Herausnahme ohne richterlichen Beschluss erfolgt sei.

Da das Jugendamt nicht reagierte, wurde die Strafanzeige im Verteiler des »CEED« veröffentlicht sowie allen Behörden Deutschlands zugestellt, die uns erreichbar waren.

»Gut!«, sagte ich. *»D'accord!«* – und erstattete gleichzeitig auch selbst in Italien Strafanzeige bei der Staatsanwaltschaft wegen Kindesentführung und Menschenhandels gegen das Jugendamt sowie die beteiligten Jugendamtsmitarbeiter.

Die internationale Hilfe, von der ich gegen das deutsche Jugendamt geträumt hatte, war tatsächlich da.

KAPITEL 13

Die Akte des Jugendamts und der Beschluss des Gerichts

Als spezielles Nikolausgeschenk rollte am 8. Dezember 2004 Anwaltspost aus dem Faxgerät meiner Firma auf meinen Schreibtisch. Es handelte sich um den Inhalt der Akte des Jugendamts, welches in seinem mir nun erstmals bekannt gegebenen Bericht die »Herausnahme« meiner Kinder rechtfertigen sollte, sowie ein Schreiben des verantwortlichen Richters, der den »Fall« meines vor mir versteckten älteren Sohnes Stefan verhandelte. Alles war mit Stempel vom 6. Dezember bei meinem Anwalt eingetroffen.

Wie mein deutscher Anwalt mir mitteilte, stehe nun definitiv fest, dass es keinen zeitnahen Gerichtsbeschluss zur Herausnahme meiner Kinder aus ihrer eigenen Familie gegeben habe. Damit sei das Jugendamt juristisch angreifbar geworden.

Es liege lediglich eine undatierte »einstweilige Verfügung« vor, die angeblich »Ende November 2004« verfasst wurde und Alfred, dem Vater von Stefan, das vorläufige alleinige Aufenthaltsbestimmungsrechts übertrug. Selbst wenn diese vage Datumsangabe zutreffe, sei damit der zulässige Zeitraum des Jugendamts für eine eigenmächtige Kindesentziehung weit überschritten.

Mit einer weiteren »einstweiligen Verfügung« vom 2. Dezember 2004 – exakt der Tag, an dem die Androhung einer Strafanzeige durch den »CEED« beim Jugendamt und Familiengericht einging – sei über Alfreds Antrag auf Übertragung des alleinigen Elternrechts für unseren Sohn Stefan beschlossen worden. Demnach habe Alfred das vorläufige alleinige Sorgerecht und das Jugendamt das alleinige Aufenthaltsbestimmungsrecht erhalten. Mir selbst wurde vorläufig das Elternrecht vollständig entzogen. Das bedeutete, das Jugendamt durfte mir weiterhin den Aufenthaltsort meines Sohnes verschweigen und jeden Kontakt verbieten und verhindern. Voller Entsetzen eilte ich mit dem Anwaltsschreiben sowie dem Inhalt der Jugendamtsakte, der aus einer vierseitigen Stellungnahme des Jugendamts nebst Belegmaterial bestand, zu Gina und George.

In den Kernaussagen bestätigte Herr General in seinem Jugendamtsbericht dem Familiengericht die Richtigkeit dessen, was ich stets über meine verbindlichen Absprachen und Telefonate mit dem Jugendamt ausgesagt hatte. Schwarz auf weiß hatte ich nun, dass es wirklich bloß drei Tage gedauert hatte, bis Bob, der unseren Sohn Christian immer glücklich und gesund bei mir aufwachsen sah, beschloss, mir heimlich und hinterlistig das anzutun, was er bereits seiner geschiedenen Frau antun wollte, nämlich mir »sein« Kind wegzunehmen. Bewiesen ist auch, dass mein Sohn Stefan bereits zu einem Zeitpunkt vor mir versteckt wurde, als ich noch arbeitete und rund eine Woche der mir zur Wohnungssuche durch das Jugendamt bewilligten Zeit übrig war. Gleichzeitig aber warf Herr General mir vor, der Kindesentzug sei wegen meiner unpünktlichen Rückkehr nötig gewesen.

Als weitere Gründe für den Kindesentzug nannte er jene an den Haaren herbeigezogenen Vorwürfe, die er bereits bei Gericht wegen meiner angeblich unzumutbar unordentlichen Wohnung erhoben hatte. Obwohl er ausführte, dass ich im Jugendamt aus eigenem Antrieb anrief, vorsprach und Vereinbarungen einging, beschuldigte er mich als unwillig und unfähig zur Kooperation. Wohl zum Beweis dafür listete er auf, wie oft das Jugendamt Polizeischutz vor meinen Flüchen bestellte und zählte auch gleich noch den Einsatz mit, als ich meinen Freund Utz bat, mir zu helfen, Stefan zu finden.

Als Hauptargument für den Kindesentzug schrieb Herr General jedoch, sowohl der »Fachbereich« als auch die »Mitarbeiter der Erziehungsberatungsstelle« hätten Frau Gebara »immer wieder nahe gelegt, ihre Arbeitszeiten zum Wohl ihrer Kinder zu reduzieren. Sie aber legte größeren Wert darauf, ihnen materiell etwas zu bieten, als für sie als Mutter präsent zu sein. Dass sie damit die gesamte Zeit nicht im Sinn ihrer Kinder handelte, kann Frau Gebara bis heute nicht nachvollziehen.« Einzig dieser letzte Satz stimmt. Ich habe immer und ganz besonders im Sinne meiner Kinder gehandelt, wenn ich unseren Lebensunterhalt zu bestreiten versuchte. Und ich habe niemals meine Arbeit wichtiger genommen als meine Kinder. Mein drittes Kind ist 1998 geboren. Wie schon gesagt, beantragte ich erst 1999 erstmals eine Tagesmutter. Bis Oktober 2000 bekam ich Bafög beziehungsweise Sozialhilfe, weil ich neben meinem Studium nur geringfügig beschäftigt war. Mehrfach musste ich das Studium wegen meiner Kinder abbrechen, weil ich ständig fehlte. Um mir trotzdem wenigstens vorübergehend eine Chance auf dem Arbeitsmarkt zu geben, wurde ich ab Oktober 2000 ein Jahr lang für 27 Wochenstunden in einer Arbeitsbeschaffungsmaßnahme an einer Gesamtschule beschäftigt. Danach war ich von Oktober 2001 bis April 2004 erneut arbeitslos, absolvierte in dieser Zeit aber sowohl eine Umschulung zur Industriekauffrau im Fachbereich Metall, als auch ein Betriebswirtschaftsstudium in einem Abendstudiengang mit Diplomabschluss.

Damit ich, eine förderungswürdige junge Frau von Anfang 30 mit Abitur und polyglotten Sprachkenntnissen, trotz meiner drei Kinder, eine ABM annehmen, umschulen und studieren konnte, um endlich einen Beruf zu erlangen, der meine Familie ernähren würde, kam meine Mutter oft monatelang aus dem Libanon zu uns. Sie war rund um die Uhr für meine Kinder da, wenn ich meiner Ausbildung nachging.

Dennoch fehlte ich zwei Drittel der Schulzeit und wurde im Dezember 2003 zur Abschlussprüfung vor der Industrie- und Handelskammer nur zugelassen, weil ich den Nachweis erbrachte, dass ich jeweils wegen meiner Kinder zu Hause bleiben musste, aber dennoch sehr gute Leistungsnachweise erbrachte. Wäre ich 2002 und 2003 auf Anraten des Jugendamtspsychologen zur alleinigen Kinderbetreuung zu Hause geblieben, hätte ich meine Ausbildung komplett aufgeben müssen. Das wollte und konnte ich nicht, weil es auch meinen Kindern und deren Lebenssicherheit gegenüber unverantwortlich gewesen wäre. Direkt nach meiner Diplomprüfung im Februar 2004 kürzte mir das Arbeitsamt die Arbeitslosenhilfe, da ich mich wegen der Kinder nicht rechtzeitig um Arbeit beworben hatte. Sieht etwa so das Leben einer Workaholic-Mutter aus, die nie Zeit für ihre Kinder hat?

Unwahr ist ebenso, dass Stefan bis zu seiner »Inobhutnahme« durch das Jugendamt täglich einnässte und einkotete. Dieses Problem hatte er kurzzeitig im Jahr 2002. Nach einer psychologischen Therapie war es überwunden. Und genau das belegten auch die beiden Gutachten des Jugendamtspsychologen, die Herr General seiner Stellungnahme anhing. Während 2002 als Grund für eine Entlassung beider Kinder aus dem Kindergarten angegeben wurde, dass ich als Mutter zu viel arbeite, hieß es 2003, Stefan verhalte sich Erwachsenen gegenüber unauffällig, lenke aber die Aufmerksamkeit anderer Kinder auf sich. Er müsse aus dem Kindergarten entlassen werden, um keine Kinder mehr zu haben, vor denen er sich aufspielen könne. Über solche Gutachten zum Kindeswohl kann ich nur staunen.

Das am schlimmste verdrehte Zeugnis meiner angeblichen Unzulänglichkeit als Mutter legte Herr General mit der Bewertung meines »Besuchskontakts« mit Stefan ab, in dessen Verlauf ich meinem Sohn »wilde, nicht haltbare Versprechungen« gemacht und ihn trotz seines »Flehens, ihn loszulassen«, umarmt habe. »Während des gesamten Besuchskontaktes« habe ich mich angeblich »grenzüberschreitend gegenüber« meinem Sohn verhalten und »seine emotionalen Signale völlig ignoriert«. Außerdem hätte ich »die Interessen und Gefühle des Kindes mit Füßen getreten«, sei »völlig hysterisch« gewesen und »nicht mehr zugänglich für ruhigen Zuspruch«.

Meine Tochter Valeria sei ebenfalls mit mir als Mutter überfordert und müsse die Rolle der Erwachsenen einnehmen. Deshalb rege das Jugendamt an, sie mir ebenfalls zu entziehen, obwohl sie freiwillig mit mir gehen wolle. An eine Familienzusammenführung bei mir sei jedenfalls nicht mehr zu denken.

Mit gleicher Anwaltspost vom 8. Dezember erhielt ich den bereits erwähnten Schriftsatz des Amtsgerichts vom 2. Dezember mit dem vorläufigen Entzug meines Elternrechts für Stefan.

Anlass dazu sei vor allem, dass ich mich per Presse und Internet an die Öffentlichkeit gewandt habe und die Behörde ultimativ aufgefordert wurde, Stefans Aufenthaltsort bekannt zu geben. Zum Beweis, dass ich möglicherweise eine Gewalttat gegen Stefan plane, zitierte der Richter meinen Eintrag im »rapidforum«, ob ich »auch so davonkomme wie das Jugendamt, wenn ich nun einen Mord begehe oder Kinder entführe«. Einer solchen Gefahr durch mich dürfe Stefan nicht ausgesetzt werden und müsse folglich weiterhin vom Jugendamt vor mir beschützt werden.

Zwischen Verzweiflung, Wut und Nichtverstehen zitternd, las ich den Begleitbrief meines Anwalts, worin dieser auf Seite zwei mitteilte, wenngleich das Amtsgericht W. »die Einschaltung der Presse, insbesondere die Äußerungen im Internet offensichtlich gegen uns wertet«, meine er »letztendlich, dass wir zu Recht gehandelt haben, wenn wir diesen Fall einer breiten Öffentlichkeit präsentieren. Dadurch wird ein entsprechender Druck auf das Jugendamt aufgebaut, das sich ansonsten von dieser ganzen Angelegenheit vollkommen unbeeindruckt zeigen würde.«

Er selbst habe bereits Zeitungsinterviews gegeben. Den entsprechenden Zeitungsbericht füge er bei. Außerdem sei es nach seiner Meinung »nach wie vor angezeigt, den Druck durch Einschaltung entsprechender Medien, also der lokalen Zeitungen, insbesondere allerdings auch durch Einschaltung von Rundfunk und TV zu erhöhen.« Außerdem, schrieb er, übermittele er mir seine von ihm »selbst verfasste bzw. abermals überarbeitete Presseerklärung in dieser Angelegenheit.«

Da er »befürchte, dass von Seiten des Amtsgerichts W. kurzfristig keine positive Entscheidung erwartet werden kann«, müsse ich mich jedoch auf lange Rechtsstreitigkeiten vor andern Gerichtsinstanzen einstellen und solle deshalb weiteren Mediendruck machen.

Dass sich danach sämtliche Anstrengungen, meinen »Fall« an die große Medienglocke zu hängen, zerschlugen, weil mein Anwalt seiner Presseerklärung auch die Stellungnahme des Jugendamts sowie die Gutachten des Jugendamtspsychologen von 2002 beifügte, erfuhr ich erst durch die Anrufe interessierter Reporter und Redakteure.

Sie alle waren durch die Berichte des Jugendamtspsychologen negativ gegen mich beeinflusst und interviewten mich in einer Weise, die in mir den Verdacht erweckte, es werde am Ende in einer Radio- oder Fernsehsendung zu Reportagen oder Talksendungen kommen, die nicht meinen Kindern und mir, sondern dem Jugendamt Schützenhilfe gäben.

Da ich die Damen und Herrn konkret auf diesen Verdacht ansprach, nahmen sie lieber Abstand von einer Berichterstattung und teilten meinem Anwalt auf dessen Rückfrage hin mit, ich habe auf sie nicht überzeugend genug gewirkt. Anlass für meinen Anwalt, mich zu beschimpfen, dass ich alle seine Bemühungen zunichte gemacht habe und selbst daran schuld sei, dass ich meine Kinder nicht bekäme.

Wieder waren es Gina und George von der italienischen Jugendbehörde, die mir halfen, die verschiedenen Berichte und Stellungnahmen des Jugendamts zu verstehen. Gemeinsam mit meinem deutschen Anwalt waren sie nach der Lektüre der Ansicht, das Amtsgericht W. suche, wie er mir schrieb, »krampfhaft nach einem Grund, um Ihnen das Aufenthaltsbestimmungsrecht und – möglicherweise zuletzt – auch das Sorgerecht zu entziehen.«

Während Gina und George meine Aussagen in der Jugendbehörde der italienischen Polizei zu den Inhalten der Jugendamtsakte aufnahmen und mich berieten, begann sich in meinem Kopf längst ein anderer Plan abzuzeichnen.

Berichte, Stellungnahmen, psychologische Gutachten, Anwälte, Richter und der vorhersehbare Weg durch alle Instanzen der deutschen Gerichtsbarkeit bis hinauf nach Straßburg, alles das würde ich niemals bezahlen können. Die Rechnungen meines deutschen Anwalts waren jetzt schon unbezahlbar angestiegen. Ohne Geld würde er mich bald schon nicht mehr vertreten. Und auch der italienische Anwalt, der sich meiner Strafanzeige gegen das deutsche Jugendamt annahm, verlangte Geld. Es war abzusehen, wann ich ohne Anwalt dastehen würde.

Vor allem aber kostete der Weg durch die Instanzen, den mir mein deutscher Anwalt bereits aufgezeigt hatte, viel, viel Zeit. Zeit, die weder meine Kinder noch ich hatten.

Bis ich mich zum Europäischen Menschenrechtsgerichtshof durchgeklagt hätte und dort vielleicht endlich Recht bekäme, wären meine Kinder nicht mehr sechs und sieben Jahre alt, sondern pubertierende Jugendliche oder gar erwachsen und mir vollkommen entfremdet.

Sollte ich das Glück haben, es schneller zu schaffen, würde ich zwar mein »gutes Recht« bekommen und wahrscheinlich eine Schadenersatzsumme für meine bis dahin aufgelaufenen Rechtsstreitkosten erhalten, die Jungen aber würde ich weiterhin aus Gründen des Kindeswohls nicht sofort abholen und mitnehmen dürfen. Im besten Fall würde uns eine langwierige Annäherungsphase gestattet werden, in der ich mit meinen Kindern unter Aufsicht des Jugendamtes oder ihrer Pflegeeltern spielen dürfte, was uns die Wachhabenden befahlen. Im schlimmsten Fall würde der Kindeswille berücksichtigt werden, weil meine Kinder bis dahin so bitter enttäuscht von mir wären, dass sie mich nicht mehr sehen wollten.

Valeria wusste, was Bella Kötter ihnen ständig eingeredet hatte: »Eure Mutter kommt nicht mehr, die hat euch sitzen lassen. Die lügt, die holt euch nie mehr ab.«

Genau das hatte Bob unserem Sohn Christian glaubhaft gemacht, der vor dem deutschen Familiengericht aussagte, seine Mutter habe ihn ganz schlimm belogen, er wisse aber nicht mehr, was sie gelogen habe.

Ebenso würde man meinen Sohn Stefan belügen, den ich vermutlich nie mehr sehen sollte.

So weit wollte und würde ich es nicht kommen lassen. Niemand hatte das Recht, das Leben meiner Kinder, mein eigenes, das unserer Familie zu zerstören. Ich bin ihre Mutter. Ich würde meine Kinder auf eigene Faust abholen.

KAPITEL 14

Mission impossible

Weihnachten stand bevor. Hatte ich es nicht geschafft, den Geburtstag meines jüngeren Sohnes Christian zusammen mit meinen Kindern zu feiern, wollte ich uns wenigstens alle zusammen unter dem Weihnachtsbaum sehen.

Die festlich geschmückten Straßen der Stadt, Weihnachtsdekorationen überall, Lichterketten, erwartungsvolle Kindergesichter vor mit Spielzeug gefüllten Schaufenstern, Eltern mit liebevoll verpackten Geschenken, deren Form man ansah, was sich darin verbarg, Valeria, die inmitten ihrer Freundinnen im Weihnachtsgeschenkefieber wie ein Schatten ihrer selbst wirkte, in der Schule schlechte Leistungen zeigte wie nie zuvor und mir sagte, sie werde sich umbringen, sollten ihre Brüder nicht mehr nach Hause kommen, so dass ich sie morgens an jedem einzelnen Arbeitstag mit der Angst verließ, sie abends tot in der Wohnung vorzufinden oder, sobald das Telefon auf der Arbeit klingelte, einen Anruf der Polizei zu bekommen, sie habe sich von irgendeinem Gebäude gestürzt.

Jeder Tag wurde mir zu lang, jede Nacht zu kurz. Meine Gedanken umkreisten meine Söhne. Was machten sie gerade? Waren sie gesund? Weinten sie um mich? Glaubten sie schon, ihre Mama habe sie verlassen? Und immer die Endlosfrage: »Wo ist Stefan?«

Ich weinte und merkte, dass geräuschlose Tränen wie Salzsäure brennen. Während ich arbeitete und unseren Lebensunterhalt verdiente, den wir neuerdings mit Anwälten, Gerichten und dem inkassoberechtigten Jugendamt für kindesunterhaltsberechtigte Pflegeeltern, einem kindesunterhaltsberechtigten Vater und Geldhaien wie Knut W. aus dem Internet teilen sollten, wurde meine seelische Verfassung immer abgründiger.

Nachts suchten mich Albträume heim, in denen ich unter allen, die mir die Kinder geklaut hatten, ein Inferno anrichtete.

Manchmal lag ich wach und legte mir systematisch zurecht, wie ich vorgehen müsste, um keine Spuren zu hinterlassen. Das Eindringen ins Jugendamt und Familiengericht schien mir das geringste Problem. Ich müsste nur bis Karneval warten. Alle Welt war dann verkleidet. Ich würde es mit Natriumchloridspritzen machen. Ich müsste mir eine Perücke aufsetzen, eine Clownsnase, mich schminken, reingehen, Tür auf, Spritze raus, Tür zu, erste Tür rein, alle Mitarbeiter im Raum, Tür zu, Spritze raus, Tür auf, zweite Tür rein und immer so weiter, bis alle erledigt wären. Am Ende würde ich über sie hinwegsteigen, die geheimen Aktenordner öffnen, die Adresse meines gestohlenen Sohnes an mich nehmen und beide Kinder abholen. Ganz einfach.

Ich fühlte mich wie ein Tsunami. Wie das Meer würde ich über sie kommen und sie vernichten. Gleichzeitig schämte ich mich dieser Visionen und dachte: »Vielleicht ist es wirklich besser, ich bringe mich um, ehe ich die alle umbringe. Man darf nicht töten. Gott verbietet es.« Ich las in der Bibel, um Verse zu finden, die meine Gefühle rechtfertigten. Das alte Testament erlaubte mir, Hass zu empfinden, sie alle zu verfluchen, ihnen Tod und Verderben zu wünschen, sie in Gedanken wie ein Tier zu zerfleischen.

»Ich bin nicht Jesus«, dachte ich. »Ich bin nur ein Mensch. Ich will denen nicht verzeihen, die meine Kinder quälen und klauen, denn meine Kinder werden es mir nie verzeihen, wenn ich denen verzeihe.« Oft wagte ich aus Angst vor meinen Albträumen kaum einzuschlafen, und doch halfen sie mir, mich zu trösten, dass ich irgendwie trotz allem noch eine Chance hätte, die Kinder zu holen.

Und ich weinte, weil diejenigen, die mir meine Kinder genommen hatten, es gleichzeitig geschafft hatten, mir die Unschuld der Seele zu rauben.

Am 9. Dezember 2004 hatte endlich die erste Anhörung Christians, meines jüngeren Sohnes, stattgefunden, der mit Bob, seinem Vater, ins Familiengericht gekommen war, um vor derselben Richterin seine Aussage zu machen, die ihn mir an seinem Geburtstag, am 20. Oktober, weggenommen hatte. Damals hatte sie mir versprochen, die Anhörung werde bereits am 29. November stattfinden.

Nun war es erneut lange, bange Tage später geworden. Dachten die Verantwortlichen je auch nur einen Augenblick darüber nach, was diese endlosen Tage der Ungewissheit mit meinen Kindern und mir machten? Konnten sie schlafen, obwohl sie uns das alles antaten?

Vor dem Gesetz gelten keine Gefühle, erkannte ich. Da geht es um Ordnung, Paragrafen, Gesetzestexte und deren Auslegung, um das Versagen nicht funktionierender Gesellschaftsmitglieder und deren Bestrafung, um Taten und Täter, um mehr oder weniger anonyme »Fälle«.

Das Wort, um das sich im Familiengericht alles dreht, ist das »Kindeswohl«. Aber was ist das? Wer bestimmt es? Wer legt die Norm dafür fest?

Ist es zum Wohl eines sechsjährigen, siebenjährigen Kindes, es urplötzlich, von einem Augenblick zum anderen aus seiner Familie herauszureißen, in der es Mutter und Geschwister hat, mit denen es seit der Geburt lebt, bei denen es glücklich ist, zu Hause ist?

Ist es zum Wohle eines solchen Kindes, es als Einzelkind seinem Vater zu geben, der mit dem Kind alle zwei Wochen für ein paar Stunden zusammen war, und die alten Großeltern des Kindes, die es kaum kannte, nun die Erziehung und Betreuung des Kindes vornehmen zu lassen, weil der Vater ebenso arbeitet wie die Mutter, der man das Kind wegnahm, weil sie arbeitet und deshalb angeblich keine Zeit für das Kind hat?

Ist es zum Wohl eines solchen Kindes, es seinem Vater zu geben, der das Kind stets verleugnet und ignoriert hat, es nur gelegentlich und dann widerwillig duldete und sein Vaterrecht nur dazu nutzte, das Kind zu wildfremden Leuten zu geben?

Ist es zum Wohl solcher Kinder, sie mit der Lüge zu quälen: »Deine Mutter will dich nicht mehr. Deine Mutter lügt. Deine Mutter hat dich im Stich gelassen. Deine Mutter hat sich ›abgesetzt‹. Deine Mutter lügt, wenn sie dir verspricht, sie kommt und nimmt dich nach Italien mit.« Oder sie mit der Drohung zu ängstigen: »Wenn du vor deiner Mutter nicht wegrennst, kommt sie ins Gefängnis. Deine Mutter will dich entführen. Wenn sie das tut, bringen wir dich ins Ausland, damit sie dich nie mehr findet.«

Ist das in Deutschland das »Kindeswohl?«

Meine beiden kleinen Söhne haben alles das erlebt. Und es wurde ihnen angetan, weil es nach Meinung des Jugendamts und des Gerichts ihrem »Kindeswohl« diente. Was für ein Kindeswohl ist das?

Mit der nächsten Anwaltspost aus Deutschland erhielt ich einen Schriftsatz des Gerichts vom 14. Dezember 2004 und erfuhr, was mein sechsjähriger Sohn Christian der Richterin antwortete, als sie ihn erstmals seit Bobs Beantragung des alleinigen Elternrechts nach seiner Mutter befragte:

Ich möchte bei meinem Papa bleiben. Ich möchte nicht zur Mama nach Italien ziehen. Ich möchte die Mama auch im Moment nicht besuchen. Die Mama hat mich angelogen. Ich weiß aber nicht mehr, worüber sie mich angelogen hat. Es war aber sehr schlimm. Die Mama hat mich auch öfter mit dem Staubsaugerstiel gehauen.

Die mit der Übertragung vom Tonträger beauftragte und für dessen Richtigkeit verantwortliche Justizangestellte hatte als letzte Zeile in indirekter Rede unter die wörtliche Abschrift der Aussage geschrieben: »Beim Papa und bei Oma und Opa fühle er sich sehr wohl.«

Ein paar kümmerliche Worte in wenigen Zeilen, die einer Richterin die Sicherheit gaben, Christian aus seiner Familie mit zwei Geschwistern herausnehmen zu müssen und den lebhaften kleinen Jungen stattdessen als Einzelkind bei seinen alten Großeltern und seinem Vater aufwachsen zu lassen, den er bisher lediglich als »Besuchs-Papa« kannte.

Die Aussage meines Kindes schmerzte mich, weil ich Christian kenne und weiß, was auf ihn eingeprasselt sein musste, bis er diese Aussage machen konnte. Christian liebt seinen Bruder, seine Schwester und mich. Wir sind seine Familie, und ich wusste immer, dass er uns auch so empfindet. Später, in Italien, sagte er genau das vor der italienischen Kinderpsychologin und dem Gericht aus.

Belogen habe ich ihn, sagte mein Sohn aus, er wisse aber nicht mehr, was ich gelogen hätte, doch sehr schlimm sei es gewesen. Das bezog sich wohl auf die ihm eingetrichterte Lüge, ich habe ihn und seine Geschwister im Stich gelassen und sei nicht aus Italien gekommen, um sie zu mir abzuholen.

Natürlich war das schlimm für mein Kind, so etwas über die eigene Mutter zu erfahren. Und natürlich erinnerte er sich nicht, was ich gesagt, wie ich ihn belogen hatte. Ich hatte ihn nämlich nicht belogen. Ich hatte ihm bei meiner Abreise zur Wohnungssuche nach Italien versprochen, zu kommen und ihn abzuholen. Dieses Versprechen habe ich gehalten. Belogen hatten ihn andere, sein Vater, das Jugendamt. Sie belogen ihn immer noch. Mehr noch, sie verhinderten, dass ich mein Kind sehen und mit ihm sprechen konnte, weil ich ihm sonst die Wahrheit sagen würde. Ich erinnerte mich nur zu gut an den letzten Tag, an dem Bob mir erlaubt hatte, unseren Sohn am Telefon zu sprechen, und ihm dann endgültig den Hörer aus der Hand riss, weil ich ihm sagte, dass ich mich nach ihm sehnte und rechtzeitig gekommen sei, ihn abzuholen, ich es aber nicht dürfe.

Und die Richterin, die wusste, dass ich rechtzeitig nach Deutschland gekommen war, um meine Kinder abzuholen, dass ich mir die Seele aus dem Leib weinte, weil ich sie nicht abholen durfte; die wusste, dass ich mich vor ihr auf die Knie geworfen und gefleht hatte, sie solle mir doch mein Kind zurückgeben, diese Richterin, die mir dennoch mein Kind nicht gegeben hatte, fragte nicht genauer nach, woher mein Sohn denn wisse, dass ich ihn belogen habe.

Hätte sie ihn gefragt, würde er ihr gesagt haben, der Papa habe es ihm gesagt. Hätte sie ihn gefragt, warum er nicht zu mir nach Italien und mich auch nicht besuchen wolle, hätte er ihr gesagt, weil der Papa es nicht wolle. Aber sie fragte ihn nicht.

Warum, wenn sie glaubte, dass das Kind die eigene Mutter nicht mehr sehen wollte, weil es sich von ihr belogen fühlte, ohne sich an den Grund zu erinnern – warum ordnete sie dann nicht sofort an, dass das Kind einem Psychologen oder Therapeuten vorgestellt werden müsse, damit es lernen könne, seine Enttäuschung zu überwinden und wieder eine heile Beziehung zu seiner Mutter zu entwickeln?

Oder brauchte sie lediglich irgendeinen Grund, mir mein Kind nicht zurückgeben zu müssen? So, wie mein deutscher Anwalt, wie Gina und George in Italien, wie ich selbst es vermuteten? Dann und nur dann nämlich war es äußerst hilfreich, dass nicht genauer hinterfragt und ermittelt wurde, warum mein sechsjähriger Sohn meinte, ich hätte ihn irgendwann mit irgendetwas, das er nicht mehr wisse, so schlimm belogen, dass er lieber bei seinem Papa bleiben und mich, seine Mutter, nicht mehr sehen wolle.

Ebenfalls vom 14. Dezember stammte die Erwiderung von Bobs Anwalt auf den Schriftsatz meines Anwalts, der die Herausgabe Christians gefordert hatte. Darin stampfte Bobs Anwalt die mir von der italienischen Jugendbehörde ausgestellten Bestätigungen meiner kindgerechten Wohnung und Arbeitszeit in Grund und Boden und erklärte: Christian »vermisst seine Mutter nicht. Seit er sich beim Antragsteller aufhält, hat er noch nie nach seiner Mutter gefragt. Er möchte seine Mutter zurzeit nicht sehen. Er leidet nicht unter der Trennung von seiner Mutter. Vielmehr möchte er bei seinem Vater dauerhaft bleiben.« – »Die Mitarbeiter des Kreisjugendamtes W. haben auch nicht grundsätzlich etwas gegen Italien als Aufenthaltsort, sondern lediglich Bedenken, dass die Kindesmutter, die Egomanin ist, die Kinder nach dorthin mitnimmt, ohne dass eine ausreichende Betreuung und Versorgung der Kinder sichergestellt ist.«

Als Begründung führte er aus, dass »ein pünktliches Bringen und Abholen der Kinder nicht gewährleistet« sei, da meine Arbeitszeit um 8 Uhr und somit gleichzeitig mit den Öffnungszeiten von Grundschule und Kindergarten beginne. Daher würden meine Kinder dort »lediglich hereingeschoben«. Die Möglichkeit, die Kinder während der italienischen Ferien ganztags ab halb 8 Uhr morgens bis 17 Uhr in privaten Betreuungseinrichtungen sicher und sinnvoll beschäftigt unterzubringen, wurde bestritten. Außerdem hätte ich dazu sowie kein Geld und nur fünf Wochen Urlaub, Bob hingegen 73 arbeitsfreie Tage im Jahr.

Es wäre ein Leichtes für die Richterin gewesen, sich meinen ihr vorliegenden Arbeitsvertrag aus dem Italienischen ins Deutsche übersetzen zu lassen und daraus meine Urlaubszeiten sowie mein Einkommen zu ersehen. Ebenso leicht wäre es gewesen, durch einen Anruf bei der italienischen Jugendbehörde eine Bestätigung der privaten Betreuungseinrichtungen während der Ferien und deren Finanzierbarkeit einzuholen. Auch die Frage der Öffnungszeiten von Schule und Kindergarten hätte sich jederzeit ermitteln lassen, um zu erfahren, dass es de facto kein Problem für mich darstellte, meine Kinder rechtzeitig vor Arbeitsbeginn und nach Arbeitsende zu bringen beziehungsweise abzuholen.

Doch wie Gina, George und ich nun bereits mehrfach erfahren hatten, ging es nicht um objektive Fakten. Vielmehr behauptete Bobs Rechtsanwalt einfach, ich sei eine »Egomanin«, das heißt, eine psychisch in krankhafter Weise selbstbezogene Person, »die ihre eigenen Bedürfnisse und Gefühle über die ihrer Kinder stellt«.

Um jedem Zweifel zuvorzukommen, wie eine solche psychisch kranke, zu zwischenmenschlichen Bindungen und aufmerksamer Zuwendung an andere kaum fähige Mutter drei Kinder haben könne, die über einen großen Wortschatz, ein für ihr Alter ungewöhnliches Wissen und gute Manieren verfügen, betonte er, dass mein Sohn sich »trotz der Vernachlässigung der Kinder durch die Kindesmutter im kognitiven Bereich gut entwickeln konnte.«

Hätte die Richterin ernsthaft erwogen, mir meinen Sohn zurückzugeben, hätte sie meiner Meinung nach durch die Bestellung eines psychologischen Gutachtens zu meiner Person klären lassen müssen, ob ich tatsächlich eine psychisch schwer verhaltensgestörte »Egomanin« war oder nicht. Eine Mutter, die vor Gericht vollkommen verzweifelt, wenn man ihr ohne jeden stichhaltigen Grund die geliebten Kinder weggenommen hat und nicht zurückgeben will, passte wohl ins Bild der »Egomanin«.

Ein paar Wochen Gehirnwäsche hatten genügt, mich in den Augen meiner Kinder zu einer Art Zombie zu machen. Mein jüngerer Sohn wollte angeblich lieber bei seinem Vater bleiben und mich nicht mehr sehen. Meinem älteren Sohn waren Freunde angeblich wichtiger, die er erst seit ein paar Tagen kennen konnte. Valeria wollte vor Trauer sterben und hielt mich für eine »schlechte Mutter«, weil ich ständig um ihre Brüder weinte und sie zu vergessen schien.

Ich fühlte mich innerlich tot, zerstört, lebte nur noch, weil meine Kinder mich brauchten. Valeria hatte Recht, ich war nicht mehr die, die ich früher gewesen war. Die konnte ich nicht mehr sein. Ich war am Ende. Ich rastete wegen Kleinigkeiten aus, schrie und weinte ständig, hatte keine Lust mehr zu leben und ununterbrochen Angst, dass sich erneut jemand in unser Leben einmischte.

Vierundzwanzig Stunden am Tag jagten mich die Sorgen um meine drei Kinder. Wie konnte ich Valeria Lebenskraft und Lebensmut geben? Wie konnte ich mein Versprechen halten, mit dem ich sie am Leben hielt, dass ich ihre Brüder retten und zu uns nach Hause bringen würde? Wie fühlten meine Söhne sich, jetzt, getrennt von ihren Geschwistern und von mir? Wie wurde mein armes, gefangenes Kind mit dem Leben bei fremden Leuten fertig? Wie hielten die Jungen es aus zu denken, ich hätte sie verlassen und nicht geliebt? Würden sie durch das, was sie erleben mussten, eines Tages Drogen nehmen, kriminell werden, Depressionen haben, Angst vor der Liebe und der Verantwortung für Kinder haben, würden sie vielleicht nicht mehr leben wollen und sich töten?

Ich, ein erwachsener Mensch, ertrug diese Trennung nicht. Wie sollten sie, kleine Jungen von sechs und sieben Jahren, damit fertig werden? Ich sah doch an Valeria, die fast erwachsen war, wie tief einschneidend diese Erfahrungen waren und sie veränderten, prägten. Es machte mich wahnsinnig, an ihr Leiden zu denken und nichts dagegen tun zu können.

Im Traum hielt ich meine Kinder umarmt, atmete den Geruch ihrer Nähe ein, streichelte ihre lieben Gesichter und schien sie in meinen Armen zu fühlen. Doch wenn ich schwitzend und schreiend aus dem Schlaf auffuhr und nach ihnen griff, verschwanden ihre Schatten im Licht. Ich war allein in meinem Schlafzimmer, das an die Wand des Jungenzimmers grenzte, welches immer noch mit Umzugskisten voll stand, die nur ausgeräumt werden würden, wenn meine Söhne da wären, und ich wusste: »Vor dem deutschen Gericht um sie zu kämpfen, ist absolut aussichtslos. Du musst sie zurückholen. Jetzt!«

Zusammen mit Olivier und Charles war ich am Mittwoch, dem 15. Dezember 2004, so weit, noch vor Weihnachten einen Versuch zu wagen. Am Donnerstag oder Freitag, spätestens Samstag, sollte der Zugriff erfolgen. Am Sonntag hoffte ich, entweder mit einem oder beiden Jungen in Italien zu sein. Olivier und ich wollten vorausfahren. Charles würde am Samstag nachkommen, falls es nötig wäre.

Meine Arbeitgeber und Kollegen nahmen an, ich hätte Urlaub nur beantragt, weil es einen erneuten Gerichtstermin in Deutschland gäbe. Alle drückten mir die Daumen. Nur Valeria wusste, was ich wirklich vorhatte.

Nach Feierabend um Viertel nach fünf war ich am Mittwoch zu Hause. Valeria war blass. Später würde sie zu einer Freundin gehen, dort übernachten. »Was ist, wenn sie dich schnappen, Mama?«

»Ruf Gina und George an, oder Karin, wenn etwas ist. Du hast ihre Nummern. Sie helfen dir.« Ich umarmte sie fest. »Hab keine Angst. Es wird nichts passieren.«

»Sicher?«

»Sicher.« Ich lächelte ihr zu. Wir wussten beide, dass nichts sicher war. Trotzdem ließ sie mich los und half mir packen.

Der Anzug, den meine Mutter mir vor Jahren geschenkt hatte, passte noch wie angegossen. Auch meinen Pelzmantel nahm ich mit. Prüfend drehte ich mich vor dem Spiegel. Ich wollte gut aussehen, nicht wie eine heruntergekommene Schlampe, der man die Kinder rechtmäßig weggenommen hatte. Olivier und ich kannten uns bisher nur telefonisch und schriftlich. Es war mir wichtig, ihm beim ersten Blick meine Seriosität zu vermitteln.

Hastig packte ich meine Reisetasche: Einen Pulli von Valeria, ihre Jeans und Jeansjacke, ihre Turnschuhe, meine Stiefel, die mir eine Freundin vererbt hatte, zwei warme Decken für die Kinder, einen Walkman.

Das Telefon klingelte. Es war Charles. »Paris ist bereit! Für Samstag ist alles okay.«

»Ich hoffe, es ist vor Samstag erledigt.«

Wir sprachen wie für den Abhördienst. Mein Telefon hallte seit einiger Zeit. Vielleicht hatten die vom Familiengericht Erlaubnis, mich zu belauschen? Charles und ich verstanden uns auch im Kurzstil. Er wusste über jeden Schritt meiner Planung Bescheid, über alles, was ich tat, über alle meine Kontaktpersonen, auch über Olivier, den er inzwischen persönlich kannte. »*Un ours*«, nannte Olivier ihn. »Ein Bär.« Charles wusste, dass ich pleite war und auf keinen Fall Geld von meinen Eltern erbitten konnte. Er finanzierte die ganze Aktion aus seiner eigenen Tasche. »Paris ist bereit« hieß, dass er Olivier das nötige Geld gegeben hatte.

Valeria hatte inzwischen meine Tasche fertig gepackt, schob noch eine weiße Bluse und ein schwarzes Oberteil hinein, meine Schminke. »Bring sie zurück, Mama, bitte!« Ihre Stimme klang schwer von Tränen, die im Hals stecken blieben.

Ich nickte, küsste sie, hielt sie fest und fest und riss mich endlich los, fort mit der Tasche, in den Fahrstuhl, den ich nun hoffentlich zum letzten Mal ohne die Jungen benutzen würde, zur Tür hinaus, ins Auto und weg. Als ich auf Sommerreifen in die Dunkelheit, über die zum Teil einspurigen, kurvenreichen Berg-und-Tal-Straßen Südtirols in Richtung Deutschland fuhr, schneite es.

Etwa gleichzeitig startete Olivier von Paris aus mit seinem Wagen. Wir waren auf der A3 an der Autobahnraststätte Heiligenhaus, direkt vor dem Rasthaus, verabredet. Als nachts um 1.29 Uhr mein Handy klingelte: »Ich bin an der Tankstelle am verabredeten Ort«, war ich in der Gegend von Bonn. Mein Herz schlug hoch im Hals. Er war wirklich gekommen. Es ging tatsächlich los.

Auf dem Parkplatz vor der Autobahnraststätte parkte ich meinen Wagen neben seinem. Es konnte nur sein Wagen sein, niemand sonst hatte ein französisches Kennzeichen. Er tat zwar, als schlafe er, doch ich spürte, er bemerkte mich sofort. Durch die Fensterscheiben betrachteten wir uns lange. Jeder von uns versuchte, sich ein Bild vom anderen zu machen, ehe wir uns aufeinander einließen. Später einmal sagte er mir, er habe mit einer kleinen, unattraktiven Molligen gerechnet, der die Männer zwangsläufig untreu werden mussten. »Schönes Lächeln, charmante Frau, viele Haare, wie die Callas«, sei sein erster, überraschter Eindruck gewesen.

Ich erinnerte mich an unsere täglichen Telefonate, an seine selbstsichere, befehlsgewohnte Stimme. Auch ich hatte ihn mir anders vorgestellt, kräftiger, ein »Militant« ohne Uniform. Dieser Blonde sah wie ein körperliche Arbeit nicht gewohnter Geschäftsmann aus: clever, smart, dezent, gepflegt und schlank. Zuverlässig war er auf jeden Fall. Er hatte mir keinen blauen Dunst vorgemacht. Er war gekommen. Und da saß er nun mit seinem müden, doch energisch wirkenden Gesicht und blickte zwischen den Augenwimpern ebenso prüfend zu mir wie ich zu ihm.

Er hatte mir von Anfang an Mut gemacht. Freundlich, höflich, war er wie ein Bruder zu mir gewesen. Oft hatte ich gewünscht, die Väter meiner Kinder wären wie er gewesen. Das also war er, der Held, der uns retten würde, die Hauptfigur eines Märchens und doch nicht erfunden, sondern wahr.

Ich stieg aus, klopfte an sein Autofenster. Von da an war alles ganz leicht. Eine kleine Umarmung, französische Wangenküsschen, der Duft nach Zigaretten und irgendeinem lang verblassten Rasierwasser in meiner Nase. Seine Augen waren blau und wachsam. Charles hatte Recht, ich würde mich auf diesen Mann verlassen können. Nebeneinander gingen wir ins Restaurant.

Drinnen, bei einer Tasse Kaffee, konnte ich die Augen noch immer nicht von ihm wenden. »Warum macht er das?«, fragte ich mich. »Es ist gefährlich. Wenn sie uns erwischen, sperren sie ihn vermutlich ein. Bei mir ist es Kindesentziehung. Bei ihm wäre es Kindesentführung. Beides ist strafbar, aber auf Kindesentführung steht mehr.«

Wie oft hatte ich mir schon gewünscht, in die Gehirne anderer Menschen sehen zu können, zu wissen, was sie denken. »Was«, fragte ich mich, »denkt dieser Mann von dir als Mensch, als Frau, als Mutter? Wie will er vorgehen? Sollst du ihn fragen? Lässt du ihn mit seinem Plan auf dich zukommen?«

Irgendwann fiel mir auf, dass ich ihn verlegen machte. Sobald ihn meine Augen über dem Tassenrand fixierten, schaute er beiseite. »Süß!«, dachte ich und fragte unwillkürlich: »Warum guckst du weg?«

Olivier zuckte mit den Schultern. Ein kleines Schweigen wollte aufkommen. »Ich muss meine Hände waschen. Unter den Fingernägeln ist es total schwarz«, sagte ich eine Spur zu hastig, ohne jedoch aufzustehen.

Er blinzelte durch den Rauch der Zigarette vor seinen Augen. »Das Jugendamt weiß, dass es in Italien keine Bäder gibt.«

Ich war so froh, mit ihm lachen zu können.

Olivier hatte einen Atlas dabei, ich eine Liste mit den wichtigsten Straßennamen und Schulen. Zuerst wollten wir nach Stefan in X. suchen. Olivier fragte mehrmals nach: »Warum ausgerechnet dort? Er könnte überall sein.« Doch ich war meiner Sache sicher. Er hatte mir die drei ersten Buchstaben des Ortes aufgeschrieben. »Nenn es Mutterinstinkt«, sagte ich. »Ich weiß ganz einfach, dort ist er.«

Obwohl er skeptisch blieb, weil seiner Meinung nach alle Eltern sich falsche Vorstellungen von ihren Kindern und deren Reaktionen machten, wenn es um eine so traumatische Sache wie Kinderklau gehe. Aber er insistierte nicht länger.

Wir hatten nichts weiter als diese eine einzige Spur meines Sohnes. Es war das einzig Vernünftige, die Suche in X. zu beginnen. Irgendjemand musste ihn in all den Wochen gesehen haben, wenn er dort war. Irgendwer würde sich an ihn erinnern, wenn ich sein Foto vorzeigte und seinen Namen nannte. Vor allem aber musste er die Schule besuchen. Niemand, nicht einmal das Jugendamt, konnte bewirken, dass ein gesundes Kind monatelang der Schule fernblieb. Selbst wenn sie ihn rund um die Uhr bewachen ließen, musste er zur Schule gehen. Und nur für ihn würde keine Schule einen eigenen Stundenplan entwickeln oder einen Bodyguard abstellen. Folglich musste er zu den üblichen Unterrichtsstunden zur Schule und wieder nach Hause gehen. Aus diesem Grund würden wir die Suche bei den Schulen beginnen. Alle Grundschulen und Sonderschulen kamen in Frage.

Wir beschlossen, Oliviers Auto an einem günstigen Platz in X. stehen zu lassen und die gesamte Operation mit meinem Wagen durchzuführen. Ich hatte noch ein deutsches Kennzeichen. Mein Auto würde in X. nicht auffallen, eines mit französischer Nummer schon. Außerdem, sollte etwas schief gehen, würde Olivier aus meinem Wagen springen und rennen. Ich würde ihn nicht verraten.

»Ich übernehme das Kommando.« Oliviers Ton erinnerte mich an die Zeit im Libanon mit meinen Freunden, den »Militanten«. Normalerweise würde ich mir von keinem Befehle erteilen lassen, doch befanden wir uns nicht wie Partisanen im Untergrundkrieg? Wie selbstverständlich stimmte ich zu. Ich war müde, dankbar für die Entlastung. Überhaupt fühlte ich Dankbarkeit wie Zentnerlasten auf mir.

Unterwegs überkam mich zwischendurch das Gefühl, im Nebel zu fahren. Oliviers Auto vor mir fuhr 120 Stundenkilometer, aber ich kam kaum nach. Er schien es zu merken, verlangsamte, ließ mich wieder aufschließen. Die roten Rücklichter vor mir wirkten wie Magneten, zogen mich mit.

Am »Archäologischen Park« in X. hielten wir endlich an. Auf dem großen Parkplatz würde niemand sich etwas beim Anblick eines ausländischen Wagens denken. Erinnerungen stürmten auf mich ein. Vor zwei Jahren war ich hier mit meinen drei Kindern gewesen. Zusammen waren wir durch die Labyrinthe gelaufen, hatten die römischen Wunder, das Atrium, die Aquädukte bestaunt, uns vorgestellt, wie es im römischen Bad zugegangen sein mochte. »Wer ist Olivier?«, dachte ich, während er seine Sachen aus seinem Auto in meinen Wagen umlud. »Was hält er für mich bereit? Die Hoffnung, das ist es. Dieser Mann ist außergewöhnlich. Existiert er? Träume ich nur, dass er da ist?«

Olivier übernahm das Steuer. Er kannte sich in der Gegend aus, weil er irgendwann in der Nähe gearbeitet hatte.

Unweit vor der ersten Schule auf meiner Liste stoppte er. Es gab nur einen Eingang. Er war leicht zu beobachten. Ein Blick auf die Uhr. Es war 5 Uhr früh. »Lass uns etwas schlafen.« Olivier sah todmüde aus. Ich war es. »Okay. Aber vorher muss ich mich umziehen. Guck weg!«

Er wandte den Kopf ab, während ich mir unter dem Schutz meines Mantels Valerias mitgebrachte Kleidungsstücke anzog. Ihren Walkman legte ich griffbereit. Sobald der Strom der Schüler kommen würde, wollte ich mir die Kopfhörer einstecken. Jung wollte ich wirken, wie eine Jugendliche, nicht wie eine verzweifelte Mutter auf der Suche nach ihrem Kind.

Wir stellten den Wecker auf 7 Uhr. Olivier ließ den Motor laufen, weil wir froren wie die Schneider. Sobald die Luft im Wageninnern blau zu werden drohte, drehte ich den Zündschlüssel auf Aus. Wurde es erneut eisig, stellte er ihn wieder an. Als er gegen halb sieben gähnend die Arme ausstreckte, lag ich noch immer wach. »Na, was ist los? Wie geht's dir?«

Seine Frage trieb mir unwillkürlich die Tränen in die Augen, obwohl ich mir geschworen hatte, nicht zu weinen. Beruhigend legte er die Arme um mich. »Charles hat zu mir gesagt, du bist stark, stärker als ein Mann, weißt, was du willst, auf dich kann man sich verlassen. Auch wenn du nicht kräftig wirkst, soll man dich nicht unterschätzen.«

»Lieber Charles«, dachte ich und erwähnte kurz, wie ich 1994 in R. zusammen mit Beamten vom deutschen Bundesnachrichtendienst auf Schleuserjagd war. Ich kann Arabisch. Sie brauchten meine Hilfe. »Und jetzt klaut dieser Staat meine Kinder.«

Olivier hielt mich lange fest. Es tat mir gut. Als plötzlich um sieben der Wecker schellte, zuckten wir beide zusammen und Olivier gestand, dass er ihn seit zwei Jahren nicht mehr benutzt hatte. Wieder brachte er mich zum Lachen.

»Ich brauchte keinen Wecker«, sagte ich und schob mir die Kopfhörer in die Ohren. »Ich musste immer um sechs aufstehen. Frühstücken mit den Kindern, Brote für die Schule schmieren, dann los, ein Kind zur Grundschule, das andere zum Kindergarten, Valeria fuhr mit dem Bus zum Gymnasium. Dann ich weiter zur Arbeit oder zur Schule. Valeria war immer ein starkes Mädchen, viel zu nachdenklich, irgendwie älter als 13, 14, hielt nichts vom Rauchen, nichts von Jungs. Sie sagte, das sei zu früh, sie wolle erst mal studieren. Die vom Jugendamt sagen, ich wäre eine schlechte Mutter. Aber meine Kinder sind alle drei gut erzogen, haben gute Manieren, sind höflich, hilfsbereit, gut in der Schule, können sich ausdrücken, halten zusammen. Wir waren immer eine richtige Familie, auch ohne die Väter. Wunderbare Kinder sind sie.«

Olivier schob mich weg. »Es geht los. Die Ersten kommen. Steig aus.«

Möglichst unauffällig gingen wir zum Schultor, stellten uns wie ein Paar zusammen, das zufällig dort steht, sich eben getroffen hat, ein bisschen quatscht. »Sprich deutsch!«, zischte Olivier mich an. Ich hatte unwillkürlich weiter französisch mit ihm geredet. Als ich deutsch zu sprechen begann, irgendwas, merkte ich, dass ich zitterte.

Manchmal versteckte ich mich hinter Olivier, damit ich über seine Schulter hinweg die ankommenden Kinder besser beobachten konnte, ohne dass man viel von mir sah. Ich hatte Angst, zu früh erkannt zu werden. Viele Leute kannten mich von meinen Sprachkursen her, aus der Zeitung. Als die Erwachsenen weg waren, die ihre Kinder gebracht hatten, ging ich auf den Schulhof, sprach die Kinder an, ob sie einen Jungen mit dem Namen meines Sohnes kennen würden. Kopfschütteln, Schulterzucken, keiner kannte ihn. Mein Mut sank.

Es war kalt und noch fast Nacht. Die Kinder waren dick angezogen, trugen Mützen oder die Kapuze über dem Kopf. Ich hatte meinen Sohn seit Monaten nicht gesehen, kannte seine Kleidung nicht. Sie mussten ihm neue Wintersachen gekauft haben, da in seiner Reisetasche, die ich für ihn vor meiner Wohnungssuche in Italien gepackt hatte, nur Kleider für den Spätsommer gesteckt hatten.

»Guck dir den dort hinten an, er wirkt traurig«, murmelte Olivier. »Oder den da, er lässt die Schultern hängen.« Ich guckte und zweifelte und fragte und geriet mehr und mehr in Panik, meinen eigenen Sohn womöglich an mir vorbeigehen zu lassen, weil ich ihn nicht erkannte. Und er, würde er mich erkennen, verkleidet wie ich war?

Olivier und ich gingen hin und her, schauten so unauffällig wie möglich in jedes Kindergesicht, auf Kinderhände in Handschuhen, Jackentaschen. Die feinen, dünnen Finger meines Sohnes waren nicht darin zu entdecken. Sein Lächeln strahlte mich aus keinem der Gesichter an. Kein Kind rannte auf mich zu: »Mama! Da bist du endlich!«

Die Schulglocke schepperte. Der Unterricht begann. War es die falsche Schule? Hatten wir ihn verpasst, übersehen?

»Wenn er nicht kommt, weil er tot ist?«, schoss es mir durch den Kopf, als nur noch vereinzelte Nachzügler auf die Schule zurannten.

»Wenn er versucht hat abzuhauen und überfahren wurde? Sie würden es mir vielleicht nicht mal sagen.«

Olivier hielt mich fest. »*Ne t'en fais pas, on va le retrouver, ton fils.* – Mach dir nichts draus, wir finden ihn wieder, deinen Sohn.« Er war aus Paris angereist, bloß um mir zu helfen, verlangte nichts von mir dafür. Seine Uneigennützigkeit machte mich erneut schwindlig vor Dankbarkeit, die ich niemals an ihm würde gutmachen können.

Um sieben Minuten nach acht saßen wir wieder im Auto. »Wir warten noch!« Ich bestand darauf, mindestens zehn Minuten zu warten. Mein Sohn hat die besondere Pünktlichkeit seiner Mutter geerbt. Aber auch nach 15 Minuten kam er nicht. Es war vorbei. An dieser Schule würden wir ihn nicht finden.

»Kennst du *Ulysses* von James Joyce?« Während Olivier meinen Wagen zurück in die Innenstadt steuerte, murmelte ich: »*Ulysses* ist wie meine Geschichte. Verwirrend, untergründig, voller Beziehungskisten, neuer Schauplätze, neuer Probleme, in denen der Held mit seinen ewigen Gewissensbissen zugleich ein einsam Verlorener und doch Getriebener ist. Es gab da auch ein verlorenes Gerichtsverfahren. Doch die Sympathie des Volkes drehte den Spieß um. Ich träume davon, dass auch in meiner Geschichte das Volk den Richter und die Richterin verspottet, damit ich meine Kinder wiederbekomme. Wenn das hier vorbei ist, habe ich mir vorgenommen, werde ich nur noch Komödien lesen. Vielleicht haben sie einen positiven Einfluss auf mein Leben.«

Olivier ergriff schweigend meine Hand.

Bis zur großen Pause, dem nächstmöglichen Suchtermin auf dem Schulhof einer anderen Schule, versandte Olivier auf der Post ein weiteres Exemplar der »CEED«-Strafanzeige, die er bereits an die Staatsanwaltschaft und Oberstaatsanwaltschaft geschickt hatte, auch an die Generalbundesanwaltschaft in Karlsruhe. Ich rief indessen die italienische Botschaft an, um meinen Fall zu schildern und um Hilfe zu bitten. Es konnten gar nicht genug Ministerien und Behörden informiert werden, um dem Jugendamt und den verantwortlichen Richtern Einhalt zu gebieten.

Von Gina und George aus der italienischen Jugendbehörde erfuhr ich, die Oberstaatsanwaltschaft habe meine Strafanzeige gegen das deutsche Jugendamt wegen Kindesentführung und Menschenhandels mit ihren Stellungnahmen soeben nach Rom geschickt. Auch von dort aus würden das zuständige deutsche Jugendamt und Familiengericht nun Druck bekommen.

Anschließend durchsuchten wir das Telefonbuch in der Post zum wiederholten Mal nach dem Namen der Pflegefamilie, in der mein Sohn versteckt wurde. Walburga und Frank, die Namen kamen mehrmals in Kombination vor. Ich notierte mir die Adressen. Wir wollten die Straßen abfahren, die in Frage kommenden Häuser beobachten. Sollten wir meinen Sohn dort finden, würden wir Samstag mit Charles wiederkommen und im günstigen Moment handeln. Schließlich rief Olivier noch in einem Internetcafé unsere E-Mails auf. Vielleicht war etwas Wichtiges gekommen. Wir mussten auf dem Laufenden bleiben.

Indessen rückte die erste große Pause näher. Es wurde Zeit, aufzubrechen. Doch Olivier drängte, ich solle zuerst noch meinen Anwalt anrufen, einen Termin mit ihm vereinbaren. »Später«, wehrte ich ab. »Zuerst die Schule. Komm.« Es sei wichtig, ließ er sich nicht beirren. »Wir müssen wegen der Pressesachen mit ihm reden. Du musst das selbst übernehmen. Es ist deine Sache. Er kann das nicht in eigener Regie machen.«

»Dann ruf du ihn an«, hielt ich dagegen. »Mach du einen Termin.« Sein Pressegedöns nervte mich. Ich wollte meinen Sohn finden und mitnehmen. Weiter nichts.

Mit der Zusage, uns um halb eins mit meinem Anwalt zu treffen, fuhren wir endlich wieder los. Doch obwohl wir die nächsten beiden in Frage kommenden Schulen mit Hilfe von Fernglas und Walkie-Talkie beobachteten, in alle Fenster schauten, die Schüler im

Pausenhof befragten und das Foto meines Sohnes vorwiesen, hatten wir abermals keinen Erfolg.

Müde und abgekämpft trafen Olivier und ich zur verabredeten Zeit mit meinem Anwalt zusammen, dem mein Begleiter sich mit großem Selbstbewusstsein vorstellte. Die Presse, die Anzeige des »CEED«, mein Anwalt, der beides für voreilig erachtete, Olivier, der den Zeitpunkt vehement als dringend notwendig rechtfertigte, weitere Pläne für Interviews und Fernsehen. Sie hatten viel zu bereden.

Die Stimmen der Männer glitten irgendwie an meinem Ohr vorbei. Meine Gedanken, meine Gefühle, alles war auf der Reise zu meinem Sohn. Spürte Stefan meine Nähe? »Wo bist du?«, rief ich stumm. »Lauf zu mir, mein Schatz. Komm einfach aus einer Straße gesprungen. Steh vor irgendeinem Schaufenster. Sei dabei, wenn ich vor der nächsten Schule allen Kindern ins Gesicht sehe. Schieb deine Hand ganz schnell in meine und renn mit mir weg.«

Bis zu dieser Zeit hatte es noch keinen Gerichtsbeschluss über die Berechtigung des Jugendamts gegeben, Stefan in eine geheime Pflegefamilie zu verbringen. Deshalb Oliviers Taktik, dem Gericht und dem Jugendamt Druck und Angst vor der Öffentlichkeit zu machen, mir meinen Sohn wegzunehmen. Deshalb die gegenteilige Taktik des Anwalts, noch zu schweigen, um die Behörden nicht in die Defensive und zu möglichen Sanktionen gegen mich zu drängen. Ich konnte dieses ganze Taktieren nicht ertragen. Das hier war kein Pokerspiel. Es ging um meine Kinder. Nur sie wollte ich, keine Pressekampagne, keinen Medienrummel, keinen politischen Aufstand.

Irgendwann hörte ich: »Morgen um 12 Uhr will das Gericht den Beschluss bekannt geben, Frau Gebara.« Mein Anwalt sah mich an.

»Und?«, fragte ich. »Wie wird der Richter beschließen?«

Mein Anwalt hob ungewiss die Schultern. »Er hat sich über die ganzen Pressemeldungen und vor allem dieses Ultimatum aufgeregt.« Er meinte Oliviers Ultimatum-Schreiben an das Jugendamt, in dem er gefordert hatte, mir den geheimen Aufenthaltsort meines

Sohnes bekannt zu geben. »Warum er?«, fragte ich spöttisch. »Ich habe Grund zur Aufregung, nicht der Richter.«

»Das sieht er wohl anders«, gab mein Anwalt zurück. »Jedenfalls ist er wütend und ziemlich schlecht auf Sie zu sprechen.« Seine Augen waren kalt, fand ich. Er war verheiratet. Ob er Kinder hatte? Wie war er wohl als Vater? Auch so korrekt und hart, so diszipliniert in Gefühlen? »Sie wissen, dass Sie sich dem Gericht nicht nähern dürfen. Bitte, halten Sie sich daran. Es ist nicht hilfreich, wenn Sie versuchen, sich über diese Anordnung hinwegzusetzen.«

Unglücklich erwiderte ich seinen Blick. »Okay. Wann erfahren Sie den Beschluss?«

»Ich rufe kurz nach zwölf auf dem Gericht an.« Er reichte mir die Hand zum Abschied. »Wir telefonieren dann.«

Wie befürchtet, zogen wir vor der Schule erneut eine Niete. Einzig die Hoffnung hielt mich aufrecht, mit einer Suchanzeige in der Tagespresse die Mithilfe der Bevölkerung zu gewinnen.

Mittlerweile dämmerte es. Über den Straßen schaukelten Weihnachtslichter im Wind. An den Fenstern der hell erleuchteten Wohnungen schimmerten Sterne und Engel aus Transparentpapier, wie Kinder sie im Kindergarten oder in der Grundschule basteln. Unsere Fenster waren in den vergangenen Jahren ebenfalls damit geschmückt gewesen. Elektrische Kerzenbögen, die ich hier und da auf den Fensterbrettern brennen sah, hätten meine Kinder gern gehabt. Wir konnten sie uns leider nicht leisten. Jetzt hatte ich endlich einen Job, so dass wir uns Weihnachtsdekorationen kaufen könnten, aber meine Söhne waren weg.

Man sagt so klischeehaft: »Das Herz tut mir weh«, wenn man leidet. Dass es wirklich schmerzt, als ob der Herzmuskel einen brutalen Krampf bekommen habe, so dass er wie ein schwerer starrer Brocken in der Brust zu spüren ist, der unter Schmerzen um jeden Schlag ringt und bei jedem Atemzug, bei jedem Heben der Rippen, jeder Armbewegung an der Verhärtung durch den Krampf zu scheitern droht, das spürte ich jetzt zum ersten Mal. »Wenn ich jetzt sterbe«, dachte ich mit diesem fremden Schmerz in der Brust, »werden meine Jungen nie wissen, dass ich hier war und sie holen wollte. Sie werden vermutlich nicht einmal erfahren, dass ich tot bin. Oder vielleicht werden die Väter Sekt mit ihnen trinken, weil sie mich endlich los sind.« Mir war zum Erbrechen schlecht.

»Hab keine Angst, wir werden ihn finden«, murmelte Olivier und legte den Arm um mich. Hatte er den siebten Sinn?

Für Außenstehende mag es den Anschein haben, als wäre ich damals auf dem besten Weg gewesen, mich Hals über Kopf in Olivier zu verlieben. In gewisser Weise tat ich es auch, aber nicht, wie eine Frau sich in einen Mann verliebt. Olivier war mein Held, der Retter in der Not, der heilige Christophorus meiner Kinder. Ich nahm seinen Charme, seine Liebenswürdigkeit, seine Aufrichtigkeit, sein attraktives Äußeres und menschliche Wärme wahr. Ich bewunderte ihn, himmelte ihn an. Es tat mir unendlich gut, von ihm umarmt zu werden. Ich verstand seine geschiedene Frau nicht, weshalb sie einen solchen Mann verlassen und ihm seinen Sohn rauben konnte. Ich war ihm unaussprechlich dankbar und wünschte mir, mich eines nahen Tages irgendwie bei ihm revanchieren zu können, vielleicht im Gegenzug ihm zu helfen, seinen Sohn wiederzusehen. Aber es war kein erotisches Knistern zwischen uns. Er war mein Bruder geworden, den ich liebte, mein bester Freund, dem ich vertraute, mein Kriegskamerad, für den ich eher ins Gefängnis gegangen wäre, als seinen Namen zu verraten, aber nicht der Mann meiner Träume.

In Oliviers Schutz und der Wärme seines Armes ertrug ich es, über den Marktplatz zu gehen, auf dem sich Buden an Buden zum Weihnachtsmarkt aufreihten. Glühwein und Punsch dufteten mit Lebkuchengebäck und Magenbrot um die Wette. Gerüche nach Bratwurst vom Grill, süßen Waffeln und gebrannten Mandeln mischten sich hinein. Zuckerwatte und glänzend karamellisierte Liebesäpfel lockten zwischen Bonbonauslagen und Weihnachtsbaumschmuck neben Krimskrams aller Art aus aller Herren Länder. Kinder mit leuchtenden Augen stapften durch die Reihen, allein oder mit ihren Eltern.

»*Ne pleure pas, ma petite!*«, tröstete Olivier mich, als ich krumm vor Kummer, der meine Magenwände zerfraß, fast zusammenbrach. Er schenkte mir eine Schachtel Magenpastillen, die er unbemerkt eingekauft hatte. »Weine nicht, meine Kleine!« Es war sehr lieb von ihm, mich so zu nennen. Trotzdem musste ich unter Tränen lachen. Ich bin fast ebenso groß wie er.

»Mein Sohn war hier, Olivier«, sagte ich und lehnte mich schwer an seine Schulter. »Ich habe es im Jugendamtsbericht gelesen. Hier, auf diesem Weihnachtsmarkt, auf diesem Platz, zwischen diesen Buden war er mit Alfred, mit seinem Vater. Warum war ich nicht da? Warum ist er heute nicht hier? Wo ist er, Olivier, wo ist er nur?«

Es war kalt auf dem Weihnachtsmarkt, während wir zwischen den Budenreihen schlenderten und ich versuchte, wenigstens mit den Füßen in der Spur meines Sohnes zu gehen, mit den Augen zu sehen, was er gesehen hatte, mit der Seele zu erfassen, was er bewundert, sich gewünscht und vielleicht geschenkt bekommen hatte. Hatte er mich dabei vermisst? Hatte er an die drei letzten Weihnachtsfeste gedacht, an denen ich nicht einmal Geld für Geschenke hatte und den Kindern Bilder malte, etwas aus Papier bastelte? Weihnachtsfeste, an denen wir trotzdem glücklich waren, weil wir alle zusammensaßen, Weihnachtslieder sangen, Geschichten erzählten, spielten, aus der Bibel lasen, die Weihnachtsgeschichte hörten und mit meinen Eltern im Libanon telefonierten, mit meinem Bruder, meinen Schwestern. Weihnachtsfeste, an denen wir eine Familie waren. Die Erinnerungen pressten mir die Luft ab.

Oliviers Arm um meine Schultern, seine Hand, die sehr sanft über mein Haar strich, seine tröstende Stimme, die immer wieder versprach: »*On va le retrouver, ton fils!* – Wir werden ihn wiederfinden, deinen Sohn!« Seine brüderliche, freundschaftliche Nähe taten mir so gut. Dass er nicht nur stark, sondern in tiefster Seele traurig war, weil auch er wieder einmal, zum sechsten Mal schon,

Weihnachten feiern musste, ohne sich über die strahlenden Augen seines Sohnes beim Geschenkeauspacken freuen zu dürfen, machte ich mir in diesen Momenten nicht bewusst. »Er ist wärmer als der Südwind zu mir«, versuchte ich diese Augenblicke in meinem Gedächtnis festzuhalten. »Stärker als alle Argumente des Jugendamts. Er ist der Fels in der Brandung für mich, der Held, den meine Kinder und ich nie vergessen werden. Wie konnte seine Frau so dumm sein, ihn zu verlassen? Wie konnte sie ihm seinen Sohn wegnehmen? Wie konnte sie ihm so wehtun? Wie kann ich je wieder gutmachen, was er für uns tut? Wie kann ich ihm helfen?«

Später, beim Abendessen in dem Hotel, in dem wir uns aus Geldgründen ein Doppelzimmer mieteten, weil mein Budget für zwei Einzelzimmer nicht reichte und Olivier schon lange keine Kreditkarte mehr hatte, erfuhr ich, dass er auf die acht Jahre Altersunterschied zwischen uns anspielte, wenn er mich »*ma petite*, meine Kleine« nannte. Im Vergleich zu ihm war ich jünger und unerfahrener, kleiner eben.

Ich lächelte. »Was sind schon acht Jahre?« Wie bei unserer ersten Begegnung blickte er verlegen beiseite.

Die Betten unseres Hotelzimmers schienen uns magisch anzuziehen. Kein Wunder. Wir waren beide absolut erschöpft. Die Anreise war für jeden von uns sehr lang gewesen. In der vergangenen Nacht im Auto hatten wir kaum ein Auge zugetan. Gegessen hatten wir an diesem Tag fast nichts, obwohl wir ständig hochkonzentriert auf den Beinen oder im Auto unterwegs gewesen waren, gefroren und in einem Wechselbad der Gefühle den Tag hinter uns gebracht hatten.

Ich beschloss, vor Olivier ins Bad zu gehen. Wenn er später herauskäme, würde ich bereits schlafen oder zumindest so tun. Ich hatte nicht ernstlich ein Problem damit, das Zimmer mit ihm zu teilen. Ich vertraute ihm. Aber ein bisschen peinlich fand ich es schon, mit einem Mann, den ich erst ein paar Stunden kannte, die Nacht im Ehebett zu verbringen.

»Guck nicht hin!«, mahnte ich ihn, als ich, das Duschtuch eng um mich geschlungen, aus dem Bad ins Zimmer zurückkam und nach meinem Pyjama griff. Er gehorchte. Aber sein Blick, mit dem er mich angesehen hatte, als ich das Zimmer betrat, ehe er sich abwandte, hatte mich berührt. Jetzt war ich es, die plötzlich verlegen wurde und bewusst schnell ins Bett huschte, bewusst die Decke über sich zog, bewusst das Doppelbett empfand und nur schwer in meine Unbefangenheit zurückfand, als Olivier mir eine gute Nacht wünschte und wir uns noch einmal geschwisterlich in die Arme nahmen und aneinander lehnten, wie wir dies in den wenigen Stunden, seit wir uns kannten, immer wieder getan hatten.

Pünktlich zur ersten Unterrichtsstunde und den nachfolgenden großen Pausen lauerten wir am nächsten Morgen erneut vor Schulen, die mein Sohn nicht besuchte. Zur Tarnung gaben wir uns an diesem Tag als Ehepaar auf Wohnungssuche aus, das für seine Kinder die passende Schule sucht.

Selbstbewusst traten wir auf Eltern zu, die ihre Kinder in der Schule ablieferten, und fragten, ob es in der Klasse ihres Kindes einen Jungen mit dem Namen meines Kindes gäbe, weil die Kinder sich auf dem Spielplatz kennen gelernt hätten und wir gern wollten, dass unser Kind mit diesem Jungen in eine Klasse käme. Ähnlich befragten wir Kinder auf dem Schulhof. Zuletzt drangen wir mit dem Mut der Verzweiflung bis zu den jeweiligen Schulleitern vor, um dort mit meiner Suchanzeige in der Zeitung aufzuwarten.

Was in der Zeitung stehe, beeindrucke immer, meinte Olivier. Zumindest was die Schulsekretärin betraf, schien er Recht zu haben. Hilfsbereit griff sie zum Telefon, um im Einwohnermeldeamt nach unserem Sohn zu fragen. Als sie nach einem sehr kurzen Gespräch den Hörer auflegte, war ihr Gesichtsausdruck kühl. Sie bedauere, aber sie könne leider nicht helfen. Und der Schulleiter sei nicht da. Was mochte man ihr auf dem Meldeamt gesagt haben?

Auch an den anderen Schulen wirkte meine Suchanzeige wie ein Türöffner in ein leeres Zimmer. Eine Schulleiterin fühlte mit mir und meinen Tränen mit. Sie umarmte mich sogar. Einer der Schulleiter lud uns auf eine Tasse Kaffee ein und kopierte sich die Strafanzeige des »CEED«, ohne dass wir ahnten, dass mein Sohn uns soeben ganz nah war und in einem Klassenzimmer saß. Der Schulleiter der Sonderschule hingegen äußerte sich äußerst moderat über das Jugendamt und fühlte sich bei meinem Bericht sichtlich unwohl. Er befand sich wohl im Loyalitätskonflikt gegenüber der Behörde, mit der viele seiner Schüler und somit er selbst regelmäßig zu tun hatten.

Immerhin erfuhren wir, dass am späteren Nachmittag ein Treffen der christlichen Jugend in der Schule stattfinden werde und beschlossen spontan, dabei zu sein. Eine so große Menschenmenge würden wir auf andere Weise nie erreichen.

Nachfragen in einer Bäckerei, in der Olivier Brötchen einkaufte, erbrachten einen weiteren Hinweis, wo wir noch suchen könnten. Eine Kundin, deren Schwester das Jugendamt auch die Kinder weggenommen und in einer Pflegefamilie versteckt hatte, meinte: »Gehen Sie heute Abend in den Ratskeller. Gegen acht findet dort eine CDU-Versammlung mit den Stadträten und dem Bürgermeister statt. Wenn Sie mit denen reden, haben Sie genau die Richtigen am Wickel.« Auch die Bäckereiverkäuferin pflichtete bei, sie habe schon mehrmals erlebt, dass das Jugendamt Eltern Kindern weggenommen und nie wieder zurückgegeben habe. Das sei ein Skandal! Keiner mache etwas dagegen.

Während Olivier sich von diesen Informationen in seiner Meinung über das deutsche Jugendamt bestätigt fühlte, traf es mich, mit welcher Klarheit die Menschen in dieser Stadt über das Jugendamt Bescheid wussten. War wirklich nur ich so bewunderungsblind für dieses perfekte Land gewesen, dass ich vor lauter Licht keinen Schatten sah?

Kurz nach Mittag ergab der am Tag zuvor mit meinem Anwalt vereinbarte Anruf, dass das Familiengericht den Beschluss in der Sache meines älteren Sohnes Stefan vertagt habe. »Was bedeutet das?«

Kann man vor lauter Angst gefühlsunfähig werden? Ich empfand mich wie aus Glas oder Eis, eine hohle zerbrechliche Form.

»Wohl nichts Gutes.« Mein Anwalt zögerte. »Machen Sie sich auf einen negativen Beschluss gefasst.« Im Hintergrund vernahm ich das Geräusch von Porzellan auf Porzellan. Wahrscheinlich trank er gerade gemütlich Kaffee. Sein Kind war es ja nicht.

»Lass dich nicht verrückt machen.« Olivier redete streng auf mich ein. »Wir suchen uns jetzt ein neues Hotelzimmer für die Nacht. Dann fahren wir zu diesem Haus von Walburga und Frank. Wir stellen das Auto so ab, dass wir alles beobachten können. Wir haben jetzt keine Zeit zum Durchdrehen.« Seine energische Stimme hielt mich fest wie das Seil den Bungee-Springer.

Wir Libanesen sind auf der ganzen Welt als gewiefte Händler bekannt. An der Rezeption um den Übernachtungspreis zu schachern und zehn Euro herauszuschinden, während Olivier und ich uns unter den irritierten Blicken der Empfangsdame bald französische, bald englische Brocken zuwarfen, machte mir Spaß. Es nahm diesen Wahnsinnsdruck ein wenig aus meinen Schläfen. Und Olivier staunte. Endlich hatte ich ihm einmal etwas vorgeführt, wo ich der Profi war, nicht er.

Unsere vorsichtigen Recherchen hatten ergeben, dass das Ehepaar Frank und Walburga, bei dem wir meinen Sohn erhofften, Mitarbeiter des Jugendamts und der Stadtverwaltung waren. Tatsächlich hatten sie ein Kind, einen Jungen. Meinen Sohn? Das Auto möglichst unauffällig gegenüber dem Haus geparkt, starrten wir mit dem Fernglas auf die Fenster, hinter denen sich Menschen bewegten. Das Kind musste zu Hause sein. Die Frau war vermutlich Walburga. Ich fieberte vor Aufregung. Zeitweilig zitterte ich am ganzen Leib, so dass ich das Fernglas nicht mehr zu halten vermochte.

Durch das Küchenfenster konnte ich den Jungen recht gut sehen. War das mein Sohn? Ein mittelblonder Junge, schmächtig, der den Kopf ein wenig schief legte, wenn er mit der Frau sprach. Er könnte es sein. Er war es, ich glaubte es sicher.

Eine Nachbarin trat plötzlich aus der Haustür, pochte an das Autofenster. »Hallo, suchen Sie jemanden?« Olivier reagierte schneller als ich. »Nein, nein, wir sind auf der Suche nach einer Wohnung. Wir schauen uns nur die Wohngegend an. Ist das hier eine gute Wohngegend? Gibt es freie Wohnungen?« Die Nachbarin sah uns weiterhin misstrauisch an. »Nee, freie Wohnungen? Nicht, dass ich wüsste. Versuchen Sie es am besten bei einem Makler.« Als sie ins Haus zurückwatschelte, atmete ich tief durch. Olivier grinste. »Alles klar?«

Ehe ich antworten konnte, öffnete sich gegenüber die Tür. Walburga trat heraus. Der Junge war bei ihr. Es war nicht mein Sohn.

Wie in Trance folgte ich Olivier in die Schule, wo sich viele Kinder in einem Klassenzimmer zu einem Treffen der »christlichen Jugend« versammelt hatten. Der ganze Flur vor dem Klassenzimmer war mit kreischenden, lachenden, laut durcheinander redenden Stimmen erfüllt. An den Wänden hingen Zeichnungen und Tuschegemälde, die die Kinder im Kunstunterricht angefertigt hatten. Auf dem Noppenboden hatten die groben Sohlen der Winterstiefel nasse Schmutzflecken hinterlassen. Draußen regnete es in eisigen dünnen Fäden.

Fast gleichzeitig mit dem Religionslehrer traten wir durch die Tür. Olivier ergriff das Wort. »Diese Mutter und ich, wir suchen einen Jungen.« Er nannte den Namen meines Sohnes. »Er wurde entführt. Kann jemand von euch mir sagen, ob ihr ihn kennt oder schon mal irgendwo hier gesehen habt?«

Große Augen sahen zwischen uns und dem Foto meines Sohnes hin und her. Der eine oder andere Kopf schob sich zwischen den Schultern der anderen hindurch, ein bisschen näher, um besser zu sehen. »Nee.« – »Nie gesehen.« – »Weiß nicht, kenn ich nicht, glaub ich.« – »Bei uns an der Schule ist der nicht.« Die Antworten kamen sicher. »Tut mir Leid«, murmelte auch der Religionslehrer und wünschte uns viel Glück und Erfolg, ehe er die Klassenzimmertür hinter uns schloss.

Ich schrie und weinte meine Hoffnungslosigkeit heraus, bis ich mir nicht mehr gestattete, irgendetwas zu fühlen, irgendeinen Gedanken zu fassen. Meine »Militanten«-Freunde im Libanon hatten erzählt, dass man in Stunden höchster Gefahr keine Angst mehr hat, sondern wie ein ferngesteuerter Roboter losmarschiert, erst später vielleicht als Mensch zusammenbricht oder die ungeheure Anspannung in einer Sexorgie mit Besäufnis abfeiert. Ihre Geschichten hatten etwas seltsam Bizarres, wie ein Gruselschocker, dessen Schauspieler man kennt. Plötzlich erlebte ich die Gefühle real, die mir damals wie eine Erzählung der Scheherazade vorkamen.

Olivier nahm meine Hand. »Wir finden ihn schon noch!«

In unserem Hotelzimmer angekommen, rief ich nur rasch Valèria an, um ihr ein wenig Lebensmut durch den Äther zu schicken und von Spuren ihres Bruders zu berichten, die wir gar nicht hatten.

»Gut, dass du mir das schwarze Oberteil eingepackt hast. Wir gehen jetzt zu einer CDU-Versammlung. Da wird man uns helfen. *Ciao, ciao, ciao, bella*. Bis bald.« Ich sprach leichthin, gut gelaunt. Sie sollte sich in Sicherheit wiegen, nicht weinen, keine Angst haben, mir vertrauen. Olivier schaute mich an, als zweifle er an meinem Verstand, doch sparte er sich jeden Kommentar. Vielleicht warnte ihn mein Augenausdruck, besser nichts zu kritisieren.

Bis zum Studio des Lokalradios war es nicht weit. Ein Redakteur nahm uns in Empfang, setzte sich zum Interview zu mir. Die Kopfhörer auf meinem Kopf, ein Mikrofon vor mir, gegenüber die Glasscheibe mit dem Techniker dahinter, der den Ton abmischte und das Band am Laufen hielt, drückte der Redakteur die ganze Zeit meine Hand, bis ich mir alles von der Seele reden, meinen Sohn grüßen und ihm versprechen konnte, ihn ganz bestimmt abholen zu wollen.

Olivier meinte später, es sei zu viel Emotion und zu wenig Information gewesen. Aber der Redakteur fand es sehr gut und versprach, die Sendung mit einer Frage an das Jugendamt zu verbinden, das dazu öffentlich Stellung nehmen solle. Ich verließ das Studio mit dem Eindruck, man habe mir Solidarität bezeugt und mir Gelegenheit gegeben – wie damals zu Hause im Libanon, als die Lautsprecher der Kirche meine Lesungen und Fürbitten hinaus in die Kirchengemeinde und kilometerweit ins Land hinein schallen ließen –, der ganzen Rundfunkgemeinde zu erklären, wie unfair, ungerecht und unmenschlich es war, was meinen Kindern und mir angetan wurde.

Als wir am Abend endlich das richtige Restaurant gefunden hatten, in dem die weihnachtliche Politikerversammlung stattfand, war der Bürgermeister bereits verschwunden. Ein piekfeiner Hoteldiener mit weißen Glaceehandschuhen nahm uns in Empfang. Hoch aufgerichtet schritt er über den feinen Teppichboden voraus und öffnete uns die Tür zu den Honoratioren. Die saßen bereits in gemütlicher Runde mit gelockerten Krawatten. Oliviers fester Schritt und mein Erscheinungsbild im Hosenanzug zogen die Blicke auf sich.

Souverän, als hielte er jeden Tag eine große Rede vor 100 illustren Köpfen, stellte er sich vor. »Darf ich mal kurz um Ihre Aufmerksamkeit bitten?« Dabei zog er das Foto meines Sohnes und die Suchanzeige aus der Tagespresse hervor und berichtete mit seinem französisch gefärbten Akzent, die internationale Presse sei auf diesen Fall der Kindesentführung durch deutsche Behörden aufmerksam gemacht worden und verfolge nun gemeinsam mit der leidgeprüften Mutter die Spuren dieses seit dem 8. Oktober des Jahres vermissten Kindes, das in dieser Stadt bei einer Pflegefamilie untergekommen sein solle. Er, Reporter des *Figaro*, sei eigens zur Recherche aus Paris angereist und bitte die Honoratioren der Stadt um eine Stellungnahme und jeden eventuellen sachdienlichen Hinweis.

Niemand zweifelte Oliviers Journalistenstatus an. Keiner forderte das Hotelpersonal auf, den ungebetenen Gast an die frische Luft zu setzen. Vielmehr saßen alle mit beklommenen Gesichtern, irritiert in die Runde blickend, unsicher, was zu tun sei, und recht verstört auf ihren Plätzen. Vereinzelte Stimmen erhoben sich nach und nach, die Bedauern äußerten, von Nichtzuständigkeit faselten und dem

Mehr an Informationen, das man brauche, um eine Meinung zu diesem tragischen Fall abgeben zu können. Persönliche Statements, nein. Man werde dem Bürgermeister Mitteilung machen. Wenn der Herr, »Wie war doch noch der Name?«, Näheres in Erfahrung bringen wolle, solle er doch am Montag zur Sprechzeit ins Rathaus kommen. Wir waren entlassen. Ganz Herr der Lage, geleitete Olivier mich hinaus.

»Wow, du hast ja eine richtige Rede gehalten!«, bewunderte ich ihn.

»Das macht jetzt die Runde wie ein Lauffeuer.« Olivier nahm meine Hand. »Spätestens am Montag klingelt das Telefon im Familiengericht, und der Herr Bürgermeister will wissen, was da los ist. Wir erzeugen Druck, Joumana. Das ist es.«

»Wenn ich meine Kinder habe, will ich auch bei euch im ›CEED‹ mitmachen. Ich weiß nicht, wie, aber ihr könnt auf mich zählen.« Das meinte ich ernst.

Olivier nickte. »Wir brauchen auch Frauen bei uns. Vieles geht unauffälliger als Paar. Und du mit deinen vielen Sprachen.« Ein rascher Blick des Einvernehmens, dann: »Wir reden später darüber. Erst mal finden wir deinen Sohn.«

Der Samstag brach an und mit ihm kam das Bewusstsein, dass wir nichts, keine Idee, keine Spur mehr hatten, um meinen versteckten Sohn zu finden. Verzweiflung ist kein Ausdruck für meine damalige Verfassung.

»Wenigstens will ich den Kleinen mitnehmen.« Ich versuchte, die Tränen zu stoppen, die ohne mein Zutun liefen und liefen. Weder Zähne zusammenbeißen, Fäuste ballen noch tief durchatmen wirkten. »Was soll ich Valeria sagen, wenn ich allein komme? Sie bringt sich um, wenn ich ihre Brüder nicht mitbringe. Ich muss ihn holen, Olivier. Wenn ich ihn habe, kriege ich auch seinen Bruder.«

»Und wie soll das gehen?« Olivier klang müde und skeptisch.

»Ich habe immer Plan A, B und C gemacht«, erklärte ich. »Plan A ist, ich hole beide Kinder. Einen an der Schule, einen am Kindergarten. Plan B ist, ich hole ein Kind bei Bob. Plan C ist, ich schnappe mir Bob und rede auf ihn ein, bis sie mir beide Kinder geben. Dann setze ich ihn irgendwo aus und fahre nach Italien.«

Olivier schüttelte den Kopf. »Plan C funktioniert nicht. Du überwältigst keinen Mann.«

Ich sah ihn an. Sollte ich fragen, was mir auf der Zunge lag? War es zu viel verlangt? Wahrscheinlich. Kindesbefreiung, das hatte er sich überlegt. Das war mit seinem Ehrenkodex vereinbar. »Charles wird mir helfen«, sagte ich. »Er ist stärker als Bob. In ein paar Stunden ist er da.«

»Okay.« Olivier verbarg seine Erleichterung schlecht. Aber ich verstand ihn. Er ist kein Mann fürs Grobe, kein Bär wie Charles, keine Löwin in der Savanne wie ich. »Komm, wir fahren zum Haus von Bob.« Ich schob mich hinter dem Tisch hervor, griff nach meiner Handtasche mit dem Walkman. Wie am Donnerstag trug ich die Kleidungsstücke Valerias. Es gab mir das Gefühl, sie persönlich bei mir zu haben. »Komm.«

»Lass uns auf Charles warten.« Olivier folgte mir nur widerstrebend. »Ohne ihn schaffen wir das nicht.«

Ich hörte nicht mehr zu. Entweder er käme mit oder er blieb zurück. Ich war wie ein Zug, der auf abschüssigen Schienen anrollt und Fahrt aufnimmt. Als ich an meinem Auto anlangte, nahm Olivier auf dem Fahrersitz Platz. »Danke«, sagte ich. Als er nickte, sah ich unter der dünnen Haut an seinen Wangen die fest zusammengebissenen Kiefernbögen.

Fast unmittelbar vor Bobs Haus parkte ein Kastenwagen. Olivier ließ mein kleines Auto hinter ihn rollen und stellte den Motor nicht ab. Von Bobs Haus oder Garageneinfahrt aus konnte niemand erkennen, was sich hinter dem Transporter befand. Die perfekte Planung. Zufall? Vorsehung? Ich beschloss, es als Gottes Hilfe anzusehen. Nie wieder würde sich mir eine bessere Chance bieten, ungesehen so nah an das Haus heranzukommen und beobachten zu können, was vor dem Haus passierte. Bob musste um diese Zeit mit unserem Sohn das

Haus verlassen. Er musste zur Arbeit, das Kind in den Kindergarten. Es konnte sich nur um Minuten handeln, bis sie gemeinsam herauskämen.

»Du bleibst am Steuer. Lass den Motor an.« Wie von selbst übernahm ich das Kommando. Hätte Olivier mich in diesem Moment aufzuhalten versucht, ich weiß nicht, was passiert wäre. War ich da schon zu dem entschlossen, was wenig später geschah? Ich habe es mir nicht überlegt. Ich handelte.

Olivier sah mich von hinten, wie ich mich seitlich an den Transporter schmiegte und bis zur Motorhaube vorschob. Dort blieb ich stehen, bald vorsichtig um die Fahrzeugschnauze spähend, beobachtend, bald wieder in deren Schutz zurückweichend, lauernd, erneut ausspähend, mich duckend, aufrichtend, immer einen Schritt vor, einen zurück. Plötzlich erstarrte ich. Bob verließ das Haus. Mit unserem Sohn an der Hand. Mich ducken und lautlos hinter seinem Rücken auf sie zurennen, war eine einzige fließende Bewegung. Als Bob ahnungslos die Autotür aufschloss und den Jungen in den Kindersitz auf der Rückbank heben wollte, sprang ich ihn von hinten an und biss zu, mitten in seinen Kopf.

Mein Plan war, ihn mit aller Kraft gegen das Auto zu schmettern, ihm blitzschnell die Arme auf den Rücken zu drehen und meinem Sohn zuzuschreien: »Lauf zum Auto! Steig bei dem Mann ein!« Mein Sohn, glaubte ich, würde mir gehorchen, zu Olivier ins Auto steigen, der sofort mit ihm davonrasen würde. Gleichzeitig würde ich Bob in sein eigenes Auto stoßen und mit ihm wegjagen. In seiner Angst um unseren Sohn, der mit einem wildfremden Kidnapper irgendwohin verschwunden war, würde Bob mir den ihm bekannten Aufenthaltsort meines älteren Sohnes verraten und ihn dort auch persönlich zu einem Spaziergang abholen, ihn mir bringen und alles tun, damit seinem Sohn nichts zustieße. Das war die Vision. Die Wirklichkeit war anders, ganz anders.

Zwar schaffte ich es, Bob gegen das Auto zu stoßen, doch mein Sohn gehorchte mir nicht. Blitzschnell versuchte ich, ihn von seinem Vater loszureißen. Doch während ich an seinem Arm, an seiner Jacke zerrte, damit ich sie ihm auszog und nur der Stoff in Bobs Hand zurückbliebe, so dass ich mit dem Jungen weglaufen konnte, hielt Bob Christians anderen Arm fest. Wie eine Wildkatze schlug ich meine Fingernägel in seinen Handrücken, biss in seinen Arm, in seine Finger. Immer wieder. Ich schmeckte Blut im Mund. Bob ließ den Jungen trotzdem nicht los, der zwischen uns schrie und brüllte und mit den Beinen trat und scharrte.

Wann Olivier dazukam, weiß ich nicht genau. Er war plötzlich da, das Auto mit laufendem Motor dicht vor dem Transporter, die Türen weit offen, fluchtbereit.

Ich weiß nicht mehr, ob ich wirklich schrie oder lediglich dachte: »Schlag ihn! Schlag ihn k.o.!« Aber Olivier tat es nicht, nahm Bob nur von hinten in den Schwitzkasten. Wie in einer Kettenreaktion stürzten wir alle übereinander: Bob über Olivier, ich über Bob, unser Sohn auf mich. Mit beiden Armen ihn umklammernd, versuchte ich aufzuspringen, rannte schon mit ihm, hatte ihn fast, da stellte Bob mir ein Bein.

»Lauf, Christian, lauf weg! Lauf in mein Auto!«, brüllte er und umklammerte gleichzeitig mit beiden Händen mein Bein.

Ich stürzte, kam nicht sofort wieder hoch. »Nein, Christian, ich bin's, Mama. Komm zu mir!«

Ich konnte es nicht glauben, doch mein Kind, mein Sohn, er rannte vor mir, seiner Mutter, davon.

Ehe ich endlich stand, startete Bobs Auto bereits durch und raste mitsamt Christian davon. Olivier zerrte mich in mein Auto zurück. Seine Brille saß schief. Klick! Bobs Uhr lag auf dem Boden. Klick! Ich sah es wie durch eine Fotolinse, überscharf, ohne zu begreifen.

»Das Kind wurde entführt! Wir fahren zur Polizei«, schrie Olivier den Gaffern am Straßenrand und an den Fenstern zu, die auf die Szene in Bobs Hof gestarrt hatten. Mit durchdrehenden Reifen jagte er fort. Keiner kam uns nach.

Ich weiß nicht mehr, wie wir verschwanden. Irgendwann stellte Olivier fest, dass Blut am Lenkrad, an der Fahrertür, am Rückspiegel und in seinem Gesicht klebte. »Wir brauchen Wasser. Das Blut muss weg.«

Ich saß apathisch neben ihm, wie versteinert. Langsam sickerte es in meinen Verstand: »Mein Sohn ist vor mir weggerannt. Mein Sohn ist vor seiner Mutter weggerannt. Mein eigener Sohn.«

Olivier bog in einen Seitenweg ein. Wir hatten die Straßenkarte auswendig im Kopf. Ein paar Meter hinter der Abbiegung befand sich ein Blumenladen. Dort gab es Wasser an einem dekorierten Brunnen. Das Wasser färbte sich rot, als Olivier die Hand darunterhielt. Etwas in mir gab den Befehl: »Steig aus! Hilf ihm!«

Mit einem Lappen, der sich im Auto fand, wischte ich die Blutspuren weg. Oliviers Hand sah schlimm aus. Drei Finger waren aufgerissen, ein Stück Fleisch an der Fingerkuppe fehlte. Hatte ich ihn erwischt, hatte Bob ihn gebissen? Keine Ahnung. Scham stieg in mir auf. Und mit der Scham kam der Schmerz, der mich wie eine volle Breitseite erwischte, so dass ich nach Luft ringen musste, mich kaum auf den Beinen halten konnte. Mein eigener Sohn war vor mir weggerannt. Mein eigener Sohn! »Olivier!« Ich schrie wie im Martyrium. »Er hat ihn dressiert wie einen Hund. Mein Sohn! Mein Sohn!«

Zwei Frauen beobachteten uns. Geistesgegenwärtig winkte Olivier sie herbei. »Kommen Sie! Helfen Sie uns. Ihr Kind wurde entführt.«

Wieder einmal wirkte die Suchanzeige in der Zeitung Wunder. Mitleidig beugten die Frauen sich zu mir herunter, hielten mich, redeten tröstend auf mich ein. Olivier trat beiseite. Die Erinnerung an sein eigenes Leid holte ihn ein, sein Versuch, seinen kleinen Sohn, der nicht viel jünger war als meiner, zurück nach Frankreich, nach Hause zu holen, die Großeltern, die daheim ähnlich sehnsüchtig auf ihren einzigen Enkel warteten, der Misserfolg, das Verschwinden seines Sohnes aus seinem Leben, die Ohnmacht des Kampfes um ihn vor dem Jugendamt, dem Gericht. Das Schluchzen tat ihm weh. Er wandte sich ab. Ich sollte nicht sehen, dass er weinte.

Irgendwann war Charles da. Wie lange ich mir Vorwürfe machte, an diesem Samstag nicht auf ihn gewartet zu haben! Mit seiner Hilfe wäre alles anders gekommen. Charles hätte Bob mit einer Hand gepackt, wie in einem Schraubstock. Doch selbst er brauchte alle Kraft, mich in meiner Verzweiflung festzuhalten, bis der Nebel in meinem Kopf verschwand und ich aufhörte, wie eine Amokläuferin zu toben, auf ihn und Olivier, auf alles neben mir, unter mir, einzudreschen und zu weinen, wie nur ein Mensch in Agonie weinen kann.

»Fahr zurück nach Italien, Joumana«, sagte er und hielt mich wie ein kleines Mädchen in den Armen. »Du kannst hier nichts mehr tun. Es ist Wochenende. Die Schulen sind zu. Bob ist gewarnt. Das Jugendamt ist gewarnt. Der Richter ist gewarnt. Wahrscheinlich sucht die Polizei schon nach euch. Fahr nach Hause. Wir versuchen es ein andermal. Vertrau mir. Wir finden deinen Sohn. Und den Kleinen holen wir auch noch. An einem besseren Tag. Fahr nach Hause. Deine Tochter braucht dich.«

»Wie soll ich ihr sagen, dass ich es schon wieder nicht geschafft habe, ihre Brüder nach Hause mitzubringen? Dass ich noch immer nicht die geringste Spur von Stefan habe? Wie, Charles, wie soll ich es ihr sagen? Sie wird mich hassen.«

Olivier und Charles sahen mich an. Die Strapazen zeichneten lange Schatten in Oliviers Gesicht. Seine Hand schmerzte. Ich sah es an der Art, wie er sie hielt. Dieser Schmerz kam in mir an. Mein armer Held! Verwundet, ausgebrannt, waffenmüde. Meine Freunde hatten Recht. Unsere Mission war gescheitert. Es war Zeit zum Rückzug. »Manchmal muss man eine Schlacht verloren geben, um einen Krieg zu gewinnen«, hatte mir einmal jemand gesagt. Ich straffte mich. »Okay, Jungs. Ich fahre zurück. Wir versuchen es später noch einmal.«

Dann hielten wir drei uns lange fest. Das war Versprechen genug.

Als Erste stieg ich ins Auto. »Hier!« Ich drückte Olivier eine Visitenkarte mit meiner Adresse in Italien und einen Kugelschreiber in die Hand. Er sollte wissen, dass er mir jederzeit willkommen wäre, eine kurze Nachricht genügte. Aber ich wollte ihn nicht schon wieder verlegen machen.

Wenn ich heute an die Rückreise denke, diese Stunden zwischen Regen und Schnee, erscheinen sie mir wie ein einziges Gebet. Schon als Kind habe ich gelernt: »Bekämpfe und besiege den Feind, der dich vernichten will, aber hasse ihn nicht, denn er weiß nicht, was er tut.«

Ich konnte nicht kämpfen und siegen, ohne zu hassen. Und wie sollte ich sie nicht hassen? Sie hatten meine Söhne gestohlen, Valeria den Lebensmut geraubt, mir die Liebe und das Vertrauen meiner Kinder genommen, meine Familie zerstört, meine Ehre in den Schmutz getreten, mein Leben in Angst und Not verwandelt. Trotzdem sollte ich ihnen verzeihen. Ich war wie zerrissen in diesem Konflikt zwischen Gutem und Bösem und versuchte ein Mantra zu beten: »Herr, lass meine Tränen die Seelen meiner Feinde reinigen, lass meine Tränen die Herzen der Menschen in X. reinigen.« Doch der Hass hörte nicht auf. So hasste und verzieh ich den Feinden meiner Familie gleichzeitig und weinte dabei Salzseen über mich, die meine eigene Seele gleichzeitig reinigten und verätzten.

KAPITEL 15

Wir hatten kein Weihnachten

Zu Valeria nach Hause zu kommen, ohne ihre Brüder oder wenigstens einen von ihnen mitzubringen, war die Hölle für uns beide. In ihren verzweifelten Blicken las ich die Vorwürfe, die ich mir selber machte. Wir litten und trauerten so sehr, dass wir uns nicht mehr gegenseitig stützen und gemeinsam trauern konnten. Körperlich beide anwesend, waren wir doch innerlich weiter voneinander getrennt als von ihren abwesenden Brüdern.

Als ich sie fragte, ob sie einverstanden sei, dass ich Olivier zu uns einlade, damit er über Weihnachten und Silvester bei uns bliebe, stimmte Valeria zu. Sie war zu allem bereit, wenn es ihren Brüdern helfen konnte. Und sie wusste, dass ich mir erhoffte, in diesen Tagen mit ihm die Planung für einen neuen Rückholversuch ausarbeiten zu können. Außerdem wünschte ich mir, würde er sowohl Valeria als auch mich davor bewahren, uns in der Einsamkeit unserer Wohnung vollkommen verlassen zu fühlen oder gar uns etwas anzutun.

Olivier sagte spontan zu. Er fühlte sich mitverantwortlich für das Scheitern unserer Mission und in gewisser Weise auch für mich, da er die Auswirkungen unseres Misserfolgs auf mich miterlebt hatte. Spätestens seit diesem Tag wusste er, dass ich als Menschenmutter mit demselben kompromisslosen Beschützerinstinkt für meine Kinder in Not handelte wie jede Tiermutter und in dieser Ausnahmesituation nicht mehr kopfgesteuert agierte. Mit seinem Besuch bei uns hoffte er, mich vor nicht wieder gutzumachenden Fehlern zu bewahren und gleichzeitig via Internet weiter nach meinem Sohn Stefan suchen zu können.

Trotz Oliviers Anwesenheit verlebten wir das unglückseligste Weihnachtsfest. Nichts, kein Weihnachtsbaum, nicht einmal ein grüner Zweig mit einer Kerze schmückte unsere Wohnung. Alle Zimmer waren wie ausgestorben, obwohl wir darin hin- und hergingen, aßen, schliefen. Es gab auch keine Geschenke.

Wenngleich Valeria verstand, warum das alles so war und selbst nie einen anderen Weihnachtswunsch geäußert hatte als die Heimkehr ihrer Brüder, spürte ich ihre kindhafte Trauer über das verlorene Fest. Sie wäre so gern glücklich und in Weihnachtsstimmung gewesen, hätte so gern Geschenke ausgepackt und verschenkt. Es war eine doppelte Belastung für sie als junges Mädchen, fast ein Kind noch, an diesen Tagen, an denen die ganze Welt glücklich ist und die Geburt Jesu Christi, des Erlösers, feiert, nicht feiern zu können und zu wissen, dass es für uns und ihre Brüder keine Erlösung gegeben hatte, ja, vielleicht nie mehr geben würde.

Irgendwann kamen am Heiligen Abend meine libanesischen Freunde und Verwandten aus Trento vorbei, um uns nicht ganz mutterseelenallein zu lassen. Es tat gut, sie zu sehen und zu wissen, dass wir ihren Besuch am ersten Weihnachtstag erwidern würden. Mein beinamputierter Freund, der miterlebt hatte, wie ich nach Deutschland kam, um die Kinder abzuholen, und ohne sie nach Italien zurückfahren musste, wollte genau wissen, wie es um die beiden und meine »Sache« stand. Wir redeten stundenlang und suchten gemeinsam nach Lösungen.

Seltsamerweise gewann Olivier trotzdem den Eindruck, als verstehe man mich nicht und gebe mir hier, unter meinen besten Freunden, zumindest eine große Mitschuld an dem Verlust meiner Kinder. Vielleicht spürte er, dass man ihm reserviert gegenüberstand und deutete diesen Eindruck auf mich um? Zwar hatte ich meinen Freunden erklärt, dass er nicht als Mann zu mir gekommen war, sondern als Freund, dem ich für seine Hilfe unendlich dankbar war, doch zwischen Hören und Glauben gab es wohl Unterschiede. Jedenfalls betrachtete auch Valeria unser Zusammensein mit wachsendem Misstrauen.

Die Kinder und ich lebten seit der Geburt meines jüngeren Sohnes allein. Es fiel ihr schwer zu verstehen, warum ich ausgerechnet jetzt mit einem Mann aufwartete, der sich nicht so benahm, als sei er lediglich ein guter Freund der Familie, sondern mich häufig in die Arme nahm, mich tröstete, wenn ich weinte, mir im Haushalt half und sich sogar herausnahm, sich in Differenzen, die Valeria und ich hatten, einzumischen. Sie fand, er habe ihr nichts zu sagen, das sei allein meine Sache. Und da sie merkte, dass auch ich mich über seine Einmischungen ärgerte, aber nichts dagegen unternehmen konnte, begann sie, mich zu verteidigen und zu beschützen.

Fast vom ersten Tage an drängte sie mich auf Libanesisch, das Olivier nicht verstand, ihn nach Hause zu schicken. Ich hingegen wollte ihn nicht wegschicken. Ich war froh, ihn bei uns zu haben. Er war unser Retter, unser Held. Ich war ihm dankbar und bestrebt, ihm diese Dankbarkeit zu zeigen.

Objektiv gesehen hatte Valeria zum Beispiel Recht, wenn sie verlangte, dass wir abends nicht so viel rauchen oder leiser miteinander reden sollten, damit sie ungestört schlafen könne. Olivier und ich rauchten beide zu viel. Der dichte Zigarettenqualm kroch in alle Zimmer, auch in Valerias Schlafzimmer. Aber in unserer Ausnahmesituation erwartete ich mehr Rücksichtnahme von ihr als von uns. Folglich kam es zum Konflikt.

Beide mit blank liegenden Nerven, waren wir in unseren Auseinandersetzungen nicht gerade zimperlich mit den Worten, die wir uns an den Kopf warfen. In derartigen Situationen ergriff Olivier für sie Partei. Darüber weinte ich oft, weil ich seine Kritik an mir als Mutter kaum aushielt. Es machte mir Angst, er werde mir letztendlich doch nicht helfen, meine Söhne zurückzuholen. Und Valeria, die mich wegen dieses Mannes, der für sie ein Fremder war, weinen sah, stellte sich schützend vor mich, indem sie ihm freiheraus sagte, was zwischen ihr und ihrer Mutter sei, gehe ihn nichts an.

So mutig und liebevoll ihr Versuch war, mich in Schutz zu nehmen, war es mir vor Olivier doch absolut unangenehm. Folglich versuchte ich, Konfliktsituationen zwischen Valeria und mir gar nicht erst aufkommen zu lassen, und legte ihr gegenüber eine völlig atypische Strenge an den Tag. Ich wollte sie damit zu einem Wohlverhalten zwingen, das zwischen uns als Familie so nie üblich gewesen war. Zwangsläufig traten dadurch jedoch nur mehr Konflikte zwischen uns auf, in die Olivier sich einmischte.

Auch zu Silvester waren wir bei meinen Freunden in Trento eingeladen. Als wir zusammen mit Olivier in die Messe gingen, um für die Heimkehr meiner Söhne und ein gutes Gelingen in einem glücklicheren neuen Jahr zu beten, empfanden Valeria und ich uns wie Fremdkörper inmitten der andächtigen Menge, die stolz und freudestrahlend ihre neuen Kleidungsstücke oder ihren glänzend neu polierten Schmuck austrug, den sie am Heiligabend auf dem Gabentisch gefunden hatte. Auch Olivier fühlte sich fremd, jedoch aus anderen Gründen. Es war ihm ein wenig peinlich, nicht zu wissen, wann man aufstehen oder niederknien, sich setzen oder im Rezitativ gemeinsam sprechen musste. Da er den Text der nach altem Ritual auf Latein gelesenen Messe nicht verstand, konnte er auch nicht in den allgemeinen Chor einstimmen. Irgendwann fiel mir sein Unbehagen auf, und ich wisperte ihm zu: »Alles okay mit dir?«

»Oh, où est-ce que tu m'as emmené là?«, fragte er mich flüsternd. *»Debout, assis, debout, assis … Tu sais il y a longtemps que je n'ai plus fait autant de sport.* – Oh, wo hast du mich hier bloß hingeschleppt? Hinknien, setzen, hinknien, setzen … Weißt du, es ist lange her, dass ich so viel Sport gemacht habe.«

Mitten in der heiligen Messe musste ich lachen. Selbst hier brachte Olivier das Kunststück fertig. Er war einfach ein Schatz.

In welchem Wechselbad der Gefühle ich mich ihm gegenüber befand, zeigte sich später, als wir zusammen mit dem Geistlichen und dessen beiden Kaplänen in einem gemütlichen, typisch Südtiroler Restaurant zum Essen gingen. Der Pfarrer, ein gebürtiger Österreicher, sehr intelligent, sehr gebildet, sprach perfekt Französisch und unterhielt sich den ganzen Abend mit Olivier über Gott und die Welt, nur nicht über meine Kinder. Es regte mich auf, die Männer lachen und scherzen zu hören, als säßen da nicht zwei Frauen neben ihnen, denen jeder Bissen vor Kummer und ungeweinten Tränen im Hals stecken blieb.

Als wir uns verabschiedeten und der Pfarrer selbst mir einen lockeren Spruch mit auf den Weg gab, verlor ich die Selbstbeherrschung und rannte aus dem Lokal, hinaus in den Nieselregen, unter den Himmel, der mit mir zu weinen schien. Wäre ich geblieben, hätte ich mitten im Lokal zu schreien begonnen.

Während ich noch um Fassung rang, stürzte Olivier mir mit dem Regenschirm nach und versuchte, mich wegen meines Benehmens zur Rede zu stellen. »Warum habe ich ihn eingeladen?«, schoss es mir bei seinen harschen Worten durch den Kopf und stieß seinen Arm mitsamt dem Schirm beiseite. »Anstatt mich zu verteidigen, fällt er mir in den Rücken.«

Als Olivier in den ersten Januartagen einen Anruf aus den USA bekam, der ihn zu einer neuen Mission nach Deutschland rief, atmete Valeria erleichtert auf. Ich hingegen verfiel fast in Panik, weil ich befürchtete, ihn zum letzten Mal gesehen zu haben.

Es gab andere Menschen, die seine Hilfe in Anspruch nahmen. Er war ein viel gefragter Mann. Das hatte ich immer gewusst. Dennoch machte es einen Unterschied, dies theoretisch zu wissen, oder zu erleben, wie er mit den Eltern des »CEED« Hilfe für andere Eltern und ihre Kinder organisierte.

In allen Fällen, in denen Olivier und der »CEED« aktiv wurden, lebte der Erfolg von der Überraschung. In meinem Fall war die Überraschung verpufft. Bob hatte Anzeige wegen Körperverletzung gegen mich erstattet. Sein Anwalt hatte bei Gericht einen ärztlichen Bericht vorgelegt, in dem die Kratz- und Bisswunden aufgeführt waren, die ich ihm zugefügt hatte. Bob war gewarnt, dass ich jetzt zum echten Angriff übergegangen war und mich nicht mehr auf die deutschen

Anwälte und Richter verließ. Er kannte mich. Bei einem nächsten Versuch würde er besser gewappnet sein, womöglich eine Schusswaffe bei sich führen. Ein zweiter Versuch würde also weitaus gefährlicher sein als der erste. Warum sollte Olivier das für mich tun? Ich hatte ja schon kaum verstanden, warum er es beim ersten Mal getan hatte.

Als ich ihn zum Bahnhof brachte, schien es ein Abschied für immer zu sein.

»Keine Angst, Joumana, man wird dir deinen Sohn zurückbringen.« Er lächelte, eine Zuversicht ausstrahlend, die mir unecht erschien. Er winkte, fuhr davon. Und ich starrte dem Zug hinterher, der mir den einzigen Profi entführte, den ich kannte.

KAPITEL 16

Wie viel zahlst du für ihn?

Oliviers Abreise hatte mich erneut in tiefste Hoffnungslosigkeit gestürzt. Mir war klar, ohne Hilfe würde ich meine Söhne nicht nach Italien holen können. Außerdem musste ich jemanden mitnehmen, der vor nichts zurückschrecken würde und keine Angst davor hatte, eventuell verletzt oder eingesperrt zu werden. Selbst wenn Olivier mich nicht im Stich ließe – war er wirklich der richtige Mann?

Charles, mit dem ich mich beriet, versuchte, mich zu beruhigen. »Wenn er es nicht nochmals macht, bin immer noch ich da. Dreh jetzt nicht durch. Wir finden ihn schon. Verlass dich drauf. Es hat jetzt so lange gedauert, da kommt es auf ein paar Tage nicht an. Wir beauftragen einen Schnüffler, irgendwas.«

Als das Telefon spätabends nochmals klingelte, war ich auf alles gefasst, nur nicht darauf, einen guten Freund Alfreds zu hören. »Weißt du etwas? Hast du rausgefunden, wo er ist?«, überfiel ich ihn, kaum, dass er seinen Namen genannt hatte.

»Nein. Aber ich biete dir ein Geschäft an.«

»Ein Geschäft? Was für ein Geschäft? Du weißt, ich bin pleite. Was willst du?«

»Eigentlich ist es kein Geschäft, das ich dir anbiete. Alfred bietet es dir an.«

Ich schrie auf. »Ist es das Kind? Was will er?«

»Geld.« Alfreds Freund zögerte. »Echt, Joumana, das ist ein Scheißgeschäft, ehrlich. Ich hasse das. Ich will das nicht machen. Aber er bietet dir Stefan an, wenn du anständig bezahlst. Er sagt, wenn du es nicht willst, verkauft er ihn an andere. Es gibt Interessenten genug. Leute, die keine Kinder kriegen. Die ihn adoptieren wollen.«

Ich presste die Hand aufs Herz. »Er will sein eigenes Kind verkaufen?« Meine Stimme drohte zu kippen.

»Ja, richtig.«

»Der ist wahnsinnig geworden! Der ist vollkommen verrückt geworden. Das kann er doch nicht machen. Das ist sein Kind, sein Sohn. Was ist das für ein Mensch?«

Alfreds Freund zog die Nase hoch oder räusperte sich, machte irgendein komisches Geräusch am Telefon. »Du kennst doch Alfred!«

»Aber wieso? Warum gibt er ihn mir nicht einfach zurück, wenn er ihn gar nicht haben will? Er wollte ihn noch nie haben. Warum will er ihn verkaufen?« Ich saß in meinem Sessel und zitterte am ganzen Leib, so dass meine Zähne wie im Schüttelfrost aufeinander schlugen.

»Die vom Jugendamt haben ihm fette Rechnungen geschickt. Er soll die Betreuungskosten für den Jungen bezahlen«, sagte Alfreds Freund. »Die Kohle hat er nicht. Und wenn er sie hätte, würde er trotzdem nicht bezahlen. Der Junge ist ihm scheißegal. Das Ganze war eine Retourkutsche, weil du nicht mehr mit ihm bumsen willst, wenn er den Jungen besucht.«

»Mein Gott, oh, mein Gott!« Erinnerungen stiegen in mir auf. Es war am Schützenfest, dem letzten, das wir in S. erlebten. Nachmittags. Die Kinder und ich hatten uns hübsch gemacht. Wir wollten auf den Rummelplatz gehen. Die Kinder freuten sich auf Karussellfahren, Boxautosknallen, Ringewerfen und vielleicht ein Spielzeug an der Losbude. Vielleicht würde das Taschengeld, das ich ihnen geben konnte, sogar noch für ein Eis reichen.

Als es klingelte, stand Alfred vor der Tür. »Hey!«, sagte er und guckte mich an, so von oben bis unten, bis unter die Haut. »Gut siehst du aus. Verdammt gut«, und schob mich mit einer Hand vor sich her, rückwärts, auf die Schlafzimmertür zu. »Wenn du ein bisschen nett zu mir bist, kann ich mir vorstellen, mit meinem Sohn in die Geisterbahn zu gehen oder so.«

Die Kinder standen unter der Kinderzimmertür. Meine Tochter hielt die Jungen an der Hand. Ein blaues, ein grünes, ein fast schwarzes Augenpaar starrten mich an.

»Hau ab!«, zischte ich Alfred an, stieß ihn von mir weg. »Lass mich! Verschwinde!«

»Aber sonst warst du doch nicht so prüde, Maus«, sagte er und lachte mit diesem Lachen, das ich so geliebt hatte. »Komm, zier dich nicht so. Wenn du gut bist, fahr ich vielleicht auch zwei Runden mit ihm.«

Aber an diesem Nachmittag ließ ich mich nicht darauf ein, und auch niemals mehr danach. Er hatte mich so oft dazu gebracht, wie immer man das juristisch ausdrücken würde, mit ihm zu schlafen, damit er sich ein bisschen um unseren Sohn kümmerte. Ich hatte seine Stunden für sein eigenes Fleisch und Blut mit meinem Fleisch und Blut erkauft. Er nannte das »einen fairen Tausch«.

»Okay«, sagte er an diesem Nachmittag und ging. »Du wirst schon sehen, was du davon hast.« Kein Gruß für unseren Sohn, der grinste, obwohl er nur mit Not die Tränen zurückhalten konnte, die schon an den Augenrändern glänzten, meine Hand nahm und fragte: »Gehen wir, Mama?«

»Bist du noch dran?« Die Stimme von Alfreds Freund drang an mein Ohr.

»Ja, klar.« Ich versuchte, mich zusammenzureißen. »Er soll mir den Jungen bringen. Dann kriegt er die Kohle. Sobald ich Stefan hier habe. Sag ihm das.«

Alfreds Freund räusperte sich. »Okay. Ich mach das wirklich nicht gern, Joumana. Alle, die ganze Familie, sind stinksauer auf Alfred, weil er das gemacht hat. Keiner will Stefan haben. Alle wollen ihn bloß los sein.«

»Dann sollen sie ihn mir doch geben«, schrie ich. »Sollen sie doch dem Jugendamt sagen, Alfred will das alleinige Sorgerecht nicht mehr, sie sollen es mir wieder geben. Soll er mir doch sagen, wo er ist. Soll er ihn doch abholen und mir geben. Warum macht er das nicht?«

»Weil er Schiss hat.« Alfreds Freund lachte auf. »Weil das Jugendamt ihn in der Zange hat. Mit dem Jungen telefonieren, mit dem Jungen etwas unternehmen, ihn nach Hause zu sich holen.

Alles, was er nie wollte und auch nie gemacht hat. Und seine Eltern sind genauso dran. Dauernd mit dem Enkel spielen, spazieren gehen, ihn zur Schule bringen, von der Schule abholen. Und seit du das mit Christian versucht hast, ist es noch schlimmer. Das Jugendamt lässt sich nicht so einfach ein X für ein U vormachen, dass der liebende Vater keine Zeit hat und die Großeltern erst recht nicht.«

Wäre es nicht so entsetzlich traurig gewesen, hätte ich gern gelacht. Alfred, der nie Verantwortung für ein Kind wollte, musste Vater spielen.

»Sag ihm, er soll mir den Jungen nach Italien bringen und mir unterschreiben, dass er will und erlaubt, Stefan soll bei mir leben, dann kriegt er sein Geld«, sagte ich. »Richte es ihm aus.«

»Und wie viel gibst du?«

»Frag ihn, wie viel er will.«

War es noch am gleichen Abend, dass ich meinen Bruder in Russland anrief? Jedenfalls war es spätestens am nächsten. »Hör mal, ich brauche Hilfe. Alfred will meinen Sohn verkaufen. Kannst du mir helfen?«

»Er will was?« Mein Bruder glaubte, sich verhört zu haben.

Als ich ihm alles erzählt hatte, schwieg er lange. »Helfen?«, meinte er dann. »Ich, nicht wirklich. Aber ich könnte jemanden fragen. Was brauchst du denn?«

»Ich muss die Kinder holen. Ich muss es schaffen, dass wir Alfred dazu bringen, dass er uns zu Stefan führt, notfalls mit Gewalt. Anschließend hauen wir mit dem Jungen ab, über die Grenze, das ist nicht weit. Bis Alfred die Polizei anrufen kann, sind wir über alle Berge.«

»Gut. Gib mir ein bisschen Zeit. Ich hör mich mal um.« Mein Bruder hat selbst Kinder. Er verstand, was ich fühlte.

Als ich den Telefonhörer auflegte, zitterte meine Hand so stark, dass ich es zweimal versuchen musste, ehe es klappte. Was, wenn das schief gehen würde, wenn jemand käme, der Türen mit der Kalaschnikow öffnete und Alfred in kleine Erdlöcher verbuddelte, wenn er nicht gleich redete? Etwas später rief mein Bruder zurück und gab mir eine Adresse in Deutschland. »Das sind Leute, die dir helfen können«, sagte er.

»Aber ich hab kein Geld«, sagte ich. »Ich kann sie nicht bezahlen.«

Mein Bruder lachte. »Wenn das alles ist. Sag mir, wann du die Leute haben willst. Ich regle das.«

Als ich Karin davon erzählte, war sie entsetzt. »Das kannst du nicht machen. Das geht einfach nicht. Deine eigenen Kinder nach Italien zu holen, ist eine Sache. Das ist gegen die Entscheidung des Richters. Sie werden vermutlich versuchen, dir die Kinder nach der Haager Kinderrechtskonvention wieder abzunehmen. Aber man würde es verstehen. Ich weiß nicht, wie hoch die Strafe dafür ist. Ich bin keine Juristin. Aber sicher nicht lebenslänglich. Doch den Vater zu entführen, ist etwas ganz anderes. Das ist Freiheitsberaubung. Und wenn etwas mit deinen russischen Helfern schief geht, ist es womöglich Mord oder etwas in der Art. Das darfst du nicht mal denken, Joumana! Was sollen deine Kinder machen, wenn du in den Knast kommst? Wo sollen sie hin? Vergiss das alles. Das darfst du nicht.«

»Sag mir was Besseres!«, schluchzte ich. »Was soll ich denn machen?«

»Ich komme«, versprach sie. »Wenn dieser Freund dich wieder anruft, garantiere ihm alles Geld der Welt und was er sonst noch will. Geh zum Schein auf den Handel ein. Zeig, dass du eine echte Libanesin bist und schachere mit ihm auf Teufel komm raus. Die kennen dich. Die wissen, dass du sogar im Hotel um den Zimmerpreis feilschst. Also mach ihn nicht misstrauisch, indem du nicht handelst. Aber vertröste ihn mit einer festen Zusage, bis ich da bin. Er muss dich wieder anrufen, wenn ich dabei bin und es höre. Ich sage vor Gericht als deine Zeugin aus, dass Alfred mit seinem eigenen Kind Menschenhandel betreiben will. Einem solchen Vater werden sie das Kind nicht geben.«

»Aber mir werden sie den Jungen auch nicht geben«, sagte ich.

»Wir müssen es versuchen. Sprich mit Gina und George. Sag ihnen, was passiert ist. Es ist wichtig. Sie haben vielleicht eine Idee, wie das gehen kann. Wenn du es fertig bringst, dass Alfred dir den Jungen bringt, um bei dir abzukassieren, sollen sie ihn schnappen und wegen Menschenhandel vor Gericht bringen.«

Wenig später waren Karin und ich auf dem Bahnsteig in Innsbruck verabredet. Ich wusste, wann ihr Zug auf welchem Bahnsteig einträfe, in welchem Abteil sie säße. Keine von uns dachte darüber nach, wie wir uns im Menschengewirr auf dem vollen Bahnsteig finden sollten. Wir waren uns noch nie zuvor begegnet, kannten uns nur vom Telefon und von E-Mails her, hatten nicht einmal Fotos ausgetauscht. Dennoch waren wir sicher, einander sofort zu erkennen und nicht zu verfehlen. Aber als sie ausstieg, war ich nicht da. Ich war im Betrieb aufgehalten worden, hatte an ein paar roten Ampeln zu lange warten müssen. Zuletzt hatte ich keinen Parkplatz gefunden und mein Auto mitten ins Halteverbot gestellt.

Als ich ihr endlich mit großen Schritten von der laufenden Bahnhofsrolltreppe herunter entgegensprang und wir uns zum ersten Mal umarmten, ich sie fragte, ob sie sich Sorgen um mich gemacht hatte, und erklärte, wie Leid es mir tat, zu spät gekommen zu sein, lachte sie mich an. »Zuverlässig unpünktlich eben, typisch Joumana.«

Wir hatten erst vor wenigen Wochen zum ersten Mal voneinander gehört, und sie kannte mich schon.

Kurz darauf fuhren wir Richtung Brenner und redeten und redeten. An den Fahrbahnrändern und auf den Hängen der Berge ringsum lag noch Schnee. Doch je näher wir meiner Stadt kamen, desto breiter machte er braun verwelktem Gras und schrundigem Fels Platz, bis wir ins Tal hinunterfuhren, das der Fluss vor Jahrmillionen in die Berge gefressen hat. Hier war fast schon Frühling.

Am zweiten Abend rief ich bei Alfreds Freund an. Karin hörte mit und notierte das Gespräch in Stichworten, um es später, zusammen mit mir, aus dem Gedächtnis zu vervollständigen.

»Hallo, ich bin's. Ich ruf wegen dem Geschäft an, du weißt schon.«

»Ah, hallo. Und?« Er kam sofort zur Sache.

»Hast du mit Alfred geredet?«

»Hm. War nicht so einfach. Hatte keine Zeit. Wollte ihn am Sonntag sprechen, beim Familientreffen. Aber er war nicht da.«

»Und, weißt du jetzt, wie viel er haben will?« Ich warf Karin einen Blick zu. Wir hatten zuvor vereinbart, dass ich möglichst konkret fragen sollte.

»Er will wissen, was du anbietest.«

»500 Euro?«, antwortete ich geschäftsmäßig in einem unverbindlichen Verhandlungston, der alle Möglichkeiten offen ließ. Ich hätte ihm auch eine Million anbieten können. Aber das wäre unrealistisch gewesen. Ich hatte zwar einen guten Job, und Alfred wusste das, aber ebenso war ihm klar, dass ich dabei keine Millionen scheffelte.

»Monatlich?«, fragte Alfreds Freund. »Das Jugendamt will das Geld rückwirkend. Es ist reichlich viel.«

Damit hatte ich nicht gerechnet. »Klar«, sagte ich dennoch. »Von mir aus monatlich. 500, das kann ich mir gerade noch leisten.«

»Hm«, machte Alfreds Freund wieder. »Ja, gut. Sag ich ihm. Ist auch mehr drin?«

»Viel mehr nicht. Wenn er das monatlich will.«

»Wer garantiert, dass er die Kohle kriegt, wenn du den Jungen hast?« Alfreds Freund kam zur Sache.

»Sag ihm, das Risiko muss er in Kauf nehmen.« Ich hatte mich auf diese Frage vorbereitet. »Schließlich hat er mich wegen dem Jungen in der Hand. Wenn's nicht funktioniert, kann er mir das Sorgerecht ja wieder entziehen und ihn zurück nach Deutschland holen. Außerdem können wir einen Vertrag machen und einen Dauerauftrag, wenn er will.«

»Stimmt. Hat er so wohl noch nicht gesehen«, meinte Alfreds Freund und beteuerte erneut, wie tief er diesen Deal verabscheute und sich nur wegen meines Sohnes, der ihm so Leid tue, darauf eingelassen habe, als Vermittler zu fungieren.

»Er soll mir sein Konto nennen, wohin ich das Geld überweisen kann.« Das war auch eine Überlegung, die ich vorher angestellt hatte. Wenn ich Alfred wegen Menschenhandels anzeigen wollte, musste ich beweisen können, dass Geld geflossen war.

»Keine Ahnung, ja, richte ich ihm aus«, stimmte sein Freund zu.

»Und wann?«, fragte ich. »Wann bringt er ihn her?«

Alfreds Freund zögerte kurz. »Kann ich nicht sagen, muss ich mit ihm besprechen. Ich nehm an, so schnell wie möglich. Ich melde mich.«

Warum es letztendlich zu diesem »Geschäft« nicht kam, war mir lange nicht klar.

Erst als mein neuer italienischer Anwalt sich meiner Gerichtssache annahm, fand er eine mögliche Erklärung in den Akten.

Alfred hatte zwar mit Hilfe des Jugendamtes sein bereits durch mich erteiltes gemeinsames Elternrecht dazu benutzt, unseren Sohn in eine Pflegefamilie abschieben zu lassen und anschließend das volle alleinige Elternrecht vor dem deutschen Familiengericht beantragt. Das Familiengericht hatte ihm jedoch das beantragte alleinige Elternrecht nicht gewährt. Vielmehr hatte der Richter Alfred lediglich das vorläufige alleinige Sorgerecht, dem Jugendamt aber das vorläufige alleinige Aufenthaltsbestimmungsrecht erteilt.

Das heißt, Alfred musste sich als Vater allein um unseren Sohn kümmern und sich seiner im engen Umgangskontakt annehmen. Er durfte aber nicht darüber bestimmen, wo Stefan leben sollte. Hätte Alfred mir eigenmächtig unseren Sohn nach Italien gebracht und bei mir gelassen, hätte er also mit einer Strafanzeige des Jugendamts und strafrechtlichen Sanktionen rechnen müssen.

Im Vergleich dazu war es für Alfred vermutlich einfacher, einen Offenbarungseid zu leisten oder sich auf andere Art und Weise aus der Unterhaltspflicht zu mogeln. Schließlich hatte er bereits Erfahrung darin.

KAPITEL 17

Endlich

Kurz nach Karins Rückkehr nach Deutschland begann eine Frau bei ihr anzurufen, die zwar einen Namen nannte, aber auf jeden Fall anonym bleiben wollte.

Sie habe Karins Bericht über mich auf ihrer Website gelesen und wolle wissen, ob sie noch Kontakt zu mir habe.

Als Karin bejahte, fragte die Unbekannte weiter, ob ich meinen Sohn Stefan bereits zurückbekommen habe, mit ihm sprechen und ihn besuchen dürfe.

Auf Karins wahrheitsgemäße Verneinung schimpfte die Frau heftig auf Alfred, den sie angeblich persönlich kannte. Er sei ein grässlicher Vater, der sich absolut nichts aus seinem Sohn mache. Jeder wisse das, der ihn kenne. Und keiner verstehe, wie er das dem Kind antun konnte, ihn der Mutter wegzunehmen, wenn er ihn doch überhaupt nicht haben wolle. Die ganze Familie sei jedoch wegen ihrer »bigotten Haltung in Verruf«, habe aber »Beziehungen nach oben« ohne Ende.

Auf Karins Frage, ob sie Stefan denn auch kenne, antwortete die Frau: »Ja, ich kenne ihn. Und ich weiß, wo er ist. Aber ich melde mich nochmals.«

Bei ihrem nächsten, wenig später erfolgten Anruf erzählte die Frau, sie habe sich alles nochmals sehr genau überlegt. Sie wisse zwar nicht, ob sie sich damit strafbar mache, deshalb nenne sie auch ihren Namen und ihre Adresse nicht, doch sie könne es nicht mehr länger verantworten, den Jungen so leiden zu lassen.

Er habe »immer nach seiner Mutter gefragt« und wissen wollen, wann er »endlich wieder nach Hause dürfe«.

Jetzt, wo dieser »fürchterliche Vater« ihn »dorthin gebracht« habe, sehe sie »keinen Sinn mehr in diesem ganzen Geheimniszirkus«. Es sei »eine schreckliche Gemeinheit und Zumutung, was die dem kleinen Kerl antun, der jetzt jeden Tag an der Wohnung seiner Mutter vorbeigehen« müsse.

Deshalb bitte sie Karin, mir so schnell wie möglich auszurichten, mein Sohn sei »wieder bei Bella Kötter und besucht auch seine ehemalige Schule wieder, in der sie ihn bloß fertig machen«.

Sie werde nochmals anrufen, um zu erfahren, ob »die Mutter sich den Jungen geholt« habe.

In einem dritten Anruf bat die Frau Karin, mir auszurichten, dass sie bitter bereue, mir früher keine Gelegenheit gegeben zu haben, »das Kind einfach zu holen«. Sie habe »lange Zeit freien Zugang zu dem Kind gehabt«.

»Es wäre ein Leichtes gewesen, einen Treffpunkt zu vereinbaren und dann der Polizei zu melden, ich sei auf einem Spaziergang mit dem Kind überfallen und das Kind sei anschließend verschleppt worden«, sagte sie. »Die hätten mir ja keinen Vorwurf daraus machen können. Schließlich kann keiner von mir verlangen, dass ich so was immer verhindern kann.«

Sie begreife nicht, was das ganze wochenlange »Verstecken« und »Nicht-zur-Schule-Bringen« und »Bewachen« denn überhaupt gesollt habe, wenn man das Kind, das sich gerade eben ein wenig einzugewöhnen begonnen habe, doch nur wieder aus der Pflegefamilie herausreiße und es »dann einfach dorthin zurückbringe«. Das sei »doch ganz bestimmt nicht zum Kindeswohl. Das hält doch das Kind nicht aus. Das muss doch seelisch daran kaputtgehen, dass der eigene Vater es nicht haben will und einfach zu dieser Frau abschiebt«.

Außerdem könne »jeder an fünf Fingern abzählen, wann die Mutter das Kind dort finden würde«. Deshalb habe sie auch »keine Skrupel, es ihr zu verraten«, sondern »hoffe, sie holt ihn schnell. Er geht ja ganz kaputt dort«.

»Niemals«, sagte sie, »hätte ich geglaubt, dass Alfred dem Kind etwas so Schlimmes antun würde, als ihn ausgerechnet zurück zu Bella Kötter zu bringen.«

Ob sie denn immer noch Zugang zu meinem Sohn habe, fragte Karin. Ob sie ihm einen Brief seiner Mutter bringen könne? »Nein, nein, ich sehe ihn jetzt schon länger nicht mehr«, erklärte die Frau. Mehr, als mir zu sagen, wo das Kind sei, könne sie nicht tun. Sie werde dann ja wohl aus der Zeitung erfahren, ob ich meinen Sohn abgeholt habe. Sie wünsche mir Glück.

Als Karin mich anrief: »Du, ich hab ihn. Ich weiß, wo er ist«, stand ich soeben mit dem Rücken an einem kleinen Wandvorsprung in unserer Wohnung und rutschte mit vollkommen weichen Knien daran herunter, bis auf den Boden.

Glücklich? Erleichtert? Dürre Worte für unbeschreibliche Empfindungen. Nur eine Mutter, deren Kind monatelang entführt und gefangen gehalten wurde, kann sich meine Gefühle in diesem Augenblick und danach vorstellen.

Obwohl ich Karin vertraute, fragte ich wohl hundertmal nach jedem einzelnen gesprochenen Wort, nach dem Stimmenklang der Frau, nach ihrem Namen, nach ihrem Tonfall. Ich wollte herausfinden, wer sie war, wollte selber mit ihr sprechen, wollte alles, alles, alles über meinen Sohn von ihr erfahren. Warum hatte sie nicht mich angerufen? Kannte ich sie? Würde ich sie an der Stimme erkennen?

Sie hatte Kontakt zu meinem Sohn gehabt, konnte mit ihm spazieren gehen, wusste, was er gefühlt, gelitten, gesagt und gefragt hatte. Sie konnte mir schildern, wie er aussah, wie er die Monate ohne mich ertragen hatte, ob er gesund war, ob auch er – wie Christian – vor mir wegrennen und seinem Vater oder anderen gehorchen würde. Diese Frau hatte mein Kind erlebt, während ich weit weg von ihm war. Ich wollte nicht, dass sie anonym bliebe. Sie sollte sich bei mir melden, mit mir reden, selbst dann, wenn sie ihren Namen nicht nennen würde.

Den Namen, den sie genannt hatte, suchte ich auf allen Telefonbuchseiten in Nordrhein-Westfalen. Es gab Tausende davon, auch in abweichenden Schreibweisen. Keine Chance, sie alle anzurufen.

»Lass es, Joumana«, riet Karin. »Lass uns lieber herausfinden, ob er wirklich bei Bella Kötter ist. Vielleicht haben sie ihn ja schon wieder anderswo hingebracht. Sollte er wirklich bei Kötters sein, bekommt deine neue Anwältin ihn dort raus. Garantiert! Ich kenne sie. Sie ist sehr erfahren und wird dem Richter erklären, was es für deinen Sohn bedeutet, dort leben zu müssen. Das kann kein noch so beleidigter Richter mehr ignorieren. So etwas ist gegen das Kindeswohl.«

»Aber wie willst du das herausfinden? Hinfahren, das Haus beobachten? Sie werden den Jungen bewachen. Wenn da jemand Fremdes hinkommt, schöpfen die sofort Verdacht.«

»Nein, du schreibst mir die Namen deiner ehemaligen Nachbarn auf, den Namen des Trainers im Schwimmverein deiner Söhne, die Namen der Kinder, mit denen sie zur Schule gehen. Ich werde sie anrufen, gebe mich als deine Anwältin aus, die auf der Suche nach Zeugen ist, die vor Gericht für dich einstehen würden.«

Es stimmte, ich musste sicher sein, dass mein Sohn tatsächlich dort war. Und die Idee mit der Anwältin hörte sich an, als ob sie funktionieren könnte.

Der Erste, den Karin anrief, war der Schwimmtrainer meiner Kinder. »Sie meinen die Frau Gebara«, sagte er, »die ihre Jungs bei den Wettkämpfen immer anfeuerte. Die war mit Feuereifer bei der Sache und sprang selbst zu ihnen ins Wasser und schwamm neben ihnen her und spornte sie an. Keine einzige der anderen Mütter hat das gemacht. Eine tolle Mutter.«

»Man hat ihr die Kinder weggenommen. Sie weiß nicht, wo ihr älterer Sohn ist. Ist er immer noch in der Schwimmgruppe?«

»Nein.« Der Trainer erinnerte sich ganz genau. »Sie hat die Jungen irgendwann im Sommer bei uns abgemeldet, weil sie nach Italien umziehen. Wir haben das sehr bedauert. Die Jungen haben Talent und Ehrgeiz. Aus denen kann was werden, wenn man das weiterhin richtig fördert. Und der hat man die Kinder weggenommen? Warum?«

»Sie wird beschuldigt, die Kinder vernachlässigt zu haben«, gab Karin zurück. »Können Sie dazu etwas sagen?«

»Nee, ich glaube nicht, dass die ihre Kinder vernachlässigt hat«, meinte der Trainer. »Die Kinder sahen nie so aus, waren immer ordentlich und sauber, zwei nette Jungen und supersportlich. Und die Mutter kam auch immer nett zurechtgemacht daher.«

»Würden Sie das vor Gericht aussagen?«, fragte Karin.

»Ja, jederzeit«, sagte der Trainer.

Es tat mir Leid, dass wir ihn ein wenig an der Nase herumgeführt hatten.

Meine ehemalige Nachbarin zögerte auch nur kurz und hatte nichts dagegen, mit Karin zu reden. Sie war sogar einverstanden, dass das Gespräch mitgeschrieben wurde, so dass Karin es später aus dem Gedächtnis vervollständigen konnte. »Ich hab da nichts gegen«, meinte sie. »Ich weiß ja nicht, ob der Junge wirklich hier versteckt werden soll. Mir hat keiner was davon gesagt, ich meine, die Polizei oder so. Das hat bloß die Bella Kötter hier allen gesagt. Aber eigentlich ist das doch kein Geheimnis, dass er hier ist. Jeder kann ihn hier sehen. Und er geht ja auch hier zur Schule. Also eigentlich weiß ich nicht, wieso ich nicht sagen sollte, dass er da ist. Ja, ja, also sag ich das jetzt einfach mal so, der wohnt hier. Bei der Bella Kötter. Die hat ihn ja schon früher betreut. Vor ein paar Tagen hat sein Vater ihn hergebracht.«

»Sein Vater?«

»Ja, ja, mit dem Opa zusammen. Der kam hier zwischen den beiden an und hatte seinen neuen Ranzen auf. Sie hatten ihm einen neuen Ranzen gekauft, weil er ja wieder zur Schule geht. Allerdings nicht mehr in die zweite Klasse. Sie haben ihn zurückgestuft. Er geht jetzt wieder in die erste Klasse.«

»Zurückgestuft? Er ist doch ein intelligentes Kind. Ist er denn krank?«, wunderte Karin sich.

»Nee«, erklärte die Nachbarin. »Wie die Bella Kötter erzählt hat, war er lange nicht zur Schule. Weil sie ihn doch irgendwo versteckt hatten, bei Pflegeeltern in (...), sagt sie. Weil die Frau Gebara das nicht wissen durfte, wo er ist. Verstanden hat ja keiner hier so wirklich, was da vorgefallen ist. Sie soll abgehauen sein, haben wir gehört. Aber ob das stimmt? Kann ich mir nicht vorstellen. Hier denken die meisten, dass der Vater, der Alfred, etwas damit zu tun hat. Dem war das ja auch bei den Pflegeeltern zu teuer, sagt die Bella Kötter. Die wollten ja wohl ein horrendes Geld. Und wenn's um Geld geht, ist bei Alfred Ende Gelände. Der ist doch sowieso bankrott und kriegt nichts auf die Reihe. Aber ich will da nichts gesagt haben, geht mich ja auch nichts an, ist ja dem seine Sache. Deshalb ist er aber wieder zu ihr mit dem Jungen, weil er dann nicht dauernd nach (...) zu den Pflegeeltern muss. Das hat da wohl ziemlich Zoff gegeben, sagt die Bella Kötter, als er den Jungen da weggeholt hat. Keine Ahnung. Aber das Jugendamt hat wohl mitgespielt, sagt sie. Und jetzt muss sie den Jungen dauernd bewachen.«

»Wie bewachen?«

»Na ja, zur Schule bringen und abholen und drinnen im Haus behalten.«

»Hat er denn wenigstens Freunde, die ihn dort besuchen, damit er nicht dauernd allein drinnen spielen muss?«

Die Nachbarin wusste auch das. »Freunde, der? Der hat keine Freunde. Der hatte schon früher keine. Mit dem wollte keiner was zu tun haben. Der hat bei uns mal nagelneue Fahrräder zerlegt. Die waren danach völlig hin. Bei dem sind alle bloß froh, wenn er weg ist. Auch in der Schule. Wir haben das alle bedauert, dass der hier wieder aufgetaucht ist.«

»Ist das nicht etwas hart geurteilt? Wo der Junge noch so klein ist?«, fragte Karin.

»Nee, das kann ich schon ganz gut beurteilen, hab ja selbst Kinder«, meinte die Nachbarin. »Der hat ja auch immer in die Büsche hier gepinkelt, statt nach Hause zu gehen. Wahrscheinlich hat die Mutter einfach nicht aufgemacht, wenn er geschellt hat. So viel, wie die immer über ihrem Computer gesessen hat. Da war sie froh, wenn die Jungs draußen waren.«

»Meinen Sie, sie hätte die Kinder wegen dem Computer vernachlässigt?«

Das wollte die Nachbarin nicht so genau beurteilen. Sie wäre ja selbst berufstätig, meinte sie. Und Kinder müssten auch nicht dauernd beschäftigt werden. »Aber was die Bella Kötter jetzt so alles sagt, wo die Frau Gebara weg ist, – also, wir, muss ich sagen, wir haben das ja nie so richtig mitgekriegt, aber die muss demnach ja wohl dauernd an ihrem Computer gehangen haben. Na ja, so gut kannten wir uns ja auch gar nicht, haben uns mal was an der Haustür ausgeliehen oder mal gequatscht. Viel mehr war das nicht.«

»Haben Sie denn da auch die Wohnung der Frau Gebara mal gesehen?«, fragte Karin weiter. »Waren Sie mal drinnen?«

»Klar, öfter.«

»Würden Sie mir beschreiben, welchen Eindruck Sie davon hatten? War es dort unsauber?«

»Nee, das nicht«, meinte die Nachbarin. »Spielzeug lag zwar überall herum und so, aber dreckig, nee, das war schon ganz okay so. Wieso?«

»Frau Kötter hat ausgesagt, die Wohnung sei verdreckt gewesen, und die Mutter hätte sich ohne die Kinder nach Italien davongemacht.«

»Das hat sie hier auch überall herumerzählt«, bestätigte die Nachbarin. »Sie hat auch gesagt, dass die Kinder nichts zu essen bekommen hätten und bloß auf einer dreckigen Matratze geschlafen hätten. Aber das habe ich nie so gesehen. Als ich da war, hatten die Kinder richtige Betten und alles. Und dass die nichts zu essen bekommen haben, also nee, das glaube ich nicht. Und wegen Italien. Also ich weiß bloß, dass sie gesagt hat, sie hat jetzt einen tollen Job und dass sie eine Wohnung sucht und dann mit den Kindern umzieht.«

»Haben Sie das geglaubt?«, fragte Karin.

»Klar, warum nicht? Da stand wochenlang der Sperrmüll draußen. Und die Kinder haben auch gesagt, dass sie umziehen. Die waren ja schon aus der Schule abgemeldet und alles. Die Schule hat doch für die Tochter sogar eine Fete gemacht.«

»Würden Sie das alles als Zeugin vor Gericht aussagen?«

»Ja, also, das mit dem Essen, das kann ich wohl bezeugen«, meinte die Nachbarin zögernd. »Aber wissen Sie, ich kenn Sie ja gar nicht. Sie können mir ja viel erzählen, wer Sie sind, so am Telefon und so. Ich muss das jetzt alles erst mal mit meinem Mann besprechen. Wir wollen uns da eigentlich nicht einmischen. Das geht uns ja alles nichts an. Obwohl, wir haben uns schon gewundert, dass die Frau Gebara nie hier angerufen hat. Ich hätte ihr dann schon gesagt, dass der Junge hier ist.«

»Würden Sie ihm denn manchmal einen Brief seiner Mutter geben und ihm von ihr liebe Grüße ausrichten? Und Frau Gebara persönlich erzählen, wie es ihm geht?«

»Ja, das würde ich wohl machen«, stimmte die Nachbarin nach einem kurzen Zögern zu. »Ich würde da schon mal zur Schule gehen und ihn mir ansehen. Hier bekommt man ihn ja nicht zu Gesicht. Da wird er von Bella Kötter ja nur schnell, schnell ins Haus gebracht und die Treppe rauf und Tür zu. Aber die Kinder, die haben gesagt, er sieht ganz bleich aus und dünn. Dem geht's schon nicht so gut, denke ich. Und Leid tun kann er einem ja auch irgendwie. Doch, doch, ich würde ihm schon einen Brief von ihr zustecken. Sie soll mich einfach anrufen. Meine Telefonnummer hat sie ja.«

Als Karin mir von diesem Gespräch berichtete, wurde mir übel. Mein armes Kind! Eingesperrt, bewacht wie ein Schwerverbrecher. Keine Freunde, nichts. Keiner, der ihm half. Er war ein kleiner Junge von sieben Jahren. Hatten diese Menschen denn kein Herz? Saßen da in ihren geschniegelten und gestriegelten Häusern und schwiegen billigend, während mitten unter ihnen ein Kind, mein Kind, ohne jede Liebe, ohne seine Mutter, ohne seine Geschwister von seinem Vater zuerst der Mutter weggenommen und dann gnadenlos abgeschoben wurde und an dieser lieblosen Einsamkeit zugrunde gehen musste.

Ich konnte nicht mehr darauf warten, dass meine neue Rechtsanwältin dem Richter einen Brief schreiben und um sein Verständnis werben würde. Jede Minute, die mein Kind länger dieser Tortur ausgesetzt bliebe, waren 60 Sekunden zu viel.

Meine neue Anwältin kannte den Richter nicht, hatte noch nie mit ihm persönlich zu tun gehabt. Würde er sich von ihr überhaupt etwas sagen lassen? Ich bezweifelte es. Mehr noch: Ich hatte aus unseren Gesprächen den Eindruck gewonnen, dass sie selbst es ebenfalls nicht recht glaubte.

Sie ist eine engagierte Anwältin und würde ihr Bestes geben. Davon war ich überzeugt. Doch meines Erachtens konnte sie nicht das Wunder bewirken, dass ein Richter mir mein Kind sofort zurückgeben würde. Die Justiz hatte bisher immer nur gegen mich gearbeitet. Einzig, was das Jugendamt sagte und schrieb, schien von Belang zu sein. Ich bin die Mutter. Ich musste handeln.

Um Karin nicht zu tief in diese Geschichte zu verwickeln, ließ ich sie im Glauben, ich würde mit Hilfe der Rechtsanwältin, die sie mir empfohlen hatte, um die Herausgabe meines Kindes kämpfen. Da ich diese Anwältin Karin gegenüber von Anfang an von ihrer Schweigepflicht entbunden hatte, tauschten sie sich miteinander nicht nur über die Ergebnisse der Befragung des Schwimmtrainers und meiner ehemaligen Nachbarin aus. Karin sagte ihr auch, dass Stefan bei Bella Kötter untergebracht sei und sie bei mir in Italien Zeugin eines Telefonats geworden war, in dem Alfreds Mittelsmann in dessen Auftrag mit mir um den Kaufpreis für meinen Sohn gefeilscht hatte.

Rasches Handeln tue Not, fand die Anwältin und versprach, sofort ihr Schreiben an den zuständigen Richter aufsetzen zu wollen, sobald ich ihr den dazu verbindlichen Auftrag erteilt haben würde. Mündlich sagte ich ihr diesen Auftrag zu. Die schriftliche Bestätigung erhielt sie nie.

KAPITEL 18

Mama, ich wusste, dass du mich rettest

Charles konnte diesmal leider nicht persönlich dabei sein. »Als ich dir damals schrieb *think pink* – weißt du noch? – und dass du auf mich zählen kannst, war das kein Scherz. Aber ich bin blank, Joumana. Ich hab zwar einen Job und unsere Phalangistenfreunde haben den Präsidentenhut für dich herumgehen lassen, aber mehr als die Kohle für die erste Aktion kann ich nicht mehr locker machen. Was ich hatte, ging an Olivier und dich.«

Charles hatte mir persönlich Geld zu Weihnachten geschenkt. Ich wusste, er hatte das Hotel und die Fahrtkosten für alle beglichen, als wir nach (…) fuhren. Schon das war ein kleines Vermögen gewesen. Dass er Olivier ebenfalls Geld für mich beziehungsweise meine gute Sache gegeben hatte, hörte ich an diesem Tag ebenso zum ersten Mal wie die Information, dass er selbst und unsere Freunde im Libanon bis hinauf zum Sohn unseres ermordeten Präsidenten dieses Geld für mich aufgebracht hatten, damit ich meine Kinder zurückholen könnte, und die libanesische Botschaft in den Startlöchern stand, mir zu helfen, sollte dabei etwas schief gehen. Die Rückhaltlosigkeit von Charles' Freundschaft, die nicht beim Geld endete, wie ein deutsches Sprichwort sagt, ist eines der Wunder, die mir in dieser schweren Zeit begegnet sind.

»Sprich mit Olivier«, meinte er. »Er hat immer gesagt, wir versuchen es noch einmal. Ruf ihn an. Ich bin sicher, er ist dabei.«

Er hatte Recht. Als es mir endlich gelang, Olivier zwischen zwei Missionen in Paris zu erwischen, versprach er mitzumachen. Triumphierend beglückwünschte er sich, dass seine Strategie, die Öffentlichkeit einzuschalten und mit Hilfe des Internets nach meinem Sohn zu fahnden, zum Erfolg und die unbekannte Informantin zu mir geführt hatte. Dennoch zog es sich einige Zeit hin, bis er einen Mitstreiter unter den Eltern des »CEED« gefunden hatte und sein ungeduldig herbeigesehnter Anruf mit seinem Terminvorschlag bei mir ankam.

Da weder Olivier noch ich eine Kreditkarte besaßen, um einen Leihwagen zu mieten, schaltete er ein Mitglied des »CEED« ein, an dessen Wohnort wir das Fahrzeug abholten und Oliviers Auto stehen ließen. Das Geld dafür erstattete ich in bar.

Der Leihwagen verschlang einen ordentlichen Batzen, doch wir brauchten ihn, um später die nach uns suchende Polizei in die Irre zu führen, die dann noch immer einem falschen Autokennzeichen nachjagen würde, wenn wir schon längst die Fahrzeuge gewechselt hätten und in meinem eigenen Wagen unterwegs wären. Der besondere Trick dabei war, das Auto in Saarbrücken auszuleihen, der Hauptstadt des an Frankreich und Luxemburg angrenzenden Saarlands. Mit diesem Nummernschild würden wir weder in Holland, wo wir auf der Flucht vor der Polizei erstmals die Grenze passieren mussten, großartig auffallen noch in den anderen Anrainerländern. Es war logisch, dass ein aus dem Pott kommender Saarbrücker sie passieren und den kürzesten Weg nach Hause nehmen würde. Außerdem hatte Bertrand, der den Leihwagen nach Saarbrücken zurückbringen würde, dort unmittelbar Anschluss mit dem Zug nach Paris, ohne noch lange durch deutsches Gebiet reisen zu müssen. Die Planung war wirklich gut.

Soweit war also alles kein Problem, nur der Zeitraum gefiel mir nicht. Es bedrückte mich, Valeria von Freitag bis Mittwoch allein zu Hause lassen zu müssen. Es war mir nicht gelungen, sie für diese Tage bei einer Freundin einzuquartieren. Wir lebten einfach noch nicht lange genug in Italien, um schon so gute Freunde zu haben, die tagelang mein Kind bei sich aufnehmen und versorgen würden. Und Trento war zu weit weg. Sie musste ja täglich zur Schule, aus der ich sie auch hier nicht ohne weiteres beurlauben konnte. Außerdem wollte ich meine Freunde nicht in Schwierigkeiten bringen, falls die Sache schief ginge. Valeria musste allein bleiben. Was sollte ich machen?

»Ich versuche, Montag wieder hier zu sein«, versprach ich. »Ich will nicht bis Dienstag oder Mittwoch warten. Aber es kann trotzdem so lange dauern.«

»Ist schon okay, Mama.« Gerade weil sie so tapfer und mutig sein wollte, war mir seit langem wieder bewusst geworden, dass sie ein Kind war. »Ich will, dass du ihn holst. Ich schaff das schon, die paar Tage.«

»Geh jeden Tag zur Schule«, schärfte ich ihr ein. »Wenn du Probleme hast, ruf Gina oder George oder Karin an. Sie helfen dir; du weißt das. Sollte mir etwas passieren, kannst du bei Karin wohnen. Gina wird dafür sorgen, dass das klappt. Wenn dich jemand fragt, wo ich bin, ich bin auf einer Dienstreise. Hörst du?«

»Hast du dein Handy dabei?«

»Ja.« Ich nickte. »Aber es kann sein, dass der Akku irgendwann leer ist. Ich kann es nicht aufladen. Vielleicht muss ich es wegschmeißen, unterwegs irgendwann. Sie können mich damit orten, weil in Handys so ein bestimmtes elektronisches Teil eingebaut ist.«

Valeria sah mich an. »Weiß Karin Bescheid?«

»Nein. Olivier hat ein Geheimnis daraus gemacht. Keiner durfte etwas wissen. Auch sie nicht. Er meinte, vielleicht würden wir abgehört oder die E-Mails abgefischt.« Ich hatte seine Vorsichtsmaßnahmen für übertrieben gehalten. Aber wer weiß, womöglich hatte er Recht. Sicher war sicher. »Wenn alles vorbei ist, rufe ich sie an. Und dich.«

»Ich will nicht, dass sie dich schnappen, Mama.«

»Mach dir keine Sorgen, Olivier und noch ein anderer Mann sind dabei.«

»Sehr beruhigend«, meinte Valeria ironisch.

»Du musst ihm dankbar sein«, mahnte ich. »Er ist unser Held. Er rettet deine Brüder.«

»Du bist unser Held, Mama.«

Ich habe sehr geweint.

Gegen 4 Uhr nachts fuhr ich los. Oliviers »CEED«-Freundin, die den Leihwagen gemietet hatte, erwartete uns bei sich zu Hause an der französisch-deutschen Grenze.

Bereits während des Essens entwickelten wir einen genauen Plan für S. Anschließend brachten wir die elektronischen Geräte, ein Silky, ein fast unsichtbares Walkie-Talkie, an uns an, das wir draußen testeten. Wir mussten sicherstellen, dass wir untereinander unbemerkt in zuverlässigem Kontakt stehen würden. Eine Panne wie bei Bob, die hauptsächlich passiert war, weil Olivier mich für ein paar entscheidende Momente aus den Augen verloren hatte und das Überraschungsmoment meines Überfalls auf Bob dadurch verpuffte, durfte nicht nochmals vorkommen.

Zuletzt gingen wir Oliviers Presseerklärung durch. Seine »CEED«-Freundin lehnte viele Formulierungen ab. »Das geht nicht, das ist zu scharf.« Widerwillig war Olivier bereit, den Text nochmals zu ändern und die Veröffentlichung auf einige Zeit nach der erfolgten Aktion zu verschieben, anstatt sie bereits in der ersten Stunde verbreiten zu können. Ich bewunderte seine Freundin insgeheim. Diese selbstbewusste Mutter aus dem »CEED« konnte ihn dazu bringen, seine Pläne zu ändern. Ich konnte es nicht.

Unmittelbar nach einem zeitigen Frühstück brachen wir auf. Olivier und Bertrand, sein aus Paris gekommener »CEED«-Begleiter, fuhren mit dem Leihwagen voraus, ich in meinem eigenen Auto hinterher. Kurz vor der deutschen Grenze traf mich beinahe der Schlag, als ich in meiner Handtasche nach meinen Papieren suchte. In meiner Aufregung hatte ich sie zu Hause vergessen.

»Sieh dir das an, Olivier, meine Hautfarbe, meine Haare«, rief ich entsetzt in mein Silky. »Die schnappen mich schon hier. Bisher bin ich noch jedes Mal kontrolliert worden, wenn ich nach Deutschland einreiste. Wenn die mich erwischen, müsst ihr das allein durchziehen. Die Kinder sollen dann sofort nach Russland, zu meinem Bruder, fliegen.«

Doch die Grenze war unbewacht. Unbehelligt nahmen wir die Auffahrt zur Autobahn, Richtung S.

Da wir während der ersten Aktion in X. bereits stundenlang Kartenkunde betrieben hatten, den Atlas zwischen uns auf dem Fußboden, hätten Olivier und ich uns blind auf der Route zurechtgefunden. Wie beim ersten Mal übernahm er wieder das Kommando. Er schien cool und über jede Angst erhaben, doch seine ständigen Reibereien mit Bertrand, seinem »CEED«-Freund, verrieten, wie es hinter der Fassade aussah, nämlich ganz ähnlich wie bei mir.

Unterwegs hatte es immer stärker zu schneien begonnen. Die Straßen waren glatt. Kein Fahrzeug fuhr schneller als 10, 20 Stundenkilometer. Bertrand wurde unruhig. Derartige Wetterverhältnisse würden unsere Aktion nicht erleichtern. Olivier beschwichtigte seine Befürchtungen. Wenn die Straßen für uns schwierig wären, wären sie es für die Polizei auch. »Die Spielregeln sind für alle gleich.«

Etwa 20 Kilometer vor S. stellten wir mein Auto ab. Da es immer noch ein hiesiges Nummernschild hatte, würde es auf dem stark frequentierten Parkplatz auch dann wohl kein Aufsehen erregen, wenn es dort ein paar Tage stünde. Außerdem schneite es so heftig, dass binnen Minuten eine weiße Decke darüberlag, unter der man schon bald weder die Fahrzeugfarbe noch die Autonummer erkennen würde.

Ebenso wenig würden zwei mit französischem Akzent sprechende Weiße in einem dunklen Wagen mit Saarbrücker Kennzeichen in Begleitung einer ebenfalls mit französischem Akzent sprechenden jungen Frau mit dicker Wintermütze auffallen.

Da das Hotel, in dem wir damals übernachtet hatten, bei unserer Ankunft geschlossen und auch kein anderes mehr geöffnet zu finden war, übernachteten wir trotz der Kälte und des Schneetreibens kurzerhand im Auto. Die beiden Männer nahmen mit dem Mietwagen vorlieb, ich behielt meinen Wagen für mich allein.

Erst Samstagmorgen mieteten wir uns im Hotel ein, die Männer im Doppelzimmer, ich im Einzelzimmer. Mein Bargeld schrumpfte auf ein Minimum für Benzin und sparsame Imbisse. Aber was scherte es mich!

Ich hatte Skizzen des Hauses, in dem Bella Kötter wohnte, und der umliegenden Straßen angefertigt. In die Straße selbst wagte ich mich kaum vor. Wir konnten nicht sicher sein, dass meine Nachbarin ihren Mund über das seltsame Telefonat gehalten hatte, das Karin als angebliche Rechtsanwältin mit ihr geführt hatte. Da ich sie nicht angerufen hatte, musste ihr mittlerweile klar sein, dass sie hereingelegt worden war. Es wäre taktisch klüger gewesen, sie anzurufen und zu bestätigen, dass tatsächlich meine Anwältin mit ihr telefoniert hatte. Aber ich hatte es nicht über mich gebracht. Ihre eiskalte Art, über meinen Sohn zu reden und zu billigen, dass er von allen Kindern und Erwachsenen ringsum und in der Schule geschnitten wurde, obwohl er ein kleiner einsamer Junge mit riesengroßem Kummer war, überstieg mein Fassungsvermögen. Ich konnte ihr nicht dafür dankbar sein, dass sie meinen Sohn mal auf dem Schulhof betrachten und ihm einen Brief von mir zustecken wollte. Hätte ich sie angerufen, hätte ich sie angeschrien, nicht aber als Verbündete gewonnen. Sie nicht anzurufen war das kleinere Übel.

Ebenso wenig wussten wir, ob die anonyme Frau, die den Aufenthaltsort meines Sohnes verraten hatte, diese Mitteilung nicht bereits bereut hatte. Es war jedenfalls nicht auszuschließen, dass Bella Kötter mittlerweile darüber informiert war. Und wenn sie es wusste, dann wusste sie auch, dass ich schon wie der Adler über ihr schwebte und nur auf die Sekunde wartete, in der ich zupacken konnte. Ein unbekanntes Auto in der Straße hätte sie eventuell vorzeitig gewarnt.

Dennoch mussten wir das Wagnis eingehen, um uns mit den örtlichen Gegebenheiten vertraut zu machen. In dicker Winterkleidung, Arm in Arm wie ein Liebespaar, das im dichten Schneetreiben einen romantischen Spaziergang machte, flanierten Olivier und ich an meinem ehemaligen Wohnhaus vorbei, in dem mein Sohn nun bei Bella Kötter lebte. Ich stand unter Strom und wäre am liebsten gerannt, doch Oliviers Arm hielt mich fest, seine ruhige Stimme redete besänftigend auf mich ein. Manchmal blieben wir stehen und umarmten uns unter dem Schirm, um für eine Weile besonders konzentriert beobachten zu können. Wir gaben ein überzeugendes Pärchen ab. Obwohl ich Jahre in dieser Straße verbracht hatte, erkannte mich niemand.

Weitere Skizzen von der Schule und dem Klassenzimmerbereich der ersten Klasse führten den Männern vor Augen, wie sie sich dort bewegen mussten, wo das Auto am günstigsten in welcher Richtung zu parken war. Um sicherzugehen, wirklich jeden Schleichweg, jede Autobahnauffahrt, jede Autobahnabfahrt, jede Ampel, jede Kreuzung im Schlaf zu kennen, fuhren wir die Fluchtstrecke innerhalb des Ortes und zur holländischen Grenze wieder und wieder ab.

Immer aufs Neue schärfte Olivier mir ein, dass ich nicht damit rechnen dürfe, freudig von meinem Sohn begrüßt und ohne Widerstand begleitet zu werden. »Es wird so sein wie bei Christian, deinem kleinen Sohn. Er wird vor dir wegrennen und Angst haben und dich nicht sofort erkennen.« Ich hatte Mühe, ihm zu glauben. Aber ich hatte erlebt, dass mein eigenes Kind vor mir geflohen war. Vielleicht würde Stefan es nicht tun, weil er ein Jahr älter war. Damit zu rechnen, dass er sich gegen mich wehren würde, konnte jedoch nicht schaden.

Unter rauchenden Industrieschornsteinen übten wir drei auf einem abgelegenen Platz, wie die Szene sich abspielen könnte, wenn wir ihn sehen und ins Auto ziehen würden. Wie war die Tür wann zu öffnen, wie das Auto zu steuern, damit der Zugriff blitzschnell erfolgen konnte? Wer machte welche Handbewegung, tat wann genau was? Wie musste ich meinen Jungen packen und in den Wagen schieben, damit er möglichst keine Chance hätte, sich mit Händen und Füßen etwa am Türrahmen festzuklammern und zu verhindern, dass ich ihn hineinschubste? Wie verhinderte ich blitzschnell, dass er sich nicht loswinden und von der Rückbank nach draußen werfen könnte? Was musste ich tun, um sein Schreien und Zappeln zu unterbinden? Wir mussten binnen Sekunden abhauen. Garantiert würden uns Leute beobachten. Wir müssten spätestens in der nächsten Straße Ruhe im Wagen haben, um möglichst wenig Aufsehen zu erregen. Unser Erfolg hing davon ab, ob wir einen möglichst großen Zeitvorsprung herausfahren könnten, ehe die Polizei am Ort des Geschehens sein und die Verfolgung aufnehmen würde. Das würde nur klappen, wenn mein Sohn möglichst schnell mitmachte.

Ich bewunderte Olivier einmal mehr für seine Umsicht und praktische Erfahrung. Ohne ihn würde ich mich niemals so konzentriert vorbereitet haben.

Montagmorgen bestand ich darauf, uns an einem günstigen Platz aufzustellen, um Bella Kötter mit Stefan beim Verlassen des Hauses zu beobachten. Um nicht erkannt zu werden, machte ich nicht etwa ein Geheimnis aus meiner Erscheinung. Im schweren Pelzmantel, eine mein Gesicht verfremdende Brille auf der Nase, stark geschminkt, das Haar zu einer mondänen Mähne gestylt, sah ich so »abgefahren« aus, dass meine eigene Mutter mich mit »Sie« angesprochen hätte.

Ich zitterte bei dem Gedanken, jetzt endlich mein Kind wiederzusehen. Aber ich beherrschte mich eisern. Ich würde nicht auf ihn zurennen. Ich würde nichts im Alleingang unternehmen. Ich würde ihn nur ansehen und warten, abwarten. Es fiel wahnsinnig schwer, mich zur Ruhe zu bringen. Zur Nagelprobe kam es jedoch nicht. Bella Kötter erschien nicht.

»Das hat so alles keinen Sinn!« Olivier ergriff wieder das Kommando. »Wahrscheinlich war er am Wochenende bei seinem Vater oder bei den Großeltern. Die bringen ihn vermutlich mit dem Auto zur Schule. Sicher holen sie ihn auch mit dem Wagen ab. Wir müssen ihn also vom Schulhof holen.«

»Nein!« Ich konnte das nicht zulassen. »Das kommt nicht in Frage. Ich war letzte Nacht mit dir dort. Es dauert so ewig lange, ihn zu

Fuß zum Wagen zu bringen. Bis wir es geschafft haben, ist die Polizei längst da. Es wäre dumm, ihn vom Schulhof zu holen, weil wir uns selber ins Gefängnis einliefern.«

Olivier beharrte dennoch auf seinem Plan. Bertrand mischte sich ein. »Das machen wir nicht. Joumana hat Recht. Ich jedenfalls mache da nicht mit.«

Die Männer stritten sich wie die Kesselflicker, während uns die Zeit davonlief. »Hört auf!«, schrie ich sie an. »Wir müssen das anders machen.«

»Und wie willst du es anders machen?«, fragte Olivier, noch immer wütend. »Warum rufst du nicht endlich diese Frau an, diese Freundin, von der du mir erzählt hast? Sie könnte die Schlüsselfigur für uns sein, uns helfen.«

Flavia? Ich wollte Flavia nicht einbeziehen. Ich hörte mein Blut in den Ohren rauschen, so still wurde es für einen Augenblick, in dem beide Männer mich anstarrten. »Ja, deine Freundin«, wiederholte Olivier. »Du sagtest doch, sie hat Kinder an der Schule. Eure Töchter sind befreundet. Sie würde euch bestimmt helfen.«

Ich hatte bisher strikt vermieden, sie um Hilfe zu bitten, weil ich ihr keine Probleme bereiten wollte. Sie hatte es schon schwer genug. Außerdem war ich alles andere als überzeugt, dass sie mir helfen würde. Aber jetzt blieb mir keine Wahl. Ich musste meinen Sohn retten. Zumindest versuchen musste ich es, Flavias Unterstützung zu gewinnen. Zusammen machten wir Kassensturz, um ihr wenigstens eine geringe Summe für ihre Hilfe anbieten zu können.

Seit meinem Umzug nach Italien hatten wir nie mehr miteinander gesprochen. Aber die Freundschaft zwischen Flavia und mir war nie so, dass wir uns jeden Tag sehen und miteinander telefonieren mussten. Manchmal hatten wir uns wochenlang nicht getroffen. Trotzdem war es bei jedem Wiedersehen so, als hätten wir uns gerade erst vor fünf Minuten verabschiedet. Auch diesmal nahm Flavia meinen Anruf selbstverständlich. »Du? Hi! Alles klar. Wo bist du?«

»Bist du zu Hause?«, fragte ich zurück und biss verzweifelt an meinen Tränen, weil ich Stefan bei Bella Kötter nicht gesehen hatte. Wo war er? War ich umsonst gekommen? Hatten sie ihn schon wieder anderswo versteckt? Hatte Karins Anruf sie gewarnt? Warum hatte ich bloß diese Nachbarin nicht angerufen? Hätte ich sie angerufen, hätte sie mir vielleicht wirklich geholfen. Vielleicht hätte sie Stefan tatsächlich einen Brief von mir gegeben? Dann hätte ich ihm schreiben können, er sollte dann und dann einfach vom Schulhof abhauen und um die Ecke zu meinem Auto rennen. Ich weiß nicht, war meine Angst größer, ihn wieder verloren zu haben, oder meine vorauseilenden Selbstvorwürfe.

Flavia verstand sofort. »Ja, gut. Komm her«, lud sie mich ein. »Wir reden über alles. Ich bin allein. Keiner wird uns stören.«

Als Olivier und ich zu ihr kamen, umarmten wir uns lange. Bertrand, der möglichst wenig in Erscheinung treten wollte, blieb abseits in einer Seitenstraße im warmen Auto sitzen.

»Wo bist du jetzt?«, wollte Flavia wisse. »Echt in Italien? Wie geht's dir? Hast du deine Söhne wieder?«

»Nein«, quälte ich heraus. »Ich hab nie wieder etwas von ihnen gehört.«

»Unglaublich!« Flavia zog mich zu sich aufs Sofa.

»Sie haben meinen Großen zu Bella Kötter gebracht.« Unsere Augen verfingen sich. »Würdest du mitmachen? Würdest du mir helfen, ihn zu holen? Du könntest so tun, als wolltest du über den Schulhof zu deinen Kindern. Du kannst unauffällig nach Stefan suchen.«

Flavia nickte. »Okay. Ich mach mit.«

»Wir geben dir ein Silky«, erklärte Olivier ihr die Vorgehensweise, während er ihr die Kabel des unauffällig kleinen Geräts unter dem Rollkragenpullover befestigte und ein bisschen mit ihr in der Wohnung übte, wie sie es richtig bedienen sollte. »Du gehst auf den Schulhof, alles ganz normal. Wir drei halten über das Silky alle gleichzeitig Kontakt, wie bei einer Konferenzschaltung am Telefon.

Du erzählst uns, ob du Joumanas Sohn gesehen hast. Dabei nennst du niemals seinen Namen, sondern sprichst von einem Buch. Hast du ihn entdeckst, sagst du: ›Ich habe das Buch jetzt.‹ Siehst du ihn nicht, sagst du: ›Ich kann das Buch nicht finden.‹«

»Und dann nehme ich ihn einfach mit und bringe ihn euch. Wo steht ihr?« Flavia war Feuer und Flamme.

»Wir halten da an diesem schmalen Durchgang.« Olivier tippte auf meine Skizze, die wir auf dem Tisch ausgebreitet hatten.

»Gut«, nickte Flavia. »Das schaffen wir schon.«

»Warum machst du das?« Ich konnte es einfach nicht lassen, sie zu fragen, obwohl es im Grunde völlig egal war, warum. Hauptsache, sie half uns.

»Weil das Jugendamt mir ständig Ärger macht«, sagte Flavia. »Wir reden ein andermal darüber. Jedenfalls, wenn das so weitergeht, bin ich bald diejenige, die dich für so was braucht wie das hier heute. Und«, jetzt lächelte sie, »weil ich dich und deine Kinder mal in Italien besuchen will. Bei meinem bisschen Asche im Monat käme ich da doch sonst niemals hin.«

»Komm, wann du willst«, murmelte ich in ihrem Arm. »Ruf einfach an, und du bist da. Ich vergesse dir das nie.«

»Also los«, rief sie und tastete nach dem Silky, ob es noch an seinem richtigen Platz saß. »Bis später.«

Flavia machte sich zusammen mit Olivier in ihrem eigenen Auto auf den Weg zur Schule. Bertrand und ich folgten im Leihwagen. Mit meiner tief in die Stirn gezogenen Mütze, eine getönte Brille auf der Nase, fühlte ich mich sicher, im Auto nicht erkannt zu werden, während wir den Wagen dicht neben dem verabredeten schmalen Durchgang parkten. Olivier blieb in Flavias Auto sitzen.

Sie ist eine dieser Frauen, mit denen man Pferde stehlen kann. Resolut ging sie über den Schulhof und sah sich in aller Ruhe um. »Ich sehe das Buch noch nicht«, hörten wir ihre Stimme aus dem Silky. »Ich werde jetzt erst mal herausfinden, wo es ist. Keine Panik.« Mein Blutdruck stieg trotzdem auf 180.

»Ja, also, die Klasse hat das Buch zu einem Ausflug mitgenommen. Deshalb ist es noch mit der ganzen Klasse im Bus unterwegs.«

Flavia, Olivier, Bertrand und ich konnten uns zwar untereinander hören, aber nicht sehen. Die Schule ist so angelegt, dass der Schulhof zwischen zwei Gebäudekomplexen liegt. Die Bushaltestelle befand sich nur ein paar Schritte von dem schmalen Durchgang entfernt, an dem wir das Auto abgestellt hatten. Büsche verdeckten das Nummernschild, so dass es von der Schule aus nicht gesehen werden konnte. Wer hinschaute, würde ein Elternpaar sehen, das auf sein Kind wartete. Wie die anderen auch, die vor der Schule in ihren Autos saßen oder an der Bushaltestelle standen und warteten.

»Okay, Flavia.« Ich sprach leise, aber entschieden. »Wir warten. Und wenn das Buch da ist, nehmen wir es mit. Ich will dieses Buch haben, komme, was da wolle.«

»Ja, ja, wir machen das. Wir holen es.« Alle stimmten gleichzeitig über das Silky zu.

Die Wartezeit schien in Zeitlupe zu vergehen, doch plötzlich hörten wir Flavia: »Die Tante ist da.« Tante war unser Code für Bella Kötter. »Sie wartet auf das Buch.«

»Mir egal.« Ich antwortete schneller als Olivier. »Wir werden ihr das Buch wegnehmen. Hier. An der Bushaltestelle. Bis sie hier ist, ist das Buch weg. Sie wird das so schnell gar nicht merken.«

Flavia lachte leise. »Ich mach das. Ich werde das machen. Die Tante ist noch auf dem Schulhof. Sie scheint nicht zur Bushaltestelle zu gehen.«

In diesem Augenblick sah ich den Bus vorfahren. Mein Sohn stand als eines der ersten Kinder schon an der hinteren Tür. Ich steckte den Kopf aus dem Fenster, sah, wie er ausstieg, den Fuß streckte, um auf den Bürgersteig vor der Bushaltestelle zu treten. Mit einem Satz sprang ich aus dem Auto, Bertrand hinter mir, und eilte unauffällig auf Stefan zu, der jetzt auf den Schulhof ging, wo Bella Kötter irgendwo zwischen den vielen anderen Müttern auf ihn wartete.

Während er sich suchend umsah, waren Flavia und ich von verschiedenen Seiten fast gleichzeitig bei ihm. »Ich hab das Buch! Ich hab das Buch!«, rief sie aufgeregt in mein Silky und merkte gar nicht, dass auch ich meinen Sohn bereits am Arm hielt.

Niemand ringsum hatte es bemerkt, und Stefan begriff es noch gar nicht. »Danke für das Buch«, murmelte ich in mein Silky. Im gleichen Augenblick erkannte Flavia mich, ließ meinen Sohn los und wandte sich seitwärts, den anderen Müttern zu.

Olivier, der sich indessen in unser Auto geschwungen hatte, das Bertrand und ich mit laufendem Motor hatten stehen lassen, kam uns bereits mit geöffneten Seitentüren über den Schulhof entgegen. Dann lief alles wie eine Kettenreaktion ab: Stefan blitzartig mit beiden Armen packen, anheben, kopfüber ins Auto drücken, hinter ihm auf den Rücksitz schlüpfen, ihm »Ich bin's Mama. Steig ein, schnell! Ich bin deine Mama!« zurufen und »Flavia, ich liebe dich!« ins Silky flüstern, die Autotür zuschlagen, mein Kind festhalten und ab. Nur ein groß gewachsener Mann mit Glatze schaute verwundert zu uns hin. Bertrand stieg rasch ein. Dann waren wir weg.

Jetzt erst, im fahrenden Auto, begann Stefan zu schreien: »Ich will raus! Ich will raus!« Wie Olivier vorher gewarnt hatte, klammerte er sich an den Türrahmen, riss an der Verriegelung, trat um sich, ein eiskalter Brocken mit knochigen Fäustchen und Zähnen, der nach mir schnappte und zu schlagen versuchte, während ich ihn mit beiden Armen umklammerte. »Ich bin's, Mama. Still, mein Schatz, schrei nicht. Ich bin es, ich, deine Mama. Ich bin gekommen, um dich nach Italien mitzunehmen. Pssss! Still, still, schrei nicht!«

»Lass mich raus! Lass mich raus! Die werden dich in den Knast bringen, Mama!« Er schrie noch in meinen Armen und trat mit den Füßen und hielt mich doch schon mit den Händen fest und hörte, langsam still und weich werdend, alles, was eine Mutter ihrem Kind zuflüstert, das sie endlich nach einer so langen, schrecklichen Zeit wieder halten und wiegen und streicheln und küssen darf, und wurde mit jedem Ton meiner Stimme aus einem angststarren zitternden Etwas wieder mehr zu meinem Kind, das wie aus dem Koma der Verzweiflung erwachte.

Obwohl ich Stefan einredete, dass keine Gefahr für uns bestünde, zitterte ich innerlich vor Angst und Anspannung, weil mein Auto noch in M. stand. Was, wenn die Polizei unsere Spur bereits aufgenommen und es dort auf dem Parkplatz entdeckt hatte? Wenn sie dort schon auf uns warteten?

Doch Olivier fuhr mit schlafwandlerischer Sicherheit.

»Soll ich euch helfen? Habt ihr Schwierigkeiten?«, raffte ich mich auf, um ihnen zu zeigen, dass ich meine beiden Helfer nicht im Stich lasse, dass es mir nicht nur um das Kind ging, sondern darum, dass wir alle es schafften, als Team.

»Nein, nein«, antworteten er und Bertrand. »Rede du nur mit dem Jungen, damit er sich beruhigt. Kümmere dich nicht um uns. Wir fahren. Wir machen das schon.« Sie kannten den Weg, nahmen mir alles ab, damit ich ganz für mein Kind da sein konnte.

Vieles ging Olivier in diesen Augenblicken durch den Sinn, wie er mir später erzählte. Seine eigene schockierende Erfahrung, seine traurige Geschichte, Schmerz um seinen Sohn, Trauer, weil niemand das für ihn getan hatte, was er für meine Kinder und mich tat, nämlich handeln statt reden, aber auch Stolz, unser Lebensglück gerettet zu haben. Mir mit vollem Bewusstsein aktiv gegen deutsche Behördenwillkür helfend, war er von Anfang an absolut überzeugt, dass meine Kinder und ich durch das deutsche Jugendamt und das Familiengericht zu Justizopfern gemacht wurden, deren Unschuldsbeweise und Entlastungszeugen ignoriert wurden, um meine Kinder in Deutschland zurückhalten zu können.

»Sich in Sachen Kinderklau von deutscher Schönfärberei einlullen zu lassen und das Risiko einzugehen, uns, die modernden Opfer, die die Geschichte des Deutschlands von heute schreiben, nicht anzuhören, ist dreist, einfältig und gefährlich«, schrieb er später. »Ich bin stolz, zu der Minderheit derjenigen zu gehören, die Deutschland durch und durch kennen, sich keinerlei Illusionen darüber machen, was sich im modernen Deutschland abspielt.« Hinter dieser Aussage steckt seine ganze persönliche und politische Erfahrung, die er mit immer mehr ausländischen Elternteilen weltweit teilt und privat und öffentlich bekämpft.

Dass er mit seiner sorgfältig zustande gekommenen Einschätzung meines Falles als Unrechtshandlung des Jugendamts richtig liegt, hatte dieses im Übrigen bereits am 30. November 2004 – vier Tage nach Abfassen der ersten offiziellen Stellungnahme des Jugendamtes durch Herrn General zur Rechtfertigung des Entzugs meiner Kinder – in aller Öffentlichkeit bewiesen. An diesem Tag erklärte der zuständige Pressesprecher dem Journalisten Michael Passon von der *NRZ*: »Frau Gebara hat ihre Abwesenheit nicht mit uns abgestimmt, was sie ja auch nicht muss, weil sie die Betreuung selbst organisiert hat. Die Tagespflegemutter selbst ist auf uns zugekommen. Sie brauchte Hilfe.«

Hätte Olivier in den Stunden unserer Flucht vor den deutschen Behörden noch die geringsten Zweifel gehabt, meinen Kindern und mir aus humanitären Gründen zur Hilfe verpflichtet zu sein, um uns als Opfer vor der Willkür des Jugendamtes zu schützen, hätten ihn die ersten Worte meines Sohnes restlos überzeugt, die dieser schrie und weinte, bis er, in meinen Armen ruhiger werdend, in einem unablässigen Erzählstrom seiner gequälten Seele endlich Erleichterung verschaffen konnte.

»Aber wir können nicht weg. Wir müssen doch noch meinen Bruder holen«, schrie er zuerst, als er bemerkte, dass wir die Stadt verließen. »Christian will auch zu Mama und nach Italien. Er hat es mir gesagt.«

»Wir werden nochmals zurückkommen und ihn holen«, versprach ich. »Wir können euch nicht beide gleichzeitig holen.«

»Nein, lass mich raus! Ich will nicht mit! Die werden dich ins Gefängnis bringen, Mama. Die werden mich aus Südtirol zurückholen.« Die pure Angst schrie aus meinem Kind.

»Wer hat dir das gesagt, Schatz?«, fragte ich und beruhigte ihn gleichzeitig. »Das stimmt nicht. Niemand bringt mich ins Gefängnis. Hab keine Angst. Sei ganz ruhig. Mir passiert nichts.«

»Doch, sie bringen dich in den Knast. Herr General hat es gesagt.« Stefan flog am ganzen Leibe. »Bitte, Mama, ich will nicht, dass du in den Knast kommst.«

»Nein, mein Schatz!«, sagte ich und nahm sein Gesicht in beide Hände, um ihm fest in die Augen zu sehen. »Niemand macht das. Und nun komm mal her, lass dich umarmen. Ich wollte dich schon die ganze Zeit umarmen.«

Als er seine dünnen Arme um mich klammerte, als sollten sie an mir anwachsen und zu weinen begann, konnte auch ich die Tränen nicht mehr zurückhalten.

Ich habe nicht registriert, dass wir in M. ankamen und Olivier mein Auto übernahm. Wegen des Schneetreibens brauchten wir für die kurze Strecke mindestens eine Stunde, dann ging es weiter bis über die holländische Grenze. Nichts davon nahm ich wahr.

In M. merkte ich kaum, dass wir ausstiegen, in einen anderen Wagen einstiegen und weiterfuhren. Dass Bertrand allein im Leihwagen vor uns davonjagte, bekam ich nicht mit. Dass Olivier mit höchster Konzentration darum kämpfte, mein Auto mit Sommerreifen auf der zum Teil festgefahrenen Schneedecke der Fahrbahn zu halten, entging mir ebenso.

Die ganze Zeit war ich wie in mein Kind versunken, hielt es umfangen, als sei es in meinen Leib zurückgekehrt, redete mit ihm, fragte, was er erlebt und durchlitten hatte, erzählte ihm, wie ich ihn vermisst und gesucht hatte und doch niemals mitnehmen durfte.

Erst als wir die holländische Grenze passierten und Olivier und Bertrand mir durch mein Silky direkt ins Ohr jubelten: »Wir haben es geschafft!«, kamen Stefan und ich wie aus einer Tiefenmeditation zu uns und konnten nicht aufhören, uns und unsere Retter voller Freude zu umarmen.

An der nächsten Tankstelle hielten wir an, um Valeria anzurufen.

Mein Sohn bekam den Telefonhörer zuerst. »Hallo, Süße!«, sagte er, wie er seine Schwester schon immer genannt hatte. »Ich wusste doch, dass Mama mich rettet.«

KAPITEL 19

Die Carabinieri kommen

Wahrscheinlich hätte ich die Nacht vom Montag zum Dienstag dennoch nicht so getrost mit meinem geretteten Sohn im Arm wie in Abrahams Schoß auf der Weltabgeschiedenheit einer französischen Ferme verbracht, hätte ich geahnt, was sich gleichzeitig bei Valeria in Italien abspielte.

Unser letztes Telefonat hatten wir irgendwann am späten Nachmittag oder frühen Montagabend geführt. Mein Handy war fast leer, so dass ich den letzten Akku-Balken für die zweite Hälfte der Heimreise aufheben wollte und es kurz machte. Sie wusste daher, dass wir irgendwo mitten in Frankreich unterwegs waren und bei einem Freund Oliviers übernachten würden. Später, vor dem Schlafengehen, wollte sie wegen des laschen Akkus nur rasch ihrem Bruder eine SMS auf mein Handy schicken, um ihm eine gute Nacht zu wünschen.

Was ich nicht bedachte, war, dass noch kein Handynetz bis in den entlegenen Winkel Frankreichs, in dem Oliviers Freund zu Hause ist, reicht. Kaum drangen wir in diese Region vor, tauchten wir in eine Welt ohne Handys ein. Nicht einmal für Valeria war ich noch erreichbar.

Als sie die angekündigte SMS nicht schickte, fiel es ihrem Bruder und mir zwar auf, doch dachte ich mir nichts dabei. Wahrscheinlich hatte sie über dem Fernsehen oder Lesen die Zeit vergessen oder angenommen, er werde nicht schon mit den Hühnern zu Bett gehen. Sicher würde sie die Nachricht später schicken, nahmen wir an. Was machte es schon, ob er ihren Gruß noch vor dem Schlafengehen oder direkt nach dem Aufstehen finden und genießen würde? In ein paar Stunden würden sie einander in den Armen liegen und sich persönlich sagen können, was immer sie wollten.

Ich selbst versuchte nicht mehr, ihr zu schreiben. Mir war jede Gesprächseinheit wichtig, die der Akku für den nächsten Tag noch hergeben würde. Wer weiß, was unterwegs auf uns wartete? Der Weg bis nach Südtirol war weit, und es schneite bereits seit Stunden.

Hundemüde strebten wir nach einem kleinen Imbiss bei Oliviers Freund nur mehr dem Bett entgegen. Obwohl uns die überreizten Nerven nicht sofort einschlafen ließen, tat es gut, sich ausstrecken und ruhen zu können. Stefan im Arm tröstete mich zwar nicht über den Verlust seines Bruders hinweg, aber es war wie ein erstes Pflaster auf einer strömend blutenden Wunde, ihn eng an mich geschmiegt bei mir zu haben und zu wissen, dass es ihm gut ging.

Valeria hingegen verzweifelte fast. Immer wieder versuchte sie, mir eine SMS zu schicken, dann auch, mich anzurufen. Meine Worte fielen ihr ein, dass ich das Handy eventuell wegwerfen müsse, wenn wir verfolgt würden, damit es unseren Aufenthaltsort nicht verriete. War das etwa passiert? Hatte man ihre Mutter gefangen genommen, eingesperrt? Wenn ja, würde man es ihr als minderjähriger Tochter in Italien überhaupt sagen und wann? Was, um Himmels willen, sollte sie dann tun?

Oder hatten wir einen Unfall gehabt? Im Fernsehen hatte sie gesehen, dass es in den Bergen schneite. Und ich hatte keine Winterreifen. Erst kürzlich hatten wir darüber gesprochen, wie gut es sei, dass ich in Italien keine brauchte, da wir kein Geld hätten, welche zu kaufen.

In ihrer Angst rief Valeria schließlich Karin an, um ihr von unserem Gespräch zu erzählen und dass sie mich nun seit Stunden vergeblich zu erreichen versuche. »Weißt du, wo sie ist?«

Natürlich wusste Karin nicht, wo ich war. Keiner wusste es. Olivier und ich hatten absolute Geheimhaltung betrieben. Trotzdem beruhigte sie Valeria. Sie gehe davon aus, dass keine weitere Nachricht von mir eher eine gute Nachricht sei, denn meist erfahre man sehr schnell, wenn etwas Schlimmes geschehen sei.

»Aber«, sagte sie, »es ist gut, dass ich dich gerade am Telefon habe. Wenn deine Mutter mit deinem kleinen Bruder tatsächlich unterwegs nach Italien ist und dazu keine gerichtliche Erlaubnis bekommen hat, könnte es sein, dass das deutsche Jugendamt oder Alfred sofort Anzeige wegen Kindesentführung gegen Joumana erstatten. Dann wäre es möglich, dass heute Nacht eventuell die Polizei bei euch klingelt und die Wohnung nach deinem Bruder durchsuchen will.«

»Was? Die Polizei? Das kann nicht dein Ernst sein! Das meinst du nicht wirklich!«, bekam Valeria noch größere Angst als zuvor.

»Es wäre leider ganz gut möglich«, bestätigte Karin. »Da deine Mutter sich nach deutschem Recht strafbar gemacht hätte, falls sie keinen Gerichtsbeschluss hat, der ihr erlaubt, deinen Bruder nach Italien mitzunehmen, könnte es sein, dass die deutsche Polizei ihre italienischen Kollegen um Hilfe bittet. Deshalb musst du keine Angst haben, wenn es heute Nacht an deiner Tür poltert und die Polizei dich vernehmen und die Wohnung durchsuchen will. Sag ihnen einfach die Wahrheit. Aber leg dir bitte sicherheitshalber gleich die private Handynummer von Gina und George zurecht, so dass du sie um Hilfe bitten könntest, falls die Polizei dich mitnehmen will, weil du allein in der Wohnung bist.«

»Ich mache gar nicht auf, wenn die kommen«, sagte Valeria und begann zu weinen. »Ich hab solche Angst, wenn die hier reinkommen. Ich bin doch noch ein Kind. Was soll ich denen denn sagen, wo sie ist, wenn die mich verhören?«

»Die Wahrheit«, wiederholte Karin. »Sag ihnen, du weißt es nicht. Deine Mutter habe dir gesagt, sie müsse wegen deinem Bruder nach Deutschland aufs Gericht. Wahrscheinlich sei sie irgendwo unterwegs auf der Rückfahrt. Wo sie sich momentan aufhält, weißt du ja nicht. Ich weiß es auch nicht.«

»Und was mache ich, wenn die mich entführen, genau wie meine Brüder?« Valeria weinte immer mehr.

»Sie entführen dich nicht«, sagte Karin so zuversichtlich wie möglich. »Sie suchen ja nicht nach dir. Leg dir deinen Ausweis parat, so dass du ihnen beweisen kannst, wer du bist und wie alt du bist. Dich wollen sie ja nicht mitnehmen, sondern wenn, dann deinen Bruder. Wenn sie sehen, dass er nicht in der Wohnung ist, gehen sie wieder.«

»Glaubst du?« Valeria versuchte, ihre Panik zu überwinden. Sie ist wirklich ein starkes, mutiges Mädchen.

»Ja«, versicherte Karin ihr erneut und fügte hinzu, sie dürfe jederzeit die ganze Nacht lang bei ihr anrufen, wenn sie das Bedürfnis danach habe. Sie solle dann nur das Telefon lang durchklingeln lassen. Da es nicht neben dem Bett stehe, müsse sie erst aufstehen und ins Büro gehen; das dauere einen Moment.

Valeria ließ sich wirklich aufmuntern. Sie versprach, die Tür gut zu verriegeln und nur dann zu öffnen, wenn die Polizisten ihr durch die geschlossene Türkette hindurch ihren Ausweis und ihren Durchsuchungsbefehl zeigten. Da die Wohnung früher einmal von einem Juwelier bewohnt worden war, der offensichtlich große Angst vor Einbrechern hatte, gab es eine Doppeltür, deren schwere Außentür durch mehrere Riegel gesichert wurde.

Mit dem letzten Rat, dass sie ausnahmsweise einmal in ihrem Jogginganzug zu Bett gehen solle, um nicht im Nachthemd vor den eventuell eindringenden Polizisten frieren zu müssen, legten beide den Hörer auf, und Valeria kroch angstvoll zu Bett, während Karin den Klingelton ihres Apparates auf höchste Lautstärke stellte.

Als sie mir später von diesem Gespräch berichtete, gestand sie, dass sie absolut keine Zuversicht empfand, sondern sofort nach diesem Gespräch mit Gina zu telefonieren versuchte, sie allerdings nicht erreichte.

Es muss kurz vor Mitternacht gewesen sein, als ein wahnsinniger Lärm Valeria aus dem unruhigen Schlaf schreckte, in den sie endlich trotz ihrer Angst verfallen war. Schwere Schritte polterten im Flur die Marmortreppe hinauf und herunter und stoppten dann vor unsrer Wohnungstür. »Aufmachen, Carabinieri!«

Voller Entsetzen verkroch Valeria sich unter der Bettdecke und hielt sich die Ohren zu. Doch das derbe Klopfen an der Wohnungstür ging weiter, und die Stimme brüllte lauter.

Da Valeria zu diesem Zeitpunkt noch kaum Italienisch verstand, erfasste sie den Sinn der Befehle nicht und schrie schließlich auf Deutsch zurück, sie mache nicht auf, sie habe Angst, sie wolle erst den Ausweis sehen.

Vielleicht wären die Carabinieri, die draußen standen, wieder abgezogen, hätte sie geschwiegen. Vielleicht hätten sie aber genau das getan, was sie Valeria nun androhten: »Öffnen Sie die Tür! Oder wir lassen das Schloss gewaltsam öffnen.« Einer der Männer sprach deutsch.

Valeria wusste nicht, was sie tun sollte. Würde sie nicht öffnen, würde die Miliz die Tür vielleicht eintreten. Dann würde die ganz Nacht und bis ich käme, die Wohnungstür sperrangelweit offen stehen. Eventuell würde die Polizei sogar schießen. Schlotternd und schluchzend öffnete sie also einen der Türriegel und schon standen die Carabinieri mitten im Wohnzimmer. Ein heftiger Stoß gegen das Türblatt hatte die übrigen Riegel aufspringen lassen.

Ein paar Männer begannen sofort mit der Durchsuchung aller Zimmer, rissen Vorhänge auf, die Betten auseinander, starrten in unsere Schränke, zerrten die Kleidungstücke darin herum, suchten auf dem Schrank und unter dem Bett und stellten auf den Kopf, was auf den Kopf zu stellen war. Der Chef der Truppe nahm sich indessen Valeria vor, die vor lauter Angst kaum noch fähig war, ein Wort zu sagen, aber nachweisen sollte, dass sie nicht ihre eigene Mutter war und auch ihren Bruder nicht gekidnappt hatte. Drauf und dran, Valeria in Handschellen abführen zu wollen, ließ er sich endlich durch einen Blick auf ihren Ausweis und das Geburtsdatum überzeugen, dass er in ihr die Falsche vor den Haftrichter führen würde.

Trotzdem blaffte er sie immer wieder an: »Wo ist deine Mutter? Wann kommt sie zurück? Wo ist dein Bruder? Ist deine Mutter gekommen? Hat sie ihn hier versteckt?«

Valeria weinte vor Angst so sehr, dass sie nur immer den Kopf schütteln konnte.

Wahrscheinlich sah er ihr an, dass sie es wirklich nicht wusste, denn mit einer Handbewegung winkte er plötzlich seine Leute zurück und verschwand.

Sofort rief Valeria Karin an. In den ersten Augenblicken schaffte sie es nicht, sich klar verständlich zu machen, sondern konnte nur schreiend und weinend etwas von »Carabinieri« hervorstoßen. Doch nach und nach gelang es ihr zu schildern, was passiert war. Fast die ganze Nacht blieben sie am Telefon beisammen, verfolgten gemeinsam, wie die Carabinieri neben meiner Wohnungstür Posten bezogen und lauerten, dass ich käme.

»Morgen früh rufe ich Gina an«, versprach Karin. »Geh du am besten gleich in der Mittagspause zu ihr und erzähle ihr alles ganz genau. Ich glaube nicht, dass das heute Nacht zulässig war. Die Carabinieri haben sich dir gegenüber ja nicht einmal ausgewiesen und einen Durchsuchungsfehl haben sie dir auch nicht gezeigt. Gina oder George können sicher aus dem Dienstplan sehen, wer da im Einsatz war. Dann gehen sie der Sache nach und ziehen diese Männer zur Rechenschaft, wenn die gegen die Dienstvorschriften verstoßen haben sollten.«

Irgendwann gelang es Karin, mein Kind davon zu überzeugen, dass die Miliz die Wohnung nicht nochmals stürmen und durchsuchen würde. »Geh zu Bett«, sagte sie. »Behalt dein Handy in der Hand. Sobald sie nochmals kommen, rufst du mich gleich an. Ich rede mit denen. Hab keine Angst. Du bist ein tolles Mädchen. Vertrau mir und schlaf ein bisschen. Morgen ist Schule. Wenn du nicht schläfst, kannst du nicht gut aufpassen.«

»Ich kann bestimmt nicht schlafen«, meinte Valeria.

»Dann ruh dich ein bisschen aus. Und morgen gehst du nach der Schule zusammen mit einer Freundin in eure Wohnung, nimmst dir das Nötigste mit und bleibst so lange bei ihr, bis deine Mutter kommt.«

»Meinst du, sie schafft das? Meinst du, die Carabinieri werden sie nicht erwischen?«, fragte Valeria.

»Ich werde morgen früh sofort mit Gina sprechen«, versprach Karin nochmals. »Sie wird ihr helfen, dass alles gut wird. Ich erzähle ihr auch, was heute Nacht war. Sie stellt das ab. Du musst wirklich keine Angst mehr haben. Du bist nicht allein.«

So schlief Valeria mit dem Handy in der Hand endlich ein, während Karin ihr Handy in ein Becherglas stellte, damit sie das Klingeln ganz sicher hören würde, und aus der Ferne über den Schlaf meines Kindes wachte.

Als wir, Olivier, Stefan und ich, erschöpft, aber unendlich erleichtert, nach unserer Odyssee in Italien ankamen, eroberte mein Sohn mit einem Schrei der Begeisterung, auf den ich seit der ersten Besichtigung meiner Wohnung gewartet hatte, den Fahrstuhl in unserem Haus. Die Augenblicke in der langsam aufwärts zuckelnden Kabine kamen uns wie Ewigkeiten vor. Dann stürmte Stefan uns voraus, auf die verschlossene Wohnungstür am Ende des Flures zu, auf die wir mit der Hand hinwiesen.

»Ich bin's!«, jubelte er, den Namen seiner Schwester rufend. »Aufmachen! Aufmachen!«, und trommelte mit beiden Fäusten gegen die Tür. Von drinnen antwortete zuerst ein lauter Freudenruf Valerias, dann ein verzweifelter Aufschrei: »Die Tür geht nicht auf. Ich krieg den Riegel nicht auf!«

Erst ein mindestens eine Stunde später mühsam aufgetriebener Schlüsselservice brachte das Kunststück zuwege, uns Einlass zu verschaffen. Das meine Wohnung stürmende Rollkommando der Carabinieri hatte die mafiasicheren Schlösser und Riegel so stark verbogen, dass sie auf keinen Schlüssel mehr reagierten. Noch heute lässt sich deshalb die Innentür meiner Wohnung nicht mehr absperren.

Einige Tage später versuchten Olivier und ich vergeblich, die verantwortlichen Carabinieri ausfindig zu finden. Seltsamerweise war der komplette Vorgang aus dem Einsatzplan gelöscht und blieb auch für Gina und George unauffindbar, die behördliche Nachforschungen anstellten. Einzig, dass ein Anruf aus Deutschland den Einsatz veranlasst hatte, weil es angeblich um Leben und Tod eines entführten Kindes gegangen sei, ließ sich in Erfahrung bringen. Wer der Anrufer war und wer den Befehl zum Einsatz der Carabinieri gegeben hatte, blieb im Dunkeln.

KAPITEL 20

Mein Sohn spricht für sich

Unmittelbar nachdem Olivier und ich mit meinem Sohn Stefan in Italien angekommen waren, sprachen wir gemeinsam bei Gina und George in der Jugendbehörde vor, um ihnen einen genauen Bericht der Ereignisse der letzten Tage zu geben und um ihre Unterstützung zu bitten.

Sie trugen uns auf, alles, was Stefan uns in den nächsten Tagen über seine Zeit ohne mich in Deutschland erzählen würde, aufzuschreiben und möglichst auf einem Tonträger aufzuzeichnen. Diese Mitschriften und Mitschnitte seien wichtige Zeugenaussagen, die wir der Kinderpsychologin geben müssten, die mit der Anhörung des Jungen beauftragt und ein Gerichtsprotokoll seiner Aussage erstellen werde. Mit Hilfe der Erzählung im geschützten Privatbereich könne sie gezielt nach bestimmten Vorfällen fragen oder auch vertiefende Fragen stellen.

Diese Anweisung befolgten wir. Da wir nicht immer, wenn mein Sohn spontan zu erzählen begann, sofort den Kassettenrekorder mitlaufen lassen konnten, sondern das Band irgendwann zuschalteten, bat Olivier ihn manchmal um eine Wiederholung des soeben Erzählten. Stefan sprach dann bereitwillig nochmals oder genauer darüber.

Da wir ihn nicht »ausquetschen« wollten, sondern ihn von sich aus reden ließen, griffen wir sein jeweiliges Thema zwar stets auf und stellten dann auch vertiefende Fragen dazu, doch sind weder Olivier noch ich psychologisch geschult, so dass viele Fragen offen blieben, die dann später durch die italienische Kinderpsychologin gestellt und ordnungsgemäß protokolliert wurden.

Im Verbund mit allen anderen Dokumenten und Aussagen, ist die Dokumentation der Aussagen Stefans ein Teil meiner bereits im November 2004, etwa zeitgleich mit der Strafanzeige des »CEED«, vor der italienischen Staatsanwaltschaft erhobenen Klage und Strafanzeige wegen Kindesentführung und Menschenhandels gegen die Verantwortlichen des deutschen Jugendamts. Da dieses vollständige Protokoll Teil des zum Zeitpunkt der Entstehung dieses Buches noch laufenden Strafverfahrens gegen die Verantwortlichen ist, halte ich es hier zurück und lasse meinen Sohn mit den Worten zu Ihnen, liebe Leserin, lieber Leser, sprechen, die er Olivier, seiner Schwester und mir in den ersten Stunden unseres Wiedersehens anvertraute.

In der Abschrift der Aussagen meines Sohnes auf unserem Tonträger veränderte ich nur den einen oder anderen echten Namen und ließ Nachnamen weg oder nahm eine Anpassung der hier im Buch verwandten Namen an die tatsächlich beteiligten Personen vor, deren vollen Namen und Anschrift Stefan jeweils nannte.

Da ich mit meinen Kindern nie in irgendeiner Art Babysprache Deutsch sprach, sondern als jemand, der Deutsch nicht als Muttersprache spricht, großen Wert darauf lege, dass sie von Anfang an möglichst richtiges Deutsch lernten, mag die Ausdrucksweise meiner Kinder Außenstehenden unkindlich oder altklug erscheinen. Meine Kinder und ich finden dies jedoch schön, und ihre Lehrer genossen es ebenfalls. Ungewöhnlich scheint vielleicht auch die Zahlenakrobatik meines Sohnes, wenn er seine Aufenthaltszeiten bei bestimmten Personen berechnet. Darin zeigt sich seine besondere Begabung und Aufmerksamkeit für alles, was mit Zahlen zusammenhängt.

Unser Protokoll:

Was hast du gedacht, als deine Mutter dich vom Schulhof abgeholt hat? Hast du dich gefreut?
Ja, zuerst nicht.

Warum ?

Weiß nicht, ich war vier Monate weg, dann wusste ich nicht mehr, wer meine Mutter ist, wer mich da abholt. Zuerst habe ich geglaubt, dass eine mich entführen will, weil ich sie nicht erkannt habe. Dann habe ich geglaubt, dass sie ins Gefängnis kommt. Weil sie mich in Südtirol kriegen werden, aber im Libanon nicht. Das hat die Walburga und die Bella Kötter und der Herr General mir erzählt. Ich habe geglaubt, dass sie mich in Südtirol finden. Dann komme ich wieder in eine Pflegefamilie. Doch aber nicht in Deutschland. Weil, sie haben jetzt gesehen, dass meine Mutter sich in Deutschland gut auskennt.

Hast du Angst vor der Polizei gehabt?

Ja, für meine Mutter. Weil sie dann für ewig ins Gefängnis kommt. Weil es Diebstahl ist, weil sie Bob verkloppt hat.

Wer hat das erzählt?

Die Polizei. Die Polizei vom Jugendamt.

Das Jugendamt hat eine Polizei?

Ja, der Richter hat auch Polizei gehabt. Außerdem hat mir Walburga auch erzählt, dass drei Polizisten meine Mutter angegriffen haben, weil sie den Richter so angefleht hatte, und sie haben sie nicht mehr ruhig gekriegt.

Warst du gern in einer Pflegefamilie?

Nein. Ich habe immer geweint. Ich wollte zu meiner Mutter. Ich habe immer vor dem Spiegel gestanden und geweint und habe gedacht, wenn meine Tränen unten angekommen sind, kommt sie.

Und würdest du gerne wieder in eine Pflegefamilie kommen?

Nein. Ich durfte bei Walburga nicht ins Wohnzimmer und musste die ganze Zeit in meinem Zimmer bleiben. Von morgens bis abends, 7.00 Uhr. Ab 18.00 Uhr war das Rollo immer unten und ich konnte nicht durchgucken. Dann musste ich essen und ins Bett gehen. Vorher habe ich mir mit den Fingern, mit dem Zeigefinger, die Zähne geputzt. Weil sie mir die Zahnbürste nicht gegeben haben. Wahrscheinlich weil sie keinen Spaß daran hatten.

Bist du bei Walburga und Frank zur Schule gegangen?
Ja, aber sie hat mir erzählt, dass ich drei Monate erst mal ausruhen muss, um mich einzuleben. Weil sie meinte, ich könnte mich nicht so schnell in die Schule einleben.

Dann war ich in der Schule von Herrn Blunkes, in der zweiten Klasse, Herr Blunkes heißt auch Herr W. Herr Blunkes ist sein Hausname. Aber ich weiß es nicht richtig.

Wer war dein Lehrer?
Eine Lehrerin! Sie hieß, glaube ich Frau … also, ich war in der Klasse 2c. Frau Eppel, ja, Frau Eppel.

Was hast du nach der Schule gemacht?
Ich habe gegessen und dann musste ich Hausaufgaben machen, danach durfte ich nur noch in mein Zimmer. Ich durfte nur bei den Speisen rauskommen und dann sofort in mein Zimmer zurück.

Bist du später in eine andere Schule gegangen?
Ja, dann war ich auf der Maximilian Kolbe, wo ich bei Bella Kötter war, und bei dem Herrn Blunkes war ich, glaube ich, auf der Hagel-Schule, als ich bei Walburga war. Bei Bella Kötter durfte ich nur mit Jasmina nach draußen, denn sie hatten Angst vor meiner Mutter. Auch in der Schule war Beaufsichtigung. Die haben am meisten auf mich aufgepasst. Eine Lehrerin. Verschiedene Leute. Frau F., Herr G., die Leiterin der Schule, Frau G., Frau P., Frau S., Frau S., Frau R. Die haben gewusst, dass meine Mama mich sucht. Ja, das hat Bella zu ihnen gesagt, oder das war Jupp, Jupp Kötter.

Erzähl mir über Walburga und Frank (die erste Pflegefamilie).
Walburga und Frank waren sehr fett. Sie tragen beide eine Brille. Sie wohnen in (...), Hausnummer 10-3 oder 103. Er war mal Koch und hat jetzt eine Rente, weil er krank ist. Sie muss Tabletten nehmen, ich weiß nicht, ob sie gearbeitet hat oder Rente hat. Sie machte gerne Rätsel in der Zeitung.

Konnten sie Schach spielen, wie du?
Nee, beide konnten nicht spielen.

Haben Walburga und Frank dir erklärt, warum du nicht zu deiner Mama durftest?
Sie haben gesagt von meiner Mutter, dass sie mich stehlen will, dass sie mich entführen will. Sie haben gesagt, wenn sie nach Südtirol fahren, werden sie auf das Haus meiner Mutter spucken und auf dem Fenster einen Stein schlagen.

Haben Walburga und Frank mit dir geschimpft?
Ja, jedes Mal, wenn ich was Falsches gemacht habe. Wenn ich meine Fingerabdrücke an dem Fenster hinterlassen habe. Wenn ich auf dem Klo war und vergessen habe abzuspülen. Wenn ich die Lampe zu nah an den Schreibtisch gerückt habe. Wenn ich meine Pantoffeln nicht getragen habe. Dann haben sie geschimpft. So: Ganz böser Blick, Schlitzaugen, Falten in den Wangen und Geräusche von sich gegeben.

Haben sie dich geschlagen?
Ja! Und getreten! In meinem Popo. Sie haben mich auch in der Kniekehle getreten. Sie haben mich ins Gesicht geschlagen.

Womit haben sie dich ins Gesicht geschlagen?
Mit der Hand. Jedes Mal, wenn ich was Falsches gemacht habe und sie haben mich immer angebrüllt. Am meisten hat mich die Walburga geschlagen. Immer, wenn Besuch

war, durfte der Besuch ins Wohnzimmer und ich musste in meinem Zimmer bleiben. Und sie hat auch ein Frühchen gehabt, ein schwarzes Kind. Die Mutter konnte nicht für das Kind sorgen.

Wie hieß das kleine Kind?
Es hieß Max oder Felix. Jetzt erzähle ich dir erst mal was. Die Mutter konnte das Kind nicht richtig versorgen. Sie ist immer zu Walburga gekommen, um zu lernen. Sie hat auch da geschlafen. Aber Walburga hat immer das Kind von der Mutter weggenommen, um dem Kind die Flasche zu geben. Dadurch konnte die Mutter auch nichts lernen. Am meisten hat Walburga sich um das Frühchen gekümmert. Und weil das Füttern bei der Mutter zu lange gedauert hat, hat Walburga immer das Kind weggerissen. Die Mutter ist später nur noch eine halbe Stunde gekommen. Sie durfte nicht alleine zum Einkaufen gehen. Sie wohnt in Russland eigentlich und dann ist die Entscheidung gefallen, das Baby bleibt für immer bei Walburga. Weil, wenn das Baby bei der Mutter verbleiben würde, würde das Baby sterben, denn sie können es in Russland nicht richtig versorgen.

Haben Walburga und Frank mit dir über deine Mutter gesprochen?
Ja, dass sie verrückt ist, dass sie ganz viele Kinder töten möchte, dass sie eine ganz böse Frau ist, und darum sollte ich, wenn ich sie am Fenster sehe, sofort losbrüllen. Aber ich wollte es nicht machen, weil ich lieber zu meiner Mutter wollte, denn sie ist viel lieber als ein Herr X. und eine Walburga X.

Was hast du am Wochenende gemacht?
Ich musste mich damit beschäftigen, was die Walburga gekauft hat. Lego, dann mit dem Spielcomputer. Aber ich durfte damit nicht spielen, weil es sie immer genervt hat.

Bist du spazieren gegangen ?
Nein, ich bin auch zum Schulhof gefahren. Ich durfte nicht zum Schulhof gehen, ich musste immer rennen.

Warum bist du in diese Pflegefamilie gekommen?
Ich bin zu denen gekommen, weil meine Mutter mich gesucht hat und mich nicht finden sollte.

Wie hat deine Mama erfahren, dass du in (...) bist?
Ich habe für sie einen kleinen Zettel geschrieben mit drei Buchstaben von dem Ort.

Wie hast du ihr den Zettel gegeben?
Wo der Herr General mich abgeholt hat und mich da hingebracht hat.

Wo hat er dich hingebracht?
Er hat mich von der Walburga abgeholt und er hat gesagt, dass meine Mutter gekommen ist.

Ich habe erst mal gesagt: »Das glaube ich nicht, dass meine Mutter da ist.« Und dann haben wir über das Essen geredet und dann, als wir da angekommen sind, ist meine Mutter mit meiner Schwester hinter dem Auto hergerannt.

Ich durfte nicht auf den Arm meiner Mutter, weil die Regeln so sind. Wie bei Mensch-ärgere-dich-nicht. Nicht weinen, nicht auf den Arm, nicht mitgehen. Als wir im Gebäude waren, durfte ich auf den Arm meiner Mutter.

Hast du dich gefreut?
Ja.

Was war das für ein Gebäude?
Das war das Jugendamt. Ich durfte nicht einmal »Flugzeug« mit meiner Mutter spielen.

Was durftest du?
In so ein kleines Häuschen gehen, mit der Eisenbahn spielen, mehr nicht.

Ach ja, ich durfte auch nicht mit diesen langen Zebrastreifen spielen, ein langes Rohr, wo man darin krabbeln kann.

Wann bist du zu Bella Kötter gekommen ?
Zuerst war ich bei Bella Kötter zusammen mit meiner Schwester. Dann war ich bei Walburga X. Dann war ich bei meiner Tante ein oder zwei Tage lang, dann war ich bei meinem Vater einige Tage. Dann bin ich zu Bella Kötter wieder gekommen.

Bei Walburga war ich bestimmt vier Monate und bei Bella war ich nur drei Wochen. Ich war auch an drei Wochenenden da. Also muss man noch sieben Tage hinzuzählen.
Mein Vater hat mich da hingebracht. Zuerst sollte ich zu meinem Vater, so ist die Entscheidung in Deutschland gefallen und dann bin ich zu Bella gekommen, weil mein Papa keine Zeit für mich hatte. Er hat es gesagt.

Hast du deine Mama denn manchmal in der Schule gesehen?
Nein, sie hat mich dann nur abgeholt. Bei der Maximilian-Kolbe-Schule hat sie mich abgeholt.

In der Hagel-Schule, der von Herrn Blunkes, habe ich meine Mama nicht gesehen.

Hast du deine Mama seit dem Tag im Jugendamt noch einmal gesehen?
Nein, ich habe sie nicht gesehen. Erst, als sie mich abgeholt hat.

Hat man dir erklärt, warum du deine Mama nicht sehen kannst?
Bella Kötter hat gesagt, weil sie möchte, dass ich von Deutschland nicht weggehe. Sie hat gesagt, dass sie mich lieb hat.

Die Walburga hat mir sogar die Telefonnummer von meiner Mutter weggenommen. Wenn ich ihr die Nummer nicht geben würde, würde Frau Fromm kommen und die wäre dann stinksauer. Sie ist eine vom Jugendamt, sie arbeitet zusammen mit dem Herrn General. Als ich bei dem Richter war, wo ich alles erzählen sollte, war Herr General auch da. Im Raum, wo der Richter war. Da war auch noch eine Frau. Sie hat auch die Pflegefamilie für mich gefunden, die Familie X.

Was hat dich der Richter in der Anhörung gefragt?
Ob ich mir vorstellen könnte, bei meiner Tante zu leben.

Was hast du geantwortet?
Ja, ich glaube schon. Bei der anderen Tante habe ich auch gesagt, ich glaube schon.

Was hat er dich noch gefragt?
Was ich werden möchte, als Beruf. Ich habe gesagt, ich möchte Astronaut werden.

Hast du dem Richter deine eigene Meinung mitgeteilt?
Nein, ich konnte ja nicht, weil ich sagen musste, was er gesagt hat.

Und was hat er gesagt?
Ja, ob ich mir vorstellen könnte, bei meiner Tante zu leben. Ob ich mir vorstellen könnte, ob meine Schwester da wäre.

Und was hast du geantwortet?
Nein. Ich könnte mir nicht vorstellen, dass meine Schwester da wäre.

Nach der Verhandlung habe ich einen Nussbonbon bekommen und dann sind wir mit Walburga und Frank zu McDonalds gegangen. Bei Walburga hieß ich wie die, mit ihrem Namen. Bei Bella hieß ich nur mit meinem halben Namen, Stef Kötter.

Kannst du mir die Geschichte mit den 500 Euro noch einmal erzählen?
Ja. Zuerst ist mein Opa zum Jugendamt gegangen, dann ist meine Tante A. und dann die Tante B. zum Jugendamt gegangen. Dann haben sie gefragt, wie viel Lohn sie dafür kriegen, dass sie auf mich aufpassen. Und dann hat das Jugendamt gesagt, ihr kriegt keinen Cent.

Wer sollte das Geld kriegen?
Gar keiner von denen sollte das Geld kriegen, das Geld hat Walburga bekommen, 500 Euro. Und weil meine Tante auch Familie ist, konnten sie auch so, ohne Lohn, auf mich aufpassen. Weil Walburga nicht von meiner Familie ist, hat sie auch Geld gekriegt. Walburga hat 500 Euro vom Jugendamt für mich gekriegt. Und die 500 Euro würden ja mir gehören. Sie haben damit Schulsachen, Kleider usw. für mich gekauft. Aber sie haben mir die gekauften Sachen nicht gegeben. Sie haben alles eingepackt. Ich glaube, sie haben alles verschenkt oder für das nächste Pflegekind aufbewahrt.

Hat deine Mutter dir keine Schulsachen gekauft?
Doch. Einen nagelneuen Schulranzen. Bella Kötter hat ihn mir aber weggenommen und aufbewahrt. Dafür habe ich einen gebrauchten bekommen.

Hat Bella Kötter auch noch andere Pflegekinder?
Ja, sie heißt Jasmina. Sie ist 12 oder 14. Sie ist schon größer als ihre Oma. Alle in ihrer Familie sind eigentlich sehr klein. Sie war im Kinderheim und Frau Kötter hat auch im Kinderheim gearbeitet und weil sie Jasmina noch eine Chance geben wollte, hat sie Jasmina gekauft. Deshalb hat sie keine Geschwister.

Wer hat gesagt, dass sie Jasmina gekauft hat?
Bella, Frau Kötter.

Hat sie gesagt, dass sie Jasmina gekauft hat?
Ja.

Gina, George, jeder, der diese Tonaufnahmen zum ersten Mal hörte, saß erst einmal stumm da. Ich kann es bis heute nicht ertragen, sie mir nochmals anzuhören.

KAPITEL 21

Intermezzo

Mit Stefan in Italien angekommen, blieb Olivier auf unbestimmte Zeit bei uns, um mir bei der Regelung meiner behördlichen Angelegenheiten zur Seite zu stehen, mein Zeuge zu sein, sein Know-how über Erfahrungen anderer Eltern mit dem deutschen Jugendamt einzubringen und mir bei der Bewachung der Kinder zu helfen.

Für Stefan war Oliviers Anwesenheit ein Glücksfall. Er war und ist sein Held, der ihn befreit und seiner Mama geholfen hat, ihn nach Hause zu bringen und dem er deshalb nicht nur vertraute, sondern auch gefallen wollte. Es tat ihm gut, mit diesem Mann zusammen zu sein, in dessen Gegenwart er sich beschützt fühlte. Olivier wiederum erlebte wohl eine bittersüße Freude an ihrem Zusammensein, indem er ihn an seinen eigenen Sohn erinnerte, der meinem schlanken, wendigen Blondschopf mit den großen samtgrünen Augen und dem hellwachen Verstand ein wenig ähnelt. Hand in Hand mit ihm zur Schule zu gehen, ihn unterwegs Verkehrsregeln und die Zusammenhänge zwischen weniger Schnee auf den Bergen und mehr Wasser im Fluss zu lehren, Stöcke mit ihm zu schnitzen, deren Späne unseren Balkon bedeckten, seine Hausaufgaben zu betreuen, für die Kinder zu kochen und unseren Haushalt zu schmeißen, schenkte ihm für eine Weile ein Gefühl von Familie.

Da ich Stefan sofort in der Schule anmeldete, damit er die Chance wahrnehmen konnte, wieder in die zweite Klasse aufzurücken, anstatt wie in Deutschland als Erstklässler zurückgestuft zu werden, übernahm Olivier das Hinbringen und Abholen, so dass ich weniger Angst vor einer erneuten Entführung haben musste. Gemeinsam instruierten wir die Schulleitung und Klassenlehrer, dass er die Schule nur mit einem von uns verlassen durfte und zu seiner Sicherheit auf dem Pausenhof besonders beaufsichtigt werden musste.

Natürlich weckte der Mann an meiner Seite Neugier. Und prompt wartete Stefan, der mit keinem Vater auftrumpfen konnte, vor seinen neuen Klassenkameraden mit einem eigenen Anwalt und echten Präsidenten auf, der ihn täglich begleitete und bewachte. Dass Olivier nur ein Vereinspräsident war, wusste der gleichaltrige Junge ja nicht, der eines Tages auf dem Schulhof, im Schlepptau meines Sohnes auf ihn zustürzte und fragte: »Stimmt es, dass Sie Präsident sind?«

Oliviers schmunzelnde Antwort: »Ja, ich bin Präsident« steigerte Stefans Nimbus erheblich. Fortan waren seine Mitschüler überzeugt, dass der Neue in der Klasse kein Angeber, sondern einer sei, mit dem man sich anfreunden könne, obwohl er keine Klamotten aus den Nobelkinderboutiquen der Stadt trug und zwar ganz gut in Mathe, aber ziemlich schlecht in Italienisch war.

Valeria und ich waren zudem erleichtert, einen Mann im Haus zu haben, der uns gegen nächtliche Carabinieri-Rollkommandos beistehen würde, sollte es irgendwelchen Jugendamtsleuten oder Polizisten aus Deutschland erneut gelingen, einen übereifrigen italienischen Befehlsempfänger der Miliz davon zu überzeugen, dass ich mein eigenes Kind massakriere.

Einige Zeit war es nur wunderbar, Olivier bei uns zu haben. Doch auf Dauer kamen wir beide als ausgeprägte »Alpha«-Menschen einander öfter ungewollt in die Quere. Wie schon in den vergangenen Weihnachts- und Silvestertagen entzündete sich der Konflikt stets an Oliviers Einmischung in meine erzieherischen Maßnahmen gegenüber Valeria und nun auch gegenüber Stefan, der nach so langer Trennung neu erproben musste, wo seine Grenzen in unserer Familie lagen.

Auch Valeria empfand große Dankbarkeit für Olivier, weil er ihren Bruder gerettet und mir geholfen hatte. Zugleich befand sie sich in der Zwickmühle, denn seine Gegenwart und die zwischen ihm,

Stefan und mir entstandene Nähe durch die gemeinsame Erfahrung rund um die Rettungsaktion versetzte sie in die unbefriedigende Rolle der nicht dazugehörigen Außenseiterin. Sie war in S. und auf der Flucht nicht dabei gewesen, konnte also bloß zuhören, nicht mitreden. Dadurch wurde ihr Leid kaum thematisiert und irgendwie minderwertiger, obwohl sie nicht weniger schwer gelitten hatte.

Hinzu kam, dass ihr Bruder, für den sie bis zu seiner Entführung durch das Jugendamt die neben mir wichtigste Bezugsperson gewesen war, nicht als derselbe fröhliche, unbekümmerte Springinsfeld zurückgekommen war, den sie von früher kannte. Zwar waren sie sich bei ihrem Wiedersehen überglücklich um den Hals gefallen und hatten stundenlang ohne Ende miteinander geredet, hatten sich auch immer noch lieb, doch im alltäglichen Zusammenleben gab es große Unterschiede. Ernsthafter, verschlossener, distanzierter, misstrauischer und aggressiver als zuvor, wirkte Stefan nicht mehr wie der frühere süße Kleine, für den sie wie eine zweite Mutter gewesen war und der zu ihr aufblickte. Stattdessen klebte er nun förmlich an Olivier, mit dem er sich öfter befasste als mit seiner ihm durch die lange Trennung fremd gewordenen Schwester.

Früher hatte er mit ihr Schach gespielt, jetzt war Olivier sein Partner. Früher hatte er sich ihr anvertraut, jetzt führte er mit ihm »richtige Männergespräche«. Früher hatte er auf ihre Anweisungen gehört, jetzt folgte er ihm. Und obwohl sie als Schwester sich so schmerzlich nach ihm gesehnt hatte, schien es ihm weniger zu bedeuten, endlich wieder mit ihr zusammen zu sein, als mit Olivier etwas zu unternehmen und nach seinem Bruder zu verlangen. Jeden Tag wollte er wissen, wann wir auch diesen zu uns nach Italien holten.

Mir schien es in jenen Tagen, dass Valeria unberechtigterweise eifersüchtig sei. Erst viel später, als wir schon wieder alle zusammen waren, verstand ich, dass alles ganz anders und viel mehr war. Tatsächlich war sie inmitten unserer euphorischen Wiedersehensfreude und trotz der Heimkehr ihres Bruders noch immer schmerzhaft allein. Unbeabsichtigt führte meine ständige Konzentration auf meine Söhne dazu, dass ich als Mutter auch weiterhin für Valeria kaum Zeit fand, so dass sie mit ihren speziellen Bedürfnissen und Wünschen ins Leere lief.

Und nun war Olivier wieder da, der sich in ihren Augen wie ein neuer Vater aufspielte und dadurch sogar ihre frühere Unzertrennlichkeit mit ihrem Bruder kaputtzumachen schien. Schon in den Tagen zwischen Weihnachten und Neujahr hatte sie seine Erziehungsversuche und seine Kritik an mir abgelehnt. Jetzt erlebte sie erneut, dass er sich dauernd in unsere Angelegenheiten einmischte, die ihn nichts angingen. Und sie beschwerte sich, dass er sich erlaubte, sie und Stefan auszuschimpfen oder etwa durch den Entzug der Playstation oder Einsperren im Zimmer zu bestrafen. Es ärgerte sie, dass er ständig im Wohnzimmer an meinem Computer arbeitete und rauchte und Ruhe brauchte, so dass das früher von meinen Kindern zum Spielen genutzte Wohnzimmer für sie fast tabu war. Und beide Kinder protestierten dagegen, dass ich nach Feierabend, wenn ich normalerweise nur für sie da gewesen war, nun bei Olivier saß. Er wiederum reagierte sauer, weil ich seine wichtigen Pressekommuniqués liegen ließ und nicht übersetzte, sondern über dem Spielen mit den Kindern die Zeit vergaß.

Ich schämte mich, mir eine Pause in unserem Zusammenleben mit Olivier zu wünschen. Aber wie durfte ich so undankbar sein? Dieser Mann ließ mich in keinem Augenblick im Stich. Überall ging er mit mir hin, ob zum Arzt, zur Schule, zum Gericht oder zur Polizei. Er war praktisch der Bodyguard meines Sohnes. Er opferte sich selbstlos für uns auf. Und ich war trotzdem unzufrieden. Kein Mensch würde das verstehen, dachte ich.

Ich, wir waren ihm zutiefst verpflichtet. Er sollte sich wohl fühlen bei uns. Immerhin hatte ich ihm angeboten, ihm zu helfen, demnächst seinen Sohn nach Italien zu holen und gemeinsam mit ihm hier bei uns zu leben, bis er einen neuen Job und eine eigene Wohnung gefunden hätte. Für diese Zeit war vereinbart, dass Olivier und sein Sohn mein Schlafzimmer bewohnen würden, während Valeria und ich in ihrem Mädchenzimmer und meine Söhne in ihrem Jungenzimmer leben würden. Wohnzimmer, Küche und Bad sollten gemeinsam genutzt werden. Einige Monate lang ließe es sich in einer solchen Wohngemeinschaft aushalten, hatte ich angenommen. Jetzt zeichnete sich bereits nach einigen Wochen ab, dass es so einfach nicht sein würde. Ein Rückzieher aber kam nicht in Frage. Ich stand bei Olivier im Wort. Das würde ich halten, komme, was da wolle.

»Wir müssen uns alle ganz einfach ein bisschen Mühe geben, dann geht das«, schärfte ich meinen Kindern ein. »Olivier ist unser Retter. Wir können das nie wieder gutmachen, was er für uns getan hat. Also benehmt euch und haltet Frieden. Nehmt Rücksicht auf ihn, wenn er arbeiten und sich konzentrieren muss. Seid leise in der Wohnung. Gehorcht ihm, wenn er etwas zu euch sagt. Das kann doch nicht so schwer sein.«

Aber es war schwer, denn die schrecklichen Ereignisse der letzten Monate hatten in uns allen Verletzungen hinterlassen, die sich in heftigen Streitigkeiten niederschlugen und schon bei kleinen Enttäuschungen zu Tränen oder Wutausbrüchen führten. Wir strengten uns an, »normal« zu leben, doch es war nichts mehr »normal«, unser Leben spielte sich wie auf einer dünnen Eisscholle inmitten des Meeres ab. In jedem Moment dieses Lebens machte uns das Fehlen unseres kleinsten Familienmitglieds die Brüchigkeit unserer Eisscholle bewusst.

»Ihr braucht dringend psychologische Hilfe«, meinten Gina und George, selbst Olivier und eigentlich alle meine guten Freunde. »Ohne Hilfe schafft ihr es nicht, das Trauma zu überwinden.« Ich sah ein, dass es für die Kinder gut wäre und vereinbarte entsprechende Termine für sie. Für mich, nein, das musste warten. Erst wenn ich auch meinen kleinen Sohn wieder bei uns hätte, würde ich bereit und offen sein, professionelle Hilfe anzunehmen. Aber wann würde das sein?

»Später«, stellte Olivier in Aussicht. »Wir brauchen Geld dafür, mindestens einen zweiten Mann. Außerdem muss erst Gras über die Sache gewachsen sein. Wenn wir jetzt schon kommen, laufen wir ihnen uns offene Messer. Die warten auf uns. Jetzt geht es nicht. In ein paar Wochen vielleicht. Deinem Sohn geht es gut. Du weißt, wo er ist. Du kannst dir Zeit lassen.«

Geld, natürlich brauchten wir Geld für eine neue Aktion. Leihwagen, Benzin, Hotel, vielleicht musste ich Helfer bezahlen. Doch woher sollte ich das Geld nehmen? Meine finanzielle Situation war mehr als angespannt. Mit zwei zusätzlichen Essern im Haus, Anwaltskosten in Deutschland, irrwitzigen Telefon- und Internetkosten, mittlerweile hoch aufgelaufenen Schulden auf meinem stets überzogenen Gehaltskonto, dessen Überziehungskredit ausgeschöpft war, geriet ich zusehends in Panik.

Meine Freunde wagte ich nicht nochmals um Finanzhilfen zu bitten. Sie hatten bereits Tausende Euro für mich ausgegeben. Meine Eltern konnte ich nicht fragen. Sie wussten immer noch nichts von der Lawine, die uns überrollt hatte. Als sie Weihnachten mit den Jungen telefonieren wollten, hatte ich meine Mutter und meinen Vater mit der Ausrede traurig gemacht, dass sie bereits schliefen. Und wenn sie jetzt anriefen, erfanden wir immer neue Ausreden für die Abwesenheit ihres jüngsten Enkels.

Sogar den letzten, von meiner Mutter geerbten Goldschmuck, hatte ich bereits verkauft, um meine größer gewordene Familie ernähren zu können. Viel kam nicht dabei heraus, doch es war meine eiserne Reserve gewesen. Davon hatte ich eigentlich die Rückholung meines Kindes finanzieren wollen. Und nun war es für den alltäglichen Hunger verbraucht.

Als ich einmal so völlig pleite war, dass ich mir peinlicherweise von Olivier, meinem Gast, den ich doch gastlich bewirten und verwöhnen wollte, Geld leihen musste, um etwas zu essen einkaufen zu können, gerieten wir wegen des Geldes in Streit. Ein Wort gab das andere, bis er mir an den Kopf warf, ich zähle ihm wohl die Bissen im Munde ab, und ich ihm vorhielt, er habe mir doch bloß geholfen, weil mein Freund Charles ihn bezahlt habe. Während er dies heftig bestritt, weil er niemals Geld von Charles angenommen habe, schrie ich ihn an, er solle mir nichts erzählen, er lebe lediglich bei uns, weil er in Paris nicht mal die Möglichkeit habe, ins Internet zu gehen. Worauf er brüllte, er sei bloß hier, um mir die Kinder abzunehmen und auf sie aufzupassen, damit ich unbesorgt arbeiten und Dienstreisen unternehmen könne und meine Arbeit nicht verliere. Und ich antwortete ebenso laut, dass ich locker ein Kindermädchen bezahlen könne. Am Ende starrten wir uns unglücklich an, und er sagte mit diesem kleinen, schiefen Lächeln, das ihn so jungenhaft aussehen lässt: »Hab ich dir nicht von Anfang an gesagt, wir würden uns eines Tages streiten?« Ich erinnerte mich. Ich hatte es nicht geglaubt.

Wann immer ich mit Olivier über die nächste »Mission« sprach, versuchte er mir seine Idee schmackhaft zu machen, diesmal keinen Überraschungscoup als Rückholmanöver zu planen. Stattdessen wolle er lieber mit Eltern aus dem »CEED« zu Bob fahren und eine Mediation mit ihm machen, um eine friedliche Lösung zu finden, mit der alle Beteiligten leben könnten.

Bob, meinte er, sei ein guter Mann, nett, ohne Aggressionen. Und er sei ein guter Vater. Er liebe unseren Sohn, sorge für ihn. Er habe nicht verdient, dass man ihm einfach das Kind wegnehme. Bob habe das Beste und Richtigste für den Jungen getan, als das Jugendamt ihn vor die Wahl gestellt hatte, entweder das alleinige Elternrecht zu beantragen oder das Kind in eine Pflegefamilie zu schicken. Bei Alfred sei alles anders gewesen. Alfred sei ein schlechter Vater. Er habe den Jungen ja in eine Pflegefamilie abgegeben und einfach verkaufen wollen. Aber Bob, das sei etwas anderes. Da müsse man eine diplomatische Lösung finden. Ich solle ihm vertrauen. Er kenne Eltern aus dem »CEED«, die Bob und mich an einen Tisch bringen würden.

George, dem Olivier ebenfalls von seinen Mediationsplänen berichtete, nahm mich zornig beiseite. »Hör mal, Joumana«, warnte er mich, »als Freund rate ich dir, nimm dir endlich einen richtigen Anwalt. Wenn du machst, was Olivier will, das geht schief, ich sage es dir. Wenn er diese Mediation macht, heißt das vor Gericht, dass du nicht mehr um die Herausgabe des Jungen kämpfen willst, sondern anerkennst, dass er bei seinem Vater bleibt. Wenn du erst mit dem Vater im deutschen Jugendamt oder bei sich zu Hause zu einer Mediation am runden Tisch sitzt und Kompromisse entwickelst, wie ihr zusammen den bei ihm wohnenden Jungen großziehen könnt, ist es aus. Kein Richter wird dir den Jungen dann noch geben. Auch in Italien nicht. Es ist deine Entscheidung. Aber überleg dir das gut. Ich kann nichts mehr für dich tun, wenn du diesen Fehler machst.«

»Aber ich will ihn nicht bei seinem Vater lassen«, beteuerte ich. »Du weißt, dass ich ihn hier haben will.«

»Warum sollte sein Vater einer Mediation zustimmen, wenn er dir doch nur den Jungen geben soll?«, fragte George. »Er hat den Jungen. Er will ihn behalten. Wenn er sich mit dir an einen Tisch setzen würde, dann nur, um dich zu einem Verzicht zu bewegen.«

Gina pflichtete ihm bei. »Eine Mediation ist etwas für Leute, die Kompromisse suchen und bereit sind, ihre Positionen zu verändern. Eure Positionen sind starr. Bob will dir den Jungen nicht mehr geben, du willst ihn haben. In einem üblichen Sorgerechtsstreit zwischen Eltern ist eine Mediation sinnvoll. Aber in diesem Fall geht es nicht um einen Sorgerechtsstreit zwischen Eltern, sondern um einen Streitfall zwischen dem Jugendamt und dir, in dem du durch das Jugendamt widerrechtlich in deinem Elternrecht und Menschenrecht geschädigt worden bist.«

»Richtig«, sagte George. »Du kannst beweisen, dass du die Kinder nicht im Stich gelassen hast und sie nach Italien mitnehmen willst. Du kannst beweisen, dass das Jugendamt dich bewusst hintergangen hat, um deine Kinder in Deutschland zurückzuhalten. Du hast sehr gute Chancen, dass das italienische Gericht dir gegen dieses Unrecht hilft und dir gestattet, zusammen mit deinen Kindern in Italien zu leben. Mit einer Mediation setzt du das falsche Zeichen, nämlich, dass du deine Kinder nicht unbedingt nach Italien mitnehmen willst, sondern bereit bist, über sie zu verhandeln. Ich bin sicher, dass der Richter deine Kinder dann nach Deutschland zurückschicken würde. Willst du das?«

»Ist das eine Frage?« Natürlich wollte ich das nicht.

Trotzdem war ich hin- und hergerissen. Sollte ich einen italienischen Anwalt nehmen und Olivier vor den Kopf stoßen, dem ich so viel verdankte? Sollte ich es lassen und meine Freunde Gina und George vor den Kopf stoßen, die mich noch nie falsch beraten hatten und denen ich ebenso dankbar war wie Olivier?

Wieder und wieder versuchte ich, Olivier zu einer konkreten Planung der Rückholung zu bewegen. Jedes Mal war es der falsche Satz im falschen Moment. Alles, was er mir zusagen wollte, war: »Später, später.« Nur wann war das?

Die Zeit verstrich. Ich schaffte es nicht, Geld zu sparen. Olivier fand keinen neuen Helfer. Es begann mich zu belasten, dass er schrieb und schrieb, seine Pressesachen machte, eine Internetseite erstellte, andere Hilfesuchende am Telefon und per E-Mail beriet, wie er auch mich beraten hatte. Ich weiß, er machte das großartig. Solange ich lebe, werde ich ihm für seine Hilfe dankbar sein. Ich bewundere ihn. Aber im Gegensatz zu ihm konnte ich nicht mehr warten.

Ich hatte nicht umsonst in der Datenbank des Europäischen Menschenrechtsgerichtshofes gestöbert. Ich war nicht mehr das völlig naive, absolut unwissende Opfer. Vergleichbare Kindesentzugsfälle hatten mir gezeigt, dass die Zeit gegen mich arbeitete. Je länger mein kleiner Sohn von mir getrennt und bei seinem Vater aufwachsen würde, umso unwahrscheinlicher war, dass irgendein Gericht ihn dort wieder wegnehmen würde. Nicht die streitenden Eltern sollten durch Gerichtsbeschlüsse glücklich gemacht werden, hieß es in anderen Urteilsbegründungen, sondern das Kind. Wenn ein Kind etwa ein Jahr bei einem Elternteil gelebt hatte, beschloss das Gericht, dass es dort zu Hause sei.

Wir hatten jetzt fast Frühling. Ich hatte meinen Sohn vor über einem halben Jahr zuletzt gesehen. Noch ein paar Monate bei seinem Vater, und die italienischen Richter würden ihn seinem Vater zurückgeben. Ich konnte nicht noch länger auf Oliviers Okay warten, bis er mir helfen würde, Christian abzuholen.

Wir sprachen oft tagelang kein Wort mehr miteinander. Olivier gab sich Mühe, um mich zum Reden zu bewegen. Ich konnte es nicht. Er schien mich einfach nicht mehr zu verstehen. Anstatt mich aufzubauen und gemeinsam mit mir die Rückholung zu organisieren, meinte er, ich hätte jetzt doch meinen so verzweifelt gesuchten Sohn, ich müsse glücklich und zufrieden sein. Aber ich habe nicht nur einen Sohn. Ich habe zwei. Und beide wurden mir weggenommen, obwohl es dafür keinen Grund gab. Ich liebe alle meine Kinder, kann und will auf keines verzichten. Das hatte ich schon der Familienrichterin gesagt, die mir einen Kuhhandel um meine Kinder zumutete und mir meinen älteren Sohn versprach, wenn ich dafür den kleineren an seinen Vater abtreten würde. Eine solche Art der Mediation liegt mir nicht.

Olivier benutzte andere Worte als die Richterin damals, aber Gina und George hatten Recht, wenn sie sagten, in der Sache liefe seine Mediationsidee auf dasselbe heraus. Seiner Meinung nach sollte ich meinen kleineren Sohn wohl bei seinem Vater lassen und mit Bob darüber handeln, zu welchen Bedingungen er mich mit ihm telefonieren lassen wolle oder mal zu Besuch kommen lassen werde.

Ich merkte ganz klar, dass ich mich von Olivier lösen musste, wenn ich Christian nicht an Bob verlieren wollte. Aber die Ablösung von meinem »Helden« tat unendlich weh. Es war mir schrecklich, uneins mit Stefans Retter zu sein. Ich wusste nicht, wie ich, ohne ihm wehzutun, sagen sollte, was ich doch tun musste. Jedes Wort widersprach meinem Wunsch, ihm meine Dankbarkeit zu beweisen.

Als Olivier durch eine dringende neue Mission umgehend nach Paris und Deutschland gerufen wurde, gaben mir seine Abreisepläne die

Chance, ihm ohne Gesichtsverlust erklären zu können, warum ich sofort einem italienischen Anwalt mein Mandat übertragen müsse. Ohne Olivier in Italien, bedurfte ich anderer professioneller Unterstützung. Allein, davon war Olivier fester überzeugt als ich, konnte und würde ich es ja nicht schaffen, weiterhin erfolgreich um meine Kinder und mein Elternrecht zu kämpfen.

Auf dem Bahnsteig versprach er ein letztes Mal, später mit mir meinen kleinen Sohn holen zu wollen. Ich versprach ihm, immer für ihn da zu sein. Wir umarmten uns nochmals mit französischen Küsschen und weinten ehrliche Abschiedstränen.

Doch als sein Zug davonfuhr, konnte ich nicht schnell genug nach Hause kommen, um endlich mit den Vorbereitungen zu beginnen, auch Christian zu mir und in seine Familie nach Italien zu holen.

KAPITEL 22

Libanon-Connections

Die erste Zeit ohne Olivier fühlte ich mich seltsam amputiert. Auch Stefan vermisste mehr in ihm als seinen persönlichen Bodyguard und treuen Begleiter. Olivier war für ihn das männliche Vorbild in der Familie gewesen, in dem er sich spiegelte und orientierend rieb. Ihr Miteinander hatte mir vor Augen geführt, dass Jungen und Männer andere Dinge zusammen tun, als Jungen und Frauen, und sie es selbst dann anders miteinander tun, wenn es sich um die gleichen Dinge handelt. Ich denke etwa an Fußball. Meine Kinder und ich haben oft zusammen gekickt, weil ich eine gute Fußballerin bin. Nicht zuletzt spielte ich mit ihnen, weil Fußball eines dieser typischen Männerspiele ist, das normalerweise Väter mit ihren Kindern spielen. Es war einer meiner vielen Versuche, Mutter und Vater in einem zu sein. Und ich hätte geschworen, dass Stefan mit mir beim Fußballspiel kein bisschen anders bolzte als mit einem Mann. Jetzt war ich eines Besseren belehrt worden. Fußball mit Olivier war anders. Ungebremster, rücksichtsloser, wilder, aus vollen Leibeskräften im konkurrierenden Kräftevergleich von Mann zu Mann. Wenn mein Sohn den Ball so weit schoss, wie er nur irgend konnte, und Olivier ohne Ende rennen musste oder den knallhart kommenden Ball nicht hielt, war es für den Jungen ein Kräftetriumph, weil er als noch kleiner Mann gegen einen großen Mann Erfolg hatte. Mich, eine Frau und noch dazu seine Mutter, zu besiegen, hatte diesen Nimbus nicht. Unter kleinen Jungs sind Supermachosprüche wie »Kerle sind sowieso stärker als Weiber« noch wahr, in Italien sowieso. Auch im Bergwald Stöcke zu schneiden und sie zu Hause zu beschnitzen, war so eine Art Männerritual gewesen. Stefan hatte es mit voller Hingabe genossen. Als Frau wäre ich gar nicht auf die Idee gekommen.

Den großen und den kleinen Mann so miteinander zu sehen, hatte mir unmissverständlich gezeigt, dass ich trotz aller Hingabe an meine Kinder nicht beide Rollen, die der Mutter und des Vaters, ausfüllen konnte. Die Erkenntnis schmerzte, weil ich Stefan an beiden Stellen die Erfüllung schuldig bleiben musste. Umso dringender, wusste ich, brauchte er wenigstens seinen Bruder, mit dem das schöne Kräfteverhältnis unserer Familie erst wiederhergestellt sein würde.

Oliviers Abreise brachte jedoch nicht nur Verlustgefühle. Ohne ihn rückten Schwester und Bruder wieder enger zusammen. Es gab mir Kraft, uns wieder als auf uns selbst fixierte Familie zu erleben, allein mit den Kindern zu spielen, sie vor dem Zubettgehen so lange in den Armen zu halten, wie wir wollten, ohne die Sorge im Hinterkopf, dass Olivier sich indessen vernachlässigt fühle. Da ich nun wieder überwiegend ohne erwachsene Gesellschaft war, reduzierte sich der abendliche Geräuschpegel auf das Klickern der PC-Tastatur und meine Telefonate. Mein Zigarettenrauch zog durch die bis spät geöffneten Fenster ab. Und wenn ich zu Bett ging, hatte ich wieder mein eigenes zur Verfügung.

Wie zu Beginn meiner Suche nach meinem bereits zurückgeholten Sohn beriet ich mich intensiv mit Charles, wie ich ohne Olivier vorgehen könnte. Wie schon einmal, erklärte er mir auch diesmal, mich nicht nochmals begleiten zu können. Auch Geldmittel habe er keine mehr zu verschenken. »Ich bin erledigt, Joumana«, meinte er. »Was in meiner Macht stand, habe ich getan. Ich kann nicht mehr. Ich bin verheiratet, habe Kinder. Ich kann es nicht nochmals riskieren.«

Auch diesmal verstand ich ihn gut. Er hatte schon so viel für uns getan, gemeinsam mit uns durchgestanden. »Erinnerst du dich an die Szene am Anhörungstag meines Großen?«, fragte ich. »Wie wir dorthin fuhren, obwohl ich keinen Zutritt zum Gericht hatte, du aber zusammen mit Valeria hineingegangen bist? Wie du denen vom Jugendamt und dem Richter sagtest, du brächtest ihnen Valeria in meinem Auftrag, damit sie sie zu ihrem Bruder in dieselbe Pflegefamilie stecken sollten, um wenigstens die Geschwister nicht zu trennen?«

»Glaubst du, das kann ich jemals vergessen?«, gab Charles so grimmig zurück, als sei es erst heute passiert. »Wie dieser Herr General daherstolzierte und nuschelte: ›Was ist denn das für eine Mutter, die ihr eigenes Kind nicht mehr will?‹ Und deine Kleine aufsprang und ihn anschrie, dass nicht ihre Mutter das wollte, sondern sie ganz von selbst, weil sie es nicht mehr aushalten könne, die Ausnahme zu sein. ›Wenn meine Brüder nicht bei meiner Mutter sein dürfen, will auch ich nicht bei ihr bleiben dürfen. Ich will nicht anders behandelt werden als meine Brüder. Ich will bei meinen Brüdern sein. Nicht nur meine Brüder gehören zusammen. Wir sind drei. Wir gehören alle drei zusammen. Warum nehmen sie meine Brüder weg und mich nicht?‹ Sie war so mutig. Und dieser Herr General tat so, als hätte sie gar nicht zu ihm gesprochen, sondern schaute bloß mich an und sagte wieder von ganz oben herab: ›Nee, nee, guter Mann, die Tochter wollen wir nicht, die ist der Frau Gebara ihr Kind. Die kann bei ihrer Mutter bleiben. Wir wollen nur die Söhne.‹ Mein Gott, ich hätte ihm so gern eine reingehauen.«

Warum sie wohl »nur die Söhne« wollten? Weil sie »Stammhalter« sind und deutsche Nachnamen tragen, Valeria aber nicht? Weil meine Söhne Kinder mit deutschen Nachnamen produzieren könnten? Weil sie von »gutem« deutschem Blut sind, Valeria aber nicht? Charles und ich sprachen lange.

Die fehlgeschlagenen Versuche, Christian, meinen jüngeren Sohn, mitzunehmen, hatten mir gezeigt, dass ich diesmal jemanden finden musste, der kräftig genug wäre, es mit seinem Vater aufzunehmen und keine Skrupel hätte, ihn zur Not niederzuschlagen. Ich allein war Bob nicht gewachsen und musste auch damit rechnen, dass Christian erneut auf den Befehl seines Vaters hören und vor mir fliehen würde. Dann musste ich in der Lage sein, ihn verfolgen und einfangen zu können. Das ginge nur, wenn Bob mich nicht festhalten könnte. Mit anderen Worten: Ich brauchte einen Kämpfer.

Und zwar einen, der so intelligent und selbstbeherrscht vorgehen würde, dass es auf keinen Fall zu nie wieder gutzumachenden Fehlern käme. Bob sollte schlimmstenfalls k. o. zu Boden gehen, aber nicht schwer verletzt werden. Die Leute aus Russland, die mein Bruder in petto hatte, kamen dafür nicht in Frage. Wer aber dann?

Charles hatte sich bisher schützend vor mich gestellt, wenn wir die in Frage kommenden Internetforen nach unseren libanesischen Freunden durchforsteten, die überall auf dem Globus verstreut sind. Wie damals, als ich Oliviers Geschichte im Netz gefunden hatte, bahnte er bisher immer im Auftrag seiner zunächst namentlich nicht genannten Freundin den Kontakt an, den ich danach persönlich aufgriff. Für solche Manöver hatte ich jetzt keine Zeit mehr und warf alle Schamgefühle über Bord.

Die Nachricht, dass ich es war, deren Kinder geklaut worden waren, breitete sich wie ein Buschbrand unter unseren Freunden aus und löste eine Welle der Hilfsbereitschaft aus.

Cadmus, ein guter Freund aus Florida, der als Dreizehnjähriger im Libanon an der Front gekämpft hatte und dann in den Staaten Zahnarzt geworden war, rief mich an.

»Ich habe erfahren, dass man deine Kinder entführt hat und du sie zurückholen willst«, fiel er am Telefon gleich mit der Tür ins Haus. »Ich bin dabei. Ich mach mit.«

Cadmus ist verheiratet, hat drei Kinder, genau wie ich. Für ihn, wie für alle unsere Freunde, ist unbegreiflich, was meinen Kindern und mir widerfahren ist.

»Nicht mal die Taliban nehmen einer Mutter ohne Grund ihre Kinder weg«, meinte er, als ich ihm alles genau geschildert hatte. »Was ist aus Deutschland geworden, dass sie Eltern ihre Kinder klauen, um sie von fremden Leuten großziehen zu lassen? Ich habe in den Staaten schon von anderen Eltern gehört, dass ihnen das passiert ist und sie ihre eigenen Kinder nicht einmal mehr besuchen oder mit ihnen reden dürfen.«

Ich versuchte, ihm die allgemeine und speziell in meinem Fall angewandte Funktion und Arbeitsweise des deutschen Jugendamts zu erklären, wie ich sie in den vergangenen Monaten zu begreifen begonnen hatte. Wie alle meine Freunde außerhalb Deutschlands hatte auch Cadmus Mühe zu verstehen, wie ein demokratischer Rechtsstaat einer Behörde das Recht einräumen kann, Eltern ihre Kinder heimlich und ohne richterlichen Beschluss wegnehmen zu dürfen.

»Mir musst du nicht erklären, dass du deine Söhne wiederhaben willst«, meinte er schließlich. »Ich bin ein Vater. Ich verstehe das. Ich würde ebenso handeln wie du. Nochmals, ich bin dabei. Zähl auf mich.«

Ich konnte es kaum glauben. Hilfe aus Amerika. Niemals hätte ich daran gedacht. Cadmus lachte. »Es ist eine Frage der Ehre für mich, dir zu helfen. Du brauchst mehr Mut dazu als ich.«

»Was heißt da schon Mut, Cadmus«, antwortete ich. »Ich hab nichts mehr zu verlieren. Ob ich dabei draufgehe, weil ich meine Kinder retten will, oder sterbe, weil ich ohne sie nicht leben kann! Mein Leben ist zerstört. Ich werde erst dann wieder leben, wenn ich meine Kinder, und zwar alle drei, bei mir habe. Meine Kinder sind mein Leben! Ich kann nicht ruhig abwarten, ob ein Richter mir erlaubt, meine geklauten Kinder zurückzuholen, und dann einfach so gehorchen, wenn er es verbietet. Ich bin die Mutter. Ich bin für sie verantwortlich. Wer, wenn nicht ich, muss sie beschützen! Es ist mir egal, was das deutsche Gesetz sagt. Ich respektiere kein Gesetz, das mir grundlos meine Kinder wegnimmt. Ein Gesetz, das gegen die Menschlichkeit wirkt, ist kein Gesetz. Und eine Mutter, die nicht für ihre Kinder sterben oder ins Gefängnis gehen würde, ist keine Mutter. Die haben meine Kinder geklaut. Ich muss meine Kinder zurückholen. Das ist alles. Mein Vater, meine Mutter hätten das für mich getan. Alle maronitischen Eltern im Libanon hätten das für ihre Kinder getan. Bei Stefan habe ich es geschafft. Ich kann es nochmals schaffen.«

Cadmus pflichtete mir bei. Für ihn und meine libanesischen Freunde war ich mit meinen politischen Schriften gegen die Diktatur im Libanon immer so eine Art Jeanne d'Arc gewesen. Würden mehr Frauen sich wie ich für die Freiheit unseres Landes stark machen, meinten sie, hätten wir es bereits geschafft. »Deshalb«, so Cadmus, »steht jeder von uns hinter dir, egal, wo wir sind. Sag mir, wann es losgehen soll. Ich komme dann nach München. Wir fahren direkt hin, holen das Kind, du fährst zurück nach Italien, ich flieg zurück in die USA. Fertig.«

Am 11. Mai 2005 holte ich Cadmus auf dem Flughafen in München mit meinem Auto ab, obwohl ich mittlerweile wegen Kindesentführung und Körperverletzung in Deutschland gesucht wurde. Ob ich immer noch auf der »Schengener Liste« stand, welche meine sofortige Auslieferung an Deutschland befahl, wusste ich nicht. Diese Liste ist Teil der seit 1995 in Kraft getretenen internationalen »Schengener Abkommen I und II« der EU-Staaten über den Abbau von Kontrollen an den gemeinsamen Grenzen des so genannten »Schengener Raumes«, sowie über eine gemeinsame Sicherheits- und Asylpolitik. Alle EU-Staaten, mit Ausnahme von Großbritannien und Irland sowie Island und Norwegen, sind daran beteiligt.

Am Valentinstag 2005 hatte ich Stefan, meinen älteren Sohn, aus Deutschland geholt und war sofort als international gesuchte Kidnapperin in die »Schengener Liste« aufgenommen worden. Anfang März hatte George die aktuelle Liste überprüft, weil ich aus beruflichen Gründen oftmals ins Ausland reisen muss und meine Firma das Risiko nicht eingehen wollte, mich auf dem Wege einer Dienstreise direkt ins Gefängnis zu entsenden. Damals stand mein Namen noch auf der Liste, so dass ich verschiedene Dienstreisen anderen Kollegen überlassen musste.

Lediglich die Tatsache schützte mich vor einer Auslieferung an Deutschland, dass ich in Italien fest ansässig war und bereits vor Monaten eine Strafanzeige gegen das deutsche Jugendamt wegen Entführung meiner Kinder und Menschenhandels erstattet hatte. Dieses Verfahren lief. Somit hatte ich mit der Rückholung meines Kindes zwar nach deutschem Recht die Straftat der Kindesentführung ins

Ausland begangen, damit aber zugleich die von mir in Italien angezeigte Entführung und den Menschenhandel mit meinen Kindern beendet. Deshalb wurde die Rechtmäßigkeit meiner Handlung im Zuge meines Antrags auf Übertragung des alleinigen Sorge- und Aufenthaltsbestimmungsrechts für meine Kinder nach den Bestimmungen der Haager Menschenrechtskonvention in Italien geprüft, ehe die von Deutschland geforderte Rückführung der Kinder erfolgen würde oder nicht.

Käme das italienische Gericht in absehbarer Zeit zu der Rechtsauffassung, dass meine Kinder mir tatsächlich unrechtmäßig weggenommen worden waren, hätte ich mit der Rückholung meiner Kinder keine Straftat begangen, sondern zum Wohl meiner Kinder im Sinne unserer Familienzusammenführung gehandelt. Bis zur endgültigen Klärung hatte man Stefans Herausgabe an Deutschland verweigert.

Mein italienischer Anwalt beruhigte mich, dass mein Eintrag in der »Schengener Liste« in dem Moment aufgehoben würde, in dem klar war, wohin ich mit meinem Sohn verschwunden war und das italienische Gericht mit dem Fall befasst sei. Sicher sein konnte ich jedoch nicht. George meinte aus Erfahrung, es sei durchaus keine Seltenheit, dass Datenbanken einzelner Polizeidienststellen nicht regelmäßig oder verspätet aktualisiert würden. Fiele ich bei irgendeiner Verkehrskontrolle oder als Unfallbeteiligte als international gesuchte Kindesentführerin auf, säße ich in der Falle. Die vorläufige Verweigerung der Herausgabe meines Sohnes durch die italienischen Behörden bedeutete nicht die Stornierung des in Deutschland gegen mich laufenden Strafverfahrens wegen Körperverletzung. Vermutlich, meinte George, würde man mich bei einem Zugriff in Deutschland wegen Fluchtgefahr in Untersuchungshaft nehmen und dann erneut die Herausgabe meines Sohnes verlangen. Da Stefan ohne mich in Italien unbeaufsichtigt wäre und auch Valeria minderjährig ist, würden dann entweder beide in eine italienische Betreuungseinrichtung verbracht oder die Herausgabe meines Sohnes angeordnet werden.

Trotz meiner Angst vor derartigen Konsequenzen, war es unmöglich, mich auf Dauer in Italien zu verkriechen. Wenn ich meinen beruflichen Verpflichtungen zu Geschäftsreisen wie Firmenbesuchen und Messeveranstaltungen nicht mehr nachkommen könnte, würde ich meinen Arbeitsplatz verlieren. Also blieb keine andere Chance, als das Restrisiko einzugehen, das allerdings durch die vorzüglichen Dienstwagen der Firma und die Tatsache, dass wir stets zu mehreren unterwegs waren, erheblich reduziert wurde. Jetzt aber befand ich mich allein auf dem Weg nach München, und mein Auto war ein schlecht gewarteter Methusalem.

Morgens um 6 Uhr hatte ich mich auf den Weg gemacht. Meine Kinder wurden von guten Freunden betreut. Nur Valeria wusste, dass ich in neuer Mission aufbrach, um ihren kleinen Bruder nach Hause zu bringen. Sie hatte alle nötigen Telefonnummern auf ihrem Handy gespeichert. Sollte mir etwas zustoßen, würde sie rasch und zuverlässig Hilfe für sich und Stefan rufen und erhalten.

Vom Frühling ringsum nahm ich unterwegs nichts wahr. Meine ganze Aufmerksamkeit galt der Autobahn und der Uhr, gegen die ich fuhr, um rechtzeitig in München zu sein. Gegen halb zwölf war ich am vereinbarten Gate. Um zehn nach zwölf traf Cadmus auf dem Flughafen ein. Fast kahlköpfig, kleiner gewachsen als ich, aber sehr muskulös und agil, wirkt er weit jünger als seine 42 Jahre.

»Hey«, grinste er, als wir uns begrüßt und umarmt hatten und in meinem Auto nach Frankfurt weiterfuhren, wo uns libanesische Freunde erwarteten, »das ist doch überhaupt keine Frage, dass ich gekommen bin und dir helfe. Ich bin Libanese, Joumana, ob in den Staaten oder sonst wo. Einmal Libanese, immer Libanese. Du weißt, dass ich dich lieb habe. *So what?*« Ich war so gerührt.

»Warum hast du nicht früher mit mir darüber geredet?« Cadmus legte mir den Arm um die Schultern. »Ich hätte dir geholfen; von Anfang an. Ein Wort von dir hätte genügt.«

»Es war schwer, euch so ganz offen um Hilfe zu bitten«, antwortete ich. »Ich habe mich geschämt, euch gestehen zu müssen, dass man mir als Mutter von drei Kindern, die jedes einen anderen Vater haben, meine Kinder weggenommen hat. Ich wusste nicht, ob ihr mir glauben würdet, dass ich nichts dafür kann. Wer drei Kinder von drei Männern kriegt, ist im Libanon eine schlechte Frau und total entehrt. Jeder würde so einer Frau zutrauen, dass man ihr die Kinder wegnimmt, weil sie einen schlechten Lebenswandel führt und eine schlechte Mutter ist. Ich hatte Angst, ihr würdet denken, dass sie mir die Kinder mit Recht weggenommen hätten.«

Cadmus nickte. »Verstehe. Aber keiner hätte das gedacht.« Er lächelte mich mit seinen perfekten weißen Zähnen an. »Wir kennen dich, Joumana. Und wir sind alle nicht mehr in unserer kleinen Welt im Libanon. Wir wissen, dass das Leben draußen anders läuft als dort.«

In Frankfurt wurden wir bereits von einem anderen libanesischen Freund erwartet. Ebenfalls Vater, lebt er glücklich mit seiner Familie in einem netten Häuschen mit Garten. Cadmus und er waren Frontkameraden gewesen und Freunde fürs Leben geblieben.

Ich hatte keine Lust, im Garten wie bei einer Grillparty zu sitzen. »Hört mal«, schüttelte ich den Kopf, als wir zum Essen eingeladen wurden, »ich muss morgen nach S. fahren und mein anderes Kind holen. Ich hab keinen Hunger und auch keine Ruhe, mit euch zu sitzen. Sitzt ihr allein und lasst mich schon schlafen gehen. Das ist besser für mich.«

Cadmus schüttelte den Kopf und grinste, als sein Freund nur lakonisch sagte: »Hinsetzen und essen, Joumana. Wir machen das jetzt wie beim Militär. Essen und dabei eine Strategie entwickeln und überlegen, wie wir zuschlagen.«

Ich hätte nie gedacht, dass ich an diesem Abend einen Bissen herunterkriegen könnte. Aber das Essen war fantastisch. Salate und Fleisch *à la libanaise*. Wie lange hatte ich das so nicht mehr genossen! Die Ehefrau unseres Freundes bediente und verwöhnte uns stillschweigend, ohne sich in unsere Beratungen einzumischen, oder sich auch nur dazuzusetzen, und sie hielt die Kinder fern, damit sie uns nicht störten. Während die Holzkohlen im Grillofen allmählich verglühten, unsere Teller sich leerten und der Abend über der Skyline von Frankfurt heraufzog, reden und planten wir in aller Ruhe, wie wir mein Kind holen würden.

Für mich stand fest, dass wir vor Ort kein zweites Auto und keinen dritten Mann brauchten. Oliviers Überlegung, die Aktion mit einem Leihwagen durchzuführen und mein Auto als Fluchtwagen zu nutzen, hatte theoretisch etwas für sich gehabt, sich in der Praxis aber als überflüssig erwiesen. Es hatte uns im Gegenteil auf der Flucht aufgehalten, weil wir kostbare Minuten durch das Abholen des Wagens aus seinem Versteck verloren. Und hätte man dieses Auto vorzeitig entdeckt, wären wir der Polizei beim Versuch, es abzuholen, sofort ins Netz gegangen.

»Wir könnten mit nur einem Auto fahren«, wandte unser Freund ein.

»Dann müssten wir dich nach Frankfurt zurückbringen. Das Risiko ist zu groß, weil wir dann die ganze Zeit durch Deutschland fahren müssen und nicht über die holländische Grenze verschwinden können«, argumentierte ich. »In Holland haben die Deutschen kein Zugriffsrecht. Das heißt, sie müssen mit ihren holländischen Kollegen kooperieren, die dazu aber erst mal Kompetenzen abklären müssen. Das alles ist Zeit, die für uns arbeitet, so dass wir schon wieder aus Holland draußen sind, ehe die Holländer loslegen könnten.«

Unser Freund zögerte noch. Doch ich meinte es ernst. »Bleib du hier bei deiner Familie zu Hause«, bat ich. »Du hast dir in Deutschland eine neue Existenz aufgebaut. Das sollst du nicht gefährden, indem du mitkommst.«

»Joumana hat Recht«, unterstütze Cadmus mich. »Je mehr wir sind, desto schneller fallen wir auf, und desto schwerfälliger sind wir, wenn wir verschwinden müssen.«

»Okay.« Unser Freund sah ein, dass wir Recht hatten. »Versucht, das Kind zu holen. Schafft ihr das nicht, fahre ich euch nach. Dann haben wir zwei Autos und probieren es noch einmal. Dann fahren Cadmus und ich mit meinem Auto zurück bis München-Flughafen und Joumana verschwindet im eigenen Auto mit ihrem Sohn über die Grenze.«

Ich hatte immer Plan A, Plan B und Plan C entwickelt, um vorbereitet zu sein, falls etwas schief ging. Vor diesem Hintergrund fand ich es gut, eine Notfalllösung parat zu haben. Ich war jedoch überzeugt, es zu zweit mit Cadmus zu schaffen.

Gegen 22 Uhr verabschiedeten wir uns von unseren Freunden und fuhren ohne Pause weiter bis S. Da ich schon die ganze Strecke von Italien über München bis Frankfurt hinter dem Steuer zurückgelegt hatte, bestand Cadmus darauf, mich abzulösen. Während ich fuhr, hatte er im Flugzeug geschlafen. Jetzt war es an mir, ein wenig zu dösen und neue Kräfte zu sammeln.

Obwohl Cadmus diese Strecke nie zuvor gefahren war, konnte ich mich hundertprozentig darauf verlassen, dass er sich problemlos zurechtfinden würde. Er hatte in Amerika geübt, wie wir fahren mussten, indem er sich ein aktuelles GPS-System für Deutschland besorgt hatte und unseren Weg virtuell immer und immer wieder abgefahren war. Tief in der Nacht fuhren wir an einer Autobahnraststätte kurz vor S. ab, um uns auf dem Parkplatz bis zum frühen Morgen noch eine Mütze Schlaf zu gönnen. Vor Morgengrauen waren wir erneut unterwegs.

Ehe wir kurz vor 5 Uhr in S. einfuhren, hielten wir nochmals an, um die Plätze zu wechseln. Cadmus, fiel mir ein, hatte sein Reisegepäck noch in meinem Kofferraum. Das konnte gefährlich werden. »Sieh mal zu, dass du deine Papiere, dein Flugticket, Geld, alles rausnimmst, damit sie dich nicht finden, falls etwas schief geht, und du zurück nach Amerika fliegen kannst. Falls etwas passiert und wir abbrechen müssen, verschwindest du. Ich schicke dir deinen Koffer später nach. Ich will nicht, dass jemand Indizien im Auto findet, wer du bist, und dir Schwierigkeiten macht.«

»Okay.« Cadmus grinste. »Gute Logistik.«

»Hör mal, du bist super gefahren«, sagte ich, als er mit seinen Utensilien auf dem Beifahrersitz Platz nahm. »Aber bitte, ich fahre nachher zurück. Weil ich die Strecke sehr gut kenne. Wir haben keine Zeit für Experimente.«

»Okay.« Cadmus hatte kein Problem damit. »Alles klar. Wenn du müde wirst, sag Bescheid, dann übernehme ich.«

In Gedanken verglich ich die Zusammenarbeit zwischen Cadmus und mir mit den Missionen, die Olivier und ich gemeinsam hinter uns gebracht hatten. Der gravierende Unterschied war die Ruhe. Obwohl so viele Jahre vergangen waren, seit Cadmus als Kindersoldat im Libanon für unser Land gekämpft hatte, war die ruhige Konzentration und Disziplin des Kämpfers, der mit der Waffe in der Hand auf Leben und Tod im Einsatz ist und sowohl seine Kameraden als auch sich selbst durch nervöse Hektik gefährden würde, unauslöschlich in ihm eingebrannt. Zwischen uns gab es kein Kompetenzgerangel. Wir waren ein Team. Jeder sagte seine Meinung. Die bessere galt. Bei Olivier hatte ich bis zuletzt Befürchtungen, er würde die ganze Sache abbrechen, wenn ich seinen Befehlen nicht gehorchte. Cadmus war einfach da und würde dableiben. Bis zuletzt.

Welcher Schutzengel hatte dafür gesorgt, dass auch an diesem Tag ein Lastwagen vor Bobs Haus parkte, hinter dem wir mit meinem kleinen Auto verschwinden konnten, obwohl die ganze Straße mit Fahrzeugen voll geparkt war? Wie bei meinem gescheiterten Versuch, Christian zu holen, konnte niemand uns an dieser Stelle vom Haus aus sehen.

Und auch den Vorbeifahrenden fiel nichts auf, obwohl ich sehr viele von ihnen kannte. Alle fuhren mit müden, verschlafenen Gesichtern zur Arbeit.

Ich beobachtete, wie Bobs Auto aus der Garage, auf die Straße hinaus und wegfuhr. Seine Schicht begann kurz nach fünf. »Das heißt, der Junge schläft bei den Großeltern«, schlussfolgerte ich.

Cadmus, unser Freund und ich hatten die Szene x-mal in Gedanken durchgespielt. Wir mussten so lange warten, bis Christian zum Kindergarten gebracht würde. Ob es Bob oder die Großeltern wären, war unwesentlich. Der Plan war immer, zuerst das Kind schnappen, dann mit dem Auto zwischen Cadmus plus Kind und die Verfolger fahren. Da Cadmus stärker war als ich und ihn niemand kannte, hatte er die größeren Chancen als Schnapper. Den Rest würde ich als Fahrer erledigen. Von frühester Jugend an auf dem unwegsamsten Gelände in den ältesten Blechschüsseln zu fahren gewöhnt, hatte ich nicht die geringsten Zweifel, jede noch so brenzlige Situation zu meistern, und auch keinerlei Hemmungen, die Leute, die mir mein Kind geklaut hatten, mit dem Auto zu rammen.

Um meine Nervosität zu bändigen, zählte ich Cadmus nochmals die drei Möglichkeiten auf, die uns erwarten könnten. »Entweder bringt die Oma ihn mit ihrem Fahrrad, oder der Opa bringt ihn mit seinem Auto hin. Es gibt drei Möglichkeiten. Bringt sie ihn mit dem Fahrrad, musst du hinterherspurten und Christian schnappen. Dann komme ich mit dem Auto und weg. Kommen die beiden Alten mit dem Auto aus der Garage oder wollen zu Fuß mit dem Jungen losgehen, ist es genauso wie mit dem Fahrrad: Du reißt ihnen das Kind aus der Hand, ich fahre auf die Frau oder beide mit dem Auto zu, dass sie sich erschrecken und umfallen, dann rein ins Auto und weg.«

Cadmus nickte. »Zu zweit kriegen wir das hin. Wir sind ein super Team. Das klappt schon.«

Das Warten zermürbte mich. »Vielleicht ist er gar nicht da. Vielleicht hat Bob ihn auch längst abgeschoben.«

Cadmus legte mir beruhigend die Hand auf den Oberschenkel. »Wir müssen es riskieren. Wir warten. Mach dir keine Sorgen, ich hab nichts Besseres vor. Ich habe mir fünf Tage freigenommen. Wir werden es jeden Tag neu versuchen. Wir werden es so lange versuchen, bis wir es geschafft haben. Entspann dich. Angst ist ein schlechter Ratgeber.«

Dankbar drückte ich seine Hand. Sein »Schaffen wir es jetzt nicht, probieren wir es nochmals« gab mir Mut. »Denk dran, ich will nicht, dass du geschnappt wirst. Also, egal was passiert, wenn sie uns schnappen – du springst sofort aus dem Auto und rennst und verschwindest. Versprich es!«

»Wir werden nicht geschnappt.« Cadmus lächelte mich aufmunternd an. »Aber ich verspreche es.«

»Und vergiss nicht, falls der Junge sich wehrt, musst du ihn mit den Füßen zuerst ins Auto bugsieren oder mit dem Kopf zuerst. Auf alle Fälle nicht so quer rein, damit er sich nicht an der Tür festklammert und sich wehrt und unsere Zeit verschwendet.« Auch das hatten wir schon oft genug besprochen und im Kopf geübt. Meine Erfahrungen mit Olivier zahlten sich aus.

»Und die Kindersicherung an den Türen nicht vergessen«, grinste Cadmus und prüfte mit einem Griff hinter sich ein letztes Mal nach, dass die Riegel von innen tatsächlich nicht zu lösen waren. Wir mussten sichergehen, dass Christian nicht aus dem fahrenden Auto springen könnte.

Um halb neun waren die Jalousien an den Fenstern immer noch heruntergelassen. Um 9 Uhr fing der Kindergarten an. »Da stimmt was nicht«, musste ich denken. »Da stimmt was nicht. Wir kriegen ihn nicht. Es klappt nicht. Das wird nicht funktionieren. Er ist nicht mehr da. Die sind mit ihm weggezogen, was weiß ich. Da stimmt was nicht. Was machen wir jetzt? Was machen wir denn jetzt bloß? Wo soll ich suchen?«

Cadmus hat einen kleinen Fehler, er lispelt. Er ist ein gebildeter Mann, er hat studiert, er war »Militant«, er hat im Krieg gekämpft, er weiß so vieles. Aber er lispelt. Es war immer lustig, ihm zuzuhören. Plötzlich, mitten in meine Panik hinein, legte er, aus dem Auto aussteigend, seine Brille ab und sagte mit diesem Lispeln: »Sie sind draußen, sie sind draußen. Sie gehen zur Garage. Dreh dein Fenster runter.«

Einen Augenblick später zog er seine Jacke aus der Seitentür heraus, bückte sich auf Höhe meines Lenkrads neben dem Auto und sagte: »So, ich werde da jetzt runtergehen. Sobald sie mit dem Jungen hochkommen, mache ich dir ein Zeichen. Warte darauf. Erst wenn ich so mache« – er vollführte eine kleine Bewegung mit der Hand – »dann kommst du. Starte das Auto jetzt noch nicht. Bleib ganz ruhig, warte auf mein Signal.«

In diesem Moment war ich innerlich noch gar nicht auf die Aktion vorbereitet. Wir hatten eher mit der Kombination »Oma zu Fuß oder Fahrrad« gerechnet. Das Auto hatte ich fast ausgeschlossen, weil die Oma keinen Führerschein hat und der Opa eher ein Langschläfer ist. Er hatte es schon immer als Zumutung empfunden, sich mit seinem Enkel abgeben zu müssen. Aber vielleicht hatte ich die Oma-Version auch bloß favorisiert, weil ich Cadmus und mir suggerieren wollte, wie einfach es wäre, meinen Sohn zu holen.

Mein Herz schlug laut, und ich zitterte wie nackt im Eiswind, während ich Cadmus mit höchster Konzentration nachsah. Er ging, als hätten wir alle Zeit der Welt.

Unten in Bobs Wohnhaus befinden sich mehrere kleine Einliegerbüros und Arztpraxen. Um zur Garage zu gelangen, muss man an ihnen vorbeigehen. Vor einer dieser Praxen hatte sich bereits eine Schlange gebildet. Offenbar war der Arzt noch nicht da. Cadmus stellte sich einfach daneben. Tat so, guckte so, als ob er ein Patient sei, der mit viel Geduld wartete.

Plötzlich, wie aus dem Nichts, spurtete Cadmus los und gab mir das verabredete Signal. Ich startete das Auto. Runter von der Straße, ab in die Kurve, über den Garagenvorplatz, vorbei an irgendeinem blöd geparkten Wagen. In meinem Kopf hatte ich diese Szene tausende Male geübt.

Als ich unten ankam, fuhr der Opa soeben rückwärts aus der Garage. Die Oma, mit Christian an der Hand, stand bereit, den Jungen in seinen Kindersitz auf der Rückbank zu schieben. Cadmus rannte von hinten auf sie zu. »Christian?«, rief er meinen Sohn an. Ich hörte es durch das geöffnete Seitenfenster.

»Ja?« Mein Sohn drehte sich um.

In diesem Moment wusste Cadmus, dass es der richtige Junge war. Er kannte ihn ja nicht. Mit einem Satz sprang er auf ihn zu und packte ihn blitzschnell am Arm, um ihn zu meinem Auto zu ziehen, dessen Seitentür ich bereits geöffnet hatte, doch der Opa, durch den Anruf gewarnt, war schneller, hielt den Jungen fest und versuchte, mit ihm wegzurennen.

Sofort schoss ich mit meinem Auto vor, erschreckte den Opa von hinten, so dass er gegen sein eigenes Autoheck knallte, versperrte ihm mit meinem Wagen den Fluchtweg nach vorn und raste auch schon rückwärts, um ihn daran zu hindern, mit Christian nach hinten, in Richtung Garten zu flüchten. Trotzdem lief er weg, verlor aber Christians Hand, so dass die Fahrerin des Wagens, an dem ich zuvor vorbeigefahren war, heraussprang, um meinen Sohn zu fangen.

Ohne nachzudenken, fuhr ich blitzschnell auf ihr Auto zu, schlitterte dabei quer und so haarscharf an das Auto des Opas heran, dass die Frau keine Chance mehr hatte, zwischen den Fahrzeugen hindurchzulaufen und Christian zu verfolgen, der inzwischen vor seinem Opa weg- und auf mich zurannte, weil ich ständig aus dem Fenster schrie: »Ich bin's, Mama. Komm her, Christian. Ich bin's, Mama.«

Mit einer einzigen Geste stieß ich die Autotür vollends auf, riss meinen Sohn an seiner ausgestreckten Hand in den Wagen hinein, kurvte nochmals rückwärts, um in die richtige Fluchtrichtung und zu Cadmus zu kommen, wobei die Autotür von selbst hinter Christian ins Schloss knallte, sah aus den Augenwinkeln, wie mein Freund auf mich zurannte und auf den Beifahrersitz sprang, der Opa sich mit einem Hechtsprung zwischen die parkenden Autos in Sicherheit brachte, so dass er gerade noch rechtzeitig seine Beine aus dem Weg riss und wie hinter mir die nach ihrem Enkel schreiende Oma ungebremst aus vollem Lauf auf ihr Gesicht knallte.

»*Strike!*« Ich weiß nicht, ob ich es schrie oder es nur dachte. Jedenfalls war ich eine Sekunde später mit kreischenden Reifen auf der Straße und jagte mit meinem Sohn auf der Rückbank und Cadmus neben mir davon.

»Schnall dich an, Christian!«, schrie ich und war froh, dass mein Sohn kein Theater machte, sondern sofort gehorchte.

Ich weiß nicht, wie oft ich auf der Strecke bis nach Holland gerufen habe: »Halt dich fest, mein Schatz, ich bin's, Mama. Ich bin's, Mama. Gleich, gleich, mein Schatz, umarm ich dich. Wir müssen nur eine halbe Stunde bis zur holländischen Grenze. Dann umarme ich dich.« Und die ganze Zeit habe ich gedacht: »Was macht er, was macht er?« Ich konnte ja nicht einmal einen Blick nach ihm werfen.

Mein Auto ist auf maximal 140 Stundenkilometer ausgelegt. Ich fuhr mindestens 180, überholte, was das Zeug hielt. Die Straßenschilder flogen vorbei.

Irgendwann, nach ein, zwei Minuten schon, beruhigte Christian sich und begann, aufgeregt zu plappern. »Mama, fahren wir jetzt nach Italien?«

»Ja, mein Schatz, wir fahren nach Italien. Stefan und Valeria warten schon auf dich. Nachher darfst du sie anrufen.« Ich hätte ihn am liebsten sofort umarmt. Wie schmerzlich, wie lange hatte ich ihn vermisst! Doch Cadmus drängte: »Halt jetzt bloß nicht an!« Seine Stimme klang gepresst. Etwas stimmte nicht mit ihm. »Was hast du?«

»Du bist mir aus Versehen über den Fuß gefahren. Aber halt nicht an«, knirschte er unter Schmerzen zwischen den Zähnen hervor. »Wir sehen später nach, ob er gebrochen ist. Fahr zu, Joumana. Fahr zu!«

Ich hätte weinen können, dass ich ihn verletzt hatte. Aber ich fuhr und hielt tatsächlich nicht an, denn ich spürte Verfolger hinter uns, die Cadmus nie sah, obwohl er immer wieder aus dem Rückfenster schaute und mir beruhigend versicherte: »Du halluzinierst, Joumana. Da ist keiner! Fahr weiter. Es ist alles okay. Aber du fährst zu schnell! Du fährst zu schnell! Wenn du so rast, erkennen sie dich. Und außerdem fliegt uns deine alte Karre gleich unter dem Hintern weg.«

Aber ich hörte nicht auf ihn. »Ich muss so schnell fahren. Wir müssen hier raus.« Mein Fuß auf dem Gaspedal wog Zentner.

Ich kann nicht sagen, wie ich es geschafft habe, über die rettende Grenze zu entkommen. Aber ich schaffte es. Und zwar keine Minute zu früh. Nur kurze Zeit später waren die Grenzen abgeriegelt. Wir hörten noch den Polizeihubschrauber über uns. Nie hätte ich damit gerechnet, dass sie diesmal so blitzartig reagieren würden.

An der zweiten Autobahnraststätte hinter der Grenze hielten wir erstmals an. Ich wollte meine Freundin anrufen, bei der ich Stefan in Sicherheit wusste, sowie die engsten Freunde, die mit mir gebangt hatten, ob es diesmal gelingen würde, Christian zu holen. Valeria konnte ich nicht erreichen. Sie war in der Schule und hatte ihr Handy ausgeschaltet. Meine Freunde würde ihr nach der Schule Nachricht geben.

Als Christian und Stefan die ersten Sätze am Handy gewechselt hatten und überglücklich waren, sich endlich bald wiederzusehen, schaltete ich sicherheitshalber das Handy aus. Es war zwar ein Firmentelefon; aber womöglich würden die Fahnder trotzdem irgendwie die Ortung aufnehmen und den Anruf zu mir zurückverfolgen können.

Während Christian und ich telefonierten, schälte Cadmus seinen überrollten Fuß aus Schuh und Socke. Er sah lilablau aus wie frische Auberginen, ließ sich aber unter Schmerzen bewegen. Gebrochen war er offenbar nicht, lediglich grausam gequetscht. Ich wusste nicht, was ich sagen sollte. Es tat mir unendlich Leid, ihn so übel zugerichtet zu haben. »Ich hab das nicht gemerkt. Wirklich. Ich weiß gar nicht, wie ich das alles an dir je wieder gutmachen kann.«

»Hauptsache, es hat geklappt und wir haben den Jungen. Du warst echt superklasse, Joumana. Einsame Spitze!«, sagte Cadmus mit seinem lustigen Lispeln und hielt uns lange umarmt, ehe ich ihm einen festen Verband aus dem Erste-Hilfe-Kasten anlegen durfte. »Wir«, korrigierte ich ihn. »Wir waren einsame Spitze. Ohne dich hätte ich es nie geschafft.«

»*Yeah.*« Er grinste. »Die Libanon-Connection.«

KAPITEL 23

Respinge il ricorso

Es war herzergreifend, überwältigend und ganz unbeschreiblich, als wir endlich alle wieder beieinander waren, eine Familie waren, so wie früher. Immer wieder fragten meine Kinder, ob wir nun auch wirklich für immer zusammenbleiben würden, und jedes Mal antwortete ich Zuversicht ausstrahlend, doch mit der entsetzlichsten Furcht im Herzen, dass niemand uns mehr trennen würde.

Um alles mir Menschenmögliche zu unternehmen, dieses Versprechen wahr zu machen, stellte ich Christian sofort nach unserer Ankunft in Italien bei Gina und George auf der Jugendbehörde vor und meldete ihn zum Kindergarten an, damit ersichtlich war, dass er hier bei mir ein ganz normales, geregeltes Kinderleben führen würde.

Wenige Tage später, am 19. Mai 2005, beschloss das deutsche Oberlandesgericht das gemeinsame Sorgerecht für Bob und mich für unseren Sohn Christian, erteilte dem Vater jedoch das alleinige Aufenthaltsbestimmungsrecht.

Im Gegensatz zu Alfred, der nie wieder nach unserem Sohn Stefan gefragt oder seine Herausgabe beantragt hatte, machte Bob sein neues alleiniges Aufenthaltsbestimmungsrecht umgehend geltend, indem er die augenblickliche Herausgabe Christians nach den Statuten der Haager Kinderrechtskonvention einklagte. Da ich in Italien bereits die Übertragung des alleinigen Elternrechts auf mich beantragt hatte, und das Land, in welchem das Kind lebt, das Recht hat, über die Rückführung zu entscheiden, wurde die sofortige Herausgabe jedoch zunächst bis nach der Prüfung des Kindeswohls verweigert.

Im Zusammenhang dieser gerichtlichen Prüfung wurde auch Christian, wie zuvor schon sein älterer Bruder Stefan, von einer Kinderpsychologin der Jugendbehörde persönlich nach seinen Eindrücken, Gefühlen und Wünschen über sein Zusammenleben mit uns und mit seinem Vater in Deutschland befragt.

Das Ergebnis dieser Anhörung floss am 4. August 2005 in ein *decreto*, einen Beschluss des »Tribunale per i minorenni« meiner Stadt ein, welches die Herausgabe und Rückführung Christians nach Deutschland zu seinem Vater aus Gründen des Kindeswohls ablehnte. Im Gegensatz zu mir war Bob nicht zur Anhörung erschienen, sondern ließ seine Forderung schriftlich durch seinen Anwalt vorlegen. Er hatte aus beruflichen Gründen keine Zeit, nach Italien zu kommen.

In diesem *decreto* heißt es, Christian habe *»sempre vissuto con la madre, il fratellino e la sorella più grande«*, habe also »immer mit der Mutter, dem kleinen Bruder und der älteren Schwester zusammengelebt.« Dieses Familienleben sei in Italien wiederhergestellt, indem meine Kinder mit mir und ihren Geschwistern zusammenwohnen sowie regelmäßig eine deutschsprachige Schule besuchen.

Aus Christians Anhörung sei *»una sofferenza grande di perdere la ritrovata ›famiglia‹«*, »eine große Angst, seine wiedergefundene ›Familie‹ zu verlieren«, deutlich geworden, sollte er zu seinem Vater zurückgeschickt werden, *»al quale è legato affetivamente, ma che non appare representare per lui una figura* primaria *di referiemento«*, »für den er Zuneigung hegt, der aber keine Hauptbezugsperson für ihn darzustellen scheint«.

»Ai nonni paterni, di cui assume non povere nostalgia«, »was die Großeltern väterlicherseits betrifft, so trauert er ihnen nicht nach«.

Insbesondere sagte Christian aus, dass er seinen Vater zwar besuchen wolle, »*ma non cosi tanto volentieri e non si cosi molto tempo*«, »aber nicht so gerne und nicht so lange Zeit«.

Aus diesen Gründen kam das *tribunale* zu dem Schluss, dass angesichts seines zarten Alters eine sofortige Trennung Christians von mir und seiner »Familie«, zu welcher er seinen Vater nicht zählt, zu schweren seelischen Störungen führen müsse, zumal ich bereits das alleinige Elternrecht beantragt habe, so dass seine abermalige Rückführung zu mir in absehbarer Zeit denkbar wäre. Bis zur nächsten Verhandlung am 20. September 2005 um 9 Uhr werde Christian deshalb vorläufig nicht an den Vater herausgegeben, sondern verbleibe bei seiner Familie.

Die Tage bis zu diesem neuen Stichtag vor Gericht erschienen mir wie eine Galgenfrist im Angesicht der Zimmerleute, die den Galgen bereits errichten und die Schlinge mit dem Gewicht eines Sandsacks testen. Meine Angst und Tränen vor den glücklich miteinander spielenden und lachenden Kindern zu verbergen, erforderte Kraft, die ich oftmals nur bis zu meinem Kopfkissen aufbrachte, auf dem ich mich grübelnd wälzte, bis mich ein unruhiger Schlaf für ein paar Stunden erlöste.

Nicht selten war ich in Versuchung, mit Christian zu üben, was er auf die Befragung durch den Richter am 20. September aussagen solle. Doch Gina und George hatten mich eindringlich davor gewarnt, ihm irgendetwas in den Mund zu legen. »Das Gericht erkennt an seiner Ausdrucksweise, ob er aus eigenem Verständnis spricht oder von dir manipuliert wurde. Würde man feststellen, dass du ihn gegen den eigenen Vater beeinflusst hättest, würde man ihn sofort nach Deutschland schicken. Bei uns hält man große Stücke auf elterliche Bindungstoleranz.«

Gina sah mir an, dass mir der Begriff nicht ganz verständlich war. »Bindungstoleranz«, erklärte sie daher, »meint die Toleranz beider

Elternteile gegenüber der Liebe ihres gemeinsamen Kindes zu jedem von ihnen. Diese Toleranz erfordert, dass kein Elternteil den anderen vor dem Kind schlecht macht oder den Umgang mit ihm verweigert.«

»Heißt das, ich muss Bob erlauben, Christian ohne Aufsicht zu besuchen oder zu sich nach Deutschland einzuladen?«, fragte ich erschrocken. »Dann könnte ich ihn ja schon gleich bei ihm abgeben. Er würde ihn mir doch niemals freiwillig zurückbringen.«

Gina schüttelte den Kopf. »Auch Bindungstoleranz hat Grenzen. Du musst zwar Bob den Umgang mit eurem Sohn erlauben. Aber du musst kein Risiko eingehen, sondern das Wohl deines Kindes schützen. Wenn du deshalb einen betreuten Umgang gestattest und Bob vor Christian nicht schlecht machst, ist das Bindungstoleranz genug.«

»Warum das alles, Bob?«, hätte ich schreien mögen. »Warum hast du das alles bloß getan? Ich hatte alle Elternrechte freiwillig mit dir geteilt. Du konntest unseren Sohn sehen und mitnehmen, wann und wohin du wolltest. Ich wollte immer, dass meine Kinder mit ihren Vätern zusammen sein können. Sie sollten keinen Nachteil davon haben, dass wir Eltern uns nicht mehr verstehen. Du hast unsere Familie, unser Leben zerstört. Was bist du für ein Vater, Bob, dass du das Leben deines eigenen Kindes zerstörst?«

Der 20. September 2005 war ein sommerlich warmer Tag. Die Platanen an den Straßen schimmerten silbern im Licht. Der Fluss sprang eher wie ein Bach durch sein steiniges Bett. Tage wie dieser sind in Südtirol Alltag um diese Jahreszeit. Für mich war es wie der Tag, an dem Isaak mit seinem Sohn auf den Berg stieg, um ihn auf Gottes Geheiß als Opfer darzubringen.

Diesmal erschien auch Bob vor Gericht. Vermutlich rechnete er damit, unseren Sohn gleich mitnehmen zu dürfen. Genauso war ich zu jedem Termin nach Deutschland gefahren, zermürbt vom Auf und Ab zwischen Hoffnung und Verzweiflung. Mit dem großen Unterschied, dass er sich wie jemand verhielt, dem Herr General das Prädikat »Supervater« umhängen würde: stoisch, schweigsam, anständig, diszipliniert, ohne Tränen und ähnlich verächtliche Gemütsbewegungen, mit einem Wort: ordentlich.

Doch am Ende einer aufreibenden Verhandlung, in der der Staatsanwalt mir wegen meiner eigenmächtigen Rückholung meiner Kinder heftige Vorhaltungen gemacht und mir mit seinen Fragen nichts geschenkt hatte, so dass mich die Sorge mehrfach fast ohnmächtig werden ließ, weil ich schon alles verloren fürchtete, kam die Erlösung: *»Respinge il ricorso!* – Rückführung abgelehnt!«

Christian selbst hatte diesen Beschluss bewirkt, indem er noch einmal persönlich angehört worden war und unter Tränen der Angst von den Richtern in seinen ganz eigenen Worten verlangt hatte: »Bitte, nehmen Sie mir meine Familie nicht wieder weg. Ich will hier in Italien bei meiner Mama und Stefan und Valeria bleiben und bei meinen Freunden im Kindergarten. Pietro, Marco, Gianni, Alessandro; ich habe jetzt ganz viele Freunde. Bitte, tun Sie mir das nicht an. Ich will nicht zu meinem Papa zurück. Schicken Sie mich bitte nicht nach Deutschland zurück.«

»Respinge il ricorso!« Ich habe nie zuvor so herrliche Worte gehört.

NACHWORT

Es würde mich freuen, wenn Sie, liebe Leserinnen und Leser, nach der Lektüre zu einem Schreiben an das Bundesfamilienministerium oder das Bundesjustizministerium in Berlin motiviert wären, um mit mir eine Behörde zur Kontrolle der Arbeit einzelner Jugendamtsmitarbeiter, der Jugendamtsleiter und des Jugendamts als Gesamtinstitution einzufordern. Erst wenn es eine solche offizielle Kontrollinstanz gibt, die Bürger und Justiz im Notfall anrufen können, werden erwerbstätige Eltern, die ihre Kinder während der Arbeitszeit professionellen Betreuungskräften anvertrauen, keine Angst mehr haben müssen, ein ähnliches Schicksal zu erleiden wie meine Kinder und ich.

Falls Sie mich persönlich erreichen möchten, setzen Sie sich bitte mit Karin Jäckel in Verbindung, der Sie jederzeit über ihre Website unter http://www.karin-jaeckel.de eine E-Mail senden können. Sie wird Ihre Briefe an mich weiterleiten.

Mein Weg zur Priesterin – die unglaubliche Geschichte einer starken Frau

Karin Jäckel/Gisela Forster
DENN DAS WEIB SOLL SCHWEIGEN IN DER KIRCHE
Eine exkommunizierte Priesterin erzählt
Erfahrungen
464 Seiten
ISBN 3-404-61552-2

Am 29. Juni 2002 wurde Gisela Forster zur Priesterin geweiht. Für sie eine logische Handlung – für die römisch-katholische Kirche eine Provokation! Sie wird exkommuniziert und darf keinen Gottesdienst halten. Dennoch bleibt Gisela Forster auf ihrem Weg und übt den Dienst am Mitmenschen aus. Sie spendet Trost, steht Leidenden bei und verhilft ihnen zu neuer Hoffnung. Sie will die frohe Botschaft des Lebens zu den Menschen tragen – mit oder ohne den Segen der Amtskirche.

Bastei Lübbe Taschenbuch

Der bewegende Kampf eines Kindes um Liebe und Anerkennung

Ulrike M. Dierkes
SCHWESTERMUTTER
Ich bin ein Inzestkind
Erfahrungen
256 Seiten
ISBN 3-404-61553-0

Sie ist fünf, als eine Nachbarin zu ihrer Mutter sagt: »Sieht doch ganz normal aus, das Kind.« Sie ist zwölf, als sie versteht, dass nicht die Frau, die sie für ihre Mutter gehalten hat, ihre Mutter ist. Sondern ihre große Schwester. Dass ihr Vater nicht im Krankenhaus ist, sondern im Gefängnis. Verurteilt wegen Kindesmissbrauchs. Das Beweismittel: sie.